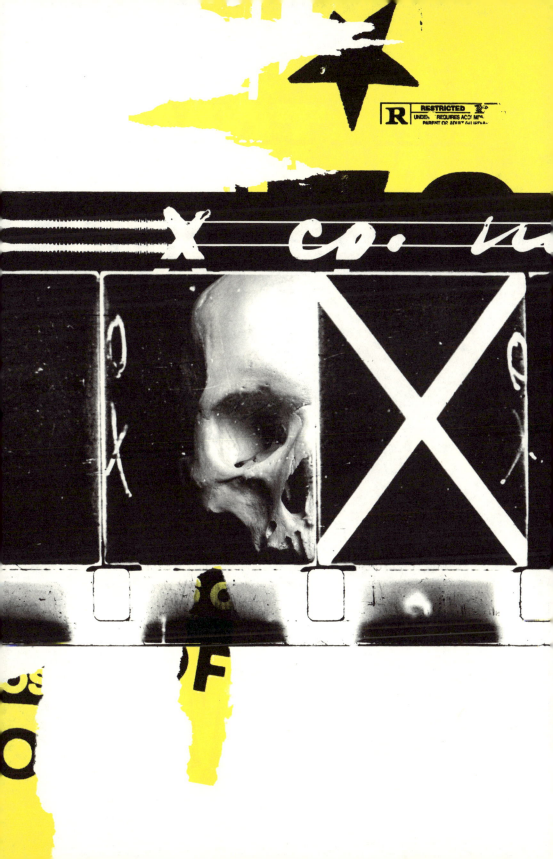

ANATOMIA TRUE CRIME DOS FILMES

HAROLD SCHECHTER

TRUE CRIME

PADRE

ANATOMIA
TRUE
CRIME
DOS
FILMES

'70

TODO CRIME NASCE COMO FICÇÃO

HAROLD SCHECHTER
TRUE CRIME

RIPPED FROM THE HEADLINES: THE SHOCKING TRUE STORIES
BEHIND THE MOVIES' MOST MEMORABLE CRIMES
Copyright © 2020 by Harold Schechter

This edition is made possible under a license arrangement
originating with Amazon Publishing, www.apub.com,
in collaboration with Sandra Bruna Agencia Literaria
Todos os direitos reservados.

Tradução para a língua portuguesa
© Eduardo Alves, 2022

Diretor Editorial
Christiano Menezes

Diretor Comercial
Chico de Assis

Gerente Comercial
Giselle Leitão

Gerente de Marketing Digital
Mike Ribera

Gerentes Editoriais
Bruno Dorigatti
Marcia Heloisa

Editores
Paulo Raviere
Raquel Moritz

Capa e Projeto Gráfico
Retina 78

Coord. de Arte
Arthur Moraes

Coord. de Diagramação
Sergio Chaves

Finalização
Sandro Tagliamento

Preparação
Isadora Torres

Revisão
Jessica Reinaldo
Retina Conteúdo

Impressão e Acabamento
Leograf

DADOS INTERNACIONAIS DE CATALOGAÇÃO NA PUBLICAÇÃO (CIP)
Jéssica de Oliveira Molinari CRB-8/9852

Schechter, Harold
   Anatomia true crime dos crimes / Harold Schechter ; tradução de
Eduardo Alves. — Rio de Janeiro : DarkSide Books, 2022.
   416 p. : color

   ISBN: 978-65-5598-171-1
   Título original: Ripped from the headlines!: the shocking true stories
behind the movies' most memorable crimes

   1. Crimes e criminosos 2. Cinema
   I. Título II. Alves, Eduardo

22-1450   CDD 778

Índices para catálogo sistemático:
1. Crimes e criminosos

[2022]
Todos os direitos desta edição reservados à
DarkSide® *Entretenimento LTDA.*
Rua General Roca, 935/504 — Tijuca
20521-071 — Rio de Janeiro — RJ — Brasil
www.darksidebooks.com

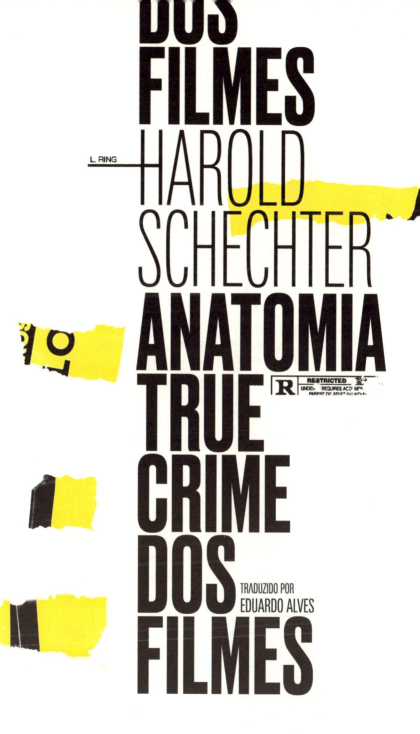

HAROLD SCHECHTER
ANATOMIA TRUE CRIME DOS FILMES

SUMÁRIO

015. BABY BOMER: NOTA DO AUTOR
017. PREFÁCIO: REAL FICÇÃO

023. CHICAGO E ROXIE HART | 1927, 1942
037. M – O VAMPIRO DE DÜSSELDORF | 1931
047. SEDE DE ESCÂNDALO | 1931
055. FÚRIA | 1936
065. VIVE-SE UMA SÓ VEZ | 1937
075. SEU ÚLTIMO REFÚGIO | 1941
085. A SOMBRA DE UMA DÚVIDA | 1943
093. ESTE MUNDO É UM HOSPÍCIO | 1944
101. PACTO DE SANGUE | 1944
111. O TÚMULO VAZIO | 1945
123. MONSIEUR VERDOUX | 1947
131. FESTIM DIABÓLICO | 1948
141. VINGANÇA PÉRFIDA | 1948
149. UM LUGAR AO SOL | 1951
159. O MUNDO ODEIA-ME | 1953
169. CIDADE DO VÍCIO | 1955
179. O MENSAGEIRO DO DIABO | 1955
191. NO SILÊNCIO DE UMA CIDADE | 1956

201. ANATOMIA DE UM CRIME | 1959
211. DISQUE BUTTERFIELD 8 | 1960
219. PSICOSE | 1960
231. JUVENTUDE SELVAGEM | 196)
243. NA MIRA DA MORTE | 1968
255. LUA DE MEL DE ASSASSINOS | 1970
267. PERSEGUIDOR IMPLACÁVEL | 1971
275. FRENESI | 1972
283. TERRA DE NINGUÉM | 1973
291. ASSASSINATO NO EXPRESSO DO ORIENTE | 1974, 2010, 2017
303. DEVORADO VIVO | 1976
313. À PROCURA DE MR. GOODBAR | 1977
319. QUADRILHA DE SÁDICOS | 1977
327. DEZ MINUTOS PARA MORRER | 1983
335. SANGUE E ORQUÍDEAS | 1986
345. O FUGITIVO | 1993
353. UM SONHO SEM LIMITES | 1995
359. PÂNICO | 1996
367. ELEFANTE | 2003
375. ALPHA DOG | 2007
383. OS ESTRANHOS | 2008
391. CRIMES OCULTOS | 2015

400. BIBLIOTECA DARK
404. ÍNDICE REMISSIVO
415. SOBRE O AUTOR

*Dedicado às famílias das
minhas adoráveis sobrinhas:
Beth, Avi, Ben e Adam Davidovich
Ilene, Phil e Justin Lewis*

*"Todos nós ficamos um
pouco louco às vezes. Você não?"*
— Norman Bates, *Psicose*

ANATOMIA TRUE CRIME DOS FILMES

BABY BOOMER

Em um passado muito distante, quando *baby boomers* como eu eram crianças, havia apenas uma maneira de assistir a um filme que você não tinha conseguido ver nos cinemas. Você esperava até que ele passasse na TV, onde era interrompido por comerciais a cada vinte minutos, mais ou menos, e que, normalmente, era editado a cortes de machadinha para encaixar em um trecho da programação mais curto do que a duração original do filme. Então, para mim, é uma fonte de incessante fascínio viver em uma época na qual quase todos os filmes que quero assistir estão disponíveis instantaneamente na Netflix, Amazon Prime Video, YouTube ou em quaisquer outros excelentes serviços de streaming, sem mencionar em DVD e Blu-ray. Essa maravilhosa faceta da era moderna me permitiu assistir de novo (ou, em alguns casos, pela primeira vez) todos os filmes apresentados nas páginas a seguir, e tenho a esperança de que minhas abordagens necessariamente breves a respeito desses filmes inspirem os leitores a fazerem o mesmo. Investigar onde a arte e a realidade se encontram.

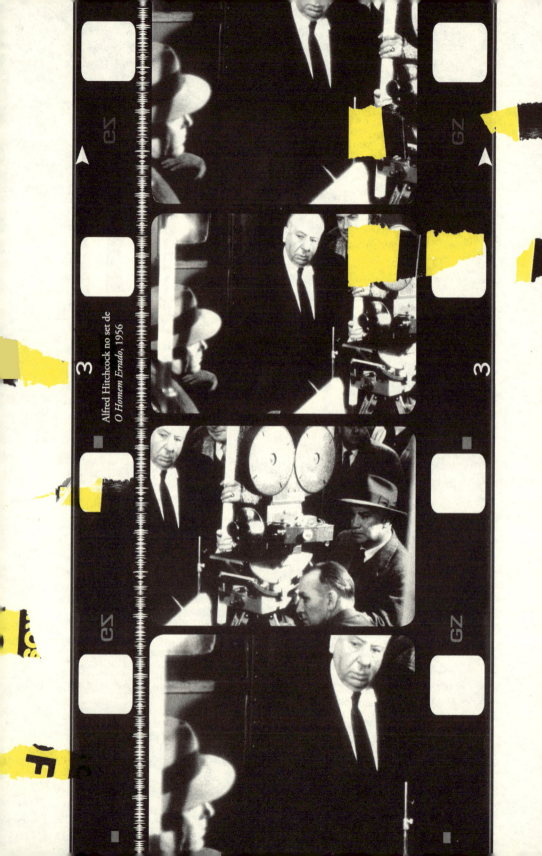

Alfred Hitchcock no set de
O Homem Errado, 1956

ANATOMIA TRUE CRIME DOS FILMES

PREFÁCIO

REAL FICÇÃO

O Homem Errado, um suspense de 1956, começa com uma tomada aérea do que parece ser um cavernoso estúdio de filmagem completamente tomado pelo escuro, exceto por um pedaço iluminado do chão. Em direção à luz caminha a minúscula silhueta de um cavalheiro rechonchudo que para de repente e começa a falar com um inconfundível sotaque britânico:

Aqui quem fala é Alfred Hitchcock. No passado, eu lhes apresentei diversos tipos de filmes de suspense. Mas desta vez, eu gostaria que vocês assistissem a algo diverso. A diferença se encontra no fato de que esta é uma história verídica, em sua totalidade. E ainda assim, ela contém elementos que são mais estranhos do que toda a ficção que já esteve presente em muitos dos suspenses que produzi antes.

Após esse prólogo, o filme propriamente dito começa: o kafkiano caso verídico de um músico desmazelado que foi acusado de roubo erroneamente.

O que chama mais a atenção do espectador contemporâneo de *O Homem Errado* na Turner Classic Movies ou na Netflix é a percepção de Hitchcock de que está apresentando algo único, uma surpreendente história verídica. Obviamente, as pessoas que frequentavam os cinemas naquela época não estavam acostumadas com tal coisa. Hoje em dia, claro, a realidade chocante — ou sua simulação convincente — é exatamente o que o público exige.

17

Para os fãs de histórias de crimes verídicos, nosso atual momento cultural é uma era de ouro, quando o gênero desfruta de mais legitimidade do que nunca. Os meios de entretenimento de hoje — podcasts, redes de televisão, canais de TV a cabo, serviços de streaming — oferecem um banquete ininterrupto de documentários dramáticos empolgantes e sanguinolentos para o deleite dos fãs de investigações forense. Todo um canal, o Investigação Discovery, dedica aos crimes verídicos uma programação 24 horas. Quanto ao cinema, apresentar um filme com as palavras "baseado em uma história real" se transformou na maneira mais popular de aumentar o interesse do público.

As coisas costumavam ser diferentes. Com raras exceções, como o filme de Hitchcock, as histórias de crimes que empolgavam os espectadores no passado eram supostamente meros produtos das imaginações férteis dos roteiristas.

No entanto, o fato é que crimes verídicos infames vêm fornecendo matéria-prima para filmes ficcionais desde o começo da indústria cinematográfica. O primeiro filme ficcional feito, *O Grande Roubo do Trem* de Edwin S. Porter, 1903 — em que um bando de foras da lei com revólveres nas mãos assalta um trem expresso —, foi baseado nas façanhas da gangue Hole in the Wall [Furo na parede] de Butch Cassidy. Ao longo do século seguinte, muitos filmes — de clássicos reconhecidos como *Pacto de Sangue*, de Billy Wilder, a sucessos de bilheteria como *Perseguidor Implacável*, de Don Siegel — foram inspirados por crimes verídicos. *O Homem Errado* é o único filme que Hitchcock assume abertamente ter sido inspirado por um caso da vida real. Como os leitores deste livro irão descobrir, contudo, outros suspenses desse mestre diretor foram inspirados por realidades mais estranhas que a ficção.

Muito antes dos filmes serem inventados, claro, autores estadunidenses tinham recorrido a crimes verídicos como base para suas obras de ficção. Um dos primeiros romances publicados nos Estados Unidos, *Wieland*, o suspense gótico de Charles Brockden Brown, de 1798, foi baseado no caso de um fanático religioso chamado James Yates que assassinou a esposa e os quatro filhos no norte do estado de Nova York. Alguns dos contos mais famosos de Edgar Allan Poe também foram inspirados por homicídios chocantes de sua época. "O Coração Delator", por exemplo, surgiu com base em reportagens nos jornais sobre um infame assassino de New Jersey que enterrou sua vítima embaixo do assoalho do porão.

Em gerações posteriores, grandes romancistas estadunidenses como Frank Norris, Theodore Dreiser e Richard Wright criaram obras primas literárias a partir de casos de assassinatos amplamente divulgados. Esses e outros artistas perceberam que os crimes que exercem o mais poderoso fascínio sobre a imaginação do público não são necessariamente os mais brutais ou sádicos, mas aqueles que estabelecem uma conexão com os medos culturais, fantasias e desejos proibidos mais predominantes.

Ao criarem seus próprios dramas investigativos, os cineastas de Hollywood buscaram inspiração em casos verídicos por muitas das mesmas razões: para explorar os (e tirar vantagem dos) problemas sociais da época, iluminar os recessos sombrios da mente humana e permitir que os espectadores desfrutem das emoções vicárias do proibido. E, claro, existe o motivo que Alfred Hitchcock apresenta no prólogo de *O Homem Errado*: às vezes, a vida real oferece histórias, personagens e situações muito mais fantásticos do que qualquer coisa que até o mais imaginativo roteirista poderia inventar.

Nas páginas a seguir, os leitores irão descobrir a verdade extraordinária, muitas vezes chocante, por trás de dezenas de longas-metragens, desde filmes de arte como *Terra de Ninguém*, de Terrence Malick, e *Elefante*, de Gus Van Sant, a clássicos cult como *Devorado Vivo* e *Quadrilha de Sádicos*. Repleto de revelações fascinantes e fatos do tipo "acredite se quiser", este é um livro que tem o intuito de ser esclarecedor tanto para os amantes do cinema quanto para aqueles aficionados por crimes verídicos, memoravelmente apelidados de "entusiastas do assassinato" pelo proeminente escritor Edmund Lester Pearson.

HITCHCOCK: Aqui quem fala é Alfred Hitchcock. No passado, eu lhes apresentei diversos tipos de filmes de suspense. Mas desta vez, eu gostaria que vocês assistissem a algo diverso. A diferença se encontra no fato de que esta é uma história verídica, em sua totalidade. E ainda assim, ela contém elementos que são mais estranhos do que toda a ficção que já esteve presente em muitos dos suspenses que produzi antes.

ANATOMIA TRUE CRIME DOS FILMES

CHICAGO

CHICAGO, 1927
DIRIGIDO POR FRANK URSON. ESCRITO POR LENORE J. COFFEE. COM PHYLLIS HAVER, VICTOR VARCONI, VIRGINIA BRADFORD E ROBERT EDESON.

ROXIE HART, 1942
DIRIGIDO POR WILLIAM A. WELLMAN. ESCRITO POR NUNNALLY JOHNSON. COM GINGER ROGERS, ADOLPHE MENJOU, GEORGE MONTGOMERY, NIGEL BRUCE, PHIL SILVERS, WILLIAM FRAWLEY E SPRING BYINGTON.

Assim como os outros fenômenos culturais que definiram a época — os bares que vendiam bebidas ilegais e destilados feitos em casa, o *hot jazz*, uma fusão do jazz com o blues, e as *petting parties*, festas onde casais se beijavam e se acariciavam, jovens rebeldes com cortes de cabelo estilo bob e contrabandistas que portavam metralhadoras —, os chamados Estrondosos Anos 1920 foram o apogeu dos tabloides, aquelas desavergonhadas publicações diárias sensacionalistas que alimentavam o apetite insaciável dos estadunidenses por algo sinistro e empolgante. E em nenhum outro lugar o jornalismo de tabloide foi praticado com um entusiasmo mais cínico do que em Chicago, onde repórteres inescrupulosos competiam uns contra os outros para ver quem criava as histórias mais descaradamente apelativas. Partindo do princípio de que nada vende mais exemplares do que uma picante história de sexo e assassinato, os tabloides ficavam felizes em servir um banquete interminável de escândalos de lamber os beiços, para o divertimento de seus leitores.

Ainda que quase todos os audaciosos repórteres de Chicago fossem homens, havia algumas exceções, entre elas Maurine Watkins. Filha de um pastor nascida no Kentucky, Watkins aspirava em ser uma dramaturga desde muito nova. Depois de se formar em primeiro em sua turma na Butler College em Indianápolis, ela se mudou para Cambridge, Massachusetts, onde foi aceita no famoso curso de dramaturgia de George Pierce Baker em Harvard, cujos ex-alunos incluíam Eugene O'Neill e Thomas Wolfe. Encorajada por Baker a mergulhar no mundo além do ambiente acadêmico — para procurar material na "grande, agitada e movimentada vida norte-americana do momento" —, Watkins logo viajou para Chicago, onde conseguiu um emprego como repórter estagiária no *Tribune*. Pouco tempo depois, ela se viu fazendo a cobertura de dois assassinatos bastante suculentos: inspiração para uma obra que, em alguns anos, lhe renderia fama e fortuna.

Por volta da 1h de quarta-feira, 12 de março de 1924, os policiais David Fitzgerald e Morris Quinn da delegacia da Fiftieth Street, zona sul de Chicago, estavam fazendo sua ronda quando avistaram uma mulher entrando em um Nash sedan estacionado na frente do número 4809 da Forrestville Avenue, uma casa de três andares dividida em apartamentos alugados. Sem darem muita importância a isso, dobraram a esquina da Fiftieth Street para fazer a ligação de rotina da cabine telefônica da polícia. Ainda estavam passando o relatório quando soaram três disparos da direção da qual tinham vindo. Ao virarem a

esquina correndo, viram o motorista do carro debruçado sobre o volante. Ele tinha sido baleado na cabeça. Jogadas no chão havia uma pistola automática e meia garrafa de gin. A mulher que eles tinham visto entrando no veículo sumira.

Sem saber com o que estavam lidando — suicídio, roubo ou até mesmo uma execução realizada pelo crime organizado —, os patrulheiros logo notificaram a delegacia. Em poucos minutos, outros policiais chegaram na cena, junto com o legista adjunto Joseph Springer, que determinou que o homem tinha sido morto por um único projétil encamisado que "atravessou a bochecha direita e saiu pela orelha esquerda". Sua carteira, ainda dentro do bolso do casaco, continha documentos que o identificavam como Walter Law, um vendedor de carros de 29 anos, casado e com um filho de três anos.

O carro, porém, não pertencia a Law. Depois de enviarem o número da placa para o departamento de veículos, Fitzgerald e Quinn descobriram que o dono era a sra. Belva Gaertner, uma moradora do número 4809 da Forrestville Avenue. Depois de subirem correndo até o apartamento, eles bateram à porta. Ela foi aberta por uma mulher "de trinta e poucos anos", como os jornais relataram. "Não era bonita, mas tinha um indefinível traço atraente... Interessante é a palavra que poderia ser aplicada a ela. Ela tinha elegância." Usava apenas um roupão. Um vestido e um casaco de pele, ambos ensopados de sangue, repousavam no chão, próximo ao sofá.

Conforme os investigadores logo descobriram, a sra. Gaertner, de 38 anos, divorciada duas vezes, era uma ex-cantora de cabaré que tinha se apresentado com o nome Belle Brown e sido casada com um industrialista abastado na casa dos sessenta anos que, conforme o público descobriu durante o rompimento amplamente divulgado, gostava de ser chicoteado quando fazia amor. Andando em círculos ao redor da sala de estar enquanto Fitzgerald e Quinn a interrogavam, confessou que tinha saído com Law, mas, apesar das provas contundentes que eram suas roupas ensanguentadas, insistiu que não sabia nada sobre sua morte. Por fim, confessou que a pistola era dela — "sempre a levava consigo porque tinha medo de ladrões", explicou —, mas continuou a dar a mesma resposta quando pressionada sobre o disparo em si: "Não sei. Estava bêbada".

Levada sob custódia, ela mudou sua versão no dia seguinte, inventando uma história bizarra que logo lhe renderia o apelido de "Assassina do Cara ou Coroa" nos tabloides. De acordo com esse relato, ela e Law estavam voltando para sua casa depois da meia-noite quando "começaram a conversar sobre assaltantes armados. 'Eu disse ao Law que estávamos correndo muitos riscos voltando para casa tão tarde. E se algum bandido nos parasse e nos roubasse, e talvez tentasse pôr as mãos em mim? O que faríamos?'".

Aos poucos, a "conversa mudou" para saber quem era "o melhor atirador":

"Eu sugeri de brincadeira que jogássemos cara ou coroa e que o vencedor atirasse no perdedor. Eu disse que se o vencedor não acertasse o perdedor, o último teria uma chance de atirar, e vice-versa, até que um de nós fosse atingido. Havia nove balas na pistola.

"E então — ah, não sei o que de fato aconteceu. Eu estava muito bêbada. Lembro que ele desmoronou em cima do volante, mas não sabia qual era o problema.

"'Walter! Walter', eu chamei. Mas ele não se mexeu nem me respondeu. Então tentei tirá-lo do banco do motorista para que eu pudesse dirigir o carro até minha casa, mas não consegui movê-lo de tão mole que ele estava. A cabeça dele caiu sobre meus braços, e foi por isso que minhas roupas ficaram salpicadas de sangue. Fiquei com medo e corri para casa".

Mais tarde naquele dia, interrogada pelo procurador adjunto do Estado Stanley Klarkowski, ela fez uma mudança significativa em sua história, "declarando que tinha sido Law quem tinha proposto o duelo". Pressionada a dar mais detalhes, porém, ela voltou à sua negação padrão, desmoronando em soluços e prantos inconsoláveis: "Ah, sr. procurador, não consigo me lembrar de nada — nem que eu tenha que ser enforcada por isso!".

No inquérito do legista, contudo, os policiais que a prenderam afirmaram que a sra. Gaertner "não estava tão embriagada quanto fingia estar". De acordo com o gerente do Gingham Inn, um certo "Curley" Brown, ela e Law "não tomaram gim. Só refrigerante ginger ale. Não servimos gim".

O testemunho mais devastador, contudo, foi dado por um dos colegas de Law, um outro vendedor de carros chamado Paul E. Goodwin. "Walter me contou na segunda-feira que estava planejando aumentar seu seguro de vida porque a sra. Gaertner ameaçou matá-lo", Goodwin afirmou sob juramento. "Três semanas antes, ele me contou que ela o tinha trancado no apartamento junto com ela e ameaçado o esfaquear a não ser que ele ficasse lá dentro."

O testemunho de Goodwin sustentava a alegação do procurador ajunto do Estado, Klarkowski. "O Estado acredita que a motivação por trás do crime seja o seguinte", declarou. "A sra. Gaertner tinha apanhado Law em uma armadilha. Ele tentou fugir para ficar com a esposa e a família. Ela o matou em vez de perdê-lo." O júri do legista concordou. Depois de deliberarem por vinte minutos, concluíram que Law "veio a óbito devido a uma bala disparada pela sra. Belva Gaertner" e recomendaram que ela fosse detida sem possibilidade de fiança.

Graças, em grande parte, às reportagens de primeira página escritas por Maurine Watkins, Belva se transformou em uma sensação dos tabloides, desfrutando seu status de celebridade e entretendo os repórteres com seu bastante citável "discurso sobre amor, gin, armas, amantes, esposas e maridos".

"Ora, é bobagem dizer que matei Walter", declarou de maneira despreocupada em uma entrevista na prisão do condado de Cook. "Nenhuma mulher é capaz de amar um homem o bastante para matá-lo. Eles não valem a pena, porque sempre existem muitos outros." Como exatamente ele acabou morto ainda lhe era um mistério. O máximo que conseguia dizer era que "nós nos embebedamos e ele foi morto com minha arma no meu carro".

Belva, no entanto, não teve muito tempo para desfrutar de sua notoriedade criminosa. Poucas semanas após sua prisão, ela foi eclipsada por outra assassina de homens mais jovem, ainda mais sexy, uma beldade ruiva de 23 anos chamada Beulah May Annan.

Poucos minutos antes das 17h do dia 3 de abril de 1924, o marido de Beulah, Albert, um "mecânico humilde" que costumava trabalhar catorze horas por dia para proporcionar uma vida confortável para sua idolatrada e muito mais jovem esposa, recebeu um telefonema de casa. "Atirei em um homem, Albert", contou Beulah. "Ele tentou fazer amor comigo."

Depois de correr para casa em um táxi, um Albert desesperado ficou andando de um lado a outro. Encurvado contra uma parede do quarto havia um jovem de camisa, com sangue escorrendo de um buraco de bala nas costas. Seu paletó, colete, chapéu e sobretudo estavam jogados descuidadamente sobre uma cadeira. Garrafas de vinho vazias, assim como um par de taças, repousavam sobre a cômoda. Música estrondeava de uma vitrola — um disco popular de jazz com influências havaianas, "Hula Lou", sobre "o tipo de garota que nunca conseguia ser honesta".

Quando a polícia chegou, Beulah, fedendo a álcool, contou a mesma história que o marido tinha engolido de início. A vítima era um jovem chamado Harry Kalstedt, um colega de trabalhado de Beulah na lavanderia onde ela tinha um emprego de meio período como contadora. Naquela tarde, ele tinha aparecido em seu apartamento, se convidado a entrar e "se comportado como se estivesse em sua casa. Embora eu mal o conhecesse", disse Beulah em meio às lágrimas, "ele tentou fazer amor comigo. Falei para ele que ia atirar. Ele continuou avançando assim mesmo, e eu... eu atirei".

Após uma noite de interrogatório intenso conduzido por uma dupla de procuradores adjuntos do Estado e pelo capitão da polícia Edward Murname da delegacia de Hyde Park, contudo, a beldade agora sóbria desmoronou e despejou a verdade. Beulah — que já tinha sido casada uma vez — estivera "tendo uma aventura" com o belo Kalstedt durante os dois últimos meses, enquanto o "patinho" do seu marido (como os jornais agora se referiam a Albert) dava duro na oficina. Na manhã anterior, "assim que meu marido saiu para trabalhar", recontou Beulah, "Harry me telefonou. Eu lhe disse que não estaria em casa, mas ele foi até lá mesmo assim. Nós nos sentamos no apartamento por algum tempo, bebendo. Então eu disse de brincadeira que não iria mais vê-lo. Ele disse que estava cansado de mim e começou a vestir o casaco. Quando percebi que estava falando sério, minha cabeça entrou em parafusos e eu atirei nele".

Temendo que os vizinhos, depois de entreouvirem o alvoroço, pudessem ir bater à sua porta, ela ligou o fonógrafo e continuou com ele ligado enquanto pensava no que fazer. Foi apenas às 17h — três horas após efetuar o disparo — que ela telefonou para o trabalho de Albert. De acordo com o testemunho o dr. Clifford Oliver, o médico legista, Kalstedt não tinha morrido de imediato; ele continuou vivo por quase duas horas antes de sucumbir ao ferimento. Durante todo esse tempo, Beulah tocou "Hula Lou" repetidas vezes enquanto o amante morria aos seus pés.

Os tabloides fizeram a festa com essa história. A encantadora Beulah — de imediato chamada de "a Assassina Mais Bonita de Chicago" — se tornou uma sensação nacional: uma "Salomé moderna" que tinha "feito uma ardente dança da morte ao som de discos de jazz [acima] do corpo do homem que tinha baleado e matado". Retirada das primeiras páginas e se sentindo ultrapassada, Belva Gaertner — "a Assassina Mais Elegante de Chicago", como ficou conhecida — só conseguiu voltar aos holofotes ao posar para algumas fotos com Beulah. "Assassinas de Homens", dizia a legenda da dupla.

Embora o traído Albert Annan a princípio tivesse desabafado seu desgosto tanto por sua esposa infiel quanto por si mesmo — "eu fui um idiota, só isso, apenas um vale-alimentação!", exclamou depois da prisão de Beulah —, não demorou muito para que sua irremediável natureza submissa se reafirmasse. "Não tenho muito dinheiro", contou aos repórteres alguns dias depois, "mas vou gastar até meu último centavo para ajudar Beulah."

Seu dinheiro foi gasto na contratação de um dos advogados mais excêntricos de Chicago, W.W. O'Brien. Um exibicionista no tribunal que tinha passado doze anos como artista teatral antes de entrar para o ramo jurídico, O'Brien era um personagem audacioso e mulherengo que se tornou o advogado de defesa mais procurado por alguns dos gângsteres mais infames de Chicago quando, depois de ser baleado em um bar em 1921, se recusou a entregar os atiradores, assim provando ser o tipo de sujeito obstinado que ficava de bico calado perto dos tiras. Embora exigisse que seus honorários salgados fossem pagos adiantados e em dinheiro, o caso proeminente da "Assassina Mais Bonita do Condado de Cook" (outra maneira como os tabloides se referiam a Beulah) era tentador demais para ser recusado.

A confiança de Beulah em sua derradeira absolvição foi sustentada não só pelo impressionante histórico de vitórias de O'Brien no tribunal, como também pela crença geral de que era improvável que um júri constituído apenas de homens fosse condenar uma mulher de tal atração irresistível. Pouco antes do julgamento, porém, uma das outras prisioneiras no "Corredor das Assassinas", Elizabeth Unkafer, foi declarada culpada pelo assassinato do amante e condenada à prisão perpétua. Sem querer correr nenhum risco, Beulah criou um engenhoso estratagema para garantir a simpatia do público. "No dia 8 de maio, o dia que se seguiu à condenação de Unkafer", escreveu o jornalista Douglas Perry, "ela convocou a imprensa e anunciou que estava grávida."

JORNALISTA (cinicamente): Aqui você está ganhando uma coisa que o dinheiro não pode comprar — propaganda nas primeiras páginas.

Durante o julgamento realizado no final de maio de 1924, O'Brien não mediu nenhum esforço histriônico, retratando a vítima como um "vagabundo" que tinha cumprido pena por atacar uma mulher e que tinha batido à porta de sua cliente na manhã do disparo pedindo dinheiro emprestado para comprar bebida. Para se livrar dele, Beulah — "uma garota trabalhadora, frágil, pequena e virtuosa", como O'Brien a descreveu — lhe deu alguns trocados e o mandou embora. Naquela tarde, contudo, ele voltou portando quase um litro de bebida e entrou à força no apartamento. Assustada, ela implorou que ele fosse embora, mas ele se recusou.

"E então ela tolamente tomou uma bebida, só para satisfazer a vontade dele e fazer com que ele fosse embora, e tocou a vitrola para abafar sua voz ruidosa", disse O'Brien. Gabando-se "de que tinha cumprido pena por ter obrigado uma mulher a fazer sexo com ele", o "grosseirão bêbado" começou a investir contra ela. Quando suas súplicas não conseguiram impedi-lo, a "futura mãe", aterrorizada, correu para o telefone "para contar ao marido sobre o perigo no qual se encontrava". No mesmo instante, Kalstedt correu para a pistola que Albert Annan mantinha guardada embaixo do travesseiro. Ao ver isso, Beulah pulou para pegar a arma e, depois de uma luta feroz, a arrancou com um puxão e apertou o gatilho.

O júri demorou menos de duas horas para votar pela absolvição. "Outra mulher bonita sai em liberdade", o promotor William F. McLaughlin disse com amargura. Enquanto Beulah apertava a mão de cada jurado e os agradecia profusamente, seu marido chorava de alegria e exclamava: "Eu sabia que minha esposa iria sair bem dessa!".

Trinta e seis horas depois, Beulah — que, no fim das contas, não estava grávida — apareceu no escritório de um jornal com seu advogado a reboque e anunciou que estava se divorciando de Albert. "Ele não quer que eu me divirta", disse. "Ele nunca quer que eu saia e não sabe dançar. Não vou desperdiçar o resto da minha vida com ele — ele é muito lerdo." Certa de que conseguiria usar sua popularidade e aparência para iniciar uma carreira como estrela de cinema, estava pensando em se mudar para Hollywood. "Quero luzes, música e diversão — e vou ter tudo isso!"

No mês seguinte, contudo, o público já tinha se esquecido de Beulah. Na terça-feira, 3 de junho, sua rival, Belva Gaertner, reivindicou os holofotes quando seu próprio julgamento começou. O consenso geral entre as testemunhas do tribunal era que Belva — que vestiu roupas diferentes, embora igualmente elegantes, em cada um dos quatro dias dos procedimentos — "não era tão bonita" quanto Beulah, mas tinha "mais classe". O júri em seu caso demorou um pouco mais para a absolver, seis horas e meia. Depois de agradecer os doze homens com olhos marejados, ela foi embora depressa do tribunal e voltou para casa, onde comemoraria com a irmã, fazendo uma breve parada na prisão para empacotar seu "elaborado guarda-roupa".

Os sonhos românticos de Beulah nunca se materializaram. Seis meses depois do divórcio, ela se casou pela terceira vez, com um pugilista de 26 anos que passou a distribuir olhos roxos e costelas quebradas durante suas frequentes altercações. Esse casamento durou menos de quatro meses. Alguns anos depois, em março de 1928, ela morreu de tuberculose aos 32 anos. Entre as poucas pessoas presentes em seu enterro na sua cidade natal de Owensboro, Kentucky, estava seu segundo marido, Albert, ainda apaixonado — o "pobre coitado", como seria conhecido para sempre nos tabloides —, que tinha passado os poucos anos anteriores "trabalhando para pagar as dívidas nas quais tinha incorrido para pagar pela liberdade dela".

Beulah Ann nunca conseguiu um papel em um filme, mas, graças a Maurine Watkins, se tornou uma imortal das telonas na forma de uma substituta mal disfarçada. Pouco depois do julgamento de Belva Gaertner, Watkins se demitiu do *Tribune* e, depois de passar algum tempo na cidade de Nova York como crítica de cinema, se mudou para New Haven, Connecticut, onde seu mentor, George Pierce Baker, agora lecionava em Yale. Matriculada outra vez em seu curso, ela concluiu uma peça a princípio intitulada *The Brave Little Woman*, buscando muita inspiração nos dois casos chocantes de assassinato sobre os quais tinha redigido reportagens para o *Tribune*. Uma sátira mordaz sobre a cultura estadunidense obcecada por celebridades, as inequidades repulsivas do sistema judiciário e o apetite voraz do público por entretenimento escandaloso baseado em crimes verídicos, a peça — rebatizada de *Chicago* — foi um sucesso de crítica e público quando estreou na Broadway em 1926.

VELMA: Eu estava bêbada, meu bem. Completamente fora do ar. Não me lembro de nada da hora que fomos embora do café até os policiais me encontrarem tirando o sangue das mãos. Mas tenho certeza de que não o matei.

Embora Watkins tenha inventado nomes fictícios para os personagens principais — Roxie Hart, Velma e Billy Flynn —, seus contemporâneos não tiveram dificuldade em reconhecer as inspirações que ela retirou da vida real: Beulah Annan, Belva Gaertner e W.W. O'Brien. Incorporando diálogos e detalhes dos casos verdadeiros, a peça começa no quarto de Roxie, onde ela abate a tiros o amante, Fred Casely, que acaba de anunciar sua intenção de terminar com ela. Seu desafortunado marido, Amos, o substituto de Albert Annan, a princípio engole a história de que a vítima era um ladrão. Mesmo depois de descobrir que sua linda e jovem esposa o traía com Casely há meses, ele permanece — como seu modelo patético — irremediavelmente dedicado a ela.

Embora morrendo de medo de ser enforcada, Roxie é tranquilizada por um cínico jornalista de tabloides chamado Jake que lhe diz que o crime é a melhor coisa que já aconteceu a ela. "Aqui você está ganhando uma coisa que o dinheiro não pode comprar — propaganda nas primeiras páginas", exclama. "Quem conhece você agora? Ninguém! Mas a esta hora amanhã, o seu rosto será conhecido de uma costa a outra. Quem se importa hoje se você vai viver ou morrer? Mas amanhã eles estarão loucos para saber o que você comeu no café da manhã e como você dormiu na noite passada. Eles irão brigar para ver você, virão às centenas para darem uma olhada na sua casa."

A previsão de Jake se torna realidade. Roxie se transforma em uma sensação da noite para o dia, dando gritinhos de alegria na prisão enquanto lê com atenção os jornais da cidade. "Uma página inteira de fotos! Ora, é como se eu fosse presidente ou algo assim: a 'Linda Roxie Hart, a Assassina do Jazz.'" Ela de imediato eclipsa a estrela anterior dos tabloides locais, a "elegante" Velma, que, ecoando a alegação de Belva Gaertner, nega ter qualquer conhecimento de seu crime. "Juro que não sei", responde quando Roxie lhe pergunta quem foi o assassino. "Eu estava bêbada, meu bem. Completamente fora do ar. Não me lembro de nada da hora que fomos embora do café até os policiais me encontrarem tirando o sangue das mãos. Mas tenho certeza de que não o matei."

Com dinheiro arrecadado por Amos, complementado com os lucros de um leilão das posses agora inestimáveis de Roxie ("uma xícara de chá usada por uma verdadeira assassina", "o disco que ela tocou enquanto o namorado morria aos seus pés"), Roxie contrata o advogado figurão Billy Flynn, que de imediato inventa uma história de sua vida para ser publicada nos tabloides sob o título "Do Convento à Prisão":

"Linda casa sulista, repleta de luxo e requinte, pais mortos, educada no Sagrado Coração, levada embora, fugiu para se casar... Você é uma criança inocente e adorável, enfeitiçada pelo que estava acontecendo. Jovem, cheia de vida, solitária, foi pega pelo rebuliço de uma cidade grande... e foi inevitavelmente atraída como uma mariposa é atraída pelo fogo! E agora o rebuliço parou: uma borboleta esmagada sobre o volante... E você chora de remorso pela vida que tirou."

Quando outra jovem assassina, a "Gatinha Vá-pro-Inferno, a Tigresa", ameaça arrancá-la das manchetes, Roxie contra-ataca anunciando que está grávida, um furo que os tabloides consideram irresistível. ("Minha nossa — que história tremenda!", exclama Jake. "Jovem Mãe Aguarda Julgamento.")

A peça termina com o julgamento de Roxie, um circo judiciário onde Billy "faz por merecer seus 5 mil dólares", apresentando uma performance brilhante que mantém o júri "hipnotizado, fascinado, pendurado em cada palavra e acompanhando cada gesto". No instante em que é absolvida, Roxie dá um pé na bunda de Amos, anuncia seu plano de entrar para os shows de variedades e revela que nunca esteve grávida. Neste exato momento, outra mulher atira no amante no lado de fora do tribunal. Conforme os repórteres afluem para a mais recente sensação criminosa de Chicago, "Rosie Metralhadora, a garota de Cicero", uma aturdida Roxie é forçada a encarar a dura realidade. "Esqueça", Flynn lhe informa. "Você é coisa do passado!"

Milhões de pessoas estão familiarizadas com a peça de Watkins como um musical da Broadway sexy e ostentoso que foi levado às telonas em 2002 com Renée Zellweger, Catherine Zeta-Jones e Richard Gere nos papéis de Roxie, Velma e Billy Flynn. Esse sucesso ganhador do Oscar, contudo, é na verdade a terceira adaptação de *Chicago* a sair de Hollywood. A primeira delas, lançada em 1927, é um filme mudo nominalmente dirigido por Frank Urson, embora a maioria dos acadêmicos do cinema acreditem que o verdadeiro diretor tenha sido o produtor do filme, o lendário Cecil B. DeMille. Grande parte dele se atém bastante à peça. No papel principal, Phyllis Haver — uma comediante loira cheia de energia que costumava interpretar melindrosas interesseiras e mulheres fatais coniventes ("*vamps*", no linguajar da época) — é tão irresistível quanto a amoral e completamente egoísta Roxie. O ator coadjuvante, Robert Edeson, parecendo uma morsa muito bem vestida, está igualmente bem como o inescrupuloso Billy Flynn. Seu discurso de encerramento para o júri, durante o qual ele se comove como um ator de terceira categoria em um melodrama vitoriano, é um destaque cômico.

Um ponto onde o filme se desvia drasticamente de sua fonte é em sua representação de Amos Hart, aqui interpretado pelo ídolo húngaro das matinês, Victor Varconi. Longe de ser o palerma inseguro da peça de Watkins (e da vida real), o Amos de Varconi é uma figura bonita e bastante compreensiva que, com uma atitude nobre, permanece ao lado da esposa durante sua crise, apesar de seu profundo receio moral. Em uma trama secundária criada pela roteirista Lenore J. Coffee para acrescentar um elemento de ação empolgante aos eventos, Amos obtém o dinheiro para pagar os exorbitantes honorários de Flynn ao entrar de fininho na casa do advogado e roubar alguns de seus ganhos ilícitos — uma sequência que culmina em uma luta cheia de quedas e empurrões entre Amos e o criado japonês de Flynn.

No adequado clímax moralista do filme, tanto Amos quanto sua esposa infiel recebem o que merecem. Ela é jogada nas ruas varridas pela chuva, onde vê um jornal com uma foto sua na primeira página ser pisoteado por pedestres e depois ser levado pela água para dentro de um bueiro. No andar de cima, a jovem vizinha adorável e solteira que faz faxina para os Hart aparece no apartamento deles e lança olhares paqueradores para Amos, agora disponível, claramente determinada a se tornar a esposa obediente e dedicada que ele merece.

Quinze anos depois, a peça de Watkins ganhou uma refilmagem na forma de uma comédia romântica dos anos 1940, *Roxie Hart*, estrelando a famosa parceira de dança de Fred Astaire, Ginger Rogers, no papel principal. Dirigido por William A. Wellman (um dos maiores diretores de Hollywood, cuja filmografia inclui clássicos como *Asas*, *Inimigo Público* e o *Nasce uma Estrela* original), essa versão, como a de DeMille, toma liberdades interessantes em relação à sua fonte. Para começo de conversa, a história é contada como um flashback. Na cena de abertura, ambientada em 1942, nós conhecemos o repórter de longa data de Chicago, Homer Howard (George Montgomery), que, depois de fazer a cobertura do costumeiro assassinato de um apostador insignificante, se retira para um bar onde relembra os bons e velhos anos 1920, quando "tudo era grande — grandes quantias de dinheiro, grandes criminosos, grandes histórias". Ele então passa a entreter os outros clientes com a maior história de todos os tempos — a saga de Roxie Hart, "a mulher mais bonita a ser julgada por assassinato no condado de Cook".

Embora o filme (adaptado pelo roteirista indicado ao Oscar, Nunnally Johnson) preserve grande parte da trama e dos diálogos de Watkins, ele altera a personagem principal de um modo drástico. Ao contrário da protagonista de Watkins (e da assassina na qual foi baseada), esta Roxie acaba por ser inocente. Uma aspirante a dançarina que foi rejeitada por todas as agências de talentos da cidade, ela se deixa ser presa pelo assassinato (que na verdade foi cometido pelo canalha de seu marido, Amos) depois de ser convencida por um agente de fala mansa de que a infâmia impulsionaria sua carreira.

Ginger Rogers, um deleite total como uma Roxie atrevida, mascadora de chicletes e faminta por publicidade, tem a oportunidade de exibir suas habilidades de Terpsícore quando faz uma demonstração da última febre nos salões de baile, a dança *Black Bottom*, para uma sala cheia de repórteres, uma atuação animada que coloca toda a cadeia para dançar. Mais tarde, ela faz uma divertida apresentação de sapateado para Homer, o repórter, que está todo apaixonado pela radiante Roxie.

Após um julgamento hilário de tão exagerado — que inclui uma narração de rádio lance a lance e o patrocínio de um medicamento fajuto que garante curar o "câncer, hidropisia, gota, doença de Bright, lumbago, doença do sono, ou qualquer combinação de tais doenças em cinco dias" —, Roxie é absolvida. No final, seguindo as convenções sociais da época, ela troca suas ambições pela feliz vida doméstica como dona de casa e mãe. A cena final, um retorno ao cenário ambientado em 1942, mostra Homer indo embora do bar para se juntar à esposa, que, junto de seus cinco filhos, vai buscá-lo no abarrotado carro da família. A mulher baixinha atrás do volante é ninguém mais, ninguém menos que Roxie, que tem uma novidade para contar ao marido: Eles estão prestes a ter outro abençoado rebento — ou, como ela diz na última reviravolta do filme: "Vamos precisar comprar um carro maior ano que vem".

ANATOMIA TRUE CRIME DOS FILMES

VAMPIRO
DE DÜSSELDORF

M, 1931 DIRIGIDO POR FRITZ LANG. ESCRITO POR FRITZ LANG E THEA VON HARBOU. COM PETER LORRE, OTTO WERNICKE, GUSTAF GRÜNDGENS, THEO LINGEN, THEODOR LOOS, GEORG JOHN E ELLEN WINDANN.

A sequência de abertura da obra-prima de Fritz Lang, M – *O Vampiro de Düsseldorf*, de 1931, demonstra algo que os grandes cineastas sempre compreenderam: é possível incutir uma profunda sensação de terror na audiência sem mostrar uma única imagem de sanguinolência ou violência explícita. O filme começa com uma tomada aérea de um círculo de crianças no pátio de um projeto habitacional brincando de um jogo de eliminação tipo "uni-duni-tê". Uma garotinha está no centro, girando devagar de um amiguinho para outro e apontando o dedo para cada um deles enquanto cantarola uma sinistra cantiga infantil:

Just you wait, it won't be long,
The Man in Black will soon be here,
With his cleaver's blade so true
He'll make mincemeat out of you![1]

[1] Espere só, não vai demorar/O Homem de Preto já vai chegar/O cutelo afiado que você vê/Vai fazer picadinho de você!
[Nota do Tradutor, daqui em diante NT]

A pessoa para quem ela aponta quando chega à última palavra é eliminada.

Uma lavadeira do prédio reclama com a vizinha, a sra. Beckmann, sobre a "horrível canção" das crianças. Ela não quer mais saber do monstro que estava assombrando a cidade, um assassino em série pedófilo identificado na imprensa como *Kindermörder* — o assassino de crianças. A sra. Beckmann, contudo, encontra conforto na brincadeira. "Enquanto ainda pudermos ouvi-las cantando", diz, "pelo menos saberemos que ainda estão lá."

É meio-dia, e a sra. Beckmann está esperando a filha, Elsie, voltar da escola para almoçar. Enquanto a mãe prepara a refeição, nós vemos a menininha, mochila nas costas, caminhando pela rua enquanto quica uma bola na calçada. Ela faz uma pausa para fazê-la quicar contra um quiosque com um pôster oferecendo uma recompensa de 10 mil marcos pelo assassino. De repente, a sombra de um homem cai sobre o pôster. "Que bola bonita você tem aí", diz em um tom de voz assustadoramente monótono. "Qual é o seu nome?"

O filme então corta de volta para a mãe. Agora são 12h20 e Elsie ainda não chegou. A sra. Beckmann sai para o patamar e dá uma espiada nas escadas. Diversos colegas de escola de sua filha acabam de chegar em casa, mas ninguém viu a Elsie.

De volta à rua, nós vemos um homenzinho bem-vestido comprando para a garotinha um balão de um vendedor ambulante cego. Enquanto deposita algumas moedas na mão do vendedor, o homem assobia uma melodia reconhecível, "Na Gruta do Rei da Montanha", de Edvard Grieg. Ele então segura a mão de Elsie e a leva embora.

O relógio da sra. Beckmann agora marca 13h15. Ela sai para o patamar e grita "Elsie!" para as escadas vazias. Vai até a janela e berra o nome da criança. À medida que seus gritos vão ficando cada vez mais frenéticos, nós vemos uma sequência de cenas: a mesa posta para o almoço que a filha não consumiu; a bola de Elsie rolando para longe de alguns arbustos; o balão preso em fios de telefone antes de ser levado embora pelo vento. Ao deixar os detalhes do destino da inocente criança inteiramente para a imaginação do espectador, Lang cria uma experiência devastadora do indescritível.

Enquanto multidões trocam empurrões para agarrar as edições extras dos jornais que estão alardeando a atrocidade mais recente, nós temos o primeiro vislumbre completo do assassino, Hans Beckert. Interpretado por Peter Lorre em uma atuação digna de estrela, Beckert, com seus olhos protuberantes, rosto rechonchudo e lábios cheios, lembra um bebê crescido a um tamanho monstruoso. Sua aparência repulsiva fica ainda mais grotesca quando ele se dedica ao que parece ser uma de suas atividades favoritas: puxar para baixo os cantos da boca com os dedos médios e fazer caretas assustadoras na frente do espelho.

**MENINA: Espere só, não vai demorar
O Homem de Preto já vai chegar
O cutelo afiado que você vê
Vai fazer picadinho de você!**

Como outros assassinos em série, de Jack, o Estripador, ao Filho de Sam e o Zodíaco, Beckert envia cartas provocadoras para a imprensa, prometendo que mais mortes estão por vir. ==Entre seus outros aspectos inovadores, o filme de Lang é o primeiro a retratar o tipo de trabalho forense que viria a se tornar o elemento básico do entretenimento popular meio século depois.== Vemos técnicos de laboratório analisando impressões digitais na carta de Beckert; um especialista em caligrafia criando um perfil psicológico do assassino; um investigador de cenas de crime encontrando um pedaço de papel amassado que, quando analisado, revela ser uma embalagem de doce contendo traços de balas de frutas — os doces que Beckert comprou para sua pequena vítima antes de levá-la para a morte.

Incitada pela crescente comoção pública por conta do monstro à solta na cidade, a polícia também intensifica as batidas em lugares conhecidos frequentados por criminosos. Para tirar a polícia do seu pé, os habitantes do submundo organizam sua própria caçada. Enquanto tenta capturar outra pequena vítima, Beckert afinal é identificado pelo vendedor de balões cego, que o reconhece pela melodia que está assobiando. Incitado pelo vendedor, um adolescente segue Beckert e, para se assegurar de que ele não escape, consegue escrever a letra M com giz nas costas de seu casaco. Quando Beckert encontra a marca incriminadora e se dá conta de que foi identificado, se esconde em um prédio de escritórios. (A cena de Peter Lorre aterrorizado ao ver o M nas costas depois de dar uma espiada em um espelho por cima do ombro é uma das imagens mais icônicas do cinema.)

Apanhado pelos gângsteres que o estavam perseguindo e arrastado diante de um tribunal improvisado em um armazém abandonado, Lorre profere um monólogo angustiante. Comparando a si mesmo com seus captores — ladrões e apostadores insignificantes que poderiam facilmente desistir de suas atividades criminosas se não fossem "porcos tão preguiçosos" —, ele berra: "Não consigo evitar! Não tenho nenhum controle sobre essa coisa amaldiçoada dentro de mim! Quem sabe como é ser eu?".

Graças à atuação arrasadora de Lorre — e à maneira como seu personagem foi concebido por Lang e a coautora, sua esposa Thea von Harbou —, pode ser possível sentir um pouco de compaixão pelo atormentado Beckert. O mesmo não pode ser dito do verdadeiro assassino em série no qual ele foi inspirado, Peter Kürten. Na opinião de um eminente historiador de crimes mundiais, Kürten foi um dos principais concorrentes ao título de "pior homem que já viveu".

Nascido em 1883, Kürten era um dos treze filhos da família. Todos moravam em um apartamento de um cômodo só, uma disposição de moradia que proporcionava a Kürten muitas oportunidades de observar a vida sexual dos pais. Além de maltratar os filhos, o pai alcoólatra brutalizava a esposa durante seus frequentes ataques de raiva quando estava embriagado. Em 1897, quando Kürten tinha catorze anos, o pai foi condenado a dezoito meses de trabalho forçado por cometer incesto com a filha mais velha.

Além das surras violentas que sofria com frequência nas mãos do pai — e da brutalidade sexual que costumava testemunhar em casa —, o jovem Kürten recebeu lições em sadismo de uma outra fonte. Por volta dos nove anos de idade, se tornou amigo do funcionário da carrocinha local, um degenerado que lhe ensinou a se masturbar e a torturar cães. Quando alcançou maturidade sexual no início da adolescência, Kürten já tinha desenvolvido um ávido apetite pela bestialidade, obtendo intenso prazer principalmente em esfaquear, decapitar ou cortar as gargantas de diversas criaturas — porcos, bodes, até mesmo aves de fazenda — enquanto (como ele mesmo disse) "enfiava seu membro" no animal.

Entre 1899, quando estava com dezesseis anos, e 1921, Kürten cumpriu dezessete penas por crimes que iam de invasão domiciliar e fraude a assédio de mulheres que rejeitavam suas investidas. Libertado em 1921 depois de uma pena de sete anos por deserção militar, conheceu e se casou com uma antiga prostituta; ela era três anos mais velha do que ele e tinha passado cinco anos na prisão por atirar no namorado que a tinha largado.

Após o casamento, Kürten arrumou emprego em uma fábrica. Durante algum tempo, conseguiu manter sua sede de sangue sob controle. Ela voltou a se reafirmar em 1925, quando ele e a esposa se mudaram para Düsseldorf. Ao se envolver com diversas jovens, ele tentou, em pelo menos quatro ocasiões, estrangular as moças até a morte durante o sexo. Todas conseguiram se libertar e escapar. Qualquer autocontrole que tenha conseguido manter desmoronou por completo em fevereiro de 1929.

Em algum momento entre 16h e 19h do domingo, 10 de fevereiro, Rose Ohliger, uma estudante de oito anos que tinha passado a tarde na casa de uma amiga, foi embora para casa. Ela nunca chegou. Operários encontraram seu corpo na manhã seguinte. Ela tinha sido esfaqueada mais de doze vezes na têmpora e no peito, ao que parece, por uma tesoura. A garganta também apresentava sinais de estrangulamento.

Menos de uma semana depois, na manhã de 13 de fevereiro, o cadáver de um homem foi encontrado estendido em uma vala na mesma vizinhança onde o crime anterior tinha ocorrido. Logo foi identificado como Rudolph Scheer, um mecânico de 45 anos visto com vida pela última vez na noite anterior, quando tinha ido embora bêbado do bar local. Scheer, de compleição bastante robusta, tinha sido esfaqueado vinte vezes nas têmporas e no pescoço.

Uma jovem dona de casa chamada *Frau* Mantel estava voltando a pé de uma feira rural na noite de quarta-feira, 21 de agosto, quando de repente um desconhecido bem-vestido apareceu ao seu lado e lhe perguntou se poderia acompanhá-la. Ela o ignorou e continuou andando. Tinha avançado uma curta distância quando foi esfaqueada duas vezes nas costas com uma adaga. Em um intervalo de trinta minutos, mais duas vítimas, Anna Goldhausen, de oito anos, e Gustav Kornblum, de 38, também foram atacados e esfaqueados, a menina no peito e Kornblum nas costas.

Duas noites depois, duas meninas, Gertrude Hamacher, de cinco anos, e sua irmã adotiva, Louisa Lenzen, de catorze, não voltaram para casa depois de uma visita à feira rural. Seus corpos só foram encontrados às 6h da manhã seguinte deitados de bruços em uma plantação de feijão a apenas 180 metros de casa. As necropsias revelaram que ambas tinham sido estranguladas antes de terem as gargantas cortadas.

No mesmo dia em que as duas crianças assassinadas foram encontradas — sábado, 24 de agosto —, uma empregada doméstica de 26 anos chamada Gertrude Schulte estava a caminho da feira quando foi abordada por um homem bem-vestido que perguntou educadamente se poderia acompanhá-la. Depois de passarem algumas horas agradáveis juntos, os dois se dirigiram até um gramado nas margens do rio, onde começaram a trocar beijos. De repente, ele a empurrou de costas e arrancou sua calcinha com uma das mãos, sacou uma adaga com a outra e desferiu um golpe contra sua garganta. Seus gritos fizeram com que alguns transeuntes corressem em seu auxílio. Com uma última apunhalada, seu atacante ficou em pé de um pulo e saiu correndo. Embora Schulte tenha sobrevivido, ela ficou tão abalada que foi incapaz de fornecer qualquer informação útil à polícia.

Ida Reuter, outra doméstica a passeio em Düsseldorf em um domingo, não teve a mesma sorte de Schulte. Reuter também se permitiu ser acompanhada por um cavalheiro amável e bem-vestido, que lhe comprou uma cerveja, depois a levou para uma caminhada até uma área deserta perto do Reno. Seu corpo, nu da cintura para baixo e esparramado em uma posição obscena na grama, foi encontrado cedo na manhã seguinte, segunda-feira, 30 de setembro. A necropsia confirmou que ela tinha sido estuprada, mais provavelmente depois da morte. Ao contrário de todas as vítimas anteriores, que tinham sido esfaqueadas ou retalhadas até a morte com uma tesoura ou uma faca, Reuter tinha morrido devido a uma série de golpes brutais contra sua cabeça infligidos por um martelo.

Ao longo das semanas seguintes, mais três mulheres foram atacadas do mesmo modo: uma doméstica chamada Elizabeth Dorrier, cujo crânio foi esmagado por um estuprador que brandia um martelo; uma mulher de 34 anos, *Frau* Meurer, abatida por dois violentos golpes de martelo contra a cabeça, um dos quais deixou o crânio exposto; e uma jovem prostituta chamada Wanders, cujo agressor desferiu golpes tão violentos contra seu crânio que o cabo do martelo se partiu.

Os horrores não pararam por aí. Na quinta-feira, 7 de novembro, Gertrude Albermann, de cinco anos, estava brincando sozinha na rua perto de sua casa quando foi abordada por um homem amigável que iniciou uma conversa com ela. Quando ele disse que havia uma coisa que queria lhe mostrar, ela logo segurou sua mão e deixou que ele mostrasse o caminho. Seu corpo foi encontrado dois dias depois, na manhã de sábado, 9 de novembro. Ela tinha sido estuprada, estrangulada e esfaqueada 36 vezes.

Naquele mesmo dia, um jornal local recebeu uma carta anônima, com um carimbo postal de 8 de novembro — 24 horas antes de os investigadores encontrarem o corpo da garotinha. A carta, contendo detalhes que podiam ser de conhecimento apenas do assassino, indicava o local exato do corpo. Também continha um mapa desenhado grosseiramente marcando o local em uma pradaria na periferia da cidade onde, de acordo com o autor, outro corpo estava enterrado. Seguindo as direções do mapa, uma equipe de investigadores seguiu para a área especificada e começou a cavar. No dia 14 de novembro, eles desencavaram o corpo nu de uma mulher que apresentava mais de uma dúzia de ferimentos de facadas na têmpora e no peito. Ela logo foi identificada como Maria Hahn, uma jovem empregada que não tinha voltado para casa depois de um dia de folga muitos meses antes.

A revelação de que o açougueiro de Düsseldorf estava agora escrevendo cartas provocantes para seus perseguidores — uma óbvia imitação de Jack, o Estripador — despertou indignação por todo o país. Uma equipe dos melhores investigadores do departamento central de investigação criminal da Alexanderplatz, a Scotland Yard de Berlim, foi enviada para Düsseldorf. No fim das contas, o caso foi finalmente solucionado não pelos esforços da polícia, mas — como costuma acontecer — por uma momentânea falta de cuidado por parte do assassino.

No dia 14 de maio de 1930, Maria Büdlick, de vinte anos, natural de Colônia, viajou de trem para Düsseldorf, onde esperava arrumar um emprego. Na estação, foi abordada por um cavalheiro bem-vestido que se dirigiu a ela com educação e lhe perguntou se podia ser de alguma ajuda. Quando Maria explicou sua situação, ele se ofereceu para lhe mostrar o caminho até um respeitável albergue para mulheres. Após uma curta viagem de bonde, passaram a caminhar ao longo de ruas desertas. À medida que a quantidade de casas ia diminuindo, tornou-se claro para Maria que, em vez de a levar para o centro, seu companheiro a estava guiando na direção das florestas na periferia da cidade. Conforme se aproximavam de um vale isolado, ele de repente a agarrou pelo pescoço e começou a sufocá-la. Ela conseguiu sussurrar que estava disposta a deixar que ele fizesse sexo com ela caso não a machucasse. Ele concordou. Depois, tomado por um raro impulso misericordioso, decidiu não a matar. Depois de encontrar o caminho até um albergue administrado por freiras, Maria contou às irmãs a provação pela qual tinha acabado de passar. Quando as autoridades foram informadas do incidente, Maria logo recebeu a visita de uma dupla de policiais à paisana que lhe perguntou se ela seria capaz de identificar o agressor. Pouco tempo depois, Kürten foi detido.

A confissão que acabou fazendo confirmou a opinião do inspetor-chefe Ernst Gennat, que tinha declarado que o assassino de Düsseldorf fazia Jack, o Estripador, se parecer com "um reles amador". Falando de maneira pragmática como se estivesse discutindo seu sabor favorito de sorvete, Kürten explicou aos examinadores psiquiátricos que, ao perpetrar aquelas atrocidades, "o ponto principal para mim era ver sangue". Os esforços frenéticos da menina de cinco anos, Gertrude Hamacher, em agosto de 1929, "tiveram um efeito excitante em mim", lembrou-se, "e o som do sangue quando cortei a garganta dela me fez ejacular". Sobre Maria Hahn, Kürten "a esfaqueou e, depois de deitar em cima dela... bebeu o sangue que esguichou"; ele admitiu, "eu provavelmente bebi demais, porque vomitei". Ele também chupou o sangue do ferimento na cabeça de Rose Ohliger e "do ferimento à faca no pescoço de Rudolph Scheer".

Seu apetite por tais depravações era tão extremo que, como confessou todo contente, enquanto passeava por um parque em Düsseldorf pouco antes de sua prisão, se deparou com um cisne adormecido, cortou fora sua cabeça e ejaculou enquanto bebia o sangue que esguichava do coto do pescoço.

Acusado de nove homicídios e sete tentativas de homicídio, "o Vampiro de Düsseldorf", como passou a ser chamado, foi levado a julgamento no dia 13 de abril de 1931. As multidões de curiosos que afluíram ao tribunal para terem um vislumbre do monstro ficaram surpresas ao não verem um maníaco de olhar desvairado ou um ogro enfurecido, mas um cavalheiro de meia-idade vestido de maneira impecável que parecia tão ameaçador quanto o proprietário de um armarinho. O relato impassível e bastante detalhado de suas atrocidades, contudo, não deixou nenhuma dúvida nas mentes de todos que o ouviram de que estavam na presença de um ser de depravação ímpar. O júri demorou apenas noventa minutos para condená-lo de todas as acusações. Ele foi sentenciado a morrer na guilhotina, uma perspectiva que o encheu de prazer. "Diga", perguntou todo empolgado ao médico da prisão à medida que a execução se aproximava, "depois que minha cabeça for decepada, eu vou conseguir ouvir, pelo menos por algum tempo, o som do meu próprio sangue esguichando do toco no meu pescoço?" Ele teve sua resposta ao raiar do dia 2 de julho de 1931.

PETER KÜRTEN E A INVENÇÃO DO TERMO *ASSASSINO EM SÉRIE*

Durante muitos anos, o crédito por cunhar a expressão *assassino em série* foi dado ao (e reivindicado pelo) antigo agente especial do FBI, Robert Ressler, um dos fundadores da Unidade de Ciência Comportamental da agência. Em sua autobiografia de 1992, *Mindhunter Profile: Serial Killers, Vol. 1*, Ressler escreve que, no começo dos anos 1970, enquanto participava de uma conferência de uma semana na academia de polícia britânica, ouviu um colega participante falar sobre "crimes em série", se referindo a "uma série de estupros, roubos, incêndios criminosos ou homicídios". Ressler ficou tão impressionado com a expressão que, ao voltar para Quantico, começou a usar o termo *assassino em série* nas próprias palestras para descrever "os crimes daqueles que cometem um homicídio, depois outro e depois outros em repetição constante".

Ainda que seja possível que Ressler tenha pensado no termo por conta própria, suas origens podem ser traçadas a fontes anteriores. O fidedigno *Oxford English Dictionary*, por exemplo, cita um trecho de 1961 do historiador cinematográfico alemão, Siegfried Kracauer, que, ao discutir o personagem de Peter Lorre em *M – O Vampiro de Düsseldorf*, escreve que "Beckert nega ser o perseguido homicida em série". Cinco anos depois, o termo aparece repetidas vezes no livro *The Meaning of Murder* do escritor britânico John Brophy. Ao falar sobre Jack, o Estripador, por exemplo, Brophy o descreve como "o mais famoso dos homicidas em série até hoje".

Foi-se descoberto recentemente, contudo, que a expressão remonta a um período ainda mais distante — ao caso de Peter Kürten e do homem responsável por encontrá-lo. Liderando a investigação sobre a onda de crimes do chamado Estripador de Düsseldorf estava Ernst Gennat, chefe do departamento de homicídios de Berlim e um dos maiores criminologistas europeus. Ao caracterizar o indivíduo que ele e seus homens estavam procurando, Gennat pensou no termo que outros mais tarde viriam a levar o crédito por cunharem. Os cidadãos de Düsseldorf não estavam sendo presas de "uma criatura de brutalidade subumana" ou de "um maníaco de poderes quase sobrenaturais" (como descrito pela imprensa sensacionalista), mas por uma variedade específica de sociopata criminoso — o que Gennat chamou de *Serienmörder*, um assassino em série.

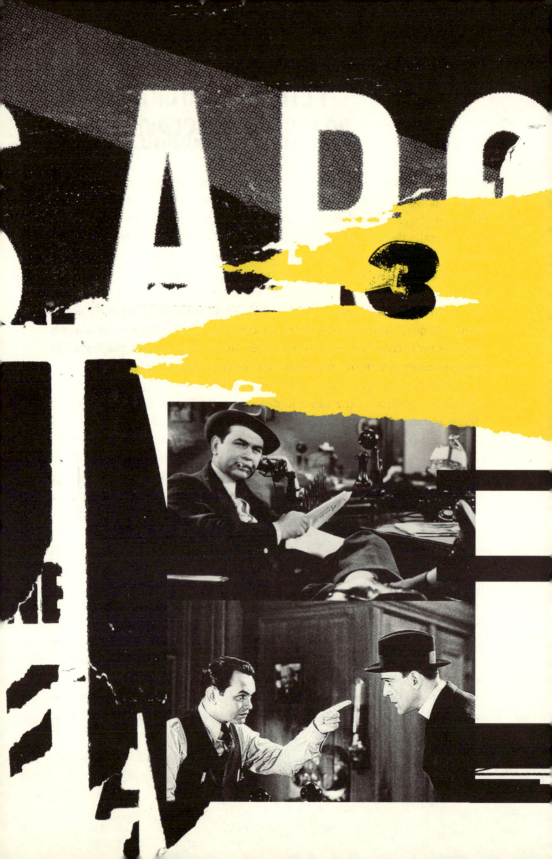

ANATOMIA TRUE CRIME DOS FILMES

SEDE DE ESCÂNDALO

FIVE STAR FINAL, 1931
DIRIGIDO POR MERVYN LEROY.
ESCRITO POR ROBERT LORD
E BYRON MORGAN.
COM EDWARD G. ROBINSON,
MARIAN MARSH, H.B. WARNER,
ANTHONY BUSHELL, OSCAR
APFEL E BORIS KARLOFF.

Entre muitos de seus acontecimentos marcantes, do voo transatlântico de Charles Lindbergh ao Massacre do Dia de São Valentim, os Estrondosos Anos 1920 são conhecidos por um trio de melodramas jurídicos que, graças à imprensa dos tabloides, gerou níveis de loucura midiática nunca antes vistos. Dois deles permanecem vivos nas lembranças do público, graças à natureza dominante de suas figuras centrais: a audiência de leitura de sentença dos universitários "assassinos por emoção", Leopold e Loeb, em 1924, e o julgamento da adúltera dona de casa do Queens, Ruth Snyder e de seu tímido namorado, Judd Gray, os assassinos da "Indenização em Dobro", em 1927. O terceiro maior julgamento por homicídio da Era do Jazz foi em grande parte esquecido. Na época em que aconteceu, contudo, ele foi uma grande sensação nos tabloides, um circo midiático confuso do tipo que só seria visto de novo durante o julgamento de Bruno Richard Hauptmann quase uma década depois.

Embora esse espetáculo só fosse estar em total andamento no outono de 1926, o caso teve início quatro anos antes. Na manhã de 16 de setembro de 1922, Raymond Schneider, de 23 anos, e sua namorada menor de idade, Pearl Bahmer, de quinze, rodavam por uma estradinha de terra em New Brunswick, New Jersey, usada por casais apaixonados como um cantinho dos namorados. De repente, avistaram um homem e uma mulher deitados de costas sob uma macieira. O homem estava bem vestido com um terno cinza escuro, uma camisa branca com colarinho rígido e uma gravata branca. Seu chapéu-panamá tinha sido colocado sobre seu rosto como que para protegê-lo do sol. Ao seu lado jazia a mulher, as pernas cruzadas de maneira recatada, a cabeça repousando no braço direito esticado de seu companheiro, a mão esquerda sobre o joelho dele. Ela usava um vestido azul de bolinhas, a bainha puxada para baixo dos joelhos o máximo que o tecido permitia. Um cachecol de lã marrom cobria sua garganta. Só de olhar, Schneider e Bahmer conseguiram notar que ambos estavam mortos.

Depois de correrem até a casa mais próxima, eles informaram o dono, que de imediato telefonou para a polícia. Dois policiais chegaram na cena em questão de minutos. Não tiveram nenhuma dificuldade em identificar as vítimas. Apoiado contra a sola do sapato esquerdo do falecido estava seu cartão de visitas. Ele era o reverendo Edward Wheeler Hall, pastor da St. John's Episcopal Church e um pilar da comunidade. Era casado com a sra. Frances Hall, cujo nome de solteira era Stevens, sete anos mais velha do que ele e filha de uma das famílias mais eminentes de New Brunswick. A mulher morta ao seu lado, contudo, não era sua esposa. Era a sra. Eleanor Mills, uma beldade de 34 anos que cantava no coral da congregação e era casada com o sacristão da igreja.

Durante anos, membros da igreja tinham cochichado sobre o suspeito relacionamento íntimo entre o pastor e a graciosa cantora de seu coral. Essa fofoca acabou confirmada por algumas evidências encontradas na cena do crime: uma porção de cartas de amor tórridas espalhadas na grama ao redor dos corpos. "Querido, meu verdadeiro amor", Eleanor Mills escreveu em uma delas. "Sei que existem garotas com corpos mais atraentes, mas não ligo para o que elas têm. Eu tenho a maior de todas as bênçãos, o amor eterno, verdadeiro e profundo de um homem nobre... Como estou e ficarei impaciente! Quero olhar para seu adorado rosto durante horas enquanto você toca todo meu corpo."

As respostas do pastor eram igualmente ardentes. "Querida Coração Maravilhoso", ele tinha escrito. "Só quero apertar você por duas horas. Quero ver você sexta à noite sozinha perto de nossa estrada, onde podemos libertar, sem restrições, aquele universo de júbilo e alegria que chamamos de nosso." Ele assinou "D.T.L.", abreviatura de *Deiner Treuer Liebhaber* [Seu amor verdadeiro, em alemão]. A sra. Mills, preferindo um apelido carinhoso menos formal, se referia ao pastor como "Bebezinho".

==Ainda que seus corpos tivessem sido arrumados em "posições de repouso pacífico", ambas as vítimas tinham sofrido mortes chocantes de tão violentas.== As necropsias revelaram que o reverendo Hall tinha sido baleado à queima-roupa com uma pistola automática calibre .32. A bala "penetrou a cabeça perto da têmpora direita e saiu pelo lado esquerdo na parte de trás". A sra. Mills tinha sido baleada três vezes na cabeça. "Uma das balas penetrou a testa da mulher aproximadamente cinco centímetros acima do nariz", relatou o *New York Times*, "outra atravessou a bochecha direita e a terceira perfurou a têmpora direita". Além disso, sua garganta tinha sofrido um corte tão profundo que a veia jugular, traqueia, esôfago e músculos do pescoço foram completamente rompidos, e "a coluna vertebral podia ser vista com facilidade".

==Esse caldeirão borbulhante de luxúria, assassinato e escândalo se mostrou irresistível para os tabloides.== Como um eminente cronista da época declarou: "O caso Hall-Mills tinha todos os elementos necessários para satisfazer o exigente gosto do público pelo sensacionalismo. Era pavoroso, era dramático (os corpos depositados lado a lado como se para enfatizar uma união profana), envolvia riqueza e respeitabilidade, tinha a quantidade exata de interesse sexual — e, além disso, aconteceu perto do grande centro metropolitano da imprensa estadunidense".

A cobertura frenética transformou a velha fazenda Phillips, onde os corpos foram encontrados, em uma grande atração turística. Aos fins de semana, a cena do crime praticamente se transformava em uma feira com ambulantes vendendo pipoca, amendoins, refrigerantes e balões para as multidões de curiosos mórbidos que chegavam "a uma taxa de centenas de carros por dia". Em poucas semanas, a macieira tinha sido completamente despida de todos os galhos e de sua casca pelos caçadores de suvenires macabros, enquanto um sujeito empreendedor vendia amostras de terra que rodeava a agora infame árvore por 25 centavos cada saco.

Apesar da previsão confiante feita por um investigador de que o crime seria solucionado em questão de dias — "o caso é uma barbada", declarou ele aos repórteres —, a investigação se arrastou durante semanas. Dois meses depois dos assassinatos, a identidade do assassino permanecia desconhecida, embora os candidatos mais prováveis fossem a esposa traída do pastor e seus dois irmãos, um dos quais era um renomado atirador. Um grande júri foi por fim convocado em novembro. Depois de cinco dias de audiências, porém, este foi incapaz de emitir um indiciamento. A sra. Hall logo partiu para a Europa, e o país foi obrigado a procurar uma fonte de empolgação em outro lugar.

Quatro anos depois, em uma tentativa de aumentar sua circulação, o novo tabloide de William Randolph Hearst, o *Daily Mirror* de Nova York, desenterrou novas evidências do caso e as publicou na primeira página da edição de 16 de julho de 1926, com uma manchete sensacionalista: MISTÉRIO DO ASSASSINATO HALL-MILLS REVELADO. Ao longo da semana seguinte, o tabloide alardeou uma acusação desvairada atrás da outra: SUBORNO DE HALL REVELADO; ESPIÕES DA SRA. HALL MANTIVERAM CIDADE ATERRORIZADA; COMO FORÇAS SECRETAS EMPACARAM JUSTIÇA PELO HOMICÍDIO DE HALL.

A estratégia deu certo. Não só a circulação do *Mirror* disparou, como seus gritos estridentes clamando por ação forçaram o governador de New Jersey a reabrir o caso. No dia 28 de julho de 1926, a sra. Frances Stevens Hall, junto com os irmãos, Willie e Henry, foram presos pelo assassinato de seu marido, Edward, e da amante dele, a sra. Eleanor Mills.

"O Julgamento do Século" (como os tabloides previsivelmente passaram a promovê-lo) começou na manhã de quarta-feira, 3 de novembro de 1926, em Somerville, New Jersey. O tribunal ficou abarrotado com centenas de repórteres que viriam a submeter 12 milhões de palavras ao longo dos surpreendentes 23 dias de julgamento. O popularmente conservador *New York Times*, que costumava desprezar tais matérias sensacionalistas, não só manteve quatro estenógrafos em tempo integral no local, como na verdade fez uma cobertura do caso mais detalhada do que a dos tabloides. (Quando questionado sobre essa aparente contradição, o editor Adolph S. Ochs respondeu com arrogância: "A imprensa marrom vê tais histórias apenas como oportunidades para escrever reportagens sensacionalistas. Quando o *Times* proporciona tanto espaço para tais histórias, elas se transformam em autênticos documentos sociológicos".) Entre os espectadores célebres estavam o evangelista Billy Sunday (cuja campanha contra o "demônio do rum" ajudou a criar a Lei Seca), a romancista e dramaturga Mary Roberts Rinehart (criadora, entre outros personagens, de uma figura de capa chamada "the Bat — o Morcego", que Bob Kane admitiu ter sido uma inspiração para seu Batman) e o lendário jornalista Damon Runyon (mais conhecido como autor de *Eles e Elas*).

O julgamento gerou mais do que sua cota de momentos melodramáticos, incluindo uma leitura pública das cartas de amor sensuais do reverendo Hall; o interrogatório da sra. Hall (apelidada de "a Viúva de Ferro" por conta de seu comportamento estoico); e — o mais surpreendente — o depoimento de uma suposta testemunha, a esposa de um fazendeiro chamada Jane Gibson, apelidada de "a Mulher dos Porcos" porque ela criava porcos Poland China. Definhando devido a um câncer, a sra. Gibson, assistida por um médico e duas enfermeiras, foi carregada até a sala de audiências em uma maca e colocada em uma cama hospitalar de ferro de frente para a tribuna do júri. Durante seu testemunho — um relato arrebatador (ainda que bastante duvidoso) do horrendo duplo homicídio —, sua própria mãe idosa estava sentada na fileira da frente da galeria, torcendo as mãos nodosas e murmurando: "Ela é uma mentirosa! Ela é uma mentirosa! Ela é uma mentirosa!".

==Durante três semanas inteiras, os procedimentos dramáticos em Somerville mantiveram o país hipnotizado.== Todas as manhãs, os estadunidenses acompanhavam o caso nos jornais diários como se estivessem devorando o episódio mais recente do romance mais quente do mundo. Durante o auge do circo Hall-Mills, apenas as notícias mais extraordinárias eram capazes de afastar o julgamento das manchetes dos jornais ou desviar a atenção do público para longe dos procedimentos extravagantes, do testemunho severo da Viúva de Ferro à história chocante da Mulher dos Porcos. No fim, o júri acreditou na primeira e não na segunda. A sra. Hall e seus irmãos foram absolvidos (e logo abriram um processo de 3 milhões de dólares contra o *Mirror*).

Nos anos desde que o caso Hall-Mills foi encerrado de maneira oficial, escritores publicaram diversas teorias sobre quem foi o culpado, desde o marido ciumento de Eleanor Mills à Ku Klux Klan. Outros acreditam que os promotores estavam certos e que a sra. Hall e seus irmãos se livraram da culpa pelo homicídio. Tudo que pode ser dito com certeza é que o caso Hall-Mills continua sendo um dos assassinatos não solucionados mais infames do país.

Dos três homicídios que causaram grande comoção nos anos 1920, dois deles — os casos Leopold e Loeb e Snyder-Gray — se tornaram bases para clássicos do cinema estadunidense: *Festim Diabólico*, de Alfred Hitchcock, e *Pacto de Sangue*, de Billy Wilder. Qualquer que seja a razão, o caso Hall-Mills nunca foi transformado em um filme comparativamente importante. Ele, contudo, ajudou a inspirar um filme fascinante que caiu em uma obscuridade pouco merecida: *Sede de Escândalo*.

Indicado para o Oscar de melhor filme em 1931, essa joia pré-Código Hays — uma afronta feroz ao jornalismo de tabloides — conta a história de um jornaleco indecoroso de sexo-e-escândalo, o *Evening Gazette*. Preocupado com a circulação minguante, o dono, Bernard Hinchecliffe (Oscar Apfel), procura maneiras de colocar seu jornal de volta ao topo da pilha de lixo dos tabloides. Assim como William Randolph Hearst fez com o caso Hall-Mills, Hinchecliffe tem a ideia de ressuscitar um crime há muito enterrado que tinha chamado a atenção do público alguns anos antes: o infame caso da "Estenógrafa Louca de Amor", uma jovem chamada Nancy Voorhees (Frances Starr), que foi engravidada pelo chefe e que depois atirou nele quando este se recusou a se casar com ela. Após um julgamento extravagante, ela foi absolvida por um júri solidário.

Convencido de que, como ele próprio diz, a "história com certeza será de interesse para uma nova geração que nunca ouviu falar do caso", Hinchecliffe entrega a tarefa ao seu editor-chefe, Joseph Randall, interpretado por Edward G. Robinson (recém-saído de *Alma no Lodo* como Rico, o papel que o transformou em uma estrela), um ator que sempre vale a pena assistir. Um jornalista outrora idealista que sacrificou seus princípios em troca de um salário estável, Randall, apesar de seus escrúpulos, mergulha de corpo e alma no trabalho. Na tentativa de desenterrar detalhes novos e exploráveis relacionados ao caso, ele chama o repórter perfeito para o trabalho: um crápula bajulador com o apropriado nome pegajoso de Isopod,[1] interpretado a uma perfeição untuosa por um jovem Boris Karloff.

Nós logo descobrimos que, nas duas décadas desde que dominou as manchetes, a ex-solteira Nancy Voorhees passou a ter uma vida respeitável e feliz como esposa de um adorável banqueiro, Michael Townsend (H.B. Warner). O casal tem uma bela filha adulta, Jenny (Marian Marsh), que está prestes a se casar com um sujeito igualmente adorável, Phillip Weeks (Anthony Bushell), filho de uma família de nível social proeminente. Nancy deixou seu passado escandaloso para trás, e a não ser pelo marido, ninguém em seu círculo íntimo, nem mesmo a filha, faz ideia de que ela outrora foi a assassina mais infame da cidade de Nova York.

Na noite anterior ao casamento de Jenny, Isopod (um ex-estudante de teologia que foi expulso do seminário por comportamento dissoluto) se disfarça de pastor e se infiltra no lar dos Townsend, onde não só fica sabendo sobre as

---

[1] *Isópodo* ou *Isópode* em português é um pequeno crustáceo sem carapaça. [NT]

núpcias iminentes, como também obtém, às escondidas, uma foto da futura noiva. Na manhã seguinte, essa foto — junto com toda a sórdida história do caso Voorhees — foi estampada na primeira página do *Gazette*.

Quando os pais insuportavelmente esnobes do noivo descobrem a verdade sobre a futura sogra do filho, eles exigem que o casamento seja cancelado. Temendo que a vida da filha esteja prestes a ser arruinada pelas ações desalmadas do tabloide, Nancy faz telefonemas desesperados tanto para Hinchcliffe quanto para Randall. Quando os dois ignoram suas súplicas, ela se retira para o banheiro, pega um vidro de veneno no armário e toma uma dose fatal. Quando o marido encontra seu cadáver, ele bebe o que restou do veneno.

Na cena do clímax do filme, a filha do casal, Jenny — até então pouco mais do que um insípido rostinho bonito — aparece na redação do jornal com uma pistola e faz uma denúncia arrasadora contra Hinchcliffe e Randall. "Por que vocês mataram minha mãe?!", ela berra cada vez mais alterada. Apenas a intervenção oportuna de seu noivo evita que ela se torne uma assassina como a mãe. No fim, dominado pela culpa e repulsa por si próprio, Randall desiste daquele "jornaleco imundo".

"Hinchcliffe precisa arrumar um novo açougueiro-chefe", exclama ele. "Eu aguentei dez anos de sujeira e sangue! Estou salpicado com ele, encharcado por ele! Não aguento mais isso." Então (usando uma linguagem que logo se tornaria proibida sob a censura do Código Hays de Hollywood), ele arremessa um telefone contra a porta de vidro do chefe, gritando que Hinchcliffe pode pegar seu jornal e "o enfiar no—!".

ANATOMIA TRUE CRIME DOS FILMES

FÚRIA

FURY, 1936 DIRIGIDO POR FRITZ LANG. ESCRITO POR BARTLETT CORMACK E FRITZ LANG. COM SYLVIA SIDNEY, SPENCER TRACY, BRUCE CABOT, WALTER BRENNAN, WALTER ABEL E FRANK ALBERTSON.

Logo no início da obra-prima de Fritz Lang de 1931, M – *O Vampiro de Düsseldorf*, um idoso é abordado por uma garotinha que lhe pergunta as horas. O velho cavalheiro logo é atacado por uma multidão furiosa que o acusa de ser o *Kindermörder*, o assassino de crianças que vem aterrorizando a cidade. A cena é um dos primeiros exemplos de um tema que preocupou Lang ao longo de sua carreira: a rapidez com que cidadãos comuns cumpridores da lei podem se transformar em uma turba descontrolada.

Esse tema está no cerne de *Fúria*, o primeiro filme estadunidense produzido por Lang depois de sua fuga da Alemanha nazista. Spencer Tracy interpreta o personagem masculino principal, Joe Wilson, um sujeito trabalhador e descontraído que, ao longo do filme, se transforma em um feroz vingador sedento por sangue. (Ao assistir a metamorfose perturbadora de Tracy, é fácil entender por que ele seria escalado, cinco anos depois, como o dr. Jekyll e o sr. Hyde, mais conhecidos no Brasil como "o médico" e "o monstro".)

O filme em si passa por uma transformação parecida. A cena de abertura sugere que o telespectador está prestes a assistir a uma comédia romântica. Olhando a vitrine de uma loja de móveis residenciais estão Joe e sua noiva de olhar inocente, Katherine Grant (Sylvia Sidney, uma grande estrela dos anos 1930, agora mais lembrada por seu papel, já em idade mais madura, como Juno, a assistente social do além e fumante inveterada que exala fumaça através do corte aberto em sua garganta em *Beetlejuice – Os Fantasmas se Divertem*, de Tim Burton). Eles estão contemplando um belo conjunto de dormitório com tapetes e duas camas (era a época do chamado Código Hays, quando casais casados não podiam dormir juntos em cena). Quando Joe brinca que poderia escorregar nos tapetes enquanto estivesse correndo pelo quarto atrás de Katherine, ela responde com uma risada: "Os tapetes estão fora". "E as camas são separadas", diz Joe (um comentário picante bastante sutil para a época).

 JOE WILSON: A turba não pensa. Nao tem uma mente própria.

Logo descobrimos, contudo, que, por mais ansioso que esteja para consumar seu relacionamento, Joe precisa esperar um ano inteiro até que ele e Katherine possam juntar as escovas de dentes. A situação financeira dos dois é um empecilho. Para economizar para o casamento, ela aceitou um emprego bem-remunerado no centro-oeste.

Durante essa longa separação, Joe pede demissão da fábrica onde trabalha e, junto com os irmãos, Tom e Charlie, compra um pequeno posto de gasolina que repentinamente vira uma mina de ouro quando um hipódromo é inaugurado nas proximidades, levando um constante fluxo de clientes para o bairro. Com sua conta bancária "subindo como um termômetro no verão" (como diz em uma carta para Katherine), o agora próspero Joe compra um carro e segue para o oeste para se casar.

Neste ponto, o filme passa por uma reviravolta sombria. Ao passar por uma cidadezinha de Illinois onde uma garotinha foi recentemente sequestrada, Joe — um comedor compulsivo de amendoins — é suspeito de ser o culpado, que (a partir de um "exame microscópico" do envelope que continha o bilhete com o pedido de resgate) sabe-se que levava amendoins salgados no bolso. Para piorar as coisas para Joe, uma nota de 5 dólares em seu poder apresenta números de série correspondentes àqueles do dinheiro do resgate. Apesar das inconsistências das provas, ele é jogado na cadeia.

Na parte mais intensamente angustiante do filme, boatos de que o sequestrador foi pego se espalham depressa pela cidade. Uma turba cada vez mais alvoroçada cerca a cadeia. Instigados por um calhorda malevolente (interpretado por Bruce Cabot, adorado pelos fãs de filmes de fantasia por seu papel como John Driscoll, o salvador heroico de Fay Wray no *King Kong* original), os cidadãos decentes e tementes a Deus — homens, mulheres e crianças — se transformam em uma multidão de linchamento furiosa, arremessando pedras nas janelas, atravessando a barricada diante da porta da frente com um aríete e por fim ateando fogo ao edifício. Enquanto uma Katherine horrorizada observa, Joe se encontra em sua janela com grades, implorando em vão por sua vida. Ela desmaia quando as chamas chegam à cela dele. Joe, ao que parece, é queimado vivo.

De alguma maneira milagrosa e nunca explicada, contudo, ele consegue sobreviver — pelo menos fisicamente. ==Em espírito, ele é um homem morto.== Seu antigo eu — o homem que, em suas palavras, tivera um apreço "pela crença na justiça, e que acreditara que os homens fossem civilizados, e que tivera um sentimento de orgulho por este meu país" — foi destruído por completo. Consumido pelo ódio e pela amargura, ele se mantém escondido quando os 22 cidadãos são levados a julgamento por seu assassinato, sabendo que irão escapar da forca caso ele se mostre com vida. Quando Katherine descobre a verdade, ela rastreia Joe até seu esconderijo e implora que ele desista de sua vingança. A princípio, Joe não lhe dá ouvidos. "Estou legalmente morto, e eles são legalmente assassinos", ruge ele. "E vão ser enforcados por causa disso."

O amor de Katherine, porém, se mostra redentor, e no último momento Joe faz uma dramática aparição no tribunal, salvando as vidas dos réus. O filme termina com um close up de Joe e Katherine nos braços um do outro, trocando um beijo apaixonado (um agradável filme hollywoodiano em desacordo com a realidade brutal que Lang tinha testemunhado em primeira mão na Alemanha durante a ascensão de Hitler ao poder).

Uma característica de *Fúria* especialmente marcante para o telespectador moderno é o intertítulo na abertura. Em uma oposição direta à convenção atual de anunciar que a trama prestes a se desenrolar na tela é ==*"baseada em histórias reais"*==, o filme de Lang começa declarando: "Os eventos e personagens retratados neste filme são fictícios, e qualquer semelhança com pessoas reais, vivas ou mortas, é pura coincidência". Na verdade, porém, a inspiração para o filme foi um caso verídico: o sequestro seguido de homicídio de Brooke Hart em 1933.

Na noite de quinta-feira, 9 de novembro de 1933, Alex Hart, de 62 anos, o abastado proprietário de uma loja de departamentos em San Jose e um dos mais importantes cidadãos da cidade, estava agendado para comparecer a um jantar da câmara de comércio em seu clube de campo. Pouco antes das 18h, seu filho de 22 anos, Brooke, que tinha concordado em dar uma carona para o pai, saiu da loja para buscar o carro, parado em um estacionamento a menos de um quarteirão de distância. Recém-formado pela Universidade de Santa Clara, Brooke era um sujeito muito estimado, um garoto de ouro, loiro, olhos azuis, modos graciosos e personalidade carismática. Antes de entrar em seu novo Studebaker esportivo — um presente de formatura dos pais corujas — ele troca algumas cordialidades com o atendente. Em seguida, ele deixa o estacionamento e, até onde sua família, amigos e o mundo em geral sabem, some do mapa.

 JOE WILSON (*furioso*): Estou legalmente morto, e eles são legalmente assassinos. E vão ser enforcados por causa disso.

Três horas e meia depois, o pai confuso e cada vez mais preocupado recebeu um telefonema de um homem não identificado, informando que seu filho tinha sido sequestrado e exigindo 40 mil dólares pela devolução do rapaz. O carro abandonado de Brooke, com as luzes ainda acesas, foi encontrado naquela mesma noite em uma estrada deserta alguns quilômetros além dos limites da cidade. No dia seguinte, os jornais de todo o estado alardearam a história, especulando que o perpetrador poderia ser o infame gângster do centro-oeste, Charles Arthur "Pretty Boy" Floyd, que tinha sido visto recentemente na Califórnia. Floyd, no entanto, foi logo descartado como suspeito.

Ao longo dos dias seguintes, o sr. Hart recebeu mais mensagens do sequestrador — às vezes por telefone, às vezes na forma de cartas mal escritas — instruindo-o sobre como o resgate deveria ser pago. Enquanto isso, uma das maiores perseguições da história da Califórnia estava em andamento, envolvendo centenas de policiais da região da baía de São Francisco, policiais rodoviários e agentes do FBI designados para o caso sob ordens diretas de J. Edgar Hoover.

Em determinado momento, a carteira de Brooke, contendo sua habilitação de motorista, cartão da biblioteca e outros documentos, foi encontrada na orla da baía de São Francisco, levando à revista de um transatlântico atracado com destino ao Havaí que contava com Babe Ruth entre os passageiros.

O caso por fim chegou a uma conclusão na quarta-feira, 15 de fevereiro, quando o sequestrador voltou a telefonar para combinar os detalhes da entrega do dinheiro do resgate. O sr. Hart, como tinha sido instruído pela polícia, manteve o homem falando pelo maior tempo possível enquanto o operador rastreava a ligação até o telefone público de uma oficina na Market Street. Em poucos minutos, a polícia chegou ao local e prendeu o homem, um obtuso frentista de posto de gasolina na casa dos vinte anos chamado Harold Thurmond.

A princípio, Thurmond negou qualquer ligação com o sequestro. Não demorou muito, contudo, para os interrogadores arrancarem a verdade dele. Sua confissão, estampada nas primeiras páginas dos jornais do dia seguinte, iria horrorizar e revoltar o público. "Brooke Hart está morto", contou ele. Ele foi "jogado da ponte San Mateo". Thurmond insistiu, porém, que não tinha sido ele quem cometeu o assassinato. Tinha sido seu cúmplice, Jack Holmes.

Marido e pai de duas crianças, Holmes, que ganhava a vida como vendedor da Standard Oil Company, tinha uma personalidade atraente que mascarava uma veia sociopata. Tinha conhecido Thurmond um ano antes e logo reconheceu no frentista obtuso uma ferramenta em potencial para auxiliá-lo nos esquemas criminosos que estiveram fermentando em sua mente. Depois de arquitetar alguns pequenos roubos à mão armada bem-sucedidos, Holmes, cuja atenção tinha sido atraída por uma reportagem no jornal sobre o jovem herdeiro da loja de departamentos, propôs que o sequestrassem — ==um grande golpe que iria fazer com que os lucros de seus trabalhos anteriores "parecessem meros trocados"==.

No dia antes de colocarem o plano em ação, os dois homens fizeram um reconhecimento da loja para determinar a rotina de Brooke Hart. Quando, na fatídica noite, ele saiu do trabalho e seguiu para o estacionamento, os sequestradores estavam esperando no Chevrolet sedan de Holmes.

Assim que Hart entrou em seu Studebaker esportivo e saiu do estacionamento, Holmes interceptou o carro, pulou no banco do passageiro e, apontando uma arma para o jovem perplexo, ordenou que ele dirigisse para o norte, enquanto Thurmond os seguia no Chevrolet. Em um local combinado de antemão em uma estrada rural deserta em Milpitas, os sequestradores colocaram uma fronha sobre a cabeça da vítima e a transferiram para o banco traseiro do carro de Holmes.

Depois de abandonarem o Studebaker no acostamento, eles levaram Hart até a ponte San Mateo, onde — de acordo com a confissão de Thurmond — ele "foi obrigado a sair do carro, e Jack Holmes... o golpeou na cabeça com um tijolo que eu tinha obtido em uma fábrica de cimento em San Jose antes de começarmos a viagem". O golpe apenas atordoou Hart, que começou a gritar pedindo ajuda. "Holmes bateu na cabeça dele de novo", continuou Thurmond, "e deixou Hart inconsciente."

Em seguida, os dois homens "pegaram um pedaço de arame que [eles] tinham comprado em uma loja de ferragens em Santa Clara", prenderam os braços de Hart, levantaram-no acima do parapeito e o jogaram da ponte. "Lembro de que enquanto o levantávamos", contou Thurmond, "ele se debateu um pouco." Ao olharem para água, acharam que podiam ouvi-lo se debatendo lá embaixo, então Holmes se inclinou sobre o parapeito e disparou alguns tiros na direção do corpo. Depois de voltarem para San Jose, dividiram o dinheiro que tinham tirado da carteira de Hart antes de o jogarem da ponte: "uma nota de 5 dólares e outros 2 dólares em moedas".

Menos de uma hora depois de Thurmond ter concluído sua história brutal, Jack Holmes foi detido. Sua própria confissão correspondia com a do parceiro na maioria dos detalhes; pouco surpreendente, contudo, foi sua alegação de que tinha sido Thurmond quem golpeou Hart com o tijolo e esvaziou a arma atirando nele.

Notícias sobre esse assassinato brutal inflamaram a comunidade. Sua fúria foi alimentada pela imprensa local. Um editorial infame no *San Jose Evening News* — com a manchete DEMÔNIOS HUMANOS — descrevia o sequestro como "o crime mais monstruoso já cometido nos Estados Unidos" e declarava: "Se alguma vez a violência de uma turba pudesse vir a ser justificada, seria em um caso como este". Lançando mais lenha na já intensa fogueira da indignação, também havia os boatos de que Thurmond e Holmes poderiam repudiar suas confissões e se safar com uma declaração de insanidade. O catalisador final aconteceu no sábado, 25 de novembro, quando uma dupla de caçadores de patos encontrou os restos mortais terrivelmente decompostos de Brooke Hart flutuando em um riacho alguns quilômetros ao norte da ponte San Mateo.

Na noite de domingo, uma turba de algo entre 3 e 6 mil cidadãos enfurecidos sitiaram a cadeia, arremessando tijolos e pedras nas janelas e derrubando a porta com uma enorme viga de metal tirada de um canteiro de obras nas proximidades. Thurmond e Holmes foram arrancados de suas celas, espancados até sangrarem, despidos e enforcados em dois olmos no St. James Park ali perto, enquanto os espectadores desvairados, muitos deles mulheres, exultavam e escarneciam. No dia seguinte, os repórteres dos jornais encontraram um "curioso grupo de turistas" no parque, muitos deles usando canivetes para arrancar pedaços das árvores como forma de suvenires.

Em *Fúria*, de Fritz Lang, da horda envolvida no linchamento — praticamente toda a população da cidade — apenas 22 homens foram julgados pelo assassinato. A situação da vida real foi muito mais desagradável. Apenas uma única pessoa chegou a ser processada pelos assassinatos de Thurmond e Holmes: um "rancheiro" de dezoito anos chamado Anthony Cataldi, que se gabou em uma reportagem publicada em todo o país sobre ter sido o líder do "grupo da gravata". Detido por violar a lei que proibia o linchamento na Califórnia, Cataldi passou apenas cinco horas na cadeia antes de ser libertado mediante uma fiança paga por seu pai. Em sua audiência preliminar, todas as acusações contra ele foram descartadas. O decreto foi elogiado pelo governador James Rolph, que já tinha anunciado que, caso Cataldi fosse condenado, ele logo seria absolvido.

Em vez de condenar o linchamento, Rolph elogiou os perpetradores: "Essa é uma boa lição para todo o país", proclamou aos repórteres. "Agora haverá menos sequestros." Na verdade, continuou o governador, ele estava "verificando as penitenciárias de San Quentin e Folsom para saber quantos sequestradores haviam por lá. Estou pensando em entregá-los àqueles bons cidadãos de San Jose que sabem como lidar com uma situação dessa."

JUSTIÇA INJUSTA

Fúria, de Fritz Lang, não é o único filme inspirado pelo sequestro de Brooke Hart. O filme policial de 1951, *Justiça Injusta* (título original *Try and Get Me!*; também foi lançado como *The Sound of Fury*) se atém mais aos fatos. Dirigido por Cy Endfield — que logo seria acrescentado à lista proibida durante a caça às bruxas de McCarthy —, esse soturno suspense é uma crítica mordaz à propensão dos estadunidenses a fazerem justiça com as próprias mãos.

O desafortunado protagonista do filme é um perdedor adorável chamado Howard Tyler, interpretado pelo ator durão de personagens excêntricos, Frank Lovejoy (mais conhecido por sua participação no clássico filme noir de 1953, *O Mundo Odeia-Me*. Incapaz de encontrar um emprego para sustentar a esposa dedicada e o filho adorado, Howard se vê sob a influência malévola de um elegante sociopata, Jerry Slocum, interpretado a uma perfeição repulsiva por Lloyd Bridges (pai de Jeff Bridges, lembrado com carinho pelos espectadores de uma certa idade como a estrela do seriado de sucesso da era Eisenhower,

Aventura Submarina). Depois de cometer uma série de roubos à mão armada insignificantes, Slocum — que vem usando Howard como motorista do carro de fuga — decide realizar um último e grandioso golpe: sequestrar um jovem abastado e exigir um grande resgate em troca de sua libertação em segurança. A dupla consegue realizar o sequestro, mas, para o horror de Howard, o ensandecido Slocum mata a vítima e joga o cadáver em um rio. Dominado pela culpa e aversão por si mesmo, Howard logo tem um ataque de nervos e abre o bico para uma solteirona que está de olho nele (sem saber que ele é casado).

Enquanto isso, o público vem sendo instigado a um frenesi pela cobertura sensacionalista feita pelo Ás do jornalismo, Gil Stanton (interpretado por Richard Carlson, um ator coadjuvante de filmes de ficção científica e terror de baixo orçamento dos anos 1950, incluindo o clássico dos filmes de monstros, *O Monstro da Lagoa Negra*). Na angustiante sequência final, um aterrorizado Howard e um furioso Slocum são arrancados de suas celas pela turba sedenta por sangue e arrastados para a rua. Embora Endfield não mostre suas mortes, as comemorações triunfantes dos linchadores fora de cena servem como uma acusação incisiva contra o potencial que o público tem para cometer atos de selvageria irracional.

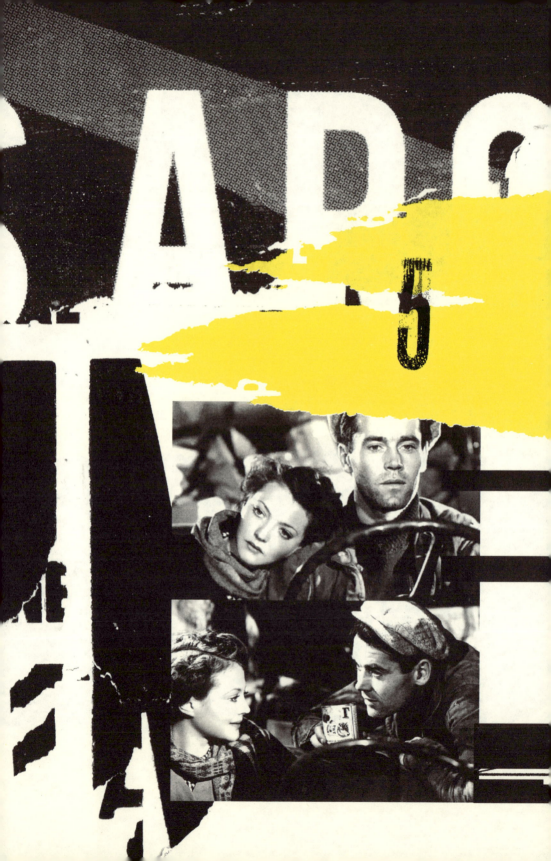

ANATOMIA TRUE CRIME DOS FILMES

VIVE-SE

YOU ONLY LIVE ONCE, 1937
DIRIGIDO POR FRITZ LANG.
ESCRITO POR C. GRAHAM BAKER
E GENE TOWNE. COM SYLVIA
SIDNEY, HENRY FONDA, BARTON
MACLANE, JEAN DIXON, WILLIAM
GARGAN, JEROME COWAN E
MARGARET HAMILTON.

Filho de um arrendatário fracassado que virou sucateiro, Clyde Barrow foi criado em condições tão sofridas que, quando a Grande Depressão começou em 1929, sua família — que já vinha levando uma vida bastante difícil em uma área de acampamento em West Dallas — sequer percebeu. Àquela altura, Clyde, com vinte anos — um sociopata envaidecido com um gosto por roupas caras e um "alto padrão de vida" muito além de seus meios empobrecidos — já tinha embarcado em uma carreira de pequenos delitos. Sob a influência de seu imprestável irmão mais velho, Buck, ele logo progrediu de sequestros de caminhões cheios de perus a invasões domiciliares e roubos de automóveis.

O primeiro confronto grave da dupla com a polícia aconteceu em novembro de 1929 quando, seguindo para casa em um Ford roubado depois de uma noite decepcionante de arrombamentos, eles invadiram uma oficina mecânica de uma cidadezinha e fugiram com um cofre fechado. Enquanto eram perseguidos pela polícia, Buck foi baleado nas pernas, capturado e por fim condenado a quatro anos de prisão, enquanto Clyde, depois de passar a noite escondido embaixo de uma casa, conseguiu fugir. Dois meses depois, conheceu a mulher com quem seu nome seria ligado para sempre.

Uma garota de dezenove anos pequena, amoral e de feições fortes com delírios de grandeza, Bonnie Parker acreditava estar destinada a grandes feitos como atriz da Broadway, estrela de cinema ou poeta renomada, apesar de todas as evidências que indicavam o contrário. Depois de um casamento malogrado aos dezesseis anos — comemorado com uma tatuagem de dois corações na parte superior interna da coxa direita —, ela se viu empacada em uma vida desgastante como garçonete e prostituta em meio período. Desesperada por emoção — "entediada pra cacete", como ela disse —, ela ficou deslumbrada pelo elegante e audacioso Clyde, cujas ousadas aventuras criminosas ofereciam uma fuga de sua existência sem futuro. Eles logo viraram um casal.

Pouco tempo depois de iniciarem seu romance, Clyde foi preso por sete acusações de invasão domiciliar e condenado a dois anos de prisão. Sem demora, ele envolveu a nova namorada em um plano de fuga. Ao contrabandear uma arma para dentro da prisão durante uma de suas visitas, Bonnie, sedenta por drama, por fim se viu no papel emocionante de companheira de um gângster. Clyde teve êxito em sua fuga, mas foi logo capturado. Dessa vez, foi enviado para a penitenciária com serviços agrícolas forçados de Eastham, um conhecido buraco infernal, onde foi designado para o extenuante trabalho de campo e era estuprado com regularidade por um supervisor sádico. Após dezesseis meses de trabalho insuportável, ele recorreu a um ato de desespero, cortando fora dois dedos do pé com um machado. Em um golpe amargo do destino, apenas seis dias após se automutilar, foi posto em liberdade condicional. Saiu da prisão com um manquejar, um ódio amargo pela lei e uma promessa para sua paciente mãe (que tinha pressionado as autoridades para soltá-lo mais cedo) de que iria entrar nos eixos.

Sua determinação durou mais ou menos um mês. Reunindo um bando de confederados com ideias parecidas, ele começou a realizar uma série de pequenos assaltos para financiar um grande plano que no fim das contas foi abandonado: uma incursão contra a penitenciária de Eastham para libertar os detentos de lá. A própria Bonnie teve um gostinho da vida atrás das grades quando o carro de fuga deles ficou atolado na lama após um arrombamento malsucedido em uma loja de ferragens e ela foi capturada enquanto tentava fugir montada em uma mula. Depois de convencer as autoridades de que tinha sido sequestrada por Clyde, foi solta três meses depois.

Juntos outra vez, o casal embarcou na onda de crimes que algum tempo depois iria render à histriônica Bonnie a notoriedade com a qual ela tinha sempre sonhado. Composta de um grupo volúvel de vigaristas, incluindo o irmão mais velho, Buck, e sua esposa, Blanche, a gangue Barrow vagueou de estado em estado — Missouri, Colorado, Oklahoma, Texas, Arkansas, Novo México — atacando postos de gasolina, lanchonetes, joalherias, farmácias, mercearias e outros comércios pequenos, assim como o banco eventual. Na maior parte do tempo, acampavam ao ar livre ou dormiam no carro. Ainda que Clyde fosse capaz de tomar um policial como refém, andar com ele de carro durante toda a noite, depois lhe entregar o dinheiro da passagem de ônibus e soltá-lo incólume, ele também era um assassino de sangue-frio, responsável no fim das contas pelo assassinato de nove policiais e três civis. A gangue sofreu suas próprias baixas, as mais significantes em julho de 1933, quando — enquanto se escondiam em alguns chalés de veraneio nas cercanias de Platte City, Missouri — Buck sofreu ferimentos fatais durante um intenso tiroteio com a polícia.

 COLEGA DE QUARTO: Annie não é do tipo que se contenta com uma vida doméstica.

Àquela altura, as atividades cada vez mais insolentes e violentas da gangue Barrow tinham feito deles notícias de primeira página por todo o sudoeste. Sua infâmia também se devia à fome de publicidade de Bonnie, que enviava, cheia de entusiasmo, seus péssimos poemas para os jornais (o mais famoso, "End of the Line" [Fim da linha], também conhecido como "The Story of Bonnie and Clyde" [A história de Bonnie e Clyde]), junto com fotografias do casal fora da lei posando com armas e charutos. Embora grandes gângsteres como John Dillinger zombassem deles, dizendo que eram vigaristas sem importância — opinião compartilhada por J. Edgar Hoover —, os feitos do casal ensandecido, imprudentes e cheios de tiroteios, capturaram a imaginação do público.

A gangue Barrow pode ter sido considerada pelo FBI um peixe pequeno do crime, mas depois que Clyde levou a cabo um ataque ousado contra uma prisão para libertar um aliado de confiança, as autoridades do Texas ficaram determinadas a acabar com eles. Com esse objetivo, contrataram Frank Hamer, um antigo Texas Ranger e um perseguidor implacável de 49 anos. Depois de três meses e meio no rastro dos dois, Hamer recebeu notícias, por meio de um amigo duas-caras de Clyde chamado Henry Methvin, de que sua presa estava se escondendo em Bienville Parish, Louisiana. Em conluio com o pai de Methvin, Ivy, uma armadilha para o casal fugitivo foi preparada. No dia 23 de maio de 1934, Hamer e um grupo de seis outros policiais montaram uma emboscada ao longo de uma estrada rural usada com regularidade pelo casal. Ivy Methvin ficou plantado junto ao acostamento, sua picape sobre um macaco como se ele estivesse trocando um pneu furado. Quando Clyde parou o carro para ver qual era o problema, o grupo de policiais abriu fogo, massacrando os foras da lei com uma saraivada de 150 disparos. Os curiosos chegaram à cena em questão de minutos, trocando empurrões à procura de suvenires mórbidos. Um homem teve que ser impedido de cortar as orelhas de Clyde com uma tesoura, enquanto outro conseguiu levar uma mecha dos cabelos de Bonnie. Embora os dois tivessem sido lendários criminosos locais quando vivos — sua infâmia restrita em grande parte ao sudoeste —, suas mortes lhes renderam a publicidade nacional que Bonnie sempre almejara. BARROW E MULHER SÃO MORTOS PELA POLÍCIA EM ARMADILHA EM LOUISIANA, dizia a manchete da primeira página do *New York Times* do dia seguinte. O subtítulo continuava, EMBOSCADA EM RODOVIA ACABA COM CARREIRA CRIMINOSA DA DUPLA.

Para os amantes contemporâneos do cinema, a versão definitiva da saga da gangue Barrow é o filme de Arthur Penn, *Bonnie e Clyde: Uma Rajada de Bala*, de 1967, creditado por muitos como o percursor da era de ouro do cinema estadunidense da década de 1970. Três décadas antes desse divisor de águas, porém, *Vive-se Uma Só Vez* de Fritz Lang levou para a telona a história, de uma forma bastante romantizada, do infame casal fora da lei.

A ideia para o filme se originou com o grande romancista estadunidense Theodore Dreiser (que sabia alguma coisa sobre transformar crimes verídicos em poderosas obras de ficção, como demonstrado em sua obra-prima de 1925, *Uma Tragédia Americana*). Como Patrick McGilligan, o biógrafo de Lang, reconta, a atriz Sylvia Sidney (estrela do primeiro filme de Lang feito nos Estados Unidos, *Fúria*) estava em um restaurante jantando com o produtor Walter Wanger quando Dreiser "parou ao lado da mesa deles. Dreiser mencionou que estivera pesquisando a onda de assaltos de Bonnie e Clyde que aconteceu no sudoeste do país em meados de 1934 para uma reportagem que pretendia escrever para uma revista e comentou que se algum dia alguém fizesse um filme sobre a dupla de ladrões de bancos, Sidney seria perfeita para o papel de Bonnie Parker". Wanger não perdeu tempo e contratou uma dupla de roteiristas famosa por trabalhar a uma velocidade alucinante, que bem depressa criou um roteiro baseado nos amantes fugitivos.

No começo do filme, nós somos apresentados a Sidney no papel de Joan Graham, a bonita e vivaz secretária do defensor público Stephen Whitney (Barton MacLane). Para grande surpresa de todos que a conhecem, Jo (como é conhecida) se apaixonou por um vigarista insignificante, Eddie Taylor, e está planejando se casar com ele assim que ele receber liberdade condicional.

Interpretado por Henry Fonda no auge de sua beleza de ídolo das matinês, Eddie é um "zero à esquerda" confesso determinado a entrar nos eixos. A sociedade, porém, não lhe dá chances para isso. Refletindo o clima da época em que foi feito — a Grande Depressão, quando milhões de cidadãos comuns sentiam como se fossem vítimas desesperançadas das autoridades —, os chefes de Eddie sempre encontram desculpas para despedi-lo, apesar de seus apelos desesperados. Até mesmo os donos do resort para casais em lua de mel onde ele e Jo planejam passar a noite de núpcias não deixam que ele se esqueça de seu status inferior. "Ex-detentos e suas esposas não são bem-vindos neste hotel", declara a esposa do proprietário (Margaret Hamilton, que logo viria a ser imortalizada como a Bruxa Malvada do Oeste em *O Mágico de Oz*).

Incriminado por um crime terrível com o qual não teve nenhuma ligação — um assalto a um carro-forte que deixou seis policiais mortos —, Eddie planeja fugir, mas é persuadido a se entregar por Jo, que está convencida de que, por ser inocente, ele será exonerado. Sua fé na justiça do sistema judiciário se mostra tragicamente ingênua quando Eddie é julgado, condenado e sentenciado à morte. Destituído dos últimos vestígios de esperança, Eddie se volta de uma maneira implacável contra o mundo inteiro, incluindo Jo. Com ajuda de seus companheiros detentos, ele arquiteta uma fuga na véspera de sua execução, baleando e matando um padre solidário, o padre Dolan, no exato momento em que chegam notícias de que os verdadeiros perpetradores do assalto letal tinham sido identificados e Eddie tinha recebido uma indulgência de última hora.

Reunido e reconciliado com Jo, Eddie e a esposa, agora grávida, dão no pé. Neste ponto, o filme chega mais perto de recriar a saga de Bonnie e Clyde. Morando no carro, roubando algum posto de gasolina para obter combustível e comida, eles são retratados na imprensa como bandidos homicidas, "culpados por todos os crimes do país". Enquanto o público os imagina desfrutando da boa vida às custas da fortuna que supostamente roubaram, os fugitivos estão escondidos em um barracão abandonado caindo aos pedaços, onde Jo dá à luz. Com a intenção de fugir do país, decidem entregar o bebê aos cuidados da irmã de Jo (chamada, em uma aparente alusão à inspiração do filme, Bonnie). A entrega acontece em um motel isolado cujo proprietário reconhece Jo dos pôsteres de procurado e alerta a polícia.

Consistente com o ponto de vista de Lang sobre o funcionamento implacável do destino, o filme chega em seu clímax com a morte predestinada do condenado casal de foras da lei. Eddie, contudo, depois de ser vitimado com tanta crueldade, recebe uma absolvição final. Enquanto morre com a amante assassinada nos braços, ele ouve a voz gentil do clemente padre Dolan vinda do além: "Você está livre, Eddie! Os portões estão abertos!".

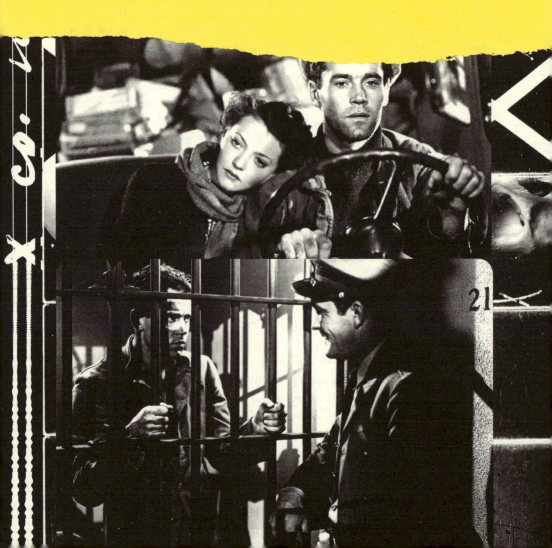

MORTALMENTE PERIGOSA

Outro filme anterior a *Bonnie e Clyde: Uma Rajada de Bala* inspirado pelas proezas do lendário casal é o filme cult de 1950, *Mortalmente Perigosa*. Dirigido por Joseph H. Lewis e escrito em conjunto com o grande roteirista da lista proibida do governo estadunidense,[1] Dalton Trumbo, sob o pseudônimo Millard Kaufman, este suspense de baixo orçamento começa nos apresentando a Bart Tare, de treze anos (interpretado por Russ Tamblyn, futuro líder dos Jets em *Amor, Sublime Amor*). Por ter obviamente assistido a filmes de faroeste demais, o jovem Bart se tornou obcecado por armas de fogo. Ao ver um revólver de seis tiros exposto na loja de ferragens local, ele quebra a vitrine com uma pedra, apanha a arma e é logo preso e levado a julgamento, onde é condenado a passar o restante da adolescência em um reformatório.

Depois de cumprir pena e passar algum tempo no Exército, Bart, já adulto, volta para casa, seu fanatismo por armas mais intenso do que nunca. Agora interpretado por John Dall (que viria a ser coprotagonista de outro clássico baseado em um crime verídico, *Festim Diabólico*, de Alfred Hitchcock), Bart volta a se reunir com seus amigos de infância, o jornalista Dave e o delegado da cidade, Clyde (outro personagem secundário, como a irmã Bonnie em *Vive-se Uma Só Vez*, batizado em uma aparente homenagem à inspiração da vida real para o filme). Quando vai a um parque de diversões itinerante com os amigos, Bart se apaixona assim que vê a "famosa e perigosa" atiradora, Annie Laurie Starr (Peggy Cummins), uma beldade rápida no gatilho em trajes de vaqueira. Em pouco tempo, Bart se junta a ela em sua apresentação, realizando truques de tiro vestido como um pistoleiro de um filme B de faroeste.

Embora tenha sido alertado por seu colega de quarto, o palhaço Bluey-Bluey, de que Annie "não é do tipo que se contenta com uma vida doméstica", o apaixonado Bart fica cada vez mais enfeitiçado pelos charmes da sedutora amante de armas. Depois de serem mandados embora pelo ciumento chefe do parque, os dois logo se casam e, instigado por Annie, embarcam em uma série de roubos audaciosos, começando com lojas de bebidas, mercearias e postos de gasolina até chegarem aos bancos de cidades pequenas. (Filmadas

---

[1] Em 1947, Trumbo e outros nove diretores e roteiristas foram convocados a depor em uma comissão parlamentar formada para averiguar a suposta infiltração de comunistas na indústria cinematográfica. Quando Trumbo se recusou a delatar quem eram os comunistas, foi condenado por desobediência civil e assim passou a integrar uma lista proibida. [NT]

de maneira engenhosa em extensas tomadas únicas do banco traseiro do carro de fuga, as sequências dos roubos de bancos são enaltecidas como os primeiros exemplos do cinema de "guerrilha" feito na cara e na coragem.) Manchetes chamativas alardeiam histórias sobre os crimes mais recentes do infame "Casal Assaltante".

O último e maior golpe da dupla é o assalto ao departamento financeiro da Armour Meat Company, onde Annie costumava trabalhar. Como descobrimos em um flashback, Bart sente repulsa por violência, a qual remonta a um trauma de infância quando ele matou um pintinho com uma arma de chumbinho. De uma maneira típica dos filmes noir, contudo, Annie acaba por se mostrar uma mulher fatal bastante literal; ela já tem um assassinato em sua conta e, para surpresa de Bart, não hesita em atirar em sua supervisora e em um segurança durante a fuga.

Com a intenção de fugir para o México e viver com o que roubaram no assalto, eles seguem para Los Angeles e passam uma noite romântica em um parque de diversões, quando descobrem que o FBI os tinha rastreado por meio dos números de série do dinheiro roubado. Os fugitivos partem em uma fuga desesperada em um táxi, em um vagão de carga e por fim a pé, indo parar em um pântano amortalhado pela névoa, onde os velhos amigos de Bart, Dave e Clyde, tentam convencê-los a se render. Quando uma Annie homicida fica em pé de um pulo e ameaça matá-los, Bart atira nela e logo é abatido por uma saraivada de tiros disparados pela polícia, levando o filme a um satisfatório fim melodramático que muitos cinéfilos consideram o melhor de todos os filmes B de Hollywood.

ANATOMIA TRUE CRIME DOS FILMES

SEU ÚLTIMO REFÚGIO

HIGH SIERRA, 1941 DIRIGIDO POR RAOUL WALSH. ESCRITO POR JOHN HUSTON E W.R. BURNETT. COM HUMPHREY BOGART, IDA LUPINO, ALAN CURTIS, ARTHUR KENNEDY, JOAN LESLIE, HENRY HULL, DONALD MACBRIDE, CORNEL WILD E BARTON MACLANE.

Depois de anos fazendo papéis secundários em filmes como *Balas ou Votos*, *San Quentin*, *Heróis Esquecidos* e *Anjos de Caras Sujas*, Humphrey Bogart se tornou uma grande estrela neste filme noir sobre gângsteres dirigido por Raoul Walsh. Bogie interpreta um grisalho ladrão de bancos cansado do mundo, Roy Earle, cujo apelido nos tabloides, "Cachorro Louco", contradiz um coração em essência bondoso que bate sob aquela fachada de cara durão.

Posto em liberdade condicional por meio das maquinações do gângster com conexões políticas Big Mac (Donald MacBride), Roy é contratado para realizar um último golpe, um assalto a um hotel chique na (fictícia) cidade de veraneio Tropico Springs, Califórnia, um trabalho que irá render a Big Mac a bela quantia de meio milhão de dólares em joias. Para se preparar para o trabalho, Roy se esconde em um acampamento rústico nas montanhas Sierra Nevada, onde se encontra com seus dois cúmplices, uma dupla de bandidos novatos, Red e Babe (Arthur Kennedy e Alan Curtis, respectivamente), junto com a namorada de Babe e dançarina de cabaré, Marie Carson (Ida Lupino). Ele também cria um vínculo com um vira-latas desgrenhado, chamado Pard, que foi adotado pelo faz-tudo afro-americano do acampamento, Algernon (um personagem "cômico" nos moldes de Stepin Fetchit que faz o telespectador se contorcer de vergonha alheia, típico das atitudes racistas da época).

Além do carinho por cachorros e do cavalheirismo inato que ele demonstra ao dar uma coronhada em Babe por maltratar Marie, Roy mostra seu lado amoroso quando se apaixona por uma jovem que tem um pé torto chamada Velma (Joan Leslie), arca com os custos de sua cirurgia corretiva e a pede em casamento. Afora gratidão, porém, ela não sente nada por Roy, estando interessada apenas em dançar noite afora com seu namorado puxa-saco assim que se recuperar da operação. Com o sonho de se casar e levar uma vida normal destruído, Roy foca sua atenção no grande golpe.

DOC BANTON: Lembra o que Johnnie Dillinger disse sobre sujeitos como você e ele? Ele disse que vocês estão só correndo na direção da morte — só correndo na direção da morte.

A princípio, o assalto sai como planejado. No entanto, quando um segurança aparece de repente e saca uma pistola, Roy não tem outra escolha a não ser matá-lo. Durante a fuga, Red e Babe são mortos quando o carro deles sai da estrada. Roy transporta as joias roubadas para Los Angeles, com a intenção de entregá-las ao acamado Big Mac, e acaba descobrindo que o chefão da máfia tinha morrido. O comparsa de Big Mac, Jake Kranmer (Barton MacLane), tenta lhe arrancar o saque ao ameaçá-lo com uma arma e encontra o mesmo fim que o segurança do hotel — cravejado de balas por um Roy rápido no gatilho.

Acompanhado de Marie, que está caidinha por ele, Roy dá no pé, mas é reconhecido pelo dono do motel onde o casal de fugitivos está se mantendo fora de vista. Com a polícia em seu rastro, Roy coloca Marie em um ônibus para Las Vegas, enquanto segue de volta para Los Angeles para receber o pagamento pelo golpe. Por ter dado a Marie seus últimos dólares, ele faz uma parada rápida para roubar uma farmácia de uma cidadezinha. Informada do roubo à mão armada, a polícia monta um bloqueio rodoviário, forçando Roy a fugir para as montanhas Sierra, onde abandona o carro e escala até o topo dos rochedos. Armado com uma submetralhadora, ele consegue manter afastado um pequeno exército de perseguidores até que um franco-atirador consegue se esgueirar acima dele, e o condenado fora da lei insolente encontra seu fim predestinado.

Mais cedo no filme, Roy está andando de carro com um de seus comparsas, um médico mau-caráter do submundo chamado "Doc" Banton (Henry Hull), que comenta: "Lembra o que Johnnie Dillinger disse sobre sujeitos como você e ele? Ele disse que vocês estão só correndo na direção da morte — só correndo na direção da morte". O comentário é uma profecia.

Seu Último Refúgio foi adaptado do romance *High Sierra* (em inglês, tanto o filme quanto o livro têm o mesmo título), de W.R. Burnett, autor de *O Pequeno César*, um clássico sobre gângsteres de 1929, que estivera trabalhando em um roteiro sobre Dillinger. Sob as restrições do Código de Produções de Hollywood — que proibia qualquer filme que "glorificasse" criminosos —, o estúdio Warner Bros. vetou a ideia. Burnett então usou sua pesquisa para criar um personagem fictício, Roy Earle, que, como o comentário de "Doc" Banton deixa claro, apresenta uma semelhança notória com John Dillinger — um dos fora da lei mais célebres de uma era que gerou gângsteres memoráveis como "Baby Face" Nelson, "Machine Gun" Kelly, "Pretty Boy" Floyd e Bonnie e Clyde.

Nascido em Indianápolis em 1903, Dillinger era filho de um merceeiro severo e batalhador e de uma mãe que morreu quando ele tinha três anos. Biógrafos apresentam retratos extremamente diferentes de sua infância e adolescência. De acordo com alguns, o jovem Johnnie foi um encrenqueiro desde cedo, um "brigão de rua mascador de chiclete" que andava com uma gangue juvenil chamada "the Dirty Dozen" [os Doze Corruptos], participou de pelo menos um ataque sexual brutal contra uma garota menor de idade e se divertia com brincadeiras sádicas, como amarrar um menino à esteira de uma serraria e acionar o interruptor, cortando a energia apenas quando a vítima, aos gritos, estivesse a poucos centímetros da enorme lâmina giratória. Outros pesquisadores, sem encontrarem nenhuma evidência contundente que comprovasse os boatos a respeito dessas transgressões, retratam Dillinger como um "rapaz gentil e animado, dado, no pior dos casos, a brigas e trotes ocasionais".

Qualquer que seja o caso, é certo que abandonou a escola aos dezesseis anos para trabalhar em diversos empregos — tapeceiro, mensageiro, operador de máquina —, impressionando seus empregadores com sua energia e inteligência.

Ao mesmo tempo, ele ainda se deixava levar por sua natureza descontrolada, passando a noite toda fora e frequentando salões de bilhar, bares e bordéis. Em 1920, quando Johnnie estava com dezessete anos, seu pai, pronto para se aposentar e com a intenção de proporcionar um ambiente mais saudável para o filho genioso, vendeu a mercearia e se mudou para uma fazenda na cidade de Mooresville. A mudança, porém, surtiu pouco efeito em Johnnie, que continuou a trabalhar em Indianápolis, fazendo a viagem de 29 quilômetros de moto.

Em 1923, Dillinger, aos vinte anos, ao se ver sem um meio de transporte e determinado a visitar a namorada em Indianápolis, roubou um carro do estacionamento de uma casa de reuniões Quaker. Rastreado pela polícia, ele os despistou, ficou escondido a noite toda em um celeiro e, na manhã seguinte, se alistou na Marinha; conseguiu aguentar alguns meses antes de desertar. Ao voltar para Mooresville, conheceu e logo se casou com uma garota local de dezesseis anos e fez amizade com diversas figuras repugnantes, entre elas o Ás do bilhar da cidade, Ed Singleton, descrito de maneira memorável por um cronista como "um homem fraco e atormentado com dedos palmados que bebia em demasia".

Na noite de 6 de setembro de 1924, Dillinger e o calhorda de seu comparsa, com a intenção de arrumar algum dinheiro fácil, emboscaram um merceeiro local, B.F. Morgan, enquanto voltava para casa depois do trabalho. Dillinger, que brandia um parafuso de ferro em uma mão e uma pistola na outra, golpeou o merceeiro na cabeça, mas o chapéu de palha de Morgan amorteceu o golpe. Gritando por socorro, o merceeiro tentou agarrar a arma, que disparou sem causar nenhum dano enquanto os dois homens se engalfinhavam. Com medo de ter atirado no merceeiro, Dillinger fugiu noite adentro.

Ele e o cúmplice logo foram encontrados e detidos. Persuadido pelo pai de que o tribunal com certeza seria mais leniente caso confessasse ter cometido o crime, Dillinger se declarou culpado, apenas para receber a sentença máxima de dez a vinte anos no Indiana State Reformatory, Pendleton. A dureza da punição o deixou profundamente amargurado, principalmente quando Singleton apresentou uma declaração de inocente e acabou servindo uma pena de apenas dois anos atrás das grades.

Para Dillinger, como para tantos outros, a prisão acabou oferecendo uma educação avançada no mundo do crime, não um caminho para a reabilitação. Durante os nove anos de encarceramento — primeiro em Pendleton, depois na penitenciária estadual —, ele criou vínculos com um grupo de criminosos profissionais que no fim das contas viria a formar o núcleo de sua gangue. Poucas semanas depois de receber liberdade condicional, em maio de 1933, embarcou em uma onda de crimes que durou um ano e que o transformaria em uma lenda viva: ele era um ladrão e um assassino implacável aos olhos do FBI e um herói destemido aos olhos de milhões de estadunidenses comuns que, desiludidos pela Grande Depressão, deleitavam-se indiretamente com seus ataques contra os ricos e poderosos. Como um dos muitos cidadãos que o admiravam escreveu em uma carta para um jornal do centro-oeste: "Dillinger não rouba dos pobres. Ele rouba daqueles que se tornaram ricos roubando dos pobres. Eu sou um defensor do Johnnie!".

 CIDADÃO (*em carta*): Dillinger não rouba dos pobres. Ele rouba daqueles que se tornaram ricos roubando dos pobres. Eu sou um defensor do Johnnie!

Depois de alguns pequenos assaltos a um supermercado, uma farmácia e um restaurante, Dillinger e sua gangue roubaram o primeiro banco em New Carlisle, Ohio, em junho de 1933, indo embora com 10 mil dólares — uma soma considerável nos valores da época da Grande Depressão. Durante o segundo assalto a banco, em Daleville, Indiana, o atlético Dillinger realizou pela primeira vez a manobra fanfarrona que viria a se tornar sua marca registrada e que lhe renderia o apelido de "Lebre". Apontando a pistola para a caixa do banco, ele anunciou, "Isto é um assalto — me entregue o dinheiro, querida"; então colocou a mão livre sobre o balcão e pulou por cima da grade antes de esvaziar as bandejas de dinheiro.

Além de roubar diversos outros bancos nas semanas seguintes, Dillinger também conseguiu contrabandear armas para seus comparsas na penitenciária estadual, que organizaram uma fuga no final de setembro. Eles devolveram o favor algumas semanas depois, após Dillinger ter sido preso em Dayton, Ohio. Fingindo serem policiais da Indiana State Prison, três dos fugitivos, junto com outro comparsa, entraram na cadeia do condado e anunciaram que estavam lá para "ver o Dillinger". ==Quando o delegado pediu para ver suas credenciais, um dos homens sacou uma arma; disse "Aqui estão nossas credenciais" e atirou duas vezes no delegado.== Então pegaram as chaves, soltaram Dillinger e, depois de trancarem a esposa do delegado e um subdelegado em uma das celas, fugiram.

Três dias depois dessa fuga, Dillinger e sua gangue realizaram um corajoso ato criminoso ainda mais audacioso ao atacarem uma delegacia de Indiana e irem embora com inúmeras pistolas, dois rifles automáticos, uma submetralhadora

Thompson, três coletes à prova de balas e centenas de cartuchos de munição. Apenas uma semana depois, saquearam outra delegacia, dessa vez roubando mais duas submetralhadores Thompson, junto com um par de espingardas de canos cortados, diversos rifles e pistolas e meia dúzia de coletes à prova de balas.

Um desses coletes salvou a vida de Dillinger em janeiro de 1934; enquanto fugia depois de roubar o First National Bank of East Chicago, Dillinger e um policial chamado O'Malley passaram a trocar tiros. Dillinger foi atingido quatro vezes no peito, mas as balas ricochetearam do colete sem causar danos. O'Malley foi alvejado por oito balas da submetralhadora de Dillinger e morreu na hora. Essa foi a primeira — e última — vez que Dillinger matou um homem.

 JOHN DILLINGER (*jocosamente*): Acho que meu único mau hábito é roubar bancos. Fumo muito pouco e quase não bebo.

Pouco depois, enquanto se mantinha escondido em Tucson, Arizona, Dillinger foi rastreado e detido pela polícia local. Sua captura foi uma notícia muito importante ao redor do país. Tamanha era sua fama que um vendedor de carros local publicou anúncios alardeando que seu último modelo era o carro que tinha sido dirigido por Dillinger durante suas fugas. Exibindo o desembaraço frio e o charme descontraído que o tinham transformado no queridinho da mídia, Dillinger agradou a imprensa posando para fotos de maneira amigável com seus captores e fazendo comentários jocosos. "Acho que meu único mau hábito é roubar bancos", brincou com um dos entrevistadores. "Fumo muito pouco e quase não bebo."

Extraditado para Indiana, Dillinger foi trancafiado na prisão supostamente "à prova de fuga" em Crown Point, onde usou seu tempo livre para fabricar um revólver falso, esculpindo o pedaço de uma tábua de bater roupa no formato grosseiro de uma pistola, depois a escureceu com graxa de sapato. No dia 3 de março de 1934, ele realizou a fuga mais audaciosa de sua lendária carreira. Brandindo a arma de madeira, obrigou seus carcereiros a abrirem sua cela. Agarrou duas metralhadoras, depois trancou os guardas e fugiu no carro do delegado. Dillinger, como os jornais escreveram, tinha mais uma vez mostrado ser não só um homem de extraordinário sangue-frio — o "Criminoso Vivo Mais Frio" — como também um artista de fuga sem igual — "Houdini dos Fora da Lei".

Ao cruzar fronteiras estaduais de Indiana para Chicago no carro roubado do delegado, Dillinger violou uma lei federal. Embora estivesse agora sendo perseguido por uma força-tarefa especial do FBI encarregada da missão de capturá-lo vivo ou morto, Dillinger retomou sua onda de crimes, roubando bancos por todo o centro-oeste ao longo dos meses seguintes e realizando um outro ataque a um arsenal da polícia, este em Warsaw, Indiana. Ferido duas vezes em trocas de tiros com seus perseguidores, passou por uma cirurgia plástica em maio de 1934 para disfarçar sua aparência. Um mês depois, em 22 de junho — seu aniversário de 31 anos —, Dillinger foi declarado o primeiro "Inimigo Público Número Um" dos Estados Unidos.

Seu "passeio desvairado" (como um cronista o chamou) chegou a um fim adequadamente espetacular. Em julho de 1934, Dillinger e sua namorada mais recente, uma garçonete chamada Polly Hamilton, se mudaram para um apartamento em Chicago que pertencia a uma conhecida, Anna Sage, a proprietária de um bordel de origem romena que logo seria conhecida como a infame "Mulher de Vermelho". Ansiosa para receber a recompensa pela captura de Dillinger — e esperando evitar ser deportada ao cooperar com os federais —, Sage entrou em contato com as autoridades e lhes informou que ela, Hamilton e Dillinger estariam presentes no cinema na noite seguinte, domingo, 22 de julho. Às 22h30 daquela noite fatídica, enquanto o trio deixava o Biograph Theater depois de assistir a um filme policial com Clark Gable, *Vencido Pela Lei*, os agentes do FBI que tinham ficado vigiando o cinema sacaram seus revólveres e fecharam o cerco. Tirando uma arma do bolso, Dillinger correu até um beco, mas foi alvejado por uma rajada de balas e morreu no local. Conforme a notícia de sua morte se espalhava, milhares de pessoas afluíram ao local, "com algumas delas mergulhando lenços, pedaços de jornais, até mesmo bainhas de vestidos no sangue do morto" — relíquias macabras do último Grande Fora da Lei dos Estados Unidos.

FILMES BIOGRÁFICOS SOBRE DILLINGER

Embora *Seu Último Refúgio* teça uma história bastante fictícia sobre um personagem à la Dillinger, dois filmes epônimos alegam contar a verdadeira história do infame gângster. Um suspense policial de baixo orçamento produzido por um dos estúdios da chamada Poverty Row (pequenos estúdios que produziam filmes B), o Monogram, *Dillinger*, de 1945, conta com Lawrence Tierney, cujo comportamento de cara durão não era nenhuma atuação. Apelidado de "o homem mais cruel da história de Hollywood", o grosseiro Tierney (talvez mais conhecido dos jovens cinéfilos por seu papel, já em idade avançada, como o chefão do crime, Joe Cabot, em *Cães de Aluguel* de Quentin Tarantino) viu sua carreira descarrilar por conta de frequentes prisões por brigar embriagado, em algumas ocasiões com policiais. Ele interpreta Dillinger como um genuíno assassino raivoso que emprega uma variedade de armas — revólver, machado, garrafa de cerveja quebrada — para dar cabo de qualquer um que o trair, desrespeitar ou lhe olhar torto. Junto com ele em seus aventureiros assaltos a bancos há uma gangue de desordeiros que inclui Elisha Cook Jr., o grande ator de personagens excêntricos cuja vasta filmografia inclui clássicos como *Os Brutos Também Amam*, *O Grande Golpe* e *Relíquia Macabra*. O filme — anunciado como uma história "escrita com balas, sangue e loiras!" — retrata alguns dos episódios mais notáveis da carreira de Dillinger, tais como sua fuga da prisão com a arma falsa e sua morte no lado de fora do Biograph Theater depois de ter sido dedurado pela "Mulher de Vermelho"; entretanto, apesar de afirmar autenticidade, o filme é em grande parte produto da imaginação do roteirista Philip Yordan.

Para fatos históricos mais fiéis (ainda que não sem suas próprias imprecisões) existe o *Dillinger* de 1972. A estreia do diretor machão John Milius — cujos créditos incluem *Conan, O Bárbaro*, *O Vento e o Leão* e *Amanhecer Violento*, assim como os roteiros de *Apocalypse Now* e *Magnum 44*, a sequência de *Perseguidor Implacável*, —, esse ótimo filme do cinema exploitation se desenrola como um híbrido de *Bonnie e Clyde - Uma Rajada de Balas* e *Meu Ódio Será Tua Herança*: uma obra de época ambientada durante a Grande Depressão pontuada de longas sequências de carnificina com sangue esguichando e balas zunindo. Na verdade, os dois atores principais do filme — Warren Oates e Ben Johnson — estrelaram

Meu Ódio Será Tua Herança, no qual interpretaram os extremamente asquerosos irmãos Gorch. Aqui, são escalados como antagonistas mortais: Oates é o pomposo Dillinger e Johnson é seu inimigo implacável, o chefão do FBI Melvin Purvis. O elenco de primeira também conta com o inigualável Harry Dean Stanton como membro da equipe de calhordas de Dillinger; Michelle Philips (a fundadora do grupo hippie de folk-pop, the Mamas and the Papas) como a principal amante de Dillinger, Billie Frechette; e um frenético, pré-*Tubarão*, Richard Dreyfuss como o marginal sociopata "Baby Face" Nelson. Alternando entre os aventureiros assaltos a banco de Dillinger e a cruzada de Purvis contra os gângsteres mais famosos da época, o filme traça a vida deste primeiro desde a metade de sua carreira até sua morte na saída do cinema.

Outros retratos cinematográficos do lendário gângster podem ser encontrados no filme do cinema exploitation de baixíssimo orçamento, *Eu sou Dillinger* (1965); no filme roteirizado por John Sayles, *A Mulher de Vermelho* (1979); no filme produzido por Roger Corman, *Dillinger & Capone – A Era dos Gângsteres* (1995); e no filme de Michael Mann estrelando Johnny Depp como Dillinger, *Inimigos Públicos* (2009).

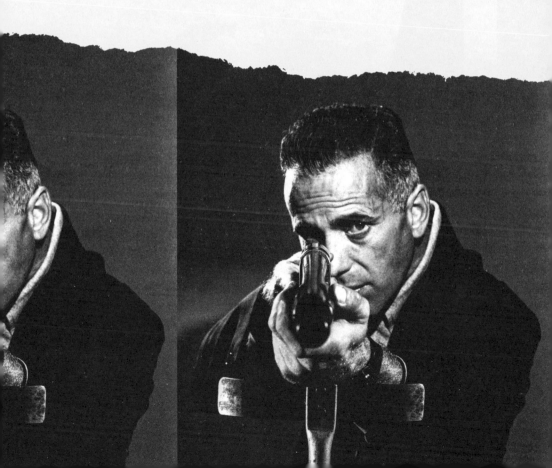

ANATOMIA TRUE CRIME DOS FILMES

A SOMBRA

SHADOW OF A DOUBT, 1943
DIRIGIDO POR ALFRED HITCHCOCK.
ESCRITO POR ALMA REVILLE, SALLY BENSON E THORNTON WILDER.
COM JOSEPH COTTEN, TERESA WRIGHT, HENRY TRAVERS, PATRICIA COLLINGE, HUME CRONYN E MACDONALD CAREY.

Alfred Hitchcock fez tantos filmes brilhantes que é difícil escolher o melhor. Para alguns é *Intriga Internacional*, para outros é *Janela Indiscreta*, ou *Pacto Sinistro*, ou *Psicose*, ou *Interlúdio*. Em 2012, a revista *Sight & Sound*, a venerável publicação mensal do British Film Institute, ganhou as manchetes de todo o mundo quando, pela primeira vez em cinquenta anos, classificou *Um Corpo que Cai* acima de *Cidadão Kane* como o melhor filme já feito. O favorito declarado do próprio Hitchcock, contudo, não era nenhum dos filmes mencionados acima, mas o suspense psicológico de 1943, *A Sombra de uma Dúvida*.

Enquanto os créditos de abertura vão subindo, nós observamos um salão de baile cheio de casais com vestimentas formais dançando ao som de "A Valsa da Viúva Alegre" de Franz Lehár, uma imagem que irá se repetir ao longo do filme. A história propriamente dita começa em

um bairro decrépito da Filadélfia. Uma placa afixada a um prédio de apartamentos dilapidado anuncia "Quartos para Alugar". Dentro de um dos quartos, o vilão do filme, Charles Oakley (Joseph Cotten), está recostado na cama, fumando um charuto. Quando a senhoria lhe informa que dois homens estavam à sua procura, ele vai embora às pressas e segue pelas ruas vazias, os dois estranhos na sua cola. Depois de os despistar, ele faz um telefonema para a Western Union e dita um telegrama para ser enviado à sua irmã, a sra. Joseph Newton de Santa Rosa, Califórnia, informando-a que ele estava indo para lá para uma estadia prolongada.

O filme então corta para Santa Rosa (onde foi filmado em locação), uma típica cidadezinha idílica estadunidense saída diretamente de um quadro de Norman Rockwell. No interior da organizada casa com fachada de ripas de madeira da família Newton, nós conhecemos a heroína do filme, a sobrinha jovem e bonita de Oakley, Charlotte (Teresa Wright), conhecida por todos como "Charlie". Esticada na cama na mesma pose do tio na cena de abertura, Charlie está de bode, como revela para o pai coruja, Joseph (Henry Travers), que trabalha como caixa de banco. Sua vida, ela reclama, é esmagadoramente comum, completamente desprovida de emoção ou drama. A família está "presa em uma terrível rotina", exclama. "Nós só meio que vamos indo, e nada acontece. Nós comemos e dormimos, só isso."

De repente, ela tem uma ideia. Vai enviar um telegrama para "uma pessoa maravilhosa que virá para cá e irá agitar as coisas para nós, a pessoa perfeita para nos salvar": seu xará glamoroso e bastante viajado, o tio Charlie. Quando ela corre até a agência de telégrafo e encontra a mensagem anunciando sua chegada iminente, a coincidência confirma o que ela sempre acreditou: existe um forte vínculo psíquico entre ela e seu idolatrado tio — que, como ela mais tarde lhe diz, eles são "meio que como gêmeos".

CHARLIE: Tenho a sensação de que dentro de você existe algo que ninguém conhece. Algo secreto e maravilhoso — e eu vou descobrir o que é.

TIO CHARLIE: Não é bom descobrir muita coisa, Charlie.

Pouco tempo depois, o tio Charlie, charmoso, bonito e um completo sociopata, chega de trem. Uma fumaça densa e preta que jorra do motor polui o céu sem nuvens — uma metáfora visual para o mal que ele está introduzindo no mundo inocente e ensolarado dos Newton. A sra. Newton (Patricia Collinge) derrama lágrimas de alegria ao ver o irmão, a quem não via há anos. Sua presença desencadeia uma enxurrada de memórias. Em determinado momento, ela relembra um terrível acidente de infância que ele sofreu quando foi dar uma volta com sua nova bicicleta em "uma estrada congelada e se chocou contra um bonde depois de derrapar. Nós achamos que ele ia morrer... Ele fraturou o crânio. E ficou muito tempo acamado". Quando afinal se recuperou, nunca mais foi o mesmo. "Foi como se o repouso tivesse sido demais para ele, e ele teve que aprontar poucas e boas para descarregar as energias."

O tio Charlie chegou portando presentes para todos os membros da família: uma estola de pele para a irmã, um relógio de pulso para o sr. Newton, um elefante de pelúcia e uma pistola de cowboy de brinquedo para as duas crianças mais novas, Ann e Roger. Quando fica sozinho com Charlie na cozinha, ele a presenteia com um caro anel de esmeralda gravado com uma inscrição enigmática ("TS para BM"), o qual ela se sente relutante em aceitar. O relacionamento deles é tão íntimo que ela não precisa de presente nenhum: tê-lo ali é tudo o que deseja. "Não somos apenas tio e sobrinha. Eu conheço você", insiste. "Tenho a sensação de que dentro de você existe algo que ninguém conhece. Algo secreto e maravilhoso — e eu vou descobrir o que é."

"Não é bom descobrir muita coisa, Charlie", responde ele.

Charlie descobre a sabedoria desse conselho quando uma dupla de detetives — os dois homens que vislumbramos na cena de abertura — aparece em sua casa. Informada pelo mais bonito dos dois, Jack Graham (Macdonald Carey), ela descobre que o tio é suspeito de ser o infame "Assassino da Viúva Alegre", um estrangulador em série que ataca viúvas abastadas. Embora de início se recuse a acreditar em Graham, ela não pode ignorar as crescentes evidências contra o tio: seus esforços para destruir qualquer artigo de jornal sobre os crimes; sua descoberta de que os dois conjuntos de iniciais gravadas no anel que ele lhe deu são aquelas da vítima mais recente do estrangulador e de seu falecido marido; e um discurso bastante perturbador que o tio Charlie faz à mesa de jantar sobre viúvas de meia-idade "inúteis" — "mulheres horríveis, apagadas, gordas e gananciosas" que não fazem nada a não ser esbanjar todo o dinheiro que seus maridos trabalhadores lhes deixaram. "Será que são humanas", pergunta, "ou são animais gordos e ofegantes?"

Algum tempo depois, uma angustiada Charlie revela ao tio que sabe quem ele é de fato. Entretanto, para o bem da mãe, que ficaria devastada se soubesse a verdade sobre o adorado irmão, ela concorda em permanecer calada por alguns dias e lhe dar a chance de fugir. Pouco depois, um segundo suspeito é morto enquanto fugia da polícia. Convencidas de que ele era o Assassino da Viúva Alegre, as autoridades dão o caso como encerrado. Sem os investigadores atrás do tio Charlie, a jovem Charlie agora é a única ameaça à sua segurança. Após diversas tentativas fracassadas de eliminá-la por meio de acidentes forjados, o monstruoso tio Charlie consegue colocar a sobrinha a bordo de um trem em alta velocidade, levando a um clássico clímax hitchcockiano de roer as unhas.

Três escritores são creditados pelo roteiro de *A Sombra de uma Dúvida*: Alma Reville, Sally Benson e Thornton Wilder (mais conhecido por sua peça, *Nossa Cidade*, vencedora de um prêmio Pulitzer). A ideia para o filme, contudo, veio de outro autor, Gordon McDonell, que foi inspirado por reportagens de jornais sobre um infame estrangulador em série de década de 1920, Earle Leonard Nelson; embora fosse uma figura muito mais brutal do que o cosmopolita tio Charlie, ele compartilhava o ódio homicida que o tio Charlie sentia pelas mulheres.

Nascido em São Francisco em maio de 1897, Nelson tinha apenas nove meses quando sua jovem mãe, Frances, morreu de sífilis. Seu pai, James, a seguiu para o túmulo sete meses depois, vítima da mesma doença. O pequenino órfão foi levado para o lar de sua avó materna, a sra. Jennie Nelson, uma viúva fanática religiosa que instilou nele um fascínio pelas escrituras que duraria toda a sua vida.

Mesmo quando bebê, Earle surtia um efeito perturbador nas pessoas. De acordo com um historiador criminal, a mais antiga fotografia existente do pequeno Earle, tirada pouco depois da morte dos pais, mostrava "um bebê degenerado de boca frouxa e expressão vazia". Na verdade, essa descrição foi feita em retrospecto. Na época em que foi escrita, Nelson já tinha crescido e se transformado em um monstro — um assassino tão aterrorizante que, para seus contemporâneos da Era do Jazz, se parecia com uma figura saída de um filme de terror. Mesmo assim, não há dúvidas de que ele demonstrou um comportamento extremamente desconcertante desde bem tenra idade.

À mesa do jantar, mal parecia civilizado, devorando a comida com a ferocidade de uma fera enjaulada. Com regularidade conseguia perder as roupas sempre que saía de casa. Quando afundava em profunda depressão e autopiedade, era acometido de incontroláveis acessos de raiva. Aos sete anos, já tinha sido expulso do primário e ganhado uma reputação por cometer pequenos delitos e furtar lojas ao redor do bairro — o tipo de jovem dos quais os pais aconselham os próprios filhos a manterem distância.

Em 1907, pouco depois de seu décimo aniversário, Earle sofreu um grave ferimento na cabeça quando passou de bicicleta na frente de um bonde e foi jogado contra os paralelepípedos (um episódio usado em *A Sombra de uma Dúvida* para explicar a causa da psicopatia do tio Charlie). Ficou em coma por quase uma semana. Quando afinal recuperou a consciência, o médico da família assegurou à angustiada avó de Earle que o garoto ficaria "muito bem" — um prognóstico que viria a se mostrar um dos menos prescientes da história da medicina.

Aos catorze anos, Earle tinha abandonado a escola e se lançado em uma sucessão de trabalhos braçais, complementando seus parcos ganhos (grande parte dos quais ele gastava nos bordéis na zona de prostituição chamada Barbary Coast) com os produtos de invasões domiciliares. Àquela altura, estava morando com sua tia Lillian, após a morte da avó alguns anos antes. Como viria a ser durante toda a vida dele, Lillian era uma defensora ferrenha do jovem Earle, apesar de seu comportamento cada vez mais errático: sua tendência de cuspir obscenidades à mesa de jantar como se tivesse síndrome de Tourette; seu hábito bizarro de andar plantando bananeira sempre que um convidado aparecia para um café; sua obsessão taciturna pelo livro do Apocalipse (em especial a passagem sobre a Meretriz da Babilônia, "A mãe das prostitutas e das práticas repugnantes da Terra"). Quando ele foi preso por invasão domiciliar em 1915, ela fez uma apelação chorosa em seu nome no julgamento. Mas seu apelo foi ignorado, e Earle foi sentenciado a dois anos de prisão na penitenciária de San Quentin.

Posto em liberdade no auge da Grande Guerra, Earle se alistou no Exército, mas passou boa parte desse período no hospital psiquiátrico da Marinha, onde foi diagnosticado com transtorno de personalidade antissocial. Depois de receber alta em 1919, Nelson, então com 22 anos, arrumou um emprego como zelador de um hospital e logo se apaixonou por uma solteirona grisalha de 58 anos chamada Mary Martin. Em pouco tempo, esse casal bastante estranho tinha se casado.

A nova sra. Nelson se viu morando com um louco que a todo momento a acusava de infidelidade, quando não estava esbravejando sobre a Besta do livro do Apocalipse e proclamando que era Jesus Cristo. Pouco tempo depois de Earle a ter estuprado em uma cama de hospital enquanto se recuperava de uma doença grave, Mary decidiu deixá-lo. Um ano mais tarde, ele atacou uma menina de doze anos no porão de um prédio de apartamentos e voltou a ser internado em um hospital psiquiátrico.

Ele recebeu alta em junho de 1925. Menos de um ano depois, embarcou em uma onda de ataques que o transformaria no assassino em série mais temido e prolífico de sua época.

No dia 20 de fevereiro de 1926, ele apareceu na porta da sra. Clara Newman, uma solteirona de sessenta anos que administrava uma pensão em São Francisco. Havia uma placa anunciando que havia vagas na janela da frente (como mostrado na sequência de abertura de *A Sombra de uma Dúvida*, o tio Charlie, assim como Earle, é atraído para alojamentos discretos anunciando "Quartos para Alugar"). Depois de explicar que estava procurando um lugar para ficar, Nelson pediu para ver o quarto que estava disponível. Assim que ficou sozinho com a senhoria, estrangulou a mulher com as próprias mãos, em seguida estuprou o cadáver.

Ao longo dos meses seguintes, Nelson percorreu a costa oeste — de São Francisco a Seattle e então de volta — em uma monstruosa onda de assassinatos e violência sexual. Mais dez mulheres morreram em suas mãos entre fevereiro e novembro de 1926. Todas as vítimas eram proprietárias de pensões. Todas foram estranguladas, depois estupradas após a morte. Alguns dos cadáveres foram enfiados em espaços pequenos — dentro de um baú, atrás de um aquecedor no porão. Àquela altura, a imprensa tinha apelidado o maníaco desconhecido de "O Estrangulador Sombrio". Uma enorme busca foi iniciada por toda a costa oeste.

Nelson se mudou mais para o interior. No dia 2 de dezembro, assassinou a sra. John Brerard, de 49 anos, de Council Bluffs, Iowa. No dia 27 de dezembro, estrangulou Bonnie Pace, de 23 anos, de Kansas City, Missouri. No dia seguinte, matou outra mulher de Kansas City, Germania Harpin, de 28 anos. Também asfixiou o filho de oito meses da sra. Harpin ao enfiar um trapo na garganta do bebê.

NELSON: Não existem policiais nem detetives lá em cima — apenas o bem. Talvez eu finalmente encontre a paz e a felicidade que me foram negadas aqui na terra.

Um alerta nacional sobre o monstro foi então emitido. Testemunhas tinham fornecido à polícia uma descrição do suspeito: cabelos escuros, compleição robusta, testa oblíqua, lábios protuberantes e mãos grotescamente desproporcionais. Havia algo de simiesco em sua aparência. A imprensa deu um novo rótulo ao assassino fantasma: "o Gorila Assassino".

Nelson seguiu para o leste. Entre abril e junho de 1927, matou mais quatro mulheres na Filadélfia, em Buffalo, Detroit e Chicago. Então se voltou para o norte e foi para o Canadá, onde afinal foi capturado depois de assassinar suas duas últimas vítimas em Winnipeg: uma florista de dezesseis anos chamada Lola Cowan e uma dona de casa chamada Emily Patterson, cujo cadáver violentado ele enfiou embaixo de uma cama. O cadáver foi encontrado pelo marido preocupado quando este se ajoelhou ao lado da cama para pedir ao Senhor que o ajudasse a encontrar a esposa desaparecida.

Julgado e condenado em novembro de 1927, Nelson foi enforcado no mês de janeiro seguinte em Winnipeg. "Amanhã de manhã, espero estar no Paraíso", disse a um repórter na noite anterior à execução. "Não existem policiais nem detetives lá em cima — apenas o bem. Talvez eu finalmente encontre a paz e a felicidade que me foram negadas aqui na terra." Ele caminhou até a forca agarrado a sua Bíblia e ainda proclamando sua inocência. Sua onda de ataques sanguinolentos tinha durado pouco mais de um ano, de fevereiro de 1926 a junho de 1927. Durante esse breve espaço de tempo, 22 vítimas encontraram suas mortes nas mãos animalescas do Gorila Assassino.

ANATOMIA TRUE CRIME DOS FILMES

ESTE MUNDO É UM HOSPÍCIO

ARSENIC AND OLD LACE, 1944
DIRIGIDO POR FRANK CAPRA.
ROTEIRO POR JULIUS J. EPSTEIN
E PHILIP G. EPSTEIN. BASEADO NA
PEÇA DE JOSEPH KESSELRING. COM
CARY GRANT, PRISCILLA LANE,
RAYMOND MASSEY, PETER LORRE,
JOSEPHINE HULL, JEAN ADAIR,
JOHN ALEXANDER, JACK CARSON E
EDWARD EVERETT HORTON.

Existe uma ideia errônea de que todos os assassinos em série são homens. E com certeza é fato que, como a crítica cultural Camille Paglia destacou, "não existe nenhum Jack, o Estripador, feminino". Mas esse truísmo não quer dizer que não exista tal coisa como uma assassina em série. Significa apenas que mulheres e homens cometem assassinatos em série de maneiras diferentes. Já houve muitas assassinas psicóticas na história dos Estados Unidos. Em vez de retalharem suas vítimas, contudo, elas quase sempre dão cabo delas usando veneno.

À primeira vista, esse fato sugere que as assassinas em série são menos sádicas do que seus equivalentes masculinos. No entanto, comparadas às agonias prolongadas que as vítimas de envenenamento sofrem, as mortes infligidas por Jack, o Estripador — que matava suas vítimas depressa ao cortar suas gargantas, em seguida retalhava os corpos após a morte —, eram compassivas.

Existe outra característica da homicida em série que, em certos aspectos, parece ainda mais cruel do que aquela perpetrada por homens. Assassinos em série tendem a atacar desconhecidos: prostitutas, caroneiros e diversas "vítimas de oportunidade", enquanto que envenenadoras quase sempre matam pessoas próximas a elas: maridos, filhos, irmãos, amigos e pessoas crédulas que dependem delas para receberem cuidados.

No final do século XIX e início do XX, quando o arsênico era encontrado com facilidade e a medicina ainda estava em um chocante estágio primitivo, houve um surto de Borgias estadunidenses (como eram chamadas em homenagem à infame femme fatale do Renascimento, Lucrezia Borgia). Uma das mais prolíficas dentre elas foi a sra. Amy Archer-Gilligan de Windsor, Connecticut.

Pouco se sabe sobre suas origens. Ela nasceu em 1868, a oitava de dez filhos de James e Mary Duggan de Milton, Connecticut. Foi educada em escolas rurais e trabalhou por um breve período como professora. Em anos posteriores, depois que seus crimes terríveis vieram à luz, surgiram histórias sobre traços de instabilidade mental em sua família: um irmão que passava os dias arranhando um violino na frente do espelho do quarto e que acabou sendo internado no manicômio Connecticut General Hospital for the Insane e uma irmã que ficou permanentemente inválida depois de se jogar do andar superior da casa da família.

Em 1897, Amy, com 29 anos, se casou com James H. Archer. Eles tiveram uma filha, Mary, em 1898. Três anos depois, a família se mudou para Newington, Connecticut, e se instalou na casa de um viúvo idoso, John D. Seymour. Enquanto James trabalhava na fábrica da Underwood Typewriter em Hartford, Amy trabalhava como cuidadora de Seymour. Em troca de seus serviços, os Archer recebiam moradia de graça.

Quando Seymour morreu em 1904 — aparentemente de causas naturais —, seus herdeiros alugaram a casa para James e Amy, que começaram a acolher pensionistas idosos e enfermos. Eles administraram essa casa de repouso improvisada até 1907, quando os donos da propriedade decidiram vender o imóvel. Àquela altura, James tinha pedido demissão de seu emprego na fábrica. Após se mudarem para Windsor, ele e Amy compraram uma casa de tijolinhos de três andares e inauguraram o asilo Archer Home for Elderly People and Chronic Invalids [Lar Archer para pessoas idosas e inválidos]. Em troca de um pagamento de 1.000 dólares — pouco menos de 30 mil dólares em valores atuais —, os internos (como Amy se referia a eles) tinham cuidados garantidos durante o restante de suas vidas, além de receberem um enterro apropriado.

Apenas dois anos depois, os Archer se viram no cerne de um escândalo quando foram processados por Narcissa J. McClintock, de West Hartford, cuja mãe, Theresa, era residente da casa de repouso. A ação judicial acusava os Archer de maltratarem a idosa sra. McClintock "ao deixarem de cuidar dela em momentos nos quais ela precisava de cuidados, de se recusarem a atender seus desejos quando eram chamados, de deixá-la sofrer de resfriados graves sem lhe darem água nem remédios e de repreendê-la por pedir ajuda". Ainda havia acusações de que ela era "obrigada a permanecer em condições imundas e nojentas em um quarto repleto de odores impuros que não era ventilado de maneira apropriada". Outra paciente, a sra. Lucy Durand, apresentou uma reclamação parecida junto à Connecticut Humane Society, que enviou um agente para investigar as condições na Archer Home.

Esses primeiros sinais de problemas na casa de repouso, contudo, soam triviais se comparados aos escândalos que estavam por vir.

Em fevereiro de 1910, pouco depois de fazer um seguro de vida a pedido da esposa, James Archer morreu de repente. Embora não tivesse demonstrado nenhum sintoma prévio da enfermidade, a causa oficial da morte foi anunciada como doença de Bright, um termo hoje obsoleto para nefrite, ou inflamação dos rins. Em novembro de 1913, Amy se casou com seu segundo marido, Michael W. Gilligan, um viúvo abastado quase vinte anos mais velho do que ela. Três meses depois, tendo assinado um testamento deixando todo seu patrimônio para a nova esposa, o aparentemente saudável sr. Gilligan adoeceu de repente e veio a falecer, supostamente de "indigestão aguda".

Àquela altura, a taxa de mortalidade na Archer Home for Elderly People tinha aumentado de maneira alarmante. Houve apenas uma dúzia de mortes na residência entre 1907 e 1911. Esse número quadruplicou nos cinco anos seguintes: 48 internos mortos entre 1911 e 1916. Um deles foi Franklin R. Andrews, um vigoroso senhor de 61 anos que passou a manhã de 29 de maio de 1914 trabalhando contente no jardim da casa de repouso e que à noite veio a falecer depois de sofrer um súbito ataque de dores abdominais, náusea e vômito. Os médicos atribuíram sua morte a "úlceras gástricas".

Dois anos se passariam até que a irmã de Andrews, a sra. Nellie Pierce — desconfiada das circunstâncias da morte do irmão — persuadisse as autoridades a investigarem as condições na Archer Home. Na terça-feira, 2 de maio de 1916, o cadáver de Andrews foi exumado de sua cova no cemitério Cheshire e levado a um galpão de ferramentas, onde uma necropsia comprovou que ele tinha morrido de envenenamento por arsênico. Ao entrevistarem o dono da farmácia W.H.H. Mason em Windsor, os investigadores descobriram que a sra. Archer-Gilligan tinha comprado 57 gramas de arsênico, supostamente como veneno para ratos, quatro dias antes da morte de Andrews.

Outras exumações logo se seguiram. Todas revelaram quantidades letais de arsênico nos estômagos dos falecidos. "Após nossa investigação geral da situação na Archer Home", anunciou o procurador do Estado, Hugh M. Alcorn, "nós tivemos a certeza de que havia algo errado. Então exumamos os corpos e tivemos a convicção de que era um caso de homicídio frio, calculado e premeditado dos internos do asilo."

O caso se tornou uma sensação nacional depois que o *Hartford Courant* publicou uma manchete berrante em letras garrafais no dia 9 de maio de 1916: POLÍCIA ACREDITA QUE O ASILO ARCHER HOME SEJA UMA FÁBRICA DE ASSASSINATOS. Um subtítulo declarava VINTE PODEM TER SIDO ENVENENADOS.

MANCHETE DE JORNAL: POLÍCIA ACREDITA QUE O ASILO ARCHER HOME SEJA UMA FÁBRICA DE ASSASSINATOS.

Essa estimativa, de acordo com alguns historiadores de criminologia, errou pela metade. "É possível concluir", escreve um cronista, "que quarenta pessoas encontraram suas mortes nas mãos dela." Entre as vítimas estava seu segundo marido, Michael Gilligan, cujo cadáver exumado continha níveis mortais de arsênico e cujo testamento, que deixava tudo para a esposa, acabou se mostrando uma falsificação, escrito pela própria Amy.

Acusada de cinco homicídios qualificados, Amy Archer-Gilligan foi, após uma moção de seu advogado, julgada por apenas um, o assassinato de Franklin Andrews. Os procedimentos foram iniciados no dia 18 de junho de 1917. Entre as testemunhas do Estado estavam o dr. Arthur J. Wolff, um perito em toxicologia, que atestou que os órgãos do falecido continham arsênico suficiente para matar pelo menos "quatro ou cinco homens", e o farmacêutico W.H.H. Mason, que apresentou registros que mostravam que, durante um intervalo de nove meses, a ré tinha "comprado 765 gramas" do veneno. Esforços por parte da defesa para comprovar que o arsênico encontrado no corpo de Andrews era um ingrediente do fluído embalsamador foram refutados com facilidade pela promotoria.

Resumindo, o procurador do Estado Alcorn esbravejou contra as atrocidades perpetradas no "antro de morte sombrio e execrável" da ré. Na sexta-feira, 13 de julho, após quatro horas de deliberação, o júri retornou com o veredicto de culpada, e Archer-Gilligan foi condenada à morte por enforcamento.

Dois anos depois, contudo, após uma apelação bem-sucedida, foi-lhe outorgado outro julgamento. Ele teve um fim abrupto quando, duas semanas após o início do processo, ela mudou sua declaração de insanidade para culpada de homicídio simples, e foi condenada à prisão perpétua na penitenciária estadual de Wethersfield. Em julho de 1924, foi declarada demente pelo médico da penitenciária, o dr. Percy B. Battey, e transferida para o hospital psiquiátrico do Estado em Middletown, onde viveu seus últimos 38 anos de vida — uma paciente calma e submissa que, conforme informou seu obituário no *Hartford Courant* de 24 de abril de 1962, "desenvolveu o gosto por tocar a marcha fúnebre no piano e por realizar longas conversas telefônicas consigo mesma".

Como o conteúdo deste livro deixa claro, filmes de diversos gêneros dramáticos — suspenses, filmes noir, terror etc. — foram baseados em inúmeros assassinatos da vida real. O caso de Amy Archer-Gilligan representa uma marcante exceção a essa regra geral. Ela é um caso raro e talvez único de uma assassina em série histórica cujos crimes serviram de inspiração para uma adorada comédia: o excêntrico e macabro *Este Mundo É um Hospício*, de Frank Capra.

O filme de 1944 é uma adaptação para o cinema do sucesso da Broadway de Joseph Kesselring, que estreou três anos antes e que teve mais de 1.400 apresentações. As origens teatrais do filme ficam claras diante de sua ambientação. Com algumas poucas exceções, todo o filme se desenrola em apenas um lugar bastante limitado: a combinação de sala de estar e sala de jantar de um sobrado vitoriano no Brooklyn dos anos 1940.

A casa é a residência de duas encantadoras senhoras, Abby e Martha Brewster (interpretadas por Josephine Hull e Jean Adair, que representaram os mesmos papéis na Broadway). As irmãs Brewster são as tias solteironas da estrela do filme, Cary Grant, no papel de Mortimer Brewster. Um famoso crítico teatral, Mortimer também é conhecido como um solteirão convicto que escreveu um best-seller, *Casamento: Uma Fraude e um Fracasso*. Quando nós o conhecemos, porém, ele está na fila do cartório de registro civil para obter uma licença de casamento, tendo se apaixonado pela filha de um pastor, Elaine Harper (Priscilla Lane), cuja família mora na casa ao lado da dos Brewster. Depois de se casarem, o casal segue para o Brooklyn para informar suas famílias sobre o casamento e fazer as malas para a viagem de lua de mel para as Cataratas do Niágara.

Pouco depois de chegar na casa das tias, Mortimer encontra o cadáver de um idoso escondido no assento sob a janela. Ele de imediato supõe que o corpo foi colocado ali pelo irmão clinicamente insano, Teddy (John Alexander, que também repete seu papel original da Broadway). Um camarada corpulento de bigode que acredita ser o presidente Theodore Roosevelt, Teddy divide seu tempo entre correr para o andar superior como se estivesse no ataque da Batalha de San Juan Hill e cavando o porão sob a ilusão de que está escavando o Canal do Panamá.

Quando o aturdido Mortimer conta às tias que Teddy matou um homem, elas levam a ideia na brincadeira e alegremente revelam seu próprio "segredinho". Conhecidas por prestarem ajuda a estranhos necessitados, as irmãs abriram um lar para idosos solitários, que então são aliviados de seus suplícios com uma bela taça de vinho de sabugueiro envenenado e depois recebem enterros cristãos apropriados no porão.

Em uma tentativa de proteger as tias — criaturas terrivelmente equivocadas, mas muito adoráveis —, Mortimer passa o restante do filme em um esforço cada vez mais frenético de internar Teddy em um manicômio, acreditando que, caso as dezenas de cadáveres enterrados no porão sejam descobertos, seu irmão obviamente louco irá levar a culpa. Embora fosse a personificação de uma cortesia charmosa e graciosa, Cary Grant, que começou sua carreira nos palcos como acrobata, era um mestre de uma vigorosa comédia física e apresenta uma atuação que deixaria orgulhoso qualquer ator de comédia pastelão.

A chegava inesperada de seu outro irmão, Jonathan (Raymond Massey), um maníaco homicida cujo rosto foi transformado em uma máscara grosseiramente costurada estilo monstro de Frankenstein pelo seu companheiro, um cirurgião plástico alcoólatra chamado dr. Einstein (interpretado pelo excelente Peter Lorre) soma-se aos problemas de Mortimer. Em uma piada recorrente ao longo do filme, as pessoas comentam diversas vezes sobre a semelhança de Jonathan com Boris Karloff, que interpretou o papel na produção original da Broadway.

O filme, como a peça, foi um sucesso tanto de crítica quanto de público, oferecendo aos espectadores o que o *New York Times* descreveu como "uma agradável fuga de duas horas do verdadeiro homicídio em massa se desenrolando na Segunda Guerra Mundial". Ele teve outro efeito, mais duradouro. Graças ao clássico de Capra, as pessoas tendem a enxergar as envenenadoras da era vitoriana como figuras excêntricas, quase cômicas: solteironas idosas e caducas que gostavam de temperar a refeição dos hóspedes com um pouco de arsênico. Mas as mortes infligidas por mulheres como Amy Archer-Gilligan não são motivo de piada.

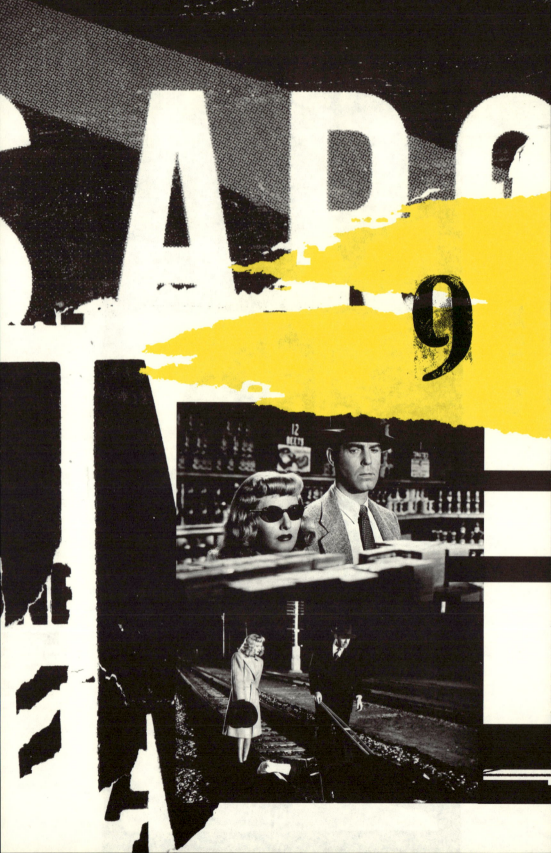

ANATOMIA TRUE CRIME DOS FILMES

PACTO
DE SANGUE

DOUBLE INDEMNITY, 1944
DIRIGIDO POR BILLY WILDER.
ESCRITO POR BILLY WILDER
E RAYMOND CHANDLER. COM
FRED MACMURRAY, BARBARA
STANWYCK, EDWARD G. ROBINSON,
TOM POWERS, PORTER HALL E
JEAN HEATHER.

Ela entrou para história jornalística como a imagem mais infame de todos os tempos a ser publicada em um tabloide: uma fotografia desfocada em preto e branco de uma prisioneira condenada no momento de sua execução. Sob uma manchete chamativa com uma única palavra — MORTA! —, a imagem ocupava toda a primeira página do *New York Daily News* do dia 13 de janeiro de 1928. Sua publicação provocou a indignação dos representantes do Estado, mas os nova-iorquinos comuns a devoraram. Um milhão de exemplares dessa edição venderam como água naquele dia, mais do que o dobro das vendas normais. A ânsia do público de ver o momento da morte da criminosa era um sinal da infâmia que ela tinha alcançado como a assassina mais odiada de sua época. Seu nome era Ruth Snyder.

Batizada como Mamie Ruth Brown ao nascer em março de 1895, Ruth foi uma criança de saúde frágil que se transformou em uma jovem com "boas feições maculadas apenas por um queixo duro e um olhar gélido" — e que projetava uma sexualidade pura que fazia com que fosse ainda mais atraente aos homens. Depois de abandonar a escola no começo da adolescência, teve diversos trabalhos em escritórios ao longo dos anos seguintes, entregando grande parte do seu parco salário para a família em dificuldades. Em 1914, enquanto trabalhava como telefonista no Tiffany Studios, transferiu por engano uma ligação para um estranho rabugento que começou a repreendê-la por interromper seu trabalho. Pouco depois, ele telefonou de volta. Apresentando-se como Albert Snyder, editor de arte da revista *Motor Boating*, ele se desculpou por sua grosseria. Depois de uma conversa agradável, ele a convidou para uma entrevista de emprego. Naquela tarde, ela foi contratada para trabalhar como secretária em seu escritório.

Treze anos mais velho do que Ruth, Snyder não perdeu tempo em dar em cima da jovem vivaz, deixando-a deslumbrada com idas ao teatro, casas noturnas e restaurantes requintados. Embora Ruth adorasse uma noite de diversão mais do que tudo e estivesse feliz em namorar Snyder, não se sentia muito atraída por ele e não aceitou seu pedido de casamento naquele Natal. Alguns meses mais tarde, contudo, quando ele a surpreendeu em seu aniversário de vinte anos com uma caixa de bombom contendo um anel de noivado de diamante, ela não conseguiu resistir. "Eu simplesmente não consegui abrir mão daquele anel", explicou mais tarde para um amigo. Eles se casaram em julho de 1915, menos de um ano depois de se conhecerem.

O casamento dos dois se revelou um desastre quase desde o início. Um espécime quase estereotípico da masculinidade estadunidense dos anos 1920, Snyder, no papel de único provedor da família, exigia que a esposa cuidasse de todas as tarefas domésticas, deixando-o livre para se dedicar aos seus passatempos favoritos aos fins de semana: navegar, pescar, trabalhar na oficina em sua garagem. Ele também tinha um pavio curto, exacerbado pelo seu gosto pela bebida. Ruth, enquanto isso, fervilhava de ressentimento. Uma mulher divertida com um anseio por toda animação que a Era do Jazz tinha a oferecer, ela se viu presa em um lar suburbano no Queens com um marido carrancudo e retrógrado cuja ideia de diversão era ajustar o motor de seu automóvel.

Algum tempo depois, Ruth passou a sair sozinha, indo de metrô até Manhattan para almoçar com as amigas e desfrutar dos entretenimentos da cidade. Foi durante um desses passeios que conheceu o homem que se tornaria seu parceiro em um crime que chocou o país.

Um sujeito baixinho, míope e tímido que vendia corpetes para ganhar a vida, cantava no coral da igreja e — ao que tudo indicava — era dedicado à esposa e à filha, Judd Gray não era o que alguém poderia chamar de conquistador. Assim que ele e Ruth foram apresentados um ao outro em um restaurante em Manhattan, contudo, eles se envolveram em um romance tórrido — encontrando-se clandestinamente em hotéis em Midtown, trocando cartas de amor redigidas com um cansativo linguajar infantil, dirigindo-se um ao outro por apelidos melosos. Para Judd, a dominadora e descaradamente sensual Ruth era sua "Mamãezinha". Ela chamava o amante frouxo de "Garanhão".

==Um ano depois de conhecer Gray, Ruth resolveu dar cabo de seu marido detestável.== Depois de o convencer a adquirir uma apólice de seguro de vida com uma cláusula que garantia uma indenização em dobro de quase 100 mil dólares caso ele viesse a sofrer uma morte violenta, ela começou a tentar matá-lo: batizando seu uísque com cloreto de mercúrio, salpicando veneno em sua sobremesa de ameixas secas, canalizando gás para dentro do quarto enquanto ele dormia. Snyder sobreviveu a todas essas tentativas. Apesar da aversão mal disfarçada da esposa, ele, ao que parece, nunca suspeitou dela.

Por fim, "a Mulher de Granito" (como os tabloides viriam a apelidá-la) decidiu apelar para a ajuda do amante. Ainda que Gray tivesse ficado de fato chocado quando sua Mamãezinha abordou o assunto pela primeira vez, ele estava completamente sob seu domínio (os tabloides viriam a chamá-lo de "o Homem Suscetível"). Nas primeiras horas do dia 20 de março de 1927, o casal colocou seu plano em ação.

Fortificado por uma bebida ilegal e munido de um pesado caixilho de ferro, Gray se esgueirou para dentro da casa dos Snyder depois de escurecer, entrando por uma porta lateral que Ruth tinha deixado destrancada. Enquanto a vítima dormia profundamente, Gray entrou de fininho no quarto dos Snyder e brandiu o porrete contra a cabeça do homem adormecido. O golpe foi tão fraco, porém, que só fez com que Albert Snyder se sentasse com um rugido e agarrasse a gravata de seu agressor.

"Mamãezinha!", gritou Gray. "Pelo amor de Deus, socorro!"

Correndo até o lado da cama, Ruth tirou o caixilho de ferro da mão do Garanhão e aplicou um golpe devastador contra o crânio do marido. ==Albert desmoronou na cama com um gemido trêmulo.== Como garantia, os assassinos o estrangularam com um cabo e enfiaram trapos encharcados com clorofórmio em suas narinas.

Colocando a segunda fase de seu esquema em ação, a dupla passou a revirar a casa para fazer com que parecesse que Snyder tinha sido morto durante um assalto. Derrubaram móveis, abriram gavetas, chegaram até a arrancar os enchimentos dos travesseiros. Ruth queria que Gray levasse as joias, mas, por motivos inexplicáveis, ele se recusou. Eles se contentaram em esconder os itens valiosos embaixo do colchão e enfiar um casaco de pele em uma bolsa dentro do armário. A ideia genial que tiveram para descartar a arma do crime foi esfregar cinzas nela e a enfiar na caixa de ferramentas de Albert Snyder no porão.

Embora Ruth tenha incitado Gray a deixá-la inconsciente, ele não conseguiu se forçar a machucá-la. Em vez disso, amarrou seus pulsos e tornozelos, a amordaçou com um pano daqueles usados para fazer queijo e fugiu noite adentro.

Algumas horas depois, por volta das 7h30, Ruth se arrastou até o quarto onde a filha estava dormindo e conseguiu acordar a criança de onze anos, que de imediato pediu ajuda. Ainda que Ruth tivesse se mantido firme à história que tinha ensaiado, a polícia desconfiou da mulher desde o início. Todas as evidências estavam contra ela. Ladrões não são conhecidos por derrubarem poltronas e rasgarem travesseiros em sua busca por saque. E a alegação de Ruth de que tinha sido deixada inconsciente pelo invasor não conseguiu convencer o médico-legista, que foi incapaz de encontrar uma única contusão em seu couro cabeludo. O fato de os investigadores terem encontrado as joias "roubadas" embaixo do colchão e a arma do crime manchada de sangue na caixa de ferramentas de seu marido não ajudou nem um pouco sua causa.

Apesar de acreditarem que tinham cometido o "assassinato perfeito", os conspiradores desajeitados tinham conseguido perpetrar um crime tão incompetente que o célebre jornalista Damon Runyon o chamou de "o Assassinato Atrapalhado". Após 24h, a dupla já se encontrava sob custódia. O caso Snyder-Gray se tornou uma sensação imediata, não apenas na cidade de Nova York, como também em todo o país. Ruth Snyder logo se tornou a mulher mais odiada de sua época — a Meretriz da Babilônia na forma de uma curvilínea dona de casa do Queens. O julgamento Snyder-Gray — assistido por dignitários da Era do Jazz como David Belasco, D.W. Griffith, a irmã Aimee Semple McPherson e o reverendo Billy Sunday, entre outros — recebeu quase tanta atenção quanto o voo de Lindbergh e teve uma abundância tanto de melodrama sensacionalista quanto de comédia vulgar, em especial quando Ruth se sentava no banco dos réus. (Em uma conversa memorável, o promotor público adjunto Charles W. Froessel, ao tentar provar que Ruth teve um caso anterior com um homem chamado Lesser, pergunta: "Você conheceu o sr. Lesser de modo carnal?". "Sim", respondeu Ruth, "mas apenas no âmbito profissional.")

CARTÃO-POSTAL: Nós iremos atirar em vocês caso permitam que aquela tal de Snyder seja posta em liberdade. Ela deve ser eletrocutada. O público exige isso. Se ela não for executada, outras pessoas farão o mesmo tipo de coisa. Ela deve servir de exemplo. Estamos de olho.
Ass: O Público

A opinião pública tinha se voltado tanto contra Ruth que, depois que ela e Gray foram condenados e sentenciados à morte, todos os membros do tribunal de apelação receberam uma cópia do seguinte cartão-postal: "Nós iremos atirar em vocês caso permitam que aquela tal de Snyder seja posta em liberdade. Ela deve ser eletrocutada. O público exige isso. Se ela não for executada, outras pessoas farão o mesmo tipo de coisa. Ela deve servir de exemplo. Estamos de olho." A mensagem foi assinada como "O Público".

O público teve o que queria. Pouco depois das 23h de terça-feira, 12 de janeiro de 1928, Ruth Snyder foi levada à cadeira elétrica, seguida, oito minutos depois, por Judd Gray. Sentado entre os espectadores estava um homem chamado Tom Howard. Embora estivesse fingindo ser repórter, Howard era um fotógrafo trazido de Chicago pelo *New York Daily News*. Presa em segredo ao seu tornozelo esquerdo, havia uma câmera em miniatura. Quando a primeira carga atingiu Snyder, ele soltou o obturador com um cabo que corria por dentro de uma perna das calças até o bolso. A foto resultante — a única imagem jamais tirada nos Estados Unidos da eletrocussão de uma mulher — rendeu a Howard um bônus de 100 dólares e um lugar duradouro nos anais do fotojornalismo estadunidense.

O Assassinato Atrapalhado se tornou conhecido por outro apelido mais duradouro em 1943, quando serviu de inspiração para o impiedoso best-seller de James M. Cain, *Indenização em Dobro* (*Double Indemnity* em inglês, também é o título original do filme). No ano seguinte, o diretor Billy Wilder, trabalhando em conjunto com Raymond Chandler, transformou o livro de Cain em um clássico de Hollywood, um filme considerado por muitos historiadores do cinema como o primeiro filme noir já feito.

Fred MacMurray (mais conhecido pelas gerações futuras por seus papéis cômicos em filmes da Disney como *Felpudo*, *O Cão Feiticeiro* e *O Fantástico Super-Homem*, além de ter tido a chance de estrelar a duradoura sitcom *My Three Sons*) brilha como Walter Neff, um vendedor de seguros corrupto que se apaixona por uma calculista dona de casa californiana, Phyllis Dietrichson (Barbara Stanwyck). Uma das mais memoráveis mulheres fatais do cinema, Phyllis de imediato acredita que o desbocado Neff é o idiota perfeito para ajudá-la a se livrar de seu casamento desanimador. Poucos dias depois de se conhecerem, ela o convence a planejar um crime supostamente infalível: dar cabo de seu marido mal-humorado em um suposto acidente fatal e receber o dinheiro do seguro de vida que conta com uma cláusula de indenização em dobro.

NEFF: Não vai haver nenhum deslize. Nenhum desleixe. Nenhum ponto fraco. Tem que ser perfeito, direto ao ponto.

"Nós vamos fazer isso e vamos fazer direito", diz Neff, que tinha pensado muito em como um golpe desse poderia ser realizado. "Não vai haver nenhum deslize. Nenhum desleixe. Nenhum ponto fraco. Tem que ser perfeito, direto ao ponto."

Em um curto espaço de tempo, eles colocam o plano desonesto de Neff em ação. Primeiro, acreditando estar apenas renovando a apólice de seu automóvel, o antipático sr. Dietrichson é levado a adquirir um seguro de vida de 50 mil dólares, com o dobro dessa quantia paga à sua esposa enlutada caso venha a morrer de uma maneira estatisticamente improvável — digamos, ao cair de um trem em movimento. Pouco depois, Dietrichson, que estava planejando ir de carro até Palo Alto para sua reunião anual de ex-alunos da faculdade, quebra a perna e decide viajar de trem. Na noite de sua partida, Neff, usando um gesso falso na perna e um terno parecido com o de Dietrichson, se esconde na traseira do carro enquanto Phyllis leva o marido até a estação. A um sinal combinado anteriormente com Phyllis, que estacionou em uma rua lateral deserta, Neff se levanta e estrangula Dietrichson, quebrando seu pescoço. Ele então sobe a bordo do trem, avança de muleta até a plataforma aberta nos fundos do vagão de observação e — depois de um tenso encontro inesperado com outro passageiro — salta. Em seguida, ele e Phyllis arrastam o cadáver do marido dela até os trilhos e fogem.

O plano parece ter funcionado perfeitamente. Neff, contudo, não contava com seu colega e amigo íntimo, o persistente investigador Barton Keyes (Edward G. Robinson em uma típica atuação dinâmica de roubar a cena). Embora Keyes a princípio aceite o veredicto oficial de que a morte de Dietrichson foi acidental, ele logo é corroído por dúvidas. Em pouco tempo, ele não só conclui que Dietrichson foi assassinado, como também decifra como exatamente o crime foi cometido. Só errou em um detalhe: ele acredita que o cúmplice de Phyllis não foi Neff, mas um jovem mal-humorado, Nino Zachetti, namorado da filha de Dietrichson, Lola.

Ao ver uma maneira de se livrar das suspeitas, Neff vai até a casa de Dietrichson com a intenção de matar Phyllis e incriminar Nino pela morte dela. Phyllis, porém, tem seus próprios planos. No confronto final carregado de emoção entre os dois amantes traiçoeiros, Phyllis, com um sangue-frio assustador, atira no ombro de Neff, então — para sua própria surpresa — descobre que, na verdade, gosta muito dele para matá-lo. Esse peso na consciência atípico permite que Neff a atinja no estômago. Neff, gravemente ferido, consegue voltar ao escritório para gravar uma confissão completa em seu Ditafone. O filme termina com uma conversa tocante entre Neff e Keyes enquanto os dois esperam a chegada da ambulância. Esse, contudo, não era o clímax planejado para o filme. Embora a filmagem tenha sido perdida, ainda existem algumas imagens do final original gravado por Wilder: Keyes testemunha a execução de Neff na câmera de gás de San Quentin — uma sequência muito mais de acordo com o derradeiro destino dos verdadeiros assassinos da "Dupla Indenização".

O DURÃO

O caso Snyder-Gray resultou não apenas em *Pacto de Sangue*, mas também em um excelente filminho chamado *O Durão*. Lançado em 1933, o filme conta com James Cagney, em uma típica atuação eletrizante, como um ex-condenado chamado Danny Kean. Após ser libertado da penitenciária Sing Sing, Danny passa a trabalhar como um fotógrafo intrépido para um tabloide sórdido da cidade de Nova York. Ele consegue seu maior furo depois de descobrir que uma assassina infame está prestes a ser executada: ele se esgueira para dentro da prisão com uma câmera escondida sob uma das pernas das calças e tira uma foto da prisioneira no instante de sua execução. Quando a foto é impressa na primeira página do jornal do dia seguinte, a edição tem as cópias esgotadas (embora Danny tenha que enfrentar algumas lamentáveis consequências pessoais, visto que o segurança pelo qual conseguiu se esgueirar — e que é rebaixado por conta disso — é ninguém menos que o pai de sua namorada).

O "fotógrafo ligeiro"[1] e enérgico que faz qualquer coisa por um furo interpretado por Cagney foi baseado em Tom Howard, o fotógrafo da vida real que tirou a infame fotografia da eletrocussão de Ruth Snyder publicada na primeira página da edição de 13 de janeiro de 1928 do *New York Daily News*. A infame façanha de Howard também foi a base para um remake barato de 1942 de *O Durão* chamado *Escape from Crime*.

---

1   *Picture Snatcher*, no original, literalmente "aquele que tira fotos", é o título original do filme. [NT]

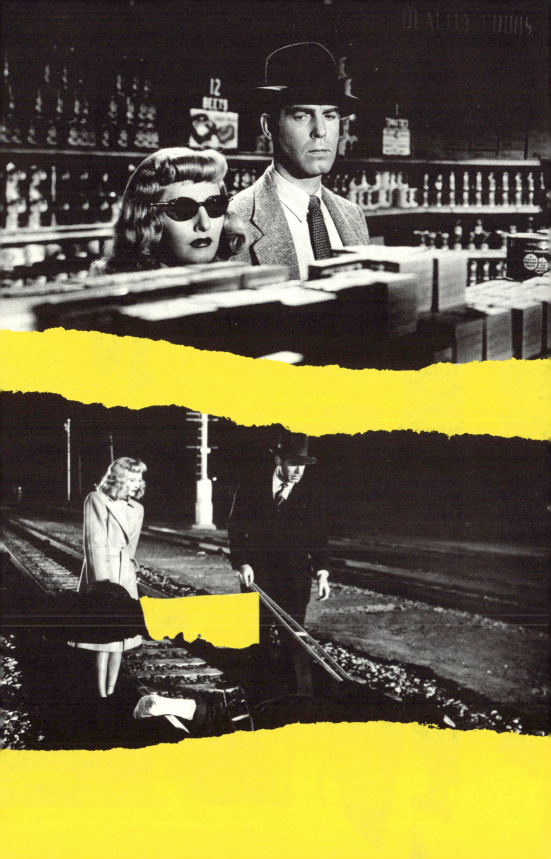

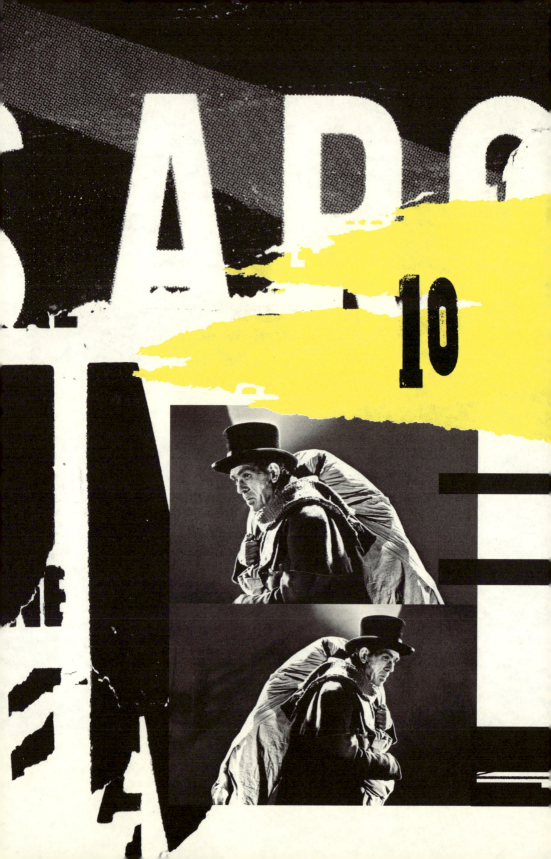

ANATOMIA TRUE CRIME DOS FILMES

O TÚMULO VAZIO

THE BODY SNATCHER, 1945
DIRIGIDO POR ROBERT WISE.
ESCRITO POR PHILIP MACDONALD
E VAL LEWTON (SOB O
PSEUDÔNIMO CARLOS KEITH).
COM BORIS KARLOFF, BÉLA
LUGOSI, HENRY DANIELL, RUSSEL
WADE E EDITH ATWATER.

Após começar sua carreira como repórter de jornais e romancista cujas obras incluíam um best-seller em edição econômica e um livro pornográfico escrito sob um pseudônimo, o escritor russo Val Lewton abriu caminho até Hollywood, onde se tornou o braço direito do lendário produtor David O. Selznick. Em 1942, após oitos anos trabalhando em filmes como *...E o Vento Levou* e *A Queda da Bastilha*, ele foi promovido a diretor de uma nova unidade dos estúdios RKO, dedicada à produção de filmes de terror de baixo orçamento. Sua primeira produção, *Sangue de Pantera* — considerado por muitos cinéfilos como o melhor filme B já feito — estabeleceu a poética abordagem sombria que viria a ser o diferencial em todos os seus filmes: um tipo de terror que funciona não ao apresentar os sustos de filmes de monstros baratos, mas ao despertar temores obscuros por meio de efeitos atmosféricos e do poder da sugestão.

Antes de sua morte prematura causada por um ataque cardíaco aos 46 anos, Lewton produziu uma série dessas joias de "horror noir", os últimos três estrelados pelo ícone dos filmes de terror Boris Karloff: *A Ilha dos Mortos*, *O Asilo Sinistro* e — possivelmente o mais assustador de todos — *O Túmulo Vazio*. Embora muitos dos filmes de Lewton fossem histórias originais criadas a partir dos títulos fornecidos pelos chefes do estúdio, *O Túmulo Vazio* foi baseado em uma obra preexistente, um conto do grande escritor escocês Robert Louis Stevenson (cujo título em português é "O apanhador de corpos"). O conto de Stevenson, por sua vez, foi inspirado por um dos casos criminais mais chocantes da história britânica, os assassinatos perpetrados por William Burke e William Hare com o intuito de vender os cadáveres.

Na Grã-Bretanha do início do século XIX, os jovens aspirantes a médicos afluíam para Edimburgo, Escócia, o principal centro de educação médica do país. Além de sua renomada universidade, a cidade era o lar de um grupo de jovens cirurgiões talentosos que administrava escolas de anatomia particulares. Esses instrutores, contudo, se deparavam com uma escassez radical de recursos básicos para o ensino: cadáveres humanos para dissecação. Sob as cláusulas da lei em vigor na época — a chamada Lei do Assassinato de 1792 — os únicos cadáveres que podiam ser legalmente dissecados para propósitos de pesquisa ou educação eram aqueles de criminosos enforcados.

Com a demanda por espécimes frescos de humanos mortos excedendo em muito os recursos disponíveis, uma nova estirpe de empreendedores surgiu, praticantes do que um acadêmico chamou de "o negócio mais sórdido da história da humanidade". Conhecidos por diferentes nomes, tais como ladrões de corpos, ressurreicionistas e homens do enfia-eles-no-saco, esses carniceiros empreendedores, que costumavam trabalhar em grupos pequenos, entravam de fininho nos cemitérios das igrejas à noite, desenterravam um caixão recém-enterrado, abriam a tampa à força, extraíam o corpo, enfiavam-no em um saco e — depois de restaurarem o túmulo à sua condição anterior — entregavam o saque a um de seus clientes regulares nas faculdades de medicina. Essa atividade era realizada com tamanha rapidez que, para evitar que seus entes queridos recém-falecidos acabassem na mesa de dissecação, os cidadãos de Edimburgo se valeram de diversas medidas, incluindo a contratação de guardas armados postados nos cemitérios e a instalação de gaiolas de ferro, conhecidas em inglês como *mortsafes*, em volta de caixões recém-enterrados.

Ainda que Burke e Hare tenham entrado para o folclore popular como os mais infames de todos os ladrões de corpos britânicos, eles não eram, estritamente falando, membros dessa fraternidade abominável. Pouco dispostos a se engajarem no serviço difícil, sujo e perigoso de roubo de túmulos, eles partiram para um método de obtenção de cadáveres humanos comercializáveis menos trabalhoso: o assassinato em série.

Nascido em algum momento entre 1792 e 1804 (de acordo com relatos inconsistentes), William Hare passou os primeiros anos de sua idade adulta como trabalhador rural em sua Irlanda de nascença. Quando a construção de um novo canal que conectava Edimburgo e Glasgow foi iniciada, ele migrou para a Escócia para trabalhar na via navegável. Após muitos anos de labuta, Hare se estabeleceu em Edimburgo, onde se instalou em uma hospedaria barata administrada por um homem chamado Logue e sua implacável esposa, Margaret. Quando Logue morreu, Hare não perdeu tempo em tomar seu lugar tanto na cama de Margaret quanto como senhorio do esquálido albergue de segunda.

 ACADÊMICO: O negócio mais sórdido da história da humanidade.

Entre os locatários daquela época havia outro imigrante irlandês, William Burke, aproximadamente da mesma idade de Hare e também um antigo operário do canal. Depois de ter abandonado a jovem esposa e dois filhos em sua terra natal, estava vivendo em bigamia com uma ex-prostituta chamada Helen McDougal — Nelly, como ele a chamava — e ganhando a vida como sapateiro. Os dois emigrantes de Ulster logo estabeleceram um forte laço de amizade.

A parceria comercial que viria a lhes render uma infâmia duradoura começou em novembro de 1827 com o falecimento de um locatário idoso chamado Donald, que morreu devendo 4 libras para Hare pelo aluguel atrasado. Para recuperar a dívida, Hare teve a ideia de vender o corpo do velho para um anatomista. Com a promessa de uma parte dos lucros, Burke ajudou o amigo a transportar o cadáver até a faculdade de anatomia do célebre cirurgião dr. Robert Knox, onde receberam a bela quantia de 7 libras e 10 xelins e foram informados que poderiam se sentir sempre à vontade para voltar "quando tivessem outro [corpo] para descartar".

Uma oportunidade para aceitar esse convite surgiu alguns meses depois quando outro locatário, um viúvo idoso chamado Joseph, foi acometido pela febre tifoide. Com medo de que o fato de ter um velho contagioso no local pudesse afugentar hóspedes em potencial, Hare mais uma vez empregou a ajuda de Burke. Depois de administrar uma quantidade de uísque suficiente para o colocar em um estupor, os dois não tiveram dificuldades em dar cabo dele: um deles pressionou um travesseiro sobre o rosto enquanto o outro se posicionou sobre o peito, o que evitou que a vítima se debatesse e acelerou o processo de asfixia ao fazer com que fosse mais difícil para ele respirar. Dessa vez, Knox pagou 10 libras pelo cadáver. Em nenhum momento, naquela ocasião ou em encontros futuros, o médico fez indagações sobre a procedência dos produtos que estava comprando.

Existem algumas controvérsias a respeito da identidade da vítima seguinte. Historiadores do caso não estão de acordo se foi outro locatário adoecido, um inglês não identificado na casa dos quarenta anos, ou "uma mendiga idosa" chamada Abigail Simpson, que foi tentada pela promessa de uma bebida e atraída para a hospedaria de Hare. Entretanto, todos concordam que, ao matarem esse indivíduo, os dois assassinos aperfeiçoaram a técnica de asfixia que viria a se tornar conhecida em inglês como *burking*, em "homenagem" ao seu criador, William Burke: Hare pressionava as mãos sobre a boca e nariz da pessoa enquanto Burke se sentava sobre o tronco.

Ao longo dos próximos seis meses — entre abril e outubro de 1828 — os dois monstros (como logo seriam chamados pelos jornais de todo o Reino Unido) viriam a matar mais catorze pessoas, totalizando dezesseis. Entre suas vítimas estavam uma idosa carente e seu neto mudo de doze anos; uma locatária idosa chamada Mary Haldane e sua filha já adulta; um simplório rapaz de dezoito anos apelidado de "Jamie Idiota"; e uma prostituta adolescente, Mary Paterson, cujo corpo tinha formas tão "voluptuosas e de tamanha beleza" que Knox o preservou por três meses em um barril de uísque antes de o dissecar.

As atrocidades da dupla monstruosa atingiram o clímax — de maneira bastante apropriada — no Halloween, 31 de outubro de 1828. Naquela manhã, Burke — que então estava morando com a esposa em uma hospedaria diferente, depois de uma pequena briga com o parceiro — atraiu uma pobre irlandesa chamada Madgy Docherty até seus cômodos. Depois de localizar e notificar Hare de que tinha encontrado carne fresca para a mesa de dissecação do dr. Knox, Burke voltou para seus cômodos, onde, em preparação para o assassinato, convenceu os outros locatários, um casal chamado Gray e o filho deles, a passar a noite em outro lugar. Assim que os Gray foram embora e Hare chegou na cena, os dois deram cabo da idosa da maneira costumeira e enfiaram o corpo embaixo de uma pilha de palha aos pés de uma cama.

Na manhã seguinte, as suspeitas da sra. Gray foram despertadas quando, assim que voltou para os alojamentos para pegar um par de meias para o filho, se aproximou da cama e Burke lhe alertou bruscamente para ficar longe. Mais tarde naquele dia, quando Burke saiu da casa para cuidar de alguns assuntos, ela aproveitou a oportunidade para satisfazer sua curiosidade ao olhar embaixo da palha, e ficou horrorizada ao ver o cadáver da idosa, destituído de suas roupas, sangue escorrendo da boca. Quando a sra. Gray relatou sua terrível descoberta, os dois assassinos em série já tinham entregado o corpo aos aposentos do dr. Knox, onde a polícia o encontrou no dia seguinte. Burke e Hare foram logo levados sob custódia.

ROBBIE: Eles são extremamente audaciosos, esses ladrões de túmulos (suspira). Assim como os idiotas dos médicos que os incentivam.

Para salvar a própria pele, Hare concordou com uma delação premiada e testemunhou contra seu cúmplice; traído por Hare, Burke foi julgado pelo assassinato de Docherty, condenado e sentenciado à morte. Estima-se que 25 mil pessoas estiveram presentes em seu enforcamento em 28 de janeiro de 1829. Burke demorou por volta de dez minutos para morrer. Depois de balançar na corda por mais outros trinta e poucos minutos, seu corpo foi abaixado e transportado para a faculdade de anatomia administrada por um dos rivais do dr. Knox, onde foi dissecado diante de uma multidão de estudantes de medicina. Na manhã seguinte, o corpo foi posto em exibição pública. Ao final do dia, cerca de 30 mil cidadãos ansiosos tinham andado em fila pela sala de anatomia para terem um vislumbre dos pavorosos restos mortais. O cadáver então teve a pele retirada e o esqueleto foi doado para a Universidade de Edimburgo, onde pode ser visto hoje em dia no Museu de Anatomia da faculdade. Pedaços da pele foram curtidos e transformados em diversos artefatos mórbidos, incluindo um porta-cartão de visitas (em exibição no Museu da Polícia em Edimburgo) e uma carteira.

William Hare foi libertado, deixou a Escócia e desapareceu dos registros históricos. O dr. Knox nunca foi acusado de nenhum crime, e embora sua reputação permanecesse para sempre maculada por sua ligação com os infames vendedores de corpos, continuou na ativa até sua morte em 1862.

Escrito em conjunto com o produtor Lewton e dirigido por Robert Wise (que mais tarde viria a ganhar estatuetas do Oscar por *Amor, Sublime Amor* e *A Noviça Rebelde*), *O Túmulo Vazio* é ambientado na Edimburgo de 1831, dois anos após a execução de William Burke. A sequência de abertura nos apresenta ao jovem herói, o estudante de medicina Donald Fettes (Russel Wade), que está almoçando entre os túmulos de um cemitério. Aos seus pés está deitado um cachorro melancólico que se recusa a abandonar a sepultura de seu jovem dono desde que o rapaz foi enterrado na semana anterior. Quando a mãe do falecido aparece, ela conta a Fettes que é bom que Robbie (como o "pequeno cãozinho" é chamado) não queira ir para casa, visto que serve como cão de guarda contra os ladrões de corpos. "Eles são extremamente audaciosos, esses ladrões de túmulos", suspira ela, "assim como os idiotas dos médicos que os incentivam."

Depois de estabelecer rapidamente o seu tema mórbido, o filme então apresenta os outros personagens principais: o dr. Toddy MacFarlane (Henry Daniell), um cirurgião eminente que administra uma faculdade de anatomia, e o vilão do filme, um taxista chamado John Gray que faz bico como ladrão de túmulos, interpretado com um deleite malevolente por Boris Karloff. Embora nós presumimos de início que o taxista desleixado é um subalterno do cirurgião agradável e bem-sucedido, logo fica claro que Gray exerce uma influência sombria sobre seu empregador e sente um deleite sádico em provocar MacFarlane.

Assim que aceita a oferta para se tornar assistente de MacFarlane, o inocente Fettes, que acredita que a faculdade de anatomia é administrada de acordo com regulamentos rigorosos, é logo despojado de suas ilusões. MacFarlane o informa que, para obter um suprimento suficiente de corpos para dissecação, a faculdade precisa recorrer a métodos ilegais. Temos um vislumbre desses métodos naquela mesma noite, quando uma figura indistinta, carregando diversas ferramentas de escavação, entra de fininho no cemitério onde o fiel cão, Robbie, permanece de guarda. Embora suas feições estejam ocultas pela escuridão, podemos perceber que o intruso é o sinistro Gray. ==Na cena mais hedionda do filme (pelo menos na opinião de qualquer amante dos animais), ele mata o cãozinho com uma pá.== Pouco depois, Gray aparece na faculdade de medicina com um cadáver recém-exumado e, todo alegre, recebe seu honorário padrão de 10 libras.

Na manhã seguinte, durante uma de suas aulas de anatomia, MacFarlane perde a cabeça quando um dos alunos faz uma piada sobre Burke e Hare. Mais adiante no filme, descobrimos por que esse assunto lhe é tão delicado quando ele e Gray estão tomando algumas bebidas em um bar. Os dois, como descobrimos, têm uma longa história juntos, remontando aos dias de MacFarlane como estudante, quando era assistente do dr. Robert Knox. O conhecimento de Gray sobre esse segredo sombrio — a ligação íntima com Knox e o envolvimento com os infames Burke e Hare — é a fonte de seu poder sobre o cirurgião.

O próprio Gray passa de ladrão de corpos a assassino quando, em vez de correr o risco de saquear outra sepultura tão pouco tempo depois de seu último trabalho, ele mata uma bela indigente e entrega seu corpo à faculdade de anatomia. Ao descobrir o crime, o criado de MacFarlane, Joseph (interpretado pelo colega de Karloff dos filmes de terror, Béla Lugosi), aparece na melancólica moradia de Gray e exige um suborno pelo seu silêncio. Fingindo estar impressionado pela determinação de Joseph, Gray sugere que entrem juntos no negócio de matar para coletar cadáveres. O tolo do Joseph, que é natural de Lisboa, nunca tinha ouvido falar de Burke e Hare, portanto Gray lhe apresenta um resumo bastante vívido da história, incluindo uma demonstração dramática da técnica de asfixia que era a marca registrada da dupla, realizada no aspirante a chantagista. ==Gray então leva o corpo de Joseph para a escola de MacFarlane e o oferece a seu velho amigo como um "presente".==

Determinado a se livrar de seu atormentador, MacFarlane faz uma visita a Gray e oferece um suborno para que ele vá embora. Quando Gray recusa, o médico enfurecido parte para cima dele e, depois de uma luta feroz, o espanca até a morte. No entanto, como o filme sugere ao longo de sua duração, Gray não é apenas sua nêmese, mas seu duplo, seu eu sombrio — a personificação da consciência inescapável e assombrada pela culpa de MacFarlane. "Você nunca vai se livrar de mim dessa maneira, Toddy", são as últimas palavras que Gray pronuncia antes de MacFarlane se lançar sobre ele.

O final do filme — "o clímax de um filme de terror de arrepiar os cabelos como você nunca viu", nas palavras do célebre crítico cinematográfico James Agee — confirma essa previsão. Sentado com Fettes em um bar, comemorando sua libertação das garras de Gray, MacFarlane descobre que uma jovem acabou de ser enterrada em um cemitério remoto. Ao ver uma oportunidade de obter um espécime fresco para seus alunos, o médico força Fettes a ajudá-lo a exumar o cadáver. Depois de o colocar no banco dianteiro da carruagem, eles galopam para longe sob uma tempestade. À medida que o aguaceiro cai e o vento uiva, MacFarlane ouve a voz zombeteira de Gray: "Nunca vai se livrar de mim! Nunca vai se livrar de mim!". Fazendo a carruagem parar, MacFarlane afasta a mortalha do corpo apoiado ao seu lado e, à luz de um raio, vê o rosto de Gray. ==Quando ele grita horrorizado, o cavalo parte em disparada, a carruagem avança pela escuridão e despenca de um penhasco, com o cadáver nu de Gray envolvendo o médico em um abraço pavoroso.==

BURKE E HARE NOS CINEMAS

Embora os assassinatos em série cometidos por Burke e Hare tenham servido de inspiração para *O Túmulo Vazio* de Val Lewton, os monstros de Edimburgo não aparecem como personagens no filme. Apenas ouvimos o ladrão de túmulos, John Gray, falar a respeito dos dois enquanto descreve seus crimes ao chantagista, Joseph, que está prestes a ser asfixiado, ou *"burked"* em inglês. No entanto, uma grande quantidade de outros filmes sobre a odiosa dupla — os quais variam bastante em tom, qualidade e exatidão histórica — já foi produzida.

Em 1948, três anos depois do filme de Lewton chegar às telonas, a história de Burke e Hare foi recontada em um filme de terror britânico de baixo orçamento, *O Maquiavélico William Hart* (intitulado *The Greed of William Hart* no Reino Unido e rebatizado como *Horror Maniacs* para distribuição nos Estados Unidos). Atendo-se bastante aos fatos, o filme foi originalmente concebido e filmado como um relato de não ficção, usando os nomes reais dos personagens principais e intitulado *Burke and Hare*. Diante da insistência da censura britânica, contudo, os nomes foram mudados de Burke, Hare e Knox para Moore, Hart e Cox, e o título por consequência foi alterado. Para os fãs do terror britânico, uma das principais atrações do filme é a atuação tipicamente extravagante do ator principal, Tod Slaughter, um melodramático desavergonhado que primeiro ganhou fama nos palcos com seu papel extremamente popular como Sweeney Todd, o lendário barbeiro demoníaco da rua Fleet.

Doze anos depois, o roteirista e assistente de direção dessa versão, John Grilling, fez um remake chamado *O Monstro da Morgue Sinistra* (também conhecido como *Mania*). Restaurando os nomes reais dos personagens principais, o filme apresenta um distinto trio de atores britânicos de papéis excêntricos representando Knox, Burke e Hare: Peter Cushing (coprotagonista, junto de Christopher Lee, dos adorados filmes de terror da Hammer, começando com *A Maldição de Frankenstein* de 1957); Donald Pleasence (mais conhecido pelos fãs de terror como o psiquiatra Sam Loomis em *Halloween* de John Carpenter e suas sequências); e George Rose (um ator que ganhou diversos prêmios Tony e que acabou se tornando vítima de uma verdadeira história de terror quando, durante uma viagem à República Dominicana em 1988, foi torturado e morto por um grupo de homens que incluía seu próprio filho adotado).

Os pseudônimos voltaram a ser usados em *O Médico e os Monstros* de 1985, um filme com uma estirpe de classe. Dirigido por Freddie Francis, que começou sua carreira como cineasta ganhador do Oscar, o filme foi escrito pelo aclamado dramaturgo Sir Ronald Harwood, que o baseou em uma peça nunca produzida do grande poeta irlandês Dylan Thomas. O elenco conta com o futuro 007 Timothy Dalton no personagem do dr. Knox (aqui chamado de dr. Rock) e, nos papéis de Burke e Hare (rebatizados de Broom e Fallon), Stephen Rea (indicado ao Oscar como melhor ator por *Traídos pelo Desejo* de 1992) e Jonathan Pryce (uma estrela do teatro, cinema e TV muito enaltecida, talvez mais conhecido hoje em dia como Alto Pardal em *Game of Thrones*). Embora o filme embeleze a abominável história com diversos floreios hollywoodianos, incluindo uma trama secundária romântica envolvendo o assistente de Rock (Julian Sands) e a prostituta de improvável aparência inocente interpretada pela supermodelo dos anos 1960 Twiggy, ele é relativamente fiel aos fatos. Pryce e Rea estão bastante convincentes como os dois assassinos imorais e asquerosos, e o esquálido bairro pobre onde conduzem seus repugnantes negócios é retratado de modo tão rico que o fedor de podridão é praticamente soprado para fora da tela.

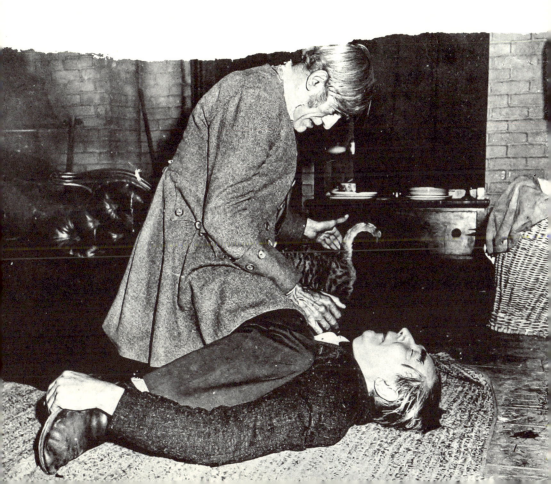

Burke & Hare (2010) de John Landis também ostenta uma produção de primeira e um elenco cheio de estrelas. Em um contraste gritante em relação a todas as versões anteriores, porém, ele conta a história com o intuito de gerar risadas. Landis, que ganhou grande reconhecimento como diretor do sucesso de bilheteria *Clube dos Cafajestes* de 1978, é muito admirado no universo geek do cinema por sua comédia de terror de 1981, *Um Lobisomem Americano em Londres*, um filme que alcançou um equilíbrio perfeito entre sustos genuínos e humor ácido. *Burke & Hare* almeja essa mesma combinação de tons, mas com menos sucesso. Os personagens do título são interpretados por Andy Serkis (o mestre da atuação em captura de movimento, mais conhecido por seu papel como Gollum na trilogia *O Senhor dos Anéis* e como o heroico símio César nas sequências recentes de *Planeta dos Macacos*) e Simon Pegg (uma presença cômica no cinema desde seu papel bem-sucedido como Shaun em *Todo Mundo Quase Morto*). Na maneira como são apresentados no filme, os dois não são os abomináveis vendedores de corpos da realidade, mas uma dupla de desastrados burlescos, "uma espécie de O Gordo e o Magro do mal", como Landis os descreveu. Ainda que seja intermitentemente divertido e rico em detalhes históricos, o filme é menos engraçado e assustador do que tenta ser (ou pensa que é) — motivo, claro, de sua péssima performance nas bilheterias.

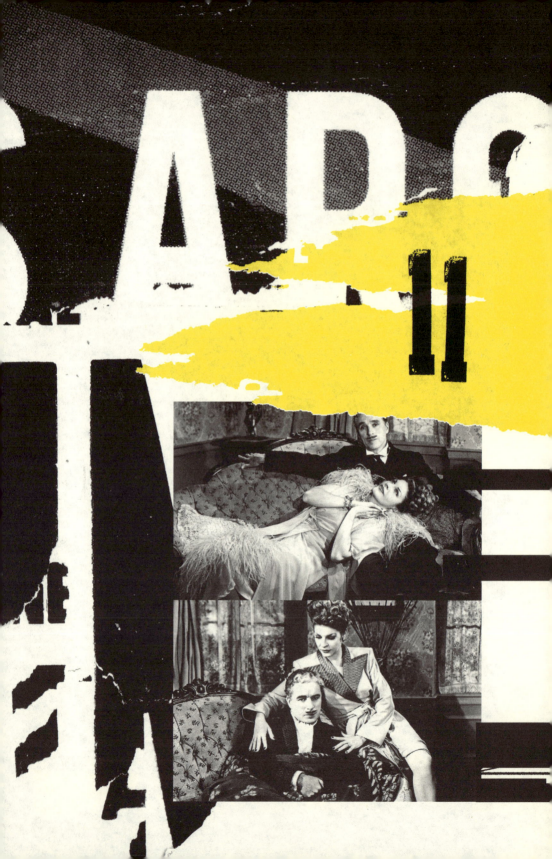

ANATOMIA TRUE CRIME DOS FILMES

MONSIEUR VERDOUX

MONSIEUR VERDOUX, 1947
DIRIGIDO E ESCRITO POR CHARLES CHAPLIN. COM CHARLES CHAPLIN, MARTHA RAYE, ISOBEL ELSON, MARILYN NASH, ROBERT LEWIS, MADY CORRELL, ALLISON RODDAN, MARGARET HOFFMAN E WILLIAM FRAWLEY.

Registrada por escrito pela primeira vez pelo autor francês Charles Perrault em sua clássica coleção dos contos da Mamãe Gansa, a história do Barba Azul trata de um sinistro nobre que mata uma sucessão de esposas e guarda seus corpos em um cômodo trancado em seu castelo. O termo *barba azul* foi então importado para a criminologia para descrever o tipo de homicida em série masculino que mata uma esposa depois da outra.

Um dos mais infames assassinos desse tipo do século xx foi Henri Landru, "o Barba Azul de Paris". Como seu equivalente fictício, Landru ostentava uma barba extremamente assustadora, normal em cor, mas com uma espessura excepcional, espetada e modelada no formato de uma pá de jardim pontuda. Ele também era careca e de rosto pálido, com sobrancelhas pretas eriçadas e encovados "olhos de fuinha" (para usar a expressão de um de seus contemporâneos).

Apesar da aparência notavelmente pouco atraente, ele era irresistível para o sexo oposto — o "maior criminoso do amor de sua época", como os jornais o descreveram —, conquistando os corações de aproximadamente 283 mulheres, das quais pelo menos dez, além de um garoto de dezesseis anos, viriam a morrer em suas mãos.

Nascido em abril de 1869 de pais respeitáveis, devotos religiosos e trabalhadores, Landru não demonstrou nenhum sinal de sua futura psicopatologia durante a infância. Professores da escola católica que ele frequentou se lembrariam dele como "um de seus alunos mais inteligentes", um jovem profundamente devoto que adorava cantar no coral e atuava como subdiácono durante as missas. Depois de se formar aos dezesseis anos, foi trabalhar para diversos arquitetos, todos os quais, como seu biógrafo Dennis Bardens escreve, "escreviam as melhores referências atestando o caráter e a competência de Landru quando este deixava de trabalhar para eles".

Convocado pelo Exército, logo alcançou a patente de sargento. Durante esse período, seduziu e engravidou uma vizinha de dezesseis anos (às vezes descrita como sua prima), Marie Catherine-Remy, que deu à luz uma filha em junho de 1891. Dois anos mais tarde, depois de ser dispensado do Exército, Landru assumiu a criança, casando-se com Marie em outubro de 1893.

As tendências criminosas de Landru começaram a vir à tona ao longo dos anos seguintes. Mesmo enquanto se dedicava a uma série de empreendimentos respeitáveis — fabricante de brinquedos, fabricante de bicicletas, vendedor de móveis usados —, ele, de um modo compulsivo, cometia uma série contínua de fraudes que lhe renderam sete penas de prisão entre 1901 e 1914. Com a eclosão da Grande Guerra, Landru passou subitamente de vigarista insignificante a assassino diabólico. Com quase 9 milhões de jovens enviados aos campos de batalha — quase metade deles nunca retornariam —, o país estava cheio de mulheres solitárias. Nessas mulheres vulneráveis, o cada vez mais ávido Landru via um rebanho de presas fáceis.

Embora ainda fosse um homem casado que de tempos em tempos morava com a família, Landru começou a publicar anúncios matrimoniais nos jornais:

> Viúvo, dois filhos, 43 anos de idade, possuidor de uma renda confortável, carinhoso, sério e que circula em boas companhias, deseja encontrar viúva de status parecido, com intenções de se casar.

Uma das primeiras a responder foi uma atraente mulher de 39 anos, a madame Jeanne Cuchet, uma viúva da guerra com um filho de dezesseis anos, André. Landru, que tinha alugado uma pequena casa de veraneio no subúrbio parisiense de Chantilly e estava usando o pseudônimo Raymond Diard, exerceu seu charme considerável sobre a mulher abastada, e ela logo sucumbiu ao seu feitiço sedutor. Ele a cortejou com flores, presentes e cartas apaixonadas. "Não posso viver sem você, minha preciosa!", escreveu, efusivo, em uma dessas missivas. "Desejo que cada hora passe para que possa estar mais uma vez ao seu lado e pressionar sua suave mão junto aos meus lábios. Eu te amo, minha querida — amo apenas você! Você é a única pessoa neste mundo por quem vale a pena viver."

Em preparação para o casamento, madame Cuchet se mudou para a casa de Landru junto com o filho. Antes que as núpcias pudessem acontecer, contudo, seu noivo lhe informou que infelizmente tinha perdido metade de sua fortuna ao "investir como um tolo em uma empresa cinematográfica" e não estava em condições financeiras de se casar. Para ajudá-lo a sair desse pepino, madame Cuchet lhe fez um generoso empréstimo com dinheiro tirado de suas consideráveis economias. Durante as semanas seguintes, ele conseguiu privá-la do restante.

Pouco tempo depois, em janeiro de 1915, tanto a viúva ingênua quanto seu filho adolescente desapareceram. Como exatamente Landru matou os dois nunca foi estabelecido com certeza. Veneno parece ser uma possibilidade, embora também seja possível, como um historiador criminal especula, que ele "[os] tenha drogado até ficarem inconscientes, depois os sufocado ou estrangulado". O que se sabe com certeza é que seus corpos foram desmembrados e incinerados em um forno construído especificamente para esse propósito.

Ao longo dos quatro anos seguintes, empregando diversos pseudônimos, Landru atraiu uma série de mulheres carentes de amor para suas garras. Seu modus operandi era sempre o mesmo. Ele publicava um anúncio nos jornais. Quando uma viúva suficientemente rica mordiscava a isca, o vigarista cortês de fala mansa fazia com que ela se apaixonasse por ele e a levava para sua casa de veraneio nas cercanias de Paris. Assim que ela transferia para ele todos seus bens materiais, ninguém nunca mais voltava a vê-la ou a ter notícias suas.

Além de madame Cuchet e seu filho, sabe-se que Landru assassinou nove mulheres, embora seja possível que tenha matado muitas outras. Das dez vítimas mulheres que foram identificadas, todas eram viúvas de meia-idade, exceto uma. Andrée Babelay era uma empregada pobre de dezenove anos que Landru pegou em uma estação ferroviária e levou até o pequeno apartamento que estava alugando em Paris, onde ela passou a ser sua emprega residente e amante. Que essa jovem pobre algum tempo depois tenha encontrado o mesmo fim de suas outras vítimas reforça a crença que, como todos os assassinos barbas azuis, Landru era motivado não apenas pela ganância, mas também por uma compulsão homicida.

Um encontro fortuito colocou um fim à sua carreira homicida — e quase certamente salvou a vida da mulher que estava com ele na época. Fernande Segret, uma atriz e cantora de 27 anos, estava prestes a ganhar fama internacional como "a última amante de Landru". No dia 11 de abril de 1919, quando o casal entrou em uma loja de porcelanas na elegante rue de Rivoli, ele foi reconhecido por uma mulher, mademoiselle Lacoste, cuja irmã, Celestine Buisson, tinha desaparecido dezenove meses antes, logo após anunciar seu noivado com Landru, que na época estava usando o nome Fremiet.

Mademoiselle Lacoste logo notificou a polícia, que não perdeu tempo em encontrar Landru — que agora estava usando o nome Lucien Guillet — no apartamento que estava alugando na rue de Rochechouart. No dia 12 de abril, o infame assassino de mulheres foi preso.

O julgamento pelos homicídios de suas onze vítimas conhecidas, que começou no dia 7 de novembro de 1921, foi uma sensação internacional, acompanhado por jornais de todo o mundo. Embora os investigadores tenham sido incapazes de encontrar quaisquer restos mortais nas diversas casas de veraneio onde Landru tinha assassinado e incinerado suas vítimas, eles encontraram muitas provas de seu empreendimento nefasto, incluindo um baú contendo correspondências íntimas que tinha trocado com mais de 283 mulheres, muitas das quais parecem ter desaparecido sem deixar rastros. Ao longo das três semanas de procedimentos, Landru foi resoluto em afirmar sua inocência, confrontando o promotor, zombando das testemunhas, mantendo uma postura entusiasmada e insolente que rendia reportagens exuberantes nos jornais, enquanto enfurecia o juiz em exercício.

Por acreditar erroneamente, como muitas pessoas, que o termo *corpus delicti* se refere ao corpo físico de uma vítima de assassinato e que era impossível que fosse condenado sem tal evidência, ele desafiou repetidas vezes a promotoria a "mostrar os cadáveres!". No fim das contas, o volume esmagador de provas circunstanciais foi mais do que suficiente para convencer o júri de sua culpa. Condenado à guilhotina, o Barba Azul de Paris caminhou para a morte no dia 22 de fevereiro de 1922 ainda declarando que era "inocente e que estava em paz".

A ideia de fazer um filme sobre Landru começou com Orson Welles, que queria dirigir um filme estilo documentário sobre o barba azul francês com Charlie Chaplin como estrela. Embora Chaplin tenha recusado, ele por fim decidiu fazer o filme por conta própria, não como o drama sério visualizado por Welles (cuja contribuição é reconhecida nos créditos de abertura), mas como uma comédia de humor ácido. Ainda que possa haver algo de esquisito — se não de bastante questionável — em explorar homicídios em série para gerar risadas, a comédia bem-sucedida de Frank Capra, *Este Mundo É um Hospício*, lançado três anos antes de *Monsieur Verdoux*, provou que algo assim podia ser realizado com muito sucesso.

VERDOUX: Guerras, conflitos — são todos negócios. Um assassinato faz de alguém um vilão, milhões de assassinatos fazem dele um herói.

==Ainda que Chaplin o considerasse seu melhor filme, *Monsieur Verdoux* foi um fracasso de bilheteria.== Esse fracasso se deu em parte pela própria reputação maculada de Chaplin na época. Pessoas obcecadas pelos comunistas o tinham marcado como um simpatizante comunista, e a Legião Americana exigiu um boicote nacional do filme, ameaçando organizar manifestações no lado de fora de qualquer cinema que o exibisse. Não ajudou o fato de Chaplin ter recentemente se envolvido em um processo de paternidade bastante noticiado. As resenhas também foram majoritariamente mornas, muitos críticos o tendo descrito como um filme de mau gosto, tendencioso e engraçado apenas em alguns momentos. Ao longo dos anos, porém, sua reputação cresceu, e agora o filme é considerado por muitos uma das melhores obras de Chaplin.

Empregando um recurso que Billy Wilder ficaria famoso ao utilizar muitos anos depois em *Crepúsculo dos Deuses*, o filme de Chaplin começa com o protagonista fazendo uma narrativa em voice-over do além. Por cima de uma tomada de sua lápide, gravada com as datas 1880 – 1937, o espírito de Verdoux explica que, depois de passar trinta anos como "um honesto caixa de banco", a Grande Depressão o fez perder o emprego. ==Daquele momento em diante, "passou a liquidar os membros do sexo oposto" — um "empreendimento com o único intuito de sustentar um lar e uma família".==

Quando conhecemos Verdoux ainda com vida, ele já está bastante adiantado em sua carreira como barba azul, já tendo dado cabo de uma dúzia de vítimas. Morando em uma "pequena casa de veraneio em algum lugar no sul da França" (como um intertítulo nos informa), o elegante homenzinho está colhendo rosas em seu jardim enquanto, atrás dele, um enorme incinerador ao ar livre expele uma nuvem de fumaça preta — o subproduto de sua vítima mais recente, Thelma Couvais.

Depois de receber as economias que a falecida madame Couvais guardou durante toda a vida e as investir na bolsa de valores, ele volta a Paris, onde é informado por seu corretor que precisa entregar imediatamente mais 50 mil francos, ou perderá tudo. Inabalado, Verdoux — que agora atende pelo nome Floray — pega um trem para visitar outra de suas muitas esposas, uma mulher controladora chamada Lydia (Margaret Hoffman) e, depois de persuadi-la a sacar todas suas economias do banco, dá cabo dela no meio da noite.

Após uma breve visita à sua adorada e legítima família — sua esposa cadeirante, Mona (Mady Correll), e seu filhinho, Peter (Allison Roddan) —, o garboso polígamo retorna aos seus empreendimentos homicidas. Sob outra de suas identidades, um capitão de navio cargueiro chamado Louis Bonheur, ele chega na casa de sua esposa Annabella, uma megera estridente interpretada de maneira hilária pela popular comediante Martha Raye. Os esforços cada vez mais desesperados de Verdoux para liquidar a alheia Annabella (incluindo uma cena impagável em um barco a remo que se desenrola como uma paródia de *Uma Tragédia Americana* de Theodore Dreiser) são destaques cômicos do filme.

No fim, depois de "perder tudo" (incluindo a esposa e o filho adorados) como resultado da quebra da bolsa de valores, um derrotado Verdoux é reconhecido em um restaurante pela irmã de Thelma Couvais. Preso e julgado, o barba azul cansado de tudo não nega sua culpa, como seu protótipo da vida real, embora apresente alguns argumentos sinceros, ainda que duvidosos, em sua defesa. Antes de receber a sentença, lhe é perguntado se tem mais alguma coisa a dizer em sua defesa. A resposta é sim, o que não é nenhuma surpresa para qualquer um familiarizado com a propensão da antiga estrela do cinema mudo de discursar em seus subsequentes filmes falados. Ele então se lança em uma diatribe contra a era moderna, que detrata criminosos como ele enquanto cobre de imensas recompensas os industrialistas belicosos.

"Quanto a ser um assassino em massa, será que o mundo não encoraja isso?", pergunta ele. "Ele não está produzindo armas de destruição com o único propósito de cometer assassinato em massa? Será que ele não explodiu mulheres e criancinhas e as deixou em pedacinhos, e fez isso de uma maneira bastante científica? Como assassino em massa, sou um amador em comparação."

Ele apresenta algumas considerações finais na manhã de sua execução, sugerindo que, em essência, era diferente de outros executivos apenas em uma questão de escala: "Guerras, conflitos — são todos negócios", comenta. "Um assassinato faz de alguém um vilão, milhões de assassinatos fazem dele um herói." Então, depois de fazer esse discurso filosófico com o intuito de se eximir de qualquer culpa, é escolhido para a guilhotina.

ANATOMIA TRUE CRIME DOS FILMES

FESTIM
DIABÓLICO

ROPE, 1948 DIRIGIDO POR ALFRED HITCHCOCK. ESCRITO POR ARTHUR LAURENTS E HUME CRONYN. COM JAMES STEWART, JOHN DALL, FARLEY GRANGER, JOAN CHANDLER E CEDRIC HARDWICKE.

Festim Diabólico foi o primeiro filme em cores de Alfred Hitchcock, assim como o primeiro com Jimmy Stewart, que mais tarde viria a estrelar clássicos de Hitchcock dos anos 1950 como *O Homem que Sabia Demais*, *Janela Indiscreta* e *Um Corpo que Cai*. O que faz de *Festim Diabólico* notável, contudo, é a *maneira* como foi filmado. Todo o filme foi filmado com tomadas contínuas de dez minutos que então foram reunidas para criar a ilusão de movimento ininterrupto de câmera.

Como um experimento cinematográfico, *Festim Diabólico* ainda é intrigante de assistir. (É bastante divertido ver os truques engenhosos que Hitchcock inventou para esconder os cortes entre os segmentos.) Mas até mesmo a técnica virtuosa de Hitchcock não é capaz de resolver o problema essencial do filme — a saber, sua evidente artificialidade. Baseado na peça de Patrick Hamilton (em inglês, tanto a peça quanto o filme se chamam *Rope*, "corda"), o filme — confinado ao set de um apartamento de cobertura e se desenrolando em "tempo real" — é sem dúvida inteligente, mas uma evidente peça teatral que, apesar do trabalho de câmera fluído, tem a característica estática de um mistério da Broadway com diálogos demais.

Mesmo assim, o filme é energizado por atuações intensas e cativantes e por momentos de puro suspense tão típicos do Hitchcock clássico. Os primeiros minutos do filme apresentam um choque violento. Depois de focar em uma rua da cidade de Nova York durante os créditos de abertura, a câmera passa através da janela acortinada de um apartamento de cobertura, onde um homicídio chocante está chegando ao clímax. Um jovem em roupas sociais está sendo brutalmente estrangulado por dois de seus companheiros, que em seguida começam a esconder o corpo em um baú antigo na sala de estar.

Nós logo somos apresentados aos assassinos: Brandon (John Dall), um psicopata arrogante e irritadiço que se considera um super-homem nietzschiano, e seu companheiro boa-pinta, Phillip (Farley Granger), uma pilha de nervos trêmula que passa o filme inteiro oscilando à beira de surtar. Enquanto os colegas homicidas (e, de maneira implícita, amantes homossexuais) discutem o crime, nós descobrimos que eles estrangularam a vítima, seu amigo David Kentley, apenas pela emoção — para provar que eram seres superiores capazes de cometer o crime perfeito.

Para acrescentar uma pitada adicional de emoção aos eventos, Brandon convidou os pais e a noiva de David, e alguns amigos em comum, para um jantar naquela mesma noite. Na verdade, no decorrer do filme, Brandon (que é de longe o mais perverso dos dois assassinos por emoção) imagina o tempo todo maneiras de deixar a experiência o mais empolgante possível — chegando ao ponto de servir a refeição, no estilo bufê, em cima do mesmo baú onde o corpo de David está escondido.

A tensão aumenta à medida que a noite avança. Enquanto a família e os amigos de David ficam cada vez mais preocupados com sua ausência inexplicável, um dos convidados, Rupert Kadell (Jimmy Stewart), antigo mentor de Brandon e Phillip na escola preparatória, fica mais e mais desconfiado. No final, Rupert — que passou muitas noites na escola preparatória discutindo conceitos nietzschianos com os dois homens mais jovens — se dá conta de que, para seu horror, a dupla perversa transformou suas reflexões filosóficas em uma justificativa para cometer homicídio. Depois de arrancar um revólver das mãos de Brandon, ele atira através da janela do apartamento. Enquanto as sirenes se aproximam ao fundo, os três homens esperam sentados a chegada da polícia.

Os créditos de abertura do filme são seguidos de uma declaração padrão: "A história, todos os nomes, personagens e incidentes retratados nesta produção são fictícios. Nenhuma identificação com pessoas reais, vivas ou mortas, é deliberada ou deve ser inferida". Ainda que seja verdade que as ações de *Festim Diabólico* — o jantar macabro com o caixão improvisado servindo de mesa de bufê — são todas de faz de conta, é desonesto fingir que os personagens principais são igualmente fictícios. Não há nenhuma coincidência na impressionante semelhança entre Brandon e Phillip e os assassinos por emoção dos anos 1920, Nathan Leopold e Richard Loeb[1].

O caso dos dois é um exemplo perfeito do fenômeno que os franceses chamam de *folie à deux*, traduzido literalmente como "dupla insanidade" ou "insanidade em dupla". Originalmente cunhado para descrever um transtorno psicológico raro no qual um casal intimamente próximo é vítima de uma ilusão paranoica compartilhada, hoje em dia é usado para descrever um vínculo pernicioso entre duas pessoas que evocam o que há de pior um no outro, incitando um ao outro a se engajar em atos criminosos que nenhuma delas, individualmente, cometeria por conta própria. Na maioria dos casos de *folie à deux*, existe uma personalidade dominante que instiga o crime e um membro subordinado que atua como cúmplice ansioso, até mesmo servil, do líder mais sociopata. Dois dos assassinatos em massa mais infames da virada do milênio foram obras de duplas assim: o massacre de Columbine de 1999 e o Ataque a Tiros no Rodoanel de Washington DC em 2002.

==Sete décadas antes desses horrores, o público estadunidense ficou fascinado por um dos exemplos de *folie à deux* mais chocantes da história do país.== Ao contrário dos assassinatos de Columbine e do Rodoanel de Washington DC, que levaram um total combinado de 23 vidas, o caso anterior envolveu uma única vítima. O que fez dele algo tão chocante não foi o escopo do crime, mas o caráter de seus perpetradores: uma dupla de riquinhos mimados que, em sua total amoralidade, parecia incorporar os impulsos mais sombrios da geração da Era do Jazz, a chamada juventude flamejante dos anos 1920 que (aos olhos de seus indignados contemporâneos mais velhos) não ligava para nada a não ser a busca por emoções baratas.

---

1   Nathan Leopold é um dos principais personagens da graphic novel *Uma História Real de Crime & Poesia*, de David L. Carlson e Landis Blair (DarkSide® Books, 2022).

Na tarde de quarta-feira, 21 de maio de 1924, Bobby Franks, de catorze anos, deixou a Harvard School for Boys no bairro Kenwood, zona sul de Chicago, e seguiu para sua casa a alguns quarteirões de distância. Ele não chegou. Naquela noite, os pais preocupados, Jacob e Flora, receberam um telefonema que confirmou seus piores temores. A pessoa que ligou, identificando-se como "sr. Johnson", informou que o filho deles tinha sido sequestrado. Mais informações viriam em seguida.

Às 8h da manhã seguinte, uma carta expressa chegou na residência dos Franks, exigindo 10 mil dólares. O "sr. Johnson" assegurou aos pais de Bobby que o filho deles seria devolvido incólume assim que o resgate fosse pago. Jacob — um antigo penhorista que tinha transformado seus investimentos em uma fortuna multimilionária — logo partiu para o banco para sacar o dinheiro: 8 mil em notas bastante usadas de 50 dólares e o restante em notas de 20, como especificado na carta.

CRÉDITOS: A história, todos os nomes, personagens e incidentes retratados nesta produção são fictícios. Nenhuma identificação com pessoas reais, vivas ou mortas, é deliberada ou deve ser inferida

Naquela manhã, por volta da mesma hora, um operário de fábrica polonês chamado Tony Manke (cujo sobrenome na verdade era Mankowski), que tinha acabado de sair de seu turno da noite, estava caminhando perto do lago Wolf, uma remota área pantanosa 32 km ao sul de Chicago. À medida que se aproximava dos trilhos ferroviários que cortavam os pântanos, lançou um olhar para uma vala e parou de supetão ao ver algo espantoso, um par de pés descalços despontando de um cano de drenagem.

Naquele momento, ele avistou uma vagoneta se aproximando com quatro homens a bordo. Pedindo que parassem, gritou em seu inglês precário enquanto gesticulava, desvairado, na direção do cano. Os quatro sinaleiros pularam da vagoneta e correram até o aterro. No interior do cano havia o corpo nu de uma criança, deitado de bruços em 30 cm de água lamacenta. A princípio, acharam que ele tinha se afogado. Quando o tiraram de dentro e viraram o corpo, porém, encontraram diversos ferimentos graves na testa, assim como descolorações marrom-acobreadas ao redor da boca, queixo e genitais expostos.

Depois de enrolarem o corpo em uma lona, carregaram o embrulho até a vagoneta. Enquanto faziam isso, um dos homens avistou um par de óculos de armação de chifre caído ali perto na grama. Ele se abaixou e os esfiou no bolso. Em uma hora, o corpo tinha sido entregue ao sargento de plantão na delegacia mais próxima, que supôs que os óculos pertencessem ao garoto e os colocou em sua testa bastante cortada.

Quando a notícia da lúgubre descoberta de Manke alcançou a residência dos Franks, Jacob teve certeza de que a criança encontrada no cano de drenagem não podia ser seu filho. Afinal de contas, o sequestrador tinha lhe garantido que Bobby estava em segurança. Além disso, Bobby não usava óculos. Outros membros da família não tinham tanta certeza. Um deles, o tio de Bobby, Edwin Gresham, foi até o necrotério, aonde o cadáver da criança tinha sido levado. Ao ter o primeiro vislumbre do corpo, ele soltou um gemido. Apesar dos ferimentos no rosto do menino, Gresham não teve nenhuma dificuldade para reconhecer o sobrinho. Quando o telefone tocou na casa dos Franks alguns minutos mais tarde, era Gresham com a notícia devastadora.

Com a imprensa alardeando o crime como "o homicídio mais estranho e desconcertante da história de Chicago", a polícia iniciou uma enorme investigação. Todos — desde o professor de inglês de Bobby, "um homem afeminado, suspeito de ser homossexual", a dezenas de conhecidos agressores sexuais e viciados em drogas — foram convocados para interrogatório. Especialistas em máquinas de escrever analisaram o bilhete de resgate e concluíram que tinha sido escrito em uma Underwood portátil. Testemunhas oculares do sequestro, incluindo um colega de escola de Bobby que o tinha visto entrar no carro do sequestrador, foram capazes de identificar o modelo do automóvel. Choveram milhares de denúncias de pessoas com esperança de receberem a recompensa de 5 mil dólares oferecida pelo enlutado Jacob Franks.

Apesar de seus esforços, a polícia fez pouco progresso no decorrer de uma semana. Então veio a pista que desvendou o caso. Desde o início da investigação, os detetives estiveram tentando rastrear a origem dos óculos encontrados na cena do crime. Não demoraram muito para descobrir que eles tinham sido vendidos por uma empresa de Chicago chamada Almer Coe. Não havia nada de especial nas lentes: a receita era tão comum que diversos deles eram feitos todas as semanas. A armação, contudo, era particular. Composta de um material chamado acetato de celulose e incluindo distintas dobradiças de rebites, ela era feita por uma empresa no Brooklyn e distribuída em Chicago com exclusividade pela Almer Coe. Depois de verificar seus volumosos registros, a empresa descobriu que tinha vendido apenas três daquelas armações de acetato de celulose: uma para um conhecido advogado, uma para uma mulher e outra para um jovem chamado Nathan F. Leopold Jr.

O mais jovem dos quatro filhos de um dos empresários mais ricos de Chicago, Nathan Leopold era a quintessência do que os adolescentes de uma era vindoura ridicularizariam com o termo "nerd". Uma criança de saúde debilitada que se transformou em um adolescente baixinho com estranhos olhos protuberantes e um rosto assimétrico, ele era o típico desajustado social, "uma daquelas crianças desafortunadas que atraem a atenção incansável e implacável dos alunos valentões", como um cronista o descreveu. Tímido, desajeitado e fisicamente descoordenado, ele rejeitava os esportes a favor da observação de pássaros, vindo a reunir uma coleção com mais de 2 mil exemplares empalhados. Com um QI extraordinário — estimado em mais de duzentos —, era um prodígio intelectual que foi admitido na Universidade de Chicago aos quinze anos, era fluente em cinco idiomas, submetia artigos para influentes periódicos sobre ornitologia e adotava a filosofia de Friedrich Nietzsche, que argumentava que para um determinado tipo de indivíduo superior — o Übermensch, ou super-homem — as regras da moralidade convencional não se aplicavam. Também era apaixonado por Richard Loeb.

Se Leopold era um nerd quase estereotípico, Loeb era um clássico psicopata. Outro filho de pais abastados — seu pai era vice-presidente da Sears, Roebuck —, "Dickie", assim como Nathan, tinha uma inteligência extraordinária, tornando-se, aos catorze anos, o estudante mais jovem a se matricular na Universidade de Chicago. De outras maneiras, contudo, era o completo oposto do socialmente inepto Leopold. Bonito, charmoso e popular, ele tinha, como um conhecido disse, "uma facilidade inerente de fazer amigos". A aparência carismática, porém, ocultava uma personalidade assustadoramente patológica. Um aventureiro inveterado com um longo histórico de crimes cada vez mais graves que iam de furto em lojas a incêndios criminosos, ele era — como outros de sua laia — um mentiroso natural, completamente destituído de consciência e viciado em perigosas aventuras antissociais.

Seu relacionamento com Leopold, que teve início quando os dois se conheceram na faculdade em 1920, logo se transformou em uma simbiose sociopata, na qual Loeb foi a mente por trás de travessuras criminosas às quais Leopold se dedicava de corpo e alma, em parte em troca de favores sexuais que Loeb concordava em lhe conceder. Uma de suas aventuras foi uma invasão à casa de uma fraternidade, de onde roubaram a máquina de escrever portátil que mais tarde seria usada para escrever o bilhete de resgate para Jacob Franks. Loeb pensou no esquema de sequestrar e matar uma vítima inocente. Cometer um suposto "crime perfeito" não lhes proporcionaria apenas a maior das emoções, como também confirmaria seu status de super-homens nietzschianos.

Após muitos meses de planejamento, colocaram o esquema em ação no dia 21 de maio. Circulando pelo bairro em um carro alugado, avistaram uma possível vítima — Bobby Franks, um primo distante de Loeb que algumas vezes tinha jogado tênis na quadra particular da família. Atraído com facilidade para dentro do carro, o garoto inocente, que foi ==escolhido completamente ao acaso==, foi golpeado com brutalidade com um cinzel, em seguida sufocado até a morte com uma mordaça enfiada na garganta. Os assassinos seguiram para fora da cidade para passarem o tempo até o anoitecer, quando poderiam descartar o corpo em segurança. Depois de recarregarem as energias com cachorros-quentes e refrigerantes, seguiram para o lago Wolf, onde despiram o cadáver e embeberam o rosto com ácido clorídrico para evitar que fosse identificado, salpicando um pouco nas genitais por precaução.

Depois de tirar o paletó e o jogar no chão, Leopold ajudou Loeb a levar o corpo até a galeria pluvial, onde o enfiaram em um cano de drenagem. Antes de fugirem da cena do crime, reuniram as roupas descartadas de Bobby, junto com o paletó de Leopold. Nenhum dos dois percebeu quando os óculos escorregaram do bolso do peito do paletó e caíram na grama. Leopold mais tarde viria a alegar que Loeb tinha pegado o paletó e o entregado de cabeça para baixo. Seu "crime perfeito" tinha sido frustrado por puro acaso. Outros viriam a acreditar que o acaso não teve nada a ver com isso: a mão de Deus tinha tirado os óculos do bolso e deixado a pista reveladora para trás.

Levado para a delegacia para ser interrogado e questionado sobre os óculos, Leopold tinha uma explicação pronta: ele estivera observando pássaros perto do lago Wolf muitos dias antes do homicídio e deve ter perdido os óculos naquela ocasião. Quanto ao seu paradeiro na hora do sequestro, ele e o amigo Dickie Loeb estiveram passeando no carro de Loeb durante toda a tarde até a noite. Tinham pegado duas garotas e, depois de beberem um pouco, tinham feito alguns avanços sexuais malsucedidos antes de irem para casa. Loeb, também levado sob custódia, confirmou a história. Depois de horas de um interrogatório persistente, contudo, seus álibis começaram a ser desemaranhados. Nas primeiras horas do dia 31 de maio, dez dias após o assassinato de Bobby Franks, os dois aspirantes a super-homens desmoronaram e confessaram.

==A pura insensatez do assassinato, a escolha aleatória da vítima, a juventude e proeminência social dos perpetradores, assim como os boatos sobre seu relacionamento sexual "pervertido" — todos esses fatores combinados fizeram==

do caso de Leopold e Loeb uma sensação nos tabloides. Quando o lendário advogado Clarence Darrow concordou em assumir a defesa, o público se preparou para desfrutar do que logo foi anunciado como "o Julgamento do Século".

Como um episódio de um seriado jurídico, os eventos estiveram à altura do anunciado, embora, em certo sentido, o nome tenha sido inapropriado. Por saber que qualquer júri certamente condenaria os jovens assassinos que mataram apenas pela emoção e os sentenciaria ao enforcamento, Darrow surpreendeu todos os envolvidos ao fazer com que apresentassem uma declaração de culpados. Como resultado, "o Julgamento do Século", que manteve o país fascinado durante um mês inteiro, não foi, tecnicamente falando, um julgamento, mas sim uma audiência de leitura de sentença, na qual Darrow buscou convencer o juiz que, dados os fatores psicológicos atenuantes, seus clientes deveriam ser poupados da pena de morte. Uma série de especialistas em defesa testemunharam sobre a psicopatia dos dois adolescentes. (O próprio Sigmund Freud recebeu a oferta de uma pequena fortuna para ir a Chicago e psicanalisar a dupla, mas recusou.) A argumentação de encerramento de Darrow, que durou doze horas, reduziu às lágrimas até os repórteres mais insensíveis, e até hoje é considerada um dos maiores feitos de oratória da história jurídica dos Estados Unidos. No final, o juiz não conseguiu se forçar a condenar os dois menores à morte. Cada um recebeu uma sentença de prisão perpétua, mais 99 anos.

Em 1936, Richard Loeb foi retalhado até a morte no chuveiro por um ex-colega de cela. Depois de mais de trinta anos de prisão, Nathan Leopold recebeu liberdade condicional em 1958. Acossado pela imprensa, ele se mudou para Porto Rico, onde se casou, trabalhou como técnico de raio-x, lecionou matemática e escreveu um livro sobre ornitologia antes de morrer em decorrência de problemas cardíacos, em 1971, aos 66 anos. Ele doou seu corpo para pesquisa para a Universidade de Porto Rico. Seus olhos foram removidos, e as córneas foram usadas como transplante.

ESTRANHA COMPULSÃO

Além de *Festim Diabólico*, outro excelente filme baseado no caso de Leopold e Loeb é *Estranha Compulsão*. Baseado no romance best-seller (*Compulsion*, título original tanto do livro quanto do filme) de Meyer Levin (um colega de sala que estudou com os assassinos na Universidade de Chicago e que fez a cobertura do caso para o jornal estudantil), este filme de 1959 foi dirigido por Richard Fleischer, um artesão prolífico, frequentemente subestimado, de filmes despretensiosos em praticamente todos os gêneros hollywoodianos, de filmes B de suspense (*Rumo ao Inferno*) a musicais sofisticados (*O Fantástico Dr. Doolittle*), de aventuras de ficção científica (*Viagem Fantástica*) a fantasias estilo espada e magia (*Conan, o Destruidor*), de épicos de época (*Vikings*) a dramas de guerra (*Tora! Tora! Tora!*), e muitos outros. Assim como seus outros filmes sobre crimes verídicos, *Estranha Compulsão* é um suspense em preto e branco tenso e muito bem executado que toma muitos cuidados para evitar o sensacionalismo. O terrível homicídio em seu âmago nunca é mostrado. Bradford Dillman e Dean Stockwell estrelam como Artie Straus e Judd Steiner, versões tão mal disfarçadas de seus equivalentes da vida real que tanto Levin quanto o produtor Richard D. Zanuck foram processados por Nathan Leopold por violação de privacidade quando o filme foi lançado. Um produto de sua época repressiva, o filme não explora a ligação homossexual de seus protagonistas. Mesmo assim, consegue transmitir a influência sexual que o presunçoso sociopata Artie exerce sobre seu cúmplice servil. No papel de Jonathan Wilk, o personagem desleixado baseado em Clarence Darrow, Orson Welles apresenta uma interpretação comovente do épico discurso de encerramento que salvou as vidas dos jovens réus, enquanto E.G. Marshall está adequadamente predatório como o procurador do Estado com sede de sangue.

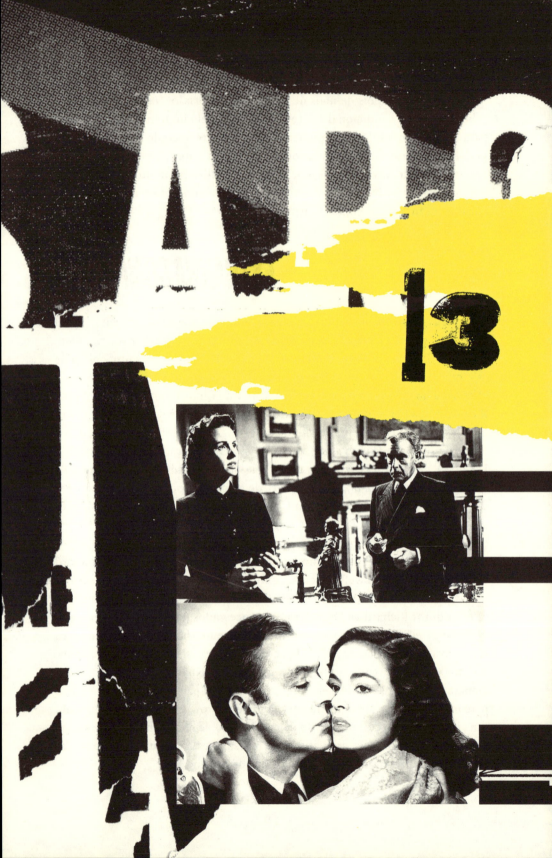

ANATOMIA TRUE CRIME DOS FILMES

VINGANÇA PÉRFIDA

A WOMAN'S VENGEANCE, 1948
DIRIGIDO POR ZOLTAN KORDA. ESCRITO POR ALDOUS HUXLEY. COM CHARLES BOYER, JESSICA TANDY, ANN BLYTH, CEDRIC HARDWICKE, MILDRED NATWICK E RACHEL KEMPSON.

É seguro afirmar que, afora os estudantes dedicados do cinema clássico, poucas pessoas abaixo da idade de aposentadoria irão reconhecer o nome Charles Boyer (pronunciado Boy-YAY). Durante a era de ouro de Hollywood, contudo, ele foi uma grande estrela. No decorrer de sua carreira, apareceu em mais de oitenta filmes, personificando o charmoso francês que nenhuma mulher era capaz de resistir. Também era tão associado a esse papel romântico na mente popular que, quando os criadores dos Looney Tunes criaram Pepe Le Gambá, o gambá sedutor com sotaque francês, o personagem foi baseado em Boyer.

Um dos filmes mais intrigantes na filmografia de Boyer é *Vingança Pérfida* de 1948. Parte mistério de assassinato, parte drama jurídico, parte estudo psicológico de uma mente dividida entre o ódio e a culpa, ele é o tipo de filme sofisticado e instigante que os estúdios de Hollywood costumavam produzir às centenas antes da era dos sucessos de bilheteria das franquias de histórias em quadrinhos.

Embora as derradeiras dificuldades de Boyer no filme provoquem um certo grau de compaixão, ele não é nem de longe um personagem heroico — tampouco muito simpático. Ele interpreta Henry Maurier, um galanteador elegante de meia-idade que vive às custas do dinheiro da esposa abastada, Emily (Rachel Kempson), uma inválida chorona com dó de si mesma que não faz nada a não ser ficar deitada no sofá sentindo autopiedade. No auge de uma de suas muitas discussões, ela exclama: "Você não pode negar, você deseja sim que eu estivesse morta!". O exasperado Henry responde: "Eu com certeza vou desejar isso se você continuar assim por muito tempo!". Infelizmente, o comentário voltará para assombrá-lo, graças à enfermeira abelhuda de Emily, Caroline Braddock (a renomada atriz de personagens excêntricos, Mildred Natwick), que não nutre nenhum carinho por Henry.

EMILY (*chorosa*): Você não pode negar, você deseja sim que eu estivesse morta!

HENRY (*exasperado*): Eu com certeza vou desejar isso se você continuar assim por muito tempo!

Depois de sair enfurecido de casa, Henry procura uma amiga íntima da família, Janet Spence (Jessica Tandy, a lendária atriz de teatro que fez o papel de Blanche DuBois em *Um Bonde Chamado Desejo* e foi coprotagonista em inúmeros filmes, incluindo *Os Pássaros* de Alfred Hitchcock). Uma mulher atraente de trinta e poucos anos à beira da solteirice, Janet não esconde sua adoração por Henry, que está alheio ao efeito que seus agradáveis modos europeus exercem sobre ela. Ao observá-los juntos, o espectador, assim como Janet, pode acreditar que a atração erótica que ela sente por ele é correspondida. Diferente de Janet, nós logo descobrimos que esse não é o caso quando Henry se despede dela e segue direto para sua limusine conduzida por um chofer, onde sua deslumbrante amante de dezoito anos, Doris (a encantadora Ann Blyth), está esperando no banco traseiro.

No dia seguinte, Janet faz uma visita aos Maurier e, enquanto Henry sai para buscar os remédios da esposa, despeja uma dose letal de arsênico no café de Emily. Dada sua saúde precária, a morte de Emily é atribuída a causas naturais.

Com Emily fora do caminho, Janet supõe que será a nova sra. Maurier. Mal a mulher assassinada é colocada na sepultura, Janet declara seu amor por Henry — apenas para ser informada de que ele já tinha se casado com sua amante adolescente.

Enquanto isso, a enfermeira Braddock, que se lembra da acusação de Emily de que o marido gostaria de vê-la morta, desconfia que sua senhora foi assassinada. Com a exumação do corpo de Emily e a detecção do veneno, Henry é acusado de homicídio. Janet, que passou a ser consumida por um ódio em relação a Henry e por um desejo ardente de vê-lo sofrer (daí o título um tanto severo do filme, que no original é *A Woman's Revenge*, "vingança de uma mulher" em tradução livre), se regozija quando ele é julgado, condenado e sentenciado à morte. ==Ao mesmo tempo, ela é dominada por uma culpa como a de Lady Macbeth por conta de seu crime.== Incapaz de dormir e assombrada por visões da morte agonizante de Emily, ela é submetida ao tratamento do bondoso e perspicaz dr. Libbard (Cedric Hardwicke, o célebre ator britânico cujos muitos filmes incluem *Suspeita* de Hitchcock e *Os Dez Mandamentos* de Cecil B. DeMille). O filme se transforma em um suspense corrida-contra-o-tempo enquanto Libbard, que vem a discernir o segredo sombrio por trás do estado mental atormentado de Janet, tenta arrancar uma confissão dela antes que o tempo de Henry se esgote.

==A complexidade psicológica dos personagens em *Vingança Pérfida* não é nenhuma surpresa, dadas as credenciais de seu roteirista, Aldous Huxley, o romancista e filósofo inglês, cujos livros famosos incluem *Admirável Mundo Novo* e *As Portas da Percepção* e que baseou seu roteiro em seu conto, "O Sorriso de Gioconda".== A história, por sua vez, foi inspirada por um chocante caso verídico, o Mistério do Envenenamento de Greenwood. Ao contrário do fictício Henry Maurier — um francês sem nenhum emprego remunerado que vive às custas do dinheiro da esposa —, o protótipo da vida real de Huxley, Harold Greenwood, foi um advogado de Yorkshire (o que os britânicos chamam de *solicitor*, para ser mais exato, um profissional jurídico que redige contratos, elabora testamentos e cuida de outros documentos, mas que não debate casos em tribunais). Em 1898, aos 23 anos, ele e a esposa, Mabel — dois anos mais velha do que ele e irmã de um antigo prefeito de Londres — se mudaram para o País de Gales, onde compraram uma casa espaçosa na cidade de Kidwelly e algum tempo depois tiveram quatro filhos.

Em 1919, a sra. Greenwood, então com 46 anos, tinha se transformado em uma mulher quase inválida, grisalha e prematuramente enrugada. Além de desmaios frequentes, tinha começado a sofrer de ataques de dores abdominais e grave diarreia, enfermidades que o médico da família, o dr. T.R. Griffiths, atribuiu à menopausa ("mudança de vida", no eufemismo da época) e tratou com diversas panaceias.

Pouco antes do almoço no domingo, 15 de junho de 1919, Greenwood, que estivera trabalhando em seu jardim de flores, foi até a pequena despensa ao lado da sala de jantar, onde — um pouco para a surpresa da copeira, Hannah

SRA. GREENWOOD: Deve ter sido a torta de groselha (*geme*). Ela sempre me cai mal.

Williams — passou vinte minutos contados antes de se reunir à família ao redor da mesa. A refeição consistiu de cordeiro frio, legumes e torta de groselha. A sra. Greenwood ajudou a comida a descer com uma taça de vinho da Borgonha de um decantador que era guardado na despensa.

Pouco depois do término da refeição, a sra. Greenwood foi acometida por intensas cólicas estomacais. "Deve ter sido a torta de groselha", gemeu a sra. Greenwood. "Ela sempre me cai mal."

Quando o sofrimento da esposa se tornou mais intenso — "uma dor sufocante como um espeto incandescente sobre [meu] coração", como ela o descreveu —, Greenwood foi buscar o dr. Griffiths. Ainda que o médico morasse logo do outro lado da rua, meia hora se passou até que Greenwood voltasse com ele.

Griffiths deu à mulher enferma um pouco de pó de subsalicilato de bismuto e alguns goles de conhaque para a náusea. Então, a convite de Greenwood, saiu para o jardim, onde os dois homens jogaram diversas partidas de um jogo ao ar livre conhecido como *clock golf*.[1]

O médico voltou para sua casa ao cair da noite, depois de dar duas pílulas à paciente — morfina, ele disse, para ajudá-la a dormir. Depois de mais ou menos uma hora, contudo, a pobre mulher começou a passar tão mal que, mais uma vez, seu marido foi chamar o médico. Dessa vez, ficou fora por quase uma hora, conversando com a irmã do médico, a senhorita May Griffiths,

---

[1] Neste jogo os jogadores precisam acertar uma bola de golfe a partir de cada um dos doze pontos numerados dispostos em um círculo, como em um mostrador de relógio, dentro de um buraco no centro do círculo. [NT]

cuja amizade com Greenwood era fonte de um amargo ciúme para sua esposa. Quando por fim voltou, estava sozinho. ==O médico estava dormindo e não podia ser acordado, explicou para a enfermeira noturna que monitorava sua esposa.==

Quando a condição da sra. Greenwood piorou ainda mais, a própria enfermeira correu até o outro lado da rua, acordou todos na residência do médico e o levou de volta com ela. Àquela altura, porém, a sra. Greenwood tinha entrado em coma e já não respondia aos cuidados do médico. Ela morreu nas primeiras horas da manhã de segunda-feira, 16 de junho. O dr. Griffiths registrou a causa da morte como "doença das válvulas cardíacas".

A história poderia ter acabado por aí, não fosse pelo comportamento bastante indiscreto de Greenwood logo após a morte súbita da esposa. Algumas semanas depois do enterro, ele estava cortejando diligentemente duas mulheres: May Griffiths, para quem escreveu uma carta proclamando que ela era "a única que amo mais do que tudo neste mundo", e uma mulher chamada Gladys Jones, filha do proprietário de um jornal local, que logo estava ostentando um anel de noivado de diamante. Apenas quatro meses depois da morte da primeira esposa de Harold Greenwood, Gladys Jones se tornou a segunda.

Ao contrário de Henry Maurier interpretado por Charles Boyer, que se casa com uma mulher quase menor de idade, Greenwood não era nenhum papa-anjo. Com trinta anos, a antiga senhorita Jones era uma parceira com idade apropriada para o advogado de 45 anos. Mesmo assim, era consideravelmente mais nova do que a recém-falecida Mabel. Esse fato, além da velocidade inadequada com a qual Greenwood tinha voltado a se casar, escandalizou a comunidade unida.

Boatos que o advogado tinha acelerado a morte da esposa começaram a se espalhar. Na primavera, já tinham chegado aos ouvidos das autoridades, que conduziram uma investigação discreta do caso. Quando descobriram que, pouco antes da última refeição de Mabel Greenwood, seu marido tinha comprado dois pacotes de herbicida cujo ingrediente principal era arsênico, seu cadáver foi exumado e examinado, e foi constatado que continha vestígios do veneno. No dia 17 de junho de 1920, um ano após a morte da esposa, Harold Greenwood foi acusado de homicídio.

O julgamento começou no dia 2 de novembro de 1920. Em partes por ser um caso raro no qual um membro da profissão jurídica era acusado de homicídio e em partes por conta do motivo aparentemente lascivo do crime — um homem de meia-idade ainda viril ansioso por se livrar da esposa inválida para que pudesse levar uma mulher mais nova para a cama —, os procedimentos viraram uma sensação internacional, mantendo os leitores de jornais de ambos os lados do Atlântico fascinados no decorrer da semana em que foram realizados. Greenwood foi representado pelo famoso advogado britânico, sir Edward Marshall Hall, cuja oratória brilhante e dramáticos triunfos no tribunal tinham lhe rendido o título honorífico de "o Grande Defensor".

Os testemunhos de especialistas em medicina e testemunhas leigas foram repletos de contradições. Pelo lado da promotoria, o dr. William Wilcox declarou, confiante, que a morte de Mabel Greenwood se deu "devido a uma insuficiência cardíaca consistente com vomito e diarreia prolongados, devido a envenenamento por arsênico". O especialista em defesa, o coronel Toogood, por outro lado, asseverou que ela "morreu de envenenamento por morfina, após uma gastroenterite aguda ocasionada pelo fato de ter comido as cascas de groselha".

O dr. Griffiths causou comoção quando afirmou que tinha cometido um erro a respeito dos soníferos que tinha dado à sra. Greenwood. Eles não eram morfina — o que, admitiu, poderia ter matado sua paciente por acidente —, mas o menos potente ópio. Sua aparente confusão em relação aos medicamentos que administrou fez com que fosse possível para Hall sugerir que o próprio médico tinha administrado arsênico, sem perceber, na forma de um tônico popular na época conhecido como solução de Fowler, a qual continha arseniato de potássio.

Quando a copeira, Hannah Williams, disse em seu testemunho que Greenwood tinha passado um tempo bastante suspeito na despensa pouco antes do fatídico almoço — durante o qual, sugeriu, ele poderia ter adulterado com facilidade o vinho de Borgonha preferido de sua esposa —, Irene Greenwood, a filha mais velha do réu, rebateu que o pai estivera do lado de fora da casa lavando o carro durante aquele período. Refutando a declaração da copeira de que Mabel tinha sido a única pessoa a beber o vinho supostamente envenenado, Irene também insistiu que ela tinha tomado uma taça durante o almoço e "não tinha sofrido nenhum efeito nocivo".

Em sua conclusão energética, o promotor sir Edward Marlay Samson acusou o réu de ser um "ingrato sem consciência" que não se importava com nada a não ser a busca do próprio prazer — "um Don Juan caipira que fez amor com todas as mulheres que cruzaram seu caminho". Hall rebateu com um atípico discurso curto que durou menos de trinta minutos, no qual argumentou que seu cliente não passava de "uma vítima das fofocas".

A alegação da promotoria de que Greenwood tinha despejado arsênico no vinho da esposa, Hall declarou, foi solapada por completo pelo testemunho de Irene Greenwood de que ela tinha bebido o vinho supostamente envenenado no almoço e se sentiu perfeitamente bem em seguida. Lembrando os jurados que "apenas a 127ª parte de um grão de arsênico foi encontrada nas vísceras da sra. Greenwood", ele citou o guia de Alfred Swaine Taylor, *Principles and*

Practices of Medical Jurisprudence [Princípios e práticas da jurisprudência médica], o qual afirmava que "a não ser que um grão, ou praticamente um grão [de arsênico] tenha sido encontrado nas vísceras de uma pessoa, não é seguro afirmar que a pessoa morreu de envenenamento por arsênico". Dado o estado frágil da saúde de Mabel Greenwood, era perfeitamente possível, até mesmo provável, que o "deslize" admitido pelo dr. Griffiths ao administrar seus remédios "tenha acelerado sua morte". O fato de Greenwood ter voltado a se casar tão depressa não era um sinal de sua suposta promiscuidade, mas o contrário — uma prova de sua natureza profundamente monógama, da "desolação que o acometeu diante da morte [da esposa]" e de seu "intenso desejo por companheirismo agradável".

O resultado do julgamento de Greenwood difere bastante daquele de Henry Maurier, que foi acusado falsamente. Depois de seis horas de deliberação, o júri votou pela absolvição, explicando em um bilhete anexado ao veredicto que, ainda que estivessem "convencidos diante das provas do caso de que uma dose perigosa de arsênico foi administrada a Mabel Greenwood", eles não estavam "convencidos de que essa foi a causa imediata de sua morte. As evidências diante de nós são insuficientes e não nos convenceram de maneira conclusiva sobre como e por quem o arsênico foi administrado. Nós, portanto, apresentamos um veredicto de inocente".

Um festivo Harold Greenwood voltou para Kidwelly e, depois de vender uma entrevista exclusiva para uma agência de notícias por 3.600 libras, voltou a se acomodar em sua vida doméstica, dessa vez com sua nova esposa. No ano seguinte, recebeu mais 150 libras depois de processar os proprietários de um museu de cera em Cardiff, que tinham incluído sua efígie, junto com aquelas de diversos assassinos infames, em sua Câmara dos Horrores.

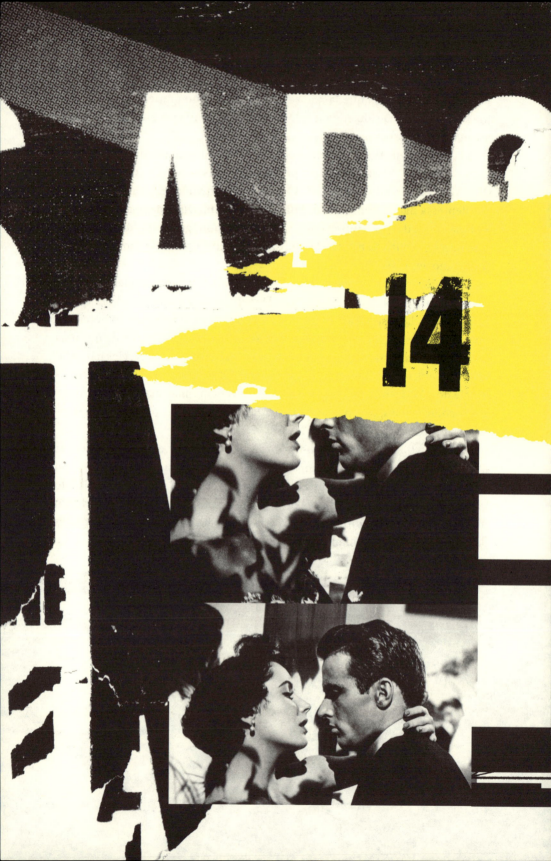

ANATOMIA TRUE CRIME DOS FILMES

UM LUGAR AO SOL

A PLACE IN THE SUN, 1951
DIRIGIDO POR GEORGE STEVENS.
ESCRITO POR MICHAEL
WILSON E HARRY BROWN.
COM MONTGOMERY CLIFT,
ELIZABETH TAYLOR, SHELLEY
WINTERS E RAYMOND BURR.

Na época de seu lançamento em 1951, a adaptação cativante feita por George Stevens do clássico literário de Theodore Dreiser de 1925, *Uma Tragédia Americana* (que tinha sido filmado uma vez antes, em 1931), foi elogiada por críticos de todo o país, recebendo inclusive um prêmio da Directors Guild of America Award, um Globo de Ouro como melhor drama e seis estatuetas do Oscar. O crítico cinematográfico de Los Angeles, Charles Champlin, o chamou categoricamente de "melhor filme já feito em Hollywood". Embora o elogio de Champlin pareça um exagero hoje em dia (nas primeiras edições da lista dos cem melhores filmes de Hollywood de todos os tempos do American Film Institute, *Um Lugar ao Sol* estava na posição de número 92), o filme ainda retém sua força, em grande parte graças às atuações de primeira de suas três estrelas, Montgomery Clift, Elizabeth Taylor e Shelley Winters.

A história é sobre um jovem ambicioso, mesmo que socialmente inseguro, chamado George Eastman (Montgomery Clift) que recebeu uma oferta de emprego de um tio rico, dono de uma empresa de trajes de banho em expansão. Logo na primeira cena, nós vemos George pegando carona em uma rodovia em seu caminho para uma nova vida. De repente, ele nota um anúncio dos trajes de banho de seu tio na beira da estrada, um outdoor com uma beldade de cabelos escuros ao sol, posando de maneira provocante na praia. A imagem representa tudo o que George (que vem de uma família pobre e fundamentalista) mais deseja para si: todo o prazer, luxo e liberdade do sonho americano.

Ele logo conhece a personificação daquele sonho na forma de uma beldade jovem e rica chamada Angela Vickers (Elizabeth Taylor em sua juventude mais radiante). Em pouco tempo, o jovem bonito e a debutante encantadora se apaixonam loucamente. Tudo pelo que George anseia parece estar a seu alcance: dinheiro, status social e o amor da mulher mais bonita do mundo.

Infelizmente, existe apenas um probleminha. A esta altura, George — que esteve subindo de cargo desde seu começo na linha de montagem — já tinha engravidado Alice Tripp, uma operária da fábrica com quem se envolveu quando começou no emprego. Retratada à perfeição por Shelley Winters, "Al" é a antítese de Angela. Embora seja dotada de uma sensualidade crua, é atarracada, rabugenta e ainda mais pobre do que George. Em vez de uma vida cheia de conforto, glamour e paixão erótica, ela oferece um futuro envolvendo uma prole de crianças catarrentas, pobreza esmagadora e reclamações constantes de uma esposa rude e implicante. Quando ela exige que se casem, ele começa a pensar em assassinato.

THEODORE DREISER: Comecei a prestar atenção a um tipo específico de crime nos Estados Unidos. Ele parecia se originar do fato de que quase todos os jovens eram dominados por uma crescente ambição interna de ser alguém importante financeira e socialmente.

Depois de sugerir que fizessem uma viagem até um lago em uma região remota, ele a leva para um passeio em um barco a remo com a intenção de matá-la. Mas na última hora muda de ideia e decide fazer a coisa certa por Alice. Por ironia, quando ela se levanta para o abraçar, o barco vira e Alice, que não sabe nadar, se afoga. George consegue chegar à margem e, em pânico, tenta fugir. É preso e julgado por homicídio por um promotor fanático (interpretado por Raymond Burr, que, virando a casaca jurídica, em breve viria a ganhar fama como um exímio advogado de defesa no longevo seriado *Perry Mason*). George é condenado e sentenciado à cadeira elétrica, mas não antes de uma cena introspectiva onde admite sua culpa por não ter se esforçado mais para salvar Alice do afogamento.

Embora o filme simplifique um pouco demais os assuntos tratados no livro de Dreiser (em essência reduzindo o dilema de George a uma escolha entre a rica, deslumbrante e adorável Elizabeth Taylor e a pobre, desleixada e irritante Shelley Winters), ele apresenta os temas sociais mais amplos que interessavam Dreiser quando este escreveu *Uma Tragédia Americana*. Em uma reportagem de uma revista em 1935, Dreiser explicou que, enquanto trabalhava como repórter em 1892, "começou a prestar atenção a um tipo específico de crime nos Estados Unidos. Ele parecia se originar do fato de que quase todos os jovens eram dominados por uma crescente ambição interna de ser alguém importante financeira e socialmente". O tipo de crime ao qual ele estava se referindo envolvia o "jovem amante ambicioso de alguma garota mais pobre que no começo do relacionamento tinha sido atraente o suficiente para o satisfazer, tanto no âmbito do amor quanto no do status social. Mas quase sempre, com a passagem do tempo e o aumento da experiência do jovem, uma garota mais atraente com dinheiro e maior status social aparecia". A fim de se livrar da primeira garota — que se recusava a abrir mão dele, geralmente porque estava grávida —, o jovem recorria ao homicídio. Para Dreiser, esse tipo de crime era um fenômeno distintamente estadunidense, sintomático da obsessão doentia das pessoas do país por "serem bem-sucedidas" a qualquer custo.

Com o objetivo de discutir esse tópico na ficção, Dreiser começou a colecionar recortes de jornais sobre casos envolvendo assassinos motivados por desejo sexual e ambição social, incluindo aqueles de Clarence Richeson, um pastor batista que engravidou uma jovem paroquiana, depois a matou a fim de se casar com uma mulher abastada, e de Roland Molineux, um químico amador que, competindo pela mão de uma amante, enviou um frasco de antiácido Bromo-Seltzer envenenado para outro dos pretendentes da mulher. O crime que se tornou a base do best-seller de Dreiser e dos filmes subsequentes foi um dos mais chocantes da época, o caso de homicídio Chester Gillette/Grace Brown de 1906.

Nascido em 1883, Chester Gillette era filho de um executivo de sucesso de Spokane que, após uma conversão religiosa, renunciou a todos os seus projetos mundanos e, junto com a esposa, se tornou um missionário itinerante pelo Exército da Salvação. Durante muitos anos, o jovem Chester ajudou o pai e a mãe em seu trabalho caridoso. Longe de lhe conferir um senso de vocação mais elevado, contudo, a experiência apenas o deixou com um desgosto profundo pela existência ascética acolhida pelos pais e uma crença correspondente de que o propósito da vida era, como ele explicou, "divertir-se o máximo possível". Depois de uma tentativa abortada de fazer um curso preparatório na Oberlin College (financiado por um empréstimo de um parente rico) e alguns anos indolentes como operador de freios ferroviários no centro-oeste, ele se mudou para a cidade de Cortland, no norte de Nova York, para trabalhar na fábrica de saias do tio, Noah Gillette.

Entre os outros 250 funcionários da fábrica do tio estava Grace Brown, de dezoito anos, uma morena esguia e atraente que tinha crescido em uma fazenda no vilarejo próximo de South Otselic. Embora tenha sido retratada pela

imprensa sentimental como uma donzela tímida e dócil após sua morte, ela na verdade era uma jovem vivaz, animada e perspicaz — apelidada de "Billy" em homenagem à sua música favorita, a popular canção de jazz, "Won't You Come Home, Bill Bailey" — e que gostava tanto de dançar que foi banida da congregação da igreja batista da cidade.

Como exatamente ela teve seu primeiro contato com o belo sobrinho de seu empregador é incerto. Diz a lenda que o relacionamento dos dois começou após o anel de opala de Grace escorregar de seu dedo quando ela estava no trabalho, e Chester, que estava passando por ali, como um perfeito cavalheiro, se abaixar e o pegar. Em todo caso, os dois logo se envolveram em um romance, Chester fazendo visitas a Grace todas as noites na casa da irmã dela, onde ela estava hospedada e onde passavam horas se acariciando. No verão de 1905, depois de evitar os avanços cada vez mais inoportunos de Chester o máximo que conseguiu, Grace se tornou sua amante.

Pouco tempo depois de terem consumado seu relacionamento, Chester, que antes tinha declarado devoção eterna, começou a focar suas atenções em outros lugares. Seu charme e modos refinados — sem mencionar seu status como sobrinho de Noah Gillette — tinham lhe rendido acesso a um círculo resplandecente de jovens das mais altas esferas da sociedade de Cortland. Chester logo começou a levar uma vida dupla. Embora ainda visitasse Grace com regularidade para transar, começou a passar cada vez mais de seu tempo livre com os novos amigos, andando de bicicleta, jogando tênis, frequentando bailes e festas formais. Por mais gratificante que essa existência pudesse ser para Chester, ela se tornou intolerável para Grace, principalmente quando, na primavera de 1906, ela descobriu que estava grávida.

Em meados de junho, Grace voltou para a casa dos pais em South Otselic, onde passou as semanas seguintes escrevendo cartas desesperadas para Chester. Com medo de que sua vida fosse ser arruinada quando sua condição se tornasse evidente, ela implorou que ele fizesse dela sua esposa legítima. "Ah, Chester", implorou, "por favor, venha me levar embora. Estou tão assustada, querido."

Apesar de suas declarações de amor, contudo, Chester não parecia estar com pressa de sossegar. Na ausência de Grace, ele tratou de correr atrás de outras mulheres, incluindo uma beldade rica chamada Harriet Benedict, filha de um proeminente advogado de Cortland. Quando Grace ficou sabendo de seus casos, ameaçou expô-lo como um sedutor desalmado. Se a vida dela estava arruinada, escreveu, a *dele* também ficaria. Seu alerta pareceu funcionar. No início de julho, Chester a convidou para fazer uma viagem de férias com ele para as montanhas Adirondack — uma viagem que iria culminar no casamento dos dois. Ou era o que Grace supunha.

Na manhã bastante ensolarada do dia 11 de julho de 1906, o casal chegou no Glenmore Inn, um hotel pitoresco às margens do lago Big Moose, condado de Herkimer. Depois de fazer o check-in usando um pseudônimo, Chester — carregando sua mala e uma raquete de tênis — acompanhou Grace até a água, onde alugaram a diária de um barco a remo.

Nunca saberemos o que exatamente aconteceu nas horas seguintes. Em diversos momentos ao longo daquela tarde, os dois foram vistos no lago por outros velejadores. Em determinado momento, foram vistos fazendo piquenique na margem. Quando não voltaram ao pôr do sol, Robert Morrison, que tinha lhes alugado o barco a remo, não ficou muito preocupado. Os turistas com frequência calculavam errado o tamanho enorme do lago e, se encontrando muito longe para voltarem antes do anoitecer, remavam para a margem mais próxima para passar a noite em outra pousada.

Foi apenas na manhã seguinte que Morrison, àquela altura bastante preocupado, organizou um grupo de busca. Partindo em um barco a vapor, eles esquadrinharam o lago e algum tempo depois encontraram o barco a remo, flutuando de cabeça para baixo. Fitando as profundezas da água, um dos homens do grupo de busca avistou um objeto estranho preso nas algas no fundo do lago. Puxado para cima com uma vara pontuda e longa, o objeto se mostrou ser o cadáver de Grace Brown.

A princípio, Morrison e os outros presumiram que ela tinha morrido em um acidente de barco junto com o companheiro, Carl Graham, como ele tinha dito que se chamava. Uma busca pelo lago e ao longo das margens, contudo, não resultou na descoberta do corpo do jovem. Quando o legista descobriu que Grace estava grávida — e encontrou ferimentos suspeitos no rosto e na cabeça —, ele se convenceu de que ela tinha sido vítima de violência. Àquela altura, os investigadores, depois de averiguarem o histórico de Grace, tinham descoberto seu relacionamento romântico com um colega de trabalho, Chester Gillette.

Três dias se passariam até Chester — ainda usando seu pseudônimo — ser detido. A princípio, ele insistiu que Grace tinha, de fato, se afogado por acidente quando o barco virou. Mais tarde, mudou a história, alegando que, desesperada, ela tinha se jogado do barco de propósito. No entanto, nenhuma dessas explicações justificavam os graves ferimentos na cabeça; de acordo com o relatório da necropsia, estes foram causados por um objeto contundente, muito possivelmente uma raquete de tênis.

O julgamento de Chester, que começou no dia 12 de novembro de 1906 e durou três semanas, foi um circo midiático, acompanhado por tantos repórteres que (de acordo com um historiador) "uma estação de telégrafo especial teve

que ser montada no porão do tribunal para dar conta das milhares de palavras sendo transmitidas todos os dias" pela imprensa. Em seu exaltado discurso de abertura, o promotor George Ward descreveu Chester como um bruto desalmado que, depois de tirar a virgindade de uma donzela inocente e a engravidar, tinha planejado e cometido seu assassinato a sangue-frio, para que pudesse estar livre para se dedicar aos seus casos com "garotas de uma classe social melhor".

O dramático ponto culminante dos procedimentos — e o momento que, mais do que qualquer outro, despertou uma generalizada "sensação de repulsa em relação ao prisioneiro" — ocorreu quando Ward leu em voz alta algumas das passagens mais dolorosas das cartas de Grace para Chester. "Ah, querido, se ao menos você estivesse aqui e me beijasse e me dissesse para não me preocupar mais, eu não iria me importar", Ward leu com a voz trêmula, "mas sem ninguém com quem conversar, e me sentindo enjoada o tempo todo, acredito mesmo que irei enlouquecer. Meu bem, se você ao menos escrevesse e me dissesse que com certeza virá no sábado para eu não me preocupar. Estou chorando tanto que não consigo enxergar as linhas e vou parar. Você não pode imaginar, querido, como me sinto mal ou como quero você neste exato momento." Quando Ward terminou sua recitação, não havia um olho seco no tribunal.

Ainda que o advogado de Chester tenha montado uma defesa vigorosa, alegando que as atitudes de seu cliente não foram as de um assassino calculista, mas de um rapaz assustado que tinha entrado em pânico quando Grace acidentalmente virou o barco, o júri levou poucas horas para declará-lo culpado de homicídio.

Após ter uma apelação negada, ele foi executado na cadeira elétrica na manhã de 30 de março de 1908. De acordo com sua mãe e seu conselheiro espiritual, o reverendo Henry MacIlravy, Chester, que tinha proclamado o tempo todo sua inocência, disse coisas a eles pouco antes de sua execução que os convenceram de sua culpa. Não existe nenhuma confissão por escrito, contudo, e a questão permanece sem solução entre os estudiosos do caso.

UMA TRAGÉDIA AMERICANA

Dirigido por Josef von Sternberg (que, no ano anterior, tinha transformado Marlene Dietrich em uma superestrela internacional com sua obra de arte, *O Anjo Azul*), essa versão de 1931 do best-seller de Theodore Dreiser carece do puro glamour hollywoodiano de *Um Lugar ao Sol*. Mas de muitas maneiras (ainda que o próprio Dreiser não fosse muito fã), ela é mais fiel à sua fonte literária do que o remake renomeado de 1951 dirigido por George Stevens.

O ídolo das matinês, Phillips Holmes, estrela como Clyde Griffiths (o nome original do personagem George Eastman no filme posterior). No lugar da sensibilidade hesitante de Montgomery Clift, Holmes projeta uma passividade emocional sugestiva da natureza superficial e moralmente atrofiada do personagem. O relacionamento de Clyde com a socialite mimada, Sondra Finchley (Frances Dee), não tem nada da paixão que caracteriza o caso entre os dois deslumbrantes atores principais de *Um Lugar ao Sol*. O que motiva o pobretão Clyde no filme de von Sternberg, assim como no romance de Dreiser, não é o amor idealista, mas o desejo por status social e todos os luxos que o dinheiro pode comprar.

Talvez a diferença mais marcante entre os dois filmes, pelo menos em termos de caracterização, envolve a condenada operária da fábrica (chamada Alice Tripp no filme de Stevens e Roberta Alden no de von Sternberg). Interpretada por Shelley Winters, Alice é tão insuportavelmente chorosa e irritante que, como telespectador, você tem vontade de a estrangular com as próprias mãos. Por outro lado, a Roberta de Sylvia Sidney é absolutamente adorável — doce, agradável e de uma beleza radiante. No filme de Stevens, vemos a morte de Alice apenas à distância, ao passo que von Sternberg mostra a morte de Roberta em um close imóvel. No abandono de Clyde da namorada grávida que está se afogando, vemos com clareza o personagem como Dreiser o concebeu: um produto infantil e patológico de uma sociedade obcecada pela autogratificação.

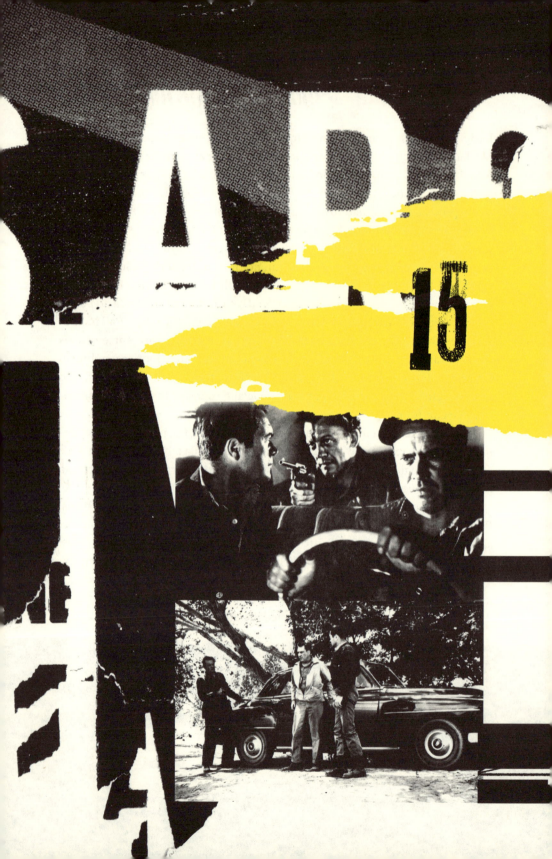

ANATOMIA TRUE CRIME DOS FILMES

O MUNDO ODEIA-ME

THE HITCH-HIKER, 1953
DIRIGIDO POR IDA LUPINO. ESCRITO POR IDA LUPINO, COLLIER YOUNG E ROBERT L. JOSEPH. COM EDMOND O'BRIEN, FRANK LOVEJOY, WILLIAM TALMAN, JOSÉ TORVAY, SAM HAYES E WENDELL NILES.

Embora tenha aparecido em quase sessenta filmes e dezenas de programas de TV ao longo de sua carreira de 48 anos como atriz, a fama duradoura de Ida Lupino repousa em seu papel pioneiro por detrás das câmeras como primeira diretora a trabalhar no sistema dos estúdios de Hollywood. Para os cinéfilos sérios, sua mais gloriosa realização nesse papel foi o suspense de 1953, *O Mundo Odeia-Me* — um dos únicos filmes noir clássicos dirigido por uma mulher.

O filme conta com William Talman que, em poucos anos, viria a ganhar fama como Hamilton Burger, o promotor público que é sobrepujado o tempo todo no popular seriado *Perry Mason*. Aqui, ele interpreta um personagem do outro lado da lei: um psicopata bastante assustador chamado Emmett Myers, cujo modus operandi — matar motoristas azarados que lhe oferecem carona — lhe rendeu o apelido de "o Assassino da Carona".

Depois de cometer dois assassinatos na cena de abertura, Myers pega uma carona com uma dupla de amigos em uma viagem de pescaria, Roy Collins e Gilbert Bowen, interpretados, respectivamente, por Edmond O'Brien (o ator de personagens excêntricos e ganhador do Oscar cuja carreira de trinta anos inclui clássicos como *Fúria Sanguinária*, *Com as Horas Contadas* e *Meu Ódio Será Tua Herança*) e Frank Lovejoy (o fantoche de Lloyd Bridges em *Justiça Injusta*). Durante o restante dos implacáveis setenta minutos de tensão do filme, o sádico Myers, mantendo os dois como reféns na mira de um revólver, os leva a uma odisseia penosa pela árida península da Baixa Califórnia, na direção da cidade litorânea de Santa Rosalia, onde planeja fugir de balsa.

Ao longo do caminho, ele não desperdiça nenhuma oportunidade de atormentar seus prisioneiros física e mentalmente. Ainda que esteja em desvantagem numérica de dois para um, o monstruoso Myers nunca abaixa a guarda nem por um segundo sequer. Além de sua extrema psicopatia, sua característica mais distinta é um olho direito anormal, que nunca fecha por completo, mesmo durante o sono. Entre as imagens mais perturbadoras do filme estão os closes de seu olho que tudo vê, fixo em seus reféns encolhidos de medo durante a noite, impedindo-os de tentar uma fuga. Eles por fim são salvos, na cena culminante do filme, por policiais mexicanos que estavam trabalhando com as autoridades estadunidenses.

Ainda que o grotesco Myers pareça ser o tipo de figura horripilante que apenas um roteirista de Hollywood é capaz de imaginar, ele foi, na verdade, baseado com bastante fidelidade em um assassino em série da vida real. De fato, ao criar o filme, Lupino realizou sua própria pesquisa sobre o caso em primeira mão, chegando até a entrevistar os verdadeiros reféns que serviram de modelo para os fictícios Collins e Bowen. Seus nomes verdadeiros eram James Burke e Forrest Damron, e o sequestrador era um jovem maníaco homicida chamado Billy Cook.

Cook teve o tipo de criação que é praticamente uma garantia para o desenvolvimento de uma personalidade sociopata. Nascido em uma cabana em Joplin, Missouri, dois dias antes do Natal de 1928, ele era uma criança de cinco anos malnutrida quando sua mãe morreu, deixando seus sete irmãos e ele aos cuidados questionáveis do pai, William E. Cook, um antigo meeiro de Oklahoma que passou a trabalhar em minas de chumbo. Sobrecarregado com sua prole, o velho os levou para um poço de mina abandonado, abasteceu os filhos com algumas provisões — alguns cobertores, uma lanterna, um vidro de geleia, alguns biscoitos de água e sal, uma caixa de flocos de milho e uma lata de presunto Spam — depois foi embora, para nunca mais voltar a ser visto.

    Encontradas alguns dias depois por um funcionário da mineradora, as crianças, quase mortas de fome, foram enviadas para famílias adotivas. Billy, contudo, acabou dando trabalho demais a alguns de seus guardiões em potencial. Embora a categoria clínica ainda não tivesse sido rotulada, ele já demonstrava sintomas do que hoje é chamado de transtorno de personalidade antissocial: rebeldia, agressividade, uma atitude cheia de ódio em relação ao mundo como um todo. Além dessas deformidades de caráter, havia um desconcertante defeito físico: um olho defeituoso que, mesmo depois de duas operações pagas pelo condado, nunca fechava direito. Incapaz de encontrar uma família disposta a tolerar uma criança beligerante e intratável, o condado o transferiu para a Missouri Training School for Boys, em Boonville, uma instalação, de acordo com um jornalista, "que era conhecida por seus dormitórios superlotados, violência, estupro, castigos corporais e falta de reabilitação". Billy tinha onze anos.

    Sua carreira criminosa começou aos catorze anos, quando — retirado de Boonville por um breve período por uma irmã mais velha e casada que o levou para sua casa — ele conseguiu um cassetete e roubou 11 dólares de um taxista de Joplin. Preso logo em seguida, foi devolvido ao reformatório, onde, como veio a relembrar, era espancado com frequência com uma mangueira de borracha por conta de suas muitas infrações.

Ele logo conseguiu fugir, mas, depois de ser apanhado por tentativa de roubo de carro, se viu encarcerado de novo. Registros oficiais o descrevem como um encrenqueiro incorrigível, que "tentou fugir serrando as barras com uma lâmina de arco de serra contrabandeada", foi "pego com lâminas de barbear, pílulas ilegais e facas em sua posse", e não demonstrava "nenhum interesse em aprender uma profissão ou habilidade". Os dedos de sua mão esquerda agora ostentavam as letras HARD LUCK (má sorte), tatuadas de maneira grosseira.

Avaliado pelo orientador psicológico designado para seu caso como "uma bomba-relógio ambulante", ele foi transferido para a Missouri State Penitentiary, onde logo ganhou a reputação de ter comportamento violento e errático. Quando outro detento caçoou de seu olho direito defeituoso, Billy quase o espancou até a morte com um taco de beisebol.

 ORIENTADOR PSICOLÓGICO: Ele é uma bomba-relógio ambulante.

Posto em liberdade em 1950, Billy foi atrás do pai, àquela altura um bêbado falido de setenta anos vivendo em um barracão de mineração na periferia de Joplin. Quando o velho perguntou sobre seus planos para o futuro — "O que vai fazer agora que te soltaram?" —, Billy respondeu: "Vou viver pelas leis das armas e vagar por aí".

Depois de pegar carona até Blythe, Califórnia, uma cidade no deserto perto da fronteira com o Colorado, Billy trabalhou como lavador de pratos em uma lanchonete durante algum tempo, ganhando dinheiro suficiente para comprar uma pistola semiautomática calibre .32. Depois, exatamente como tinha dito, partiu para realizar sua ambição de vida — vagar, roubar e matar.

Na noite de 29 de dezembro de 1950, não muito longe de Lubbock, Texas, um mecânico de 56 anos chamado Lee Archer ofereceu uma carona a Cook. Tinham viajado por muitas horas e estavam se aproximando de Oklahoma City quando Cook sacou a arma e mandou que o perplexo motorista encostasse o carro. Depois de tirar todo o dinheiro da carteira de Archer, Cook o trancou no porta-malas, sentou-se ao volante e foi embora.

Por não estar acostumado com câmbios manuais, o jovem sequestrador deixava o carro morrer o tempo todo, enquanto, dentro do porta-malas, Archer se esforçava intensamente para se libertar usando a alavanca de um macaco.

Quando o carro parou de repente, Archer, que tinha conseguido arrombar a fechadura, saiu de fininho do porta-malas e se afastou correndo. Quando Cook se deu conta de que seu prisioneiro tinha fugido, Archer já estava fora de vista.

Saindo em disparada no Buick de Archer, Cook seguiu para o nordeste. Tinha passado por Tulsa e estava a meio caminho de Claremore quando o motor sobrecarregado por fim enguiçou. Depois de abandonar o carro, conseguiu parar um Chevrolet 1949 que estava de passagem. Dentro dele estava a família Mosser: Carl, de 33 anos; sua esposa de 29 anos, Thelma; seus três filhos pequenos; e seu cachorrinho branco. Eles estavam viajando de sua fazenda em Atwood, Illinois, para o Novo México para visitar o irmão gêmeo de Carl, Chris, um tenente do Exército.

Por ser um Bom Samaritano, Carl ofereceu uma carona ao jovem encalhado. Cook mal tinha se sentado no banco traseiro quando sacou a arma, encostou-a na lateral do corpo da sra. Mosser e mandou que o marido dirigisse.

Durante as próximas 72 horas, ele os manteve em movimento em uma viagem apavorante ziguezagueando por quatro estados. Em determinado momento, dentro de um mercadinho de um posto de gasolina em Wichita Falls, Texas, Mosser conseguiu agarrar Cook e prender seus braços, enquanto gritava pedindo ajuda ao atendente idoso, E.O. Cornwall. Acreditando que os dois homens tinham começado uma briga, Cornwall — descrito diversas vezes nas reportagens como "confuso" e "desatento" — tirou um revólver calibre .44 de debaixo do balcão e mandou que saíssem de sua loja.

De volta ao carro, com Cook mantendo sua família como refém na mira do revólver, Mosser foi obrigado a dirigir a esmo por mais de 3.200 quilômetros pelo Texas, Novo México, Arkansas e por fim Missouri. Nos limites de Joplin, cansado demais para continuar, ele encostou o carro. Àquela altura, sua esposa tinha desmoronado em soluços descontrolados.

Depois de rasgar tiras de tecido das roupas que havia dentro das malas, Cook amarrou e amordaçou Carl e a esposa, então amarrou as mãos das crianças com os cordões usados para prender embaixo do queixo os chapéus do cowboy Hopalong Cassidy que os meninos tinham ganhado de Natal. Atirou em todos os cinco, assim como no cachorro da família, o mais rápido que seus dedos conseguiram puxar o gatilho. Em seguida levou os corpos até uma mina abandonada e os jogou poço abaixo.

Fugindo para Tulsa, Oklahoma, abandonou o carro em uma vala enlameada e pegou um ônibus Greyhound rumo ao oeste. Àquela altura, Carl e a família tinham sido declarados desaparecidos por seu irmão gêmeo Chris. Quando um policial de Tulsa encontrou o carro abandonado dos Mosser — os bancos e o piso do carro perfurados por buracos de bala, o estofado coberto de sangue seco — a polícia emitiu um pedido de busca nacional por Cook, que tinha sido identificado, entre outras maneiras, pelo conteúdo de uma mochila de viagem que ele tinha deixado no carro sequestrado de Lee Archer e por uma descrição fornecida por E.O. Cornwall, que tinha informado a polícia sobre a luta violenta em seu posto de gasolina.

Apesar dos milhares de policiais à sua procura, Cook, que agora figurava no topo da lista dos mais procurados do FBI, conseguiu viajar de carona e de ônibus até um de seus antigos refúgios, Blythe, Califórnia. No dia 6 de janeiro, o policial Homer Waldrip da delegacia de Blythe se dirigiu a um motel para interrogar um velho conhecido de Cook, um homem chamado Paul Reese, na remota possibilidade de ele conhecer o paradeiro do fugitivo. Quando o policial bateu na porta de Reese, ela foi aberta por Cook, que encostou sua pistola no pescoço de Waldrip, apanhou o revólver de serviço do policial, em seguida o levou até sua viatura e o obrigou a dirigir até o deserto.

PAI DE BILLY: O que vai fazer agora que te soltaram?

BILLY: Vou viver pelas leis das armas e vagar por aí.

Ao longo do caminho, Cook se gabou de ter assassinado a família Mosser e afirmou que tinha "matado aqueles outros dois em Oklahoma e enterrado os corpos em um monte de neve". Quando Cook mandou que Waldrip saísse do carro a aproximadamente 65 quilômetros de distância dos limites de Blythe, amarrou suas mãos com tiras arrancadas de um cobertor e o obrigou a deitar de cara na areia, o policial supôs que estava prestes a ter o mesmo fim. Cook, contudo, sentia algum afeto pela esposa de Waldrip, Cecelia, uma antiga colega de trabalho na lanchonete de Blythe, e teve uma súbita mudança de ideia. Deixando o aterrorizado policial com vida, pulou atrás do volante da viatura e saiu em disparada.

Alguns quilômetros mais à frente, o jovem assassino acendeu as luzes vermelhas, ligou a sirene e obrigou Robert Dewey, um vendedor de petróleo de Seattle que estava de férias, encostar seu Buick 1947. Depois de executar Dewey com um tiro na cabeça, arrastou o corpo até a viatura de Waldrip, depois dirigiu na direção da fronteira mexicana no Buick do homem morto.

Quando o corpo de Dewey foi encontrado algumas horas mais tarde, Cook — agora conhecido na imprensa por diversos nomes, tais como "o Assassino da Carona", "o Assassino Enlouquecido" e "o Bandido Vesgo" — se transformou no objeto da maior perseguição desde os dias de John Dillinger. Policiais municipais e estaduais, agentes do FBI, Texas Rangers e delegados de cidades pequenas estavam à sua procura em todos os estados a oeste do Mississippi. Àquela altura, porém, sua presa já estava no México.

Aproximadamente sessenta quilômetros ao sul da fronteira, o Buick de Dewey enguiçou. Cook estava parado no encostamento quando dois homens lhe ofereceram uma carona: James Burke e Forrest Damron, uma dupla de prospectores amadores de El Centro, Califórnia, em uma expedição de caça ao ouro. Eles foram feitos reféns sob a mira de seu revólver e, ao longo da semana seguinte, obrigados a levar seu jovem sequestrador em uma viagem de 724 quilômetros pelo deserto da Baixa Califórnia. Ao longo do caminho, eles ouviram no rádio os frequentes boletins sobre a busca pelo Assassino da Carona. "Ele nos contou que havia oito passageiros nos outros três carros nos quais tinha andando", explicou Damron mais tarde, "e todos eles estavam mortos. Não estávamos pensando em fazer nenhuma besteira." Quando acampavam à noite, Cook se reclinava com as costas contra uma árvore ou uma rocha, o dedo no gatilho da pistola semiautomática, o olho defeituoso sem nunca se fechar. De acordo com o que Damron viria a contar aos repórteres, ele e o amigo não tentaram fugir em nenhum momento porque "não conseguiam saber se ele estava dormindo ou não".

A salvação dos dois aconteceu no dia 15 de janeiro de 1951. Avisado por diversos informantes que os dois prospectores desaparecidos e seu sequestrador tinham sido vistos em Santa Rosalia, 965 quilômetros ao sul da fronteira, Francisco Kraus Morales, chefe da polícia de Tijuana, embarcou em um pequeno avião do governo e voou até o pequeno vilarejo pesqueiro. Com o chefe da polícia local, Parra Rodriguez, ao seu lado, Morales encontrou Cook e os reféns sentados em uma cafeteria. Cook foi preso sem resistir.

Praticamente no mesmo instante, investigadores em Joplin fizeram uma descoberta horrenda. Agindo depois de receberem uma denúncia de um ex-companheiro de cela de Cook — que contou à polícia que Billy certa vez tinha se gabado de ter matado um homem e se livrado do cadáver jogando-o em um poço de mina —, eles começaram a explorar todos os poços abandonados ao redor de Joplin e logo encontraram os cadáveres cravejados de balas dos Mosser. Os cinco corpos estavam tão decompostos que a polícia e os bombeiros que desceram pelo poço para recuperar os restos mortais tiveram que usar máscaras de gás.

Depois de ser enviado de volta aos Estados Unidos, Cook foi julgado e condenado pelos sequestros seguidos de homicídios dos cinco Mosser e recebeu cinco sentenças consecutivas de sessenta anos, totalizando trezentos anos. O indignado procurador federal, Thomas Shelton, censurou a decisão como sendo "a maior maldita paródia da justiça de todos os tempos! Se algum dia um crime já mereceu a pena de morte, esse crime é este".

A fome de vingança de Shelton — compartilhada por grande parte do público estadunidense — foi saciada quando Cook foi entregue às autoridades da Califórnia e julgado pelo homicídio de Robert Dewey. Depois de o júri deliberar durante menos de uma hora, ele foi condenado e sentenciado à morte na câmara de gás da penitenciária de San Quentin. Impenitente até o fim, Cook se recusou a ver o capelão da prisão ou a falar com o diretor Harley O. Teets. Ele, porém, se encontrou brevemente com uma visitante, Ida Lupino, que estava ansiosa para garantir os direitos de sua história e foi a San Quentin para que ele assinasse uma autorização.

Depois de uma última refeição com frango frito, batatas fritas, ervilhas, torta de abóbora, café e leite, Cook foi executado na manhã de 12 de dezembro de 1952. Durante algum tempo, seu cadáver foi colocado em exibição pública por um agente funerário de Comanche, Oklahoma, no melhor estilo P.T. Barnun, o grande empresário do entretenimento. Estima-se que ele foi visto por 12 mil curiosos à procura de suvenires mórbidos que viajaram de locais tão distantes quanto o Alaska antes de ser reivindicado pelos familiares e enterrado sob a escuridão da noite no Peace Church Cemetery em Joplin. Quando o túmulo foi vandalizado e a lápide roubada, o corpo do infame vilão foi exumado e reenterrado em um local secreto em algum lugar do cemitério. Até hoje, ninguém sabe onde jazem os restos mortais do "Açougueiro Billy" Cook.

ANATOMIA TRUE CRIME DOS FILMES

CIDADE
DO VÍCIO

THE PHENIX CITY STORY, 1955
DIRIGIDO POR PHIL KARLSON.
ESCRITO POR CRANE WILBUR E
DANIEL MAINWARING. COM RICHARD
KILEY, JOHN MCINTIRE, KATHRYN
GRANT, EDWARD ANDREWS,
LENKA PETERSON, BIFF MCGUIRE,
JOHN LARCH E CLETE ROBERTS.

Para um lugar considerado como um dos "Subúrbios Mais Acessíveis para se Criar uma Família" nos Estados Unidos (de acordo com a revista *Business Week*), Phenix City, a sede do condado de Russell, Alabama, tem um infame passado imoral. Ela remonta suas origens ao vilarejo de Girard no período pré--Guerra Civil, um assentamento sem lei na margem oeste do rio Chattahoochee, tão repleto de vícios que foi apelidado de "Sodoma". Ao longo das primeiras décadas do século XX, antes de Las Vegas reivindicar o título, a cidade obteve uma reputação bastante merecida como a proeminente "Cidade do Pecado" do país. Em uma descrição memorável feita por seu principal historiador, a cidade era uma sequência sem fim de casas noturnas, botecos, restaurantes caros, bares com garotas da noite,[1] prostíbulos e cassinos. Todas as rodovias que levavam à cidade eram dominadas por essas instituições, e elas se espalhavam por todos os bairros residenciais. Era possível escalar uma árvore alta, cuspir em qualquer direção e, aonde quer que o vento soprasse o cuspe, ali seria possível encontrar crime organizado, corrupção, sexo e depravação.

Ainda que os prazeres ilícitos de Phenix City estivessem disponíveis a qualquer otário à procura de diversão, os principais clientes eram os soldados do Fort Benning, Georgia, que não ficava muito longe dali. Depois de ser informado sobre todos os jovens soldados de infantaria sendo depenados em suas espeluncas infames, Henry Stimson, secretário de guerra de Roosevelt, a chamou de "a cidade mais perversa dos Estados Unidos". E o general George Patton — indignado com a quantidade de soldados que acabavam sendo enganados, enrolados, espancados e às vezes jogados no rio com sapatos de cimento — ameaçou enviar tanques para o outro lado do rio para acabarem com a cidade.

A corrupção estava tão profundamente arraigada no governo local e na força policial que campanhas periódicas realizadas por reformistas nunca chegavam a lugar nenhum. Foi apenas no início dos anos 1950 que as falcatruas de Phenix City foram ameaçadas por um inimigo formidável.

Seu nome era Albert Patterson, e seu ano de nascimento é questão de certa controvérsia. Natural do Alabama, Patterson deixou a fazenda da família quando adolescente e viajou para o Texas, onde trabalhou durante algum tempo nos campos petrolíferos antes de se alistar no Exército. Enviado para o exterior durante a Grande Guerra, entrou em combate na França e, depois de sofrer ferimentos graves causados por disparos de metralhadoras alemãs, voltou para os Estados Unidos com um manquejar permanente e uma Cruz de Guerra por bravura.

De volta ao Alabama, trabalhou como diretor de ensino médio enquanto obtinha um diploma de bacharel. Em 1926, depois de decidir mudar de carreira, entrou para a faculdade de advocacia, se formando no ano seguinte e abrindo um escritório na cidade de Opelika. Em 1933, Patterson e a família tinham se estabelecido em Phenix City. Na década seguinte, ele se tornou cada vez mais ativo na política local, começando como membro do conselho de educação e algum tempo depois cumprindo um mandato como deputado estadual.

---

[1] *B-girl bars*, no original. *B-girl* é uma abreviatura para *bargirl*, mulheres que trabalham em bares e que são pagas para entreter os clientes, cujos serviços variam de simples conversas a performances mais públicas, como strip-tease. [NT]

Durante os anos 1940, Patterson contava com alguns dos gângsteres mais infames de Phenix City como clientes. Aos poucos, contudo, se viu incapaz de tolerar a influência do sindicato do crime sobre sua comunidade. Após se aliar a um comerciante engajado chamado Hugh Bentley, ele se transformou em uma figura proeminente na Russel Betterment Association (RBA) — Associação para Melhorias de Russell —, uma organização determinada a livrar Phenix City da corrupção. Esforços por parte do submundo para intimidar os dois reformistas, que incluíram dinamitar a casa de Bentley e incendiar o escritório de advocacia de Patterson, apenas fortaleceram a determinação dos dois.

Quando a RBA se mostrou ineficaz contra a poderosa máfia de Phenix City, Patterson optou por outra linha de ação. Na primavera de 1954, concorreu ao cargo de procurador geral com a promessa (como uma de suas propagandas eleitorais dizia) "de erradicar o crime organizado onde quer que ele exista" e proteger "os jovens" do Alabama "do tráfico de drogas [e] dos crimes sexuais". Apesar dos esforços combinados dos gângsteres da cidade para manipular o resultado, Patterson conquistou uma vitória apertada como candidato do Partido Democrata, em essência garantindo sua vitória nas eleições gerais.

Ele não chegaria a assumir o cargo.

Na noite de sexta-feira, 18 de junho de 1954, pouco antes da data marcada para que testemunhasse diante de um grande júri que estava investigando fraudes na eleição, Patterson saiu de seu escritório de advocacia e seguiu até seu carro, estacionado em um beco logo depois da esquina. Antes que pudesse se sentar ao volante, um homem "usando um terno marrom-claro e um chapéu claro", de acordo com a descrição de uma testemunha, andou até ele, encostou uma pistola calibre .38 em seu rosto e — no que o historiador Alan Grady chama de "um simbolismo consciente ou inconsciente para silenciar Patterson" — atirou diretamente em sua boca. Um segundo tiro nas costas atravessou o pulmão esquerdo, em seguida "abriu caminho para cima e para a direita, rompendo a traqueia, a glote e a epiglote de Patterson — os órgãos responsáveis pela fala". Um terceiro disparo, não letal, atravessou o braço esquerdo aproximadamente 2,5 cm acima do cotovelo.

Enquanto Patterson cambaleava para fora do beco e desmoronava na calçada, um adolescente chamado Jimmy Sanders, que estivera batendo papo com um amigo ali perto, correu até ele e exclamou: "Quem atirou no senhor, sr. Patterson, quem atirou no senhor?". Patterson tentou responder, mas os únicos sons que saíram de sua boca despedaçada foram horrorosos gorgolejos líquidos. Ele morreu antes que ambulância chegasse.

Se os homens por trás do assassinato de Patterson acreditavam que, ao eliminá-lo, colocariam um fim à cruzada para limpar Phenix City, tinham calculado muito mal a situação. Como resposta à indignação pública diante do assassinato, o governador Gordon Persons enviou centenas de oficiais da guarda nacional sob o comando do general Walter J. Hanna (apelidado de "Crack" por suas habilidades como atirador). "O show chegou ao fim em Phenix City", declarou Hanna. "Meu trabalho é manter a lei e a ordem, e pretendemos fazer exatamente isso. Se isso significar fechar todas as espeluncas em Phenix City, é isso que faremos." Hanna fez exatamente o que disse que iria fazer. Lei marcial foi imposta e, em poucos meses, todos os antros de apostas e prostíbulos tinham sido revistados e fechados, dezenas de prisões tinham sido realizadas e a máquina política tinha sido desmantelada. Um ano depois, a reforma de Phenix City estaria tão completa que ela foi homenageada com o cobiçado prêmio All-America City, entregue pela National Civic League.

HANNA: Meu trabalho é manter a lei e a ordem, e pretendemos fazer exatamente isso. Se isso significar fechar todas as espeluncas em Phenix City, é isso que faremos.

Embora se sentisse relutante em entrar para a política, o filho de 33 anos de Patterson, John — um ex-major condecorado do Exército que tinha começado a praticar advocacia em Phenix City três anos antes — se rendeu à insistência dos apoiadores de seu pai e concorreu na eleição para promotor-geral. Ele também tinha outra motivação: sua sede de vingança contra os assassinos do pai. "Eu queria tanto apanhar aquelas pessoas", admitiu mais tarde. "Essa foi a motivação, e nunca tive uma motivação tão grande como aquela na minha vida... A vingança é algo forte." O público ficou bastante comovido pelo "símbolo do filho pegando o estandarte caído do pai" (como descrito pelo biógrafo Gene L. Howard) e o elegeu para o cargo.

Com base no depoimento de diversas testemunhas oculares, três homens foram indiciados pelo homicídio de Albert Patterson: um delegado adjunto corrupto chamado Albert Fuller, que supostamente "arrecadava mais de 6 mil dólares por semana por encobrir apostas e prostituição", e dois amargurados inimigos políticos da vítima, o promotor público Arch Ferrell e Silas Garrett, o procurador-geral na época do assassinato. No fim das contas, apenas Fuller foi condenado. Sentenciado à prisão perpétua, recebeu liberdade condicional após dez anos. Ferrell foi absolvido, enquanto Garrett foi enviado para um hospital psiquiátrico no Texas depois de sofrer um colapso nervoso e nunca foi levado a julgamento.

Em 1955, enquanto os julgamentos de Fuller e Ferrell por homicídio estavam em andamento, uma equipe de Hollywood chegou em Phenix City para as filmagens em locação de *Cidade do Vício*, um filme brutal do cinema exploitation que agora é considerado uma pequena obra-prima dos filmes noir. Ninguém menos do que Martin Scorsese o citou como um de seus filmes favoritos de todos os tempos e uma grande influência em seu próprio trabalho.

O diretor, Phil Karlson, um artífice pragmático dos filmes B desprovido de qualquer pretensão artística, vinha produzindo filmes violentos de baixo orçamento desde meados da década de 1940. Outras duas décadas iriam se passar até que conquistasse seu primeiro grande sucesso comercial, o superviolento filme de ação de 1973, *Fibra de Valente*, que tem uma semelhança tão grande com o tema de *Cidade do Vício* — o herói bem-intencionado volta para sua cidade natal no sul e, ao encontrá-la infestada por vício e corrupção, entra em uma guerra de um homem só contra o sindicato criminoso local, correndo um grande risco pessoal — que muitos o consideram quase que um remake do filme anterior.

Após um prólogo de quase quinze minutos no estilo de noticiários no qual o repórter de Los Angeles, Clete Roberts, entrevista verdadeiros cidadãos sobre os eventos que catapultaram a cidade para as manchetes nacionais (uma introdução um tanto arrastada e frequentemente cortada das edições posteriores do filme), o drama policial inescrupuloso e bastante ficcional de Karlson começa para valer. De um narrador em voice-over nós descobrimos que a "principal indústria" de Phenix City — que gera 100 milhões de dólares por ano — é o comércio do vício. Imagens que lembram um documentário mostram os "operários das fábricas" da cidade na labuta: fazendo dados viciados, cartas de baralho marcadas, máquinas de caça-níqueis manipuladas e uísque aguado "feito para ficar parecido com o verdadeiro".

O filme então corta para o interior do Poppy Club, uma espelunca no coração do bairro corrupto da cidade, onde, acompanhada de uma banda de jazz de segunda categoria, uma morena sensual em um vestido bastante decotado apresenta um número sugestivo para um salão cheio de clientes de olhares lascivos, muitos deles soldados do Fort Benning. Quando um dos clientes jogando baralho faz um estardalhaço ao perceber que está sendo enganado, um dos delegados corruptos da cidade o expulsa do estabelecimento por perturbação da paz.

Administrando a espelunca está o chefe do crime, Rhett Tanner (um personagem fictício interpretado pelo corpulento e tiozão Edward Andrews, um daqueles atores secundários onipresentes conhecidos por milhões de pessoas pela aparência, se não pelo nome). Quando conhecemos Tanner, cujos modos cordiais de bom garoto não dão nenhuma pista sobre sua natureza absolutamente cruel, ele está todo animado tentando encontrar uma maneira de manipular uma corrida envolvendo suas tartarugas de estimação. Pouco depois, ele faz uma visita a um velho amigo, o advogado Albert Patterson (John McIntire, mais conhecido das gerações das décadas de 1950 e 1960 como a estrela do seriado de faroeste de grande sucesso, *Caravana*). Phenix City, nós descobrimos, está dividida entre duas facções em guerra, os cidadãos tementes a Deus da RBA e os membros valentões do sindicato criminoso de Tanner. Ambas querem muito ter o respeitadíssimo Patterson ao seu lado.

Patterson, porém, não quer fazer parte de nenhum dos grupos. Depois de ter visto todos os esforços anteriores de limpar a cidade infestada pelo crime não darem em nada, ele não tem nenhum interesse em se juntar aos reformistas. Ao mesmo tempo, ainda que tenha prestado alguns serviços jurídicos para Tanner no passado, ele recusa a lucrativa oferta de seu velho amigo de trabalhar como advogado do sindicato. Cansado, aceitando o status quo, ele não quer nada a não ser cuidar de sua vida profissional em um estado de neutralidade imperturbável.

Tudo isso muda com a chegada de seu filho justiceiro, John, interpretado por Richard Kiley, que obteve grande reconhecimento mais para o fim da carreira como Don Quixote na produção original da Broadway do musical *O Homem de La Mancha* e — fato curioso! — também foi a voz do guia veicular no primeiro *Jurassic Park – Parque dos Dinossauros*. Na mesma noite em que ele e a família voltam de uma viagem ao exterior — onde John, um major do Exército, esteve processando criminosos de guerra nazistas —, ele testemunha um bando de capangas de Tanner espancando membros da RBA enquanto um dos policiais corruptos da cidade fica só observando, sem fazer nada. Entrando no meio da refrega, o herói aparta a briga com os próprios punhos, depois vai atrás dos agressores até o clube de Tanner, onde entra em uma troca de socos com o líder dos capangas, Clem Wilson (interpretado pelo ator de personagens durões, John Larch).

Inflamado por uma fúria justificada, John logo se alia aos reformistas. Na manhã seguinte, uma menininha afro-americana que está saltitando ao longo de uma ponte é apanhada por Wilson e seus comparsas, é morta e então jogada do carro em alta velocidade no gramado da casa da família Patterson (uma

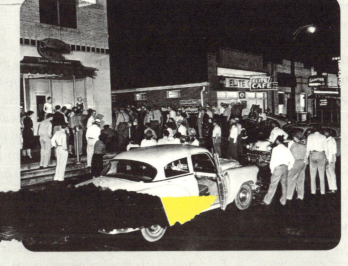

cena que ficou apenas um pouco menos chocante pela óbvia substituição do suposto cadáver da criança por um boneco). Preso ao corpo está um bilhete de alerta para John: "Isso também vai acontecer com seus filhos".

O assassinato da garotinha é apenas o primeiro de uma série de mortes brutais que faz de *Cidade do Vício* um dos filmes intransigentemente mais violentos de sua época (e isso, sem dúvidas, justifica o impacto que o filme teve sobre o jovem Martin Scorsese). Dois dos aliados de John sofrem mortes brutais: Fred Gage (Biff McGuire), o filho adulto de um dos líderes da RBA, é espancado até a morte por Wilson e jogado em uma vala, e uma funcionária do Poppy Club chamada Ellie Rhodes (interpretada por Kathryn Grant, a futura sra. Bing Crosby) é assassinada por Tanner quando este descobre que ela estava trabalhando como espiã para a RBA. O mais explícito de todos é o assassinato de Albert Patterson, que aos poucos é persuadido pelo ponto de vista do filho e acaba eleito como procurador-geral do Estado. O homicídio do pai leva John a novos patamares de eloquência exaltada enquanto este reúne os cidadãos decentes de Phenix City à sua cruzada.

A morte do Patterson pai foi filmada com grande acurácia histórica no mesmo lugar onde o homicídio aconteceu (e com o ator, John McIntire, usando o paletó do próprio Albert Patterson, fornecido pela viúva do falecido). Por outro lado, o filme como um todo apresenta um retrato bastante exagerado de John Patterson, fazendo dele um tipo de figura arquetípica encontrada em inúmeros filmes de ação estadunidenses: o herói solitário que chega em uma cidade dominada pela corrupção e, com uma coragem intrépida e fazendo grandes sacrifícios pessoais, inspira os cidadãos aterrorizados a se revoltarem e derrotarem os vilões que vinham mantendo a comunidade sob seu domínio.

Na época do lançamento do filme, o verdadeiro John Patterson, que tinha seguido os passos do pai e sido eleito procurador-geral, estava considerando se candidatar para governador. Em grande parte auxiliado por seu retrato bastante glorificado no filme, triunfou nas urnas contra seu principal adversário, George Wallace, em 1958. Sua eleição revelou outra disparidade flagrante entre o filme romantizado de Karlson e a realidade. No filme, a atitude esclarecida no que diz respeito aos afro-americanos é um contraste gritante em relação ao racismo virulento dos vilões. O verdadeiro John Patterson, contudo, fez uma campanha para governador como um opositor ferrenho da dessegregação e um inimigo ardente da NAACP, National Association for the Advancement of Colored People [Associação Nacional para o Progresso de Pessoas de Cor].

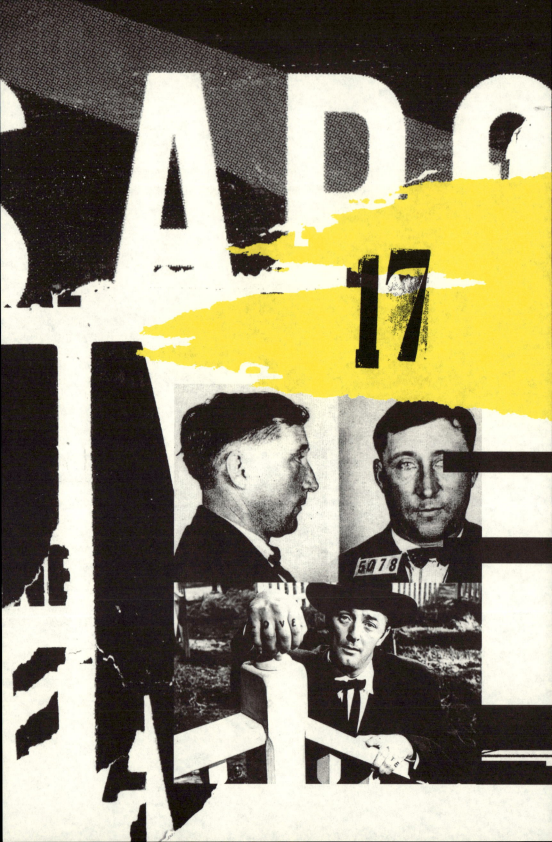

ANATOMIA TRUE CRIME DOS FILMES

O MENSAGEIRO DO DIABO

THE NIGHT OF THE HUNTER, 1955 DIRIGIDO POR CHARLES LAUGHTON. ESCRITO POR JAMES AGEE. COM ROBERT MITCHUM, SHELLEY WINTERS, LILLIAN GISH, PETER GRAVES, BILLY CHAPIN E JAMES GLEASON.

Nas palavras de seu primeiro biógrafo, ele foi "o ser humano mais diabólico de sua época" — perpetrador de "um dos assassinatos em massa mais monstruosos da história do mundo, a mais terrível tragédia dos anais dos Estados Unidos". E ainda assim, esse psicopata da época da Grande Depressão, cujos crimes chocaram e impressionaram milhões de seus contemporâneos, mal é lembrado hoje em dia. Ele é um bom exemplo dos funcionamentos curiosos da infâmia — as misteriosas forças que atribuem um status quase mítico a alguns assassinos famosos enquanto relegam outros a um esquecimento quase completo.

Em tempos idos, antes dos serviços de relacionamento online, solteiros à procura de possíveis parceiros às vezes se serviam de serviços matrimoniais — agências de relacionamento via correio que forneciam aos assinantes listas de parceiros em potencial.

Uma dessas empresas era a American Friendship Society of Detroit, que atraía clientes com anúncios em revistas baratas de romances: "SOLTEIROS SOLITÁRIOS — Juntem-se ao maior clube de expansão social, conheçam pessoas simpáticas que, como vocês, estão solitárias (tantas ricas). Uma delas pode ser seu par perfeito. Nós fizemos milhares delas felizes. Por que não você?".

Entre os muitos desesperados à procura de amor que responderam a esse chamado estava uma viúva de cinquenta anos nascida na Dinamarca chamada Asta Buick Eicher, residente de Oak Park, Illinois, e mãe de três filhos jovens, Greta, de catorze anos, Harry, de doze, e Annabelle, de nove. No início de 1931, a sra. Eicher — uma mulher culta com talento artístico que tinha supostamente herdado uma bela quantia de seu falecido marido, um prateiro próspero — recebeu uma carta de um cavalheiro que se identificou como Cornelius O. Pierson de Clarksburg, West Virginia.

Pierson afirmava ser um engenheiro civil bem-sucedido com uma renda líquida de 150 mil dólares (mais de 2 milhões em valores atuais) e "uma linda casa de dez cômodos, completamente mobiliada". Visto que suas muitas responsabilidades profissionais o impediam de "fazer muitos contatos sociais", ele tinha recorrido a American Friendship Society para ajudá-lo a "conhecer o tipo certo de mulher". Com base no anúncio da sra. Eicher, acreditava que ela poderia ser uma parceira adequada. "Minha esposa", escreveu, "teria o próprio carro e bastante dinheiro para gastar."

Em pouco tempo, os dois tinham embarcado em um namoro de longa distância via correio. À medida que o romance epistolar ia esquentando, Pierson bombardeou a corpulenta viúva com seu próprio estilo de papo lisonjeiro. Em resposta a uma fotografia Kodak que ela enviou, ele fez comentários sobre como ela estava "bem-conservada" e lhe assegurou que "preferia mulheres rechonchudas". Também lhe informou que compreendia as mais profundas necessidades do sexo oposto. "O maior problema é que os homens são tão ignorantes que não sabem que as mulheres precisam ser acariciadas", escreveu em tons maliciosos.

Em algum momento da primavera de 1931, a convite da sra. Eicher, Pierson fez a primeira de muitas viagens até sua casa nos subúrbios de Chicago. A história não registra como ela reagiu ao ver pela primeira vez seu pretendente de longa distância. Com base nas cartas que ele enviou, ela esperava um cavalheiro alto, bonito e elegante, com cabelos escuros ondulados e "olhos azuis-claros". O que viu foi um sujeito de óculos, de olhinhos suspeitos e rosto redondo que mal chegava a 1,70 m de altura e pesava pouco menos de noventa quilos — "atarracado, de olhinhos fundos e barrigudo", como um de seus contemporâneos o descreveu. Todavia, ela parece ter se sentido bastante atraída por ele, convidando-o a voltar para muitas outras visitas nos meses que se seguiram e apresentando-o orgulhosamente para os vizinhos como um homem de substância, com investimentos em poços de petróleo e gás natural, fazendas e "ações e títulos que rendiam de 6 a 40% em dividendos".

Foram esses mesmos vizinhos que notificaram a polícia quando a sra. Eicher e os filhos desapareceram misteriosamente no final de junho. Em uma busca pela casa, os investigadores encontraram 27 cartas enviadas por Cornelius Pierson. Dois meses se passaram até que as autoridades conseguissem rastrear o interesse amoroso da sra. Eicher até sua casa em Clarksburg, West Virginia. O nome dele não era Pierson. Era Harry F. Powers. E longe de ser um solteiro abastado com dinheiro que vinha de poços de petróleo, fazendas de gado leiteiro e títulos de altos rendimentos, ele era um vendedor de aspirador de pó casado cuja esposa, Luella, completava sua parca renda vendendo bugigangas em uma lojinha adjacente à casa.

 PIERSON (*maliciosamente*): O maior problema é que os homens são tão ignorantes que não sabem que as mulheres precisam ser acariciadas.

A princípio, Powers negou conhecer a sra. Eicher. Confrontado com as provas irrefutáveis de suas mais de duas dúzias de cartas de amor, confessou que tinham se correspondido, mas insistiu que não sabia nada a respeito de seu desaparecimento.

Não demorou muito, contudo, para os investigadores descobrirem que Powers e a esposa eram donos de um pequeno terreno, herdado do pai dela, em um lugar chamado Quiet Dell, um pequeno vilarejo bucólico aninhado nas colinas a poucos quilômetros de Clarksburg. Depois de seguirem até a propriedade, os investigadores encontraram um bangalô de madeira caindo aos pedaços que claramente estivera desocupado há anos. Bem do outro lado da estreita estrada de terra, porém, havia uma estrutura grande semelhante a um barracão que parecia ser uma garagem recém-construída. A porta estava fechada com dois cadeados pesados que logo foram abertos com um pé de cabra. O interior era grande o bastante para acomodar três automóveis. Mas não havia nenhum carro ali dentro — apenas uma pilha de caixas de papelão e baús cheios com os pertences pessoais da sra. Eicher e de seus três filhos.

Um dos policiais notou um alçapão no piso de concreto. Ao abri-lo, foi atacado por um fedor intenso que soprava lá de baixo. Com as lanternas iluminando a escuridão, diversos policiais desceram pela escada de madeira. Enquanto agitavam as lanternas de um lado a outro, logo viram que o porão estivera sendo usado como prisão. O espaço era dividido em quatro celas apertadas com isolamento acústico, cada uma equipada com uma pesada porta de madeira. Pequenas aberturas com barras de ferro nas paredes internas deixavam fracos raios de sol penetrarem a escuridão. Além disso, não havia mais nenhuma luz ou ventilação. Tampouco havia móveis — apenas um imundo colchão sem lençol no piso de concreto de cada cela.

Além de alguns itens de vestuário com manchas de sangue espalhados pelo lugar, não havia nenhum sinal das vítimas. Os corpos só foram encontrados no dia seguinte, quando os oficiais da delegacia e da polícia estadual — auxiliados por um grupo de presidiários da prisão do condado que estavam fazendo serviços forçados reparando as estradas — começaram a escavar a propriedade. Enfiados em sacos de aniagem, os corpos foram enterrados em uma vala de drenagem rasa que corria da parte de trás da garagem até um córrego nas proximidades. Naquela mesma noite, os escavadores se depararam com os restos mortais de uma quinta vítima. Ela logo foi identificada como Dorothy Lemke, 51 anos, de Northboro, Massachusetts, que não era vista desde o mês anterior quando sacou 1.555 dólares do banco e foi embora com o noivo que tinha conhecido via correspondência, Cornelius Pierson.

Com base nos resultados da necropsia, as autoridades concluíram que a sra. Eicher e os filhos tinham passado fome e sido torturados antes de serem mortos. As provas na "masmorra da morte" — como os tabloides não perderam tempo em chamar o porão — sugeriam que a mãe tinha sido enforcada em uma viga do teto, talvez diante dos próprios filhos. Quando o garoto, Harry — que tinha sido amarrado com cordas e amordaçado com "lixos da garagem" —, tentou se libertar para salvar a mãe, seu crânio foi golpeado com um martelo. Ele também foi castrado. Suas irmãs, como Dorothy Lemke, tinham sido estranguladas.

Depois de ser informado dessas descobertas horrendas, Powers continuou a alegar que era inocente, insistindo que os corpos deveriam ter sido enterrados em sua propriedade por outra pessoa. Àquela altura — por volta das 20h30 de sexta-feira, 28 de agosto —, os interrogadores começaram a "dar uma dura no cara". Durante as oito horas seguintes, Powers foi socado, chutado, açoitado com uma mangueira de borracha, golpeado com um martelo bola, queimado com cigarros e perfurado com agulhas. Seu braço esquerdo foi quebrado e ovos

==cozidos ainda quentes foram pressionados contra suas axilas.== Por fim, por volta das 4h da manhã de sábado, ele cedeu. "Fui eu", soluçou. "Meu Deus, quero descansar um pouco." Com o rosto bastante inchado e o corpo flácido uma massa de hematomas, queimaduras, picadas e lesões, ele foi levado à enfermaria, onde assinou uma declaração confessando o assassinato da sra. Eicher e de seus filhos "usando um martelo e estrangulamento".

Enquanto isso, notícias sobre as atrocidades tinham se espalhado pela região. Durante a noite, centenas de pessoas afluíram à funerária Romine Funeral Home em Clarksburg para terem um vislumbre das cinco vítimas, que tinham sido dispostas em caixões abertos. No dia seguinte, domingo, 30 de agosto, aproximadamente 30 mil curiosos invadiram a "fazenda dos assassinatos" (como os jornais logo apelidaram a propriedade), transformando aquele dia de descanso escaldante de verão "em um feriado mórbido". Uma dúzia de policiais do condado foi enviada para a cena para direcionar o tráfego, enquanto alguns moradores locais com ideias empreendedoras tentavam erguer uma cerca de madeira de 1,80 m de altura ao redor do "antro da morte" e cobrar uma taxa para as pessoas poderem entrar. Indignados por terem o local da tragédia transformado no que um observador chamou de =="parque de diversões de um assassinato em massa"==, uma multidão furiosa desmantelou a barricada, "e então todos tiveram a liberdade de visitar o local da morte sem cobrança ou restrição".

Ao longo das semanas seguintes, os investigadores cavaram fundo o histórico do homem que agora era conhecido nos tabloides como "o Barba Azul de Quiet Dell". Logo descobriram que Harry F. Powers era apenas outro pseudônimo, um dos muitos que o criminoso de longa data tinha empregado no passar dos anos. Seu nome verdadeiro era Herman Drenth. Nascido na Holanda em 1892, tinha imigrado para Nova York em 1910. Ao longo dos anos seguintes, tinha levado uma vida nômade, residindo por breves períodos em Indiana, Ohio, Virginia, Illinois e Pensilvânia antes de ir parar em West Virginia em 1926. Durante esse período, tinha cumprido duas penas de prisão, uma vez em Iowa por invasão domiciliar e a segunda em Indiana por roubar 5.400 dólares de uma viúva.

Em 1929, tinha se casado com Luella Strother de Clarksburg. Uma divorciada de 41 anos com um histórico matrimonial infeliz, Strother anteriormente tinha sido casada com um fazendeiro local chamado Ernest Knisely, que foi preso e julgado por homicídio depois de fraturar o crânio de um vizinho durante uma altercação violenta. Pouco tempo depois de Powers e Strother terem trocado votos, ele pôs em prática o esquema das agências matrimoniais, associando-se a diversos serviços por correspondência (incluindo um que se proclamava a "Sede do Cúpido") e obtendo os nomes de centenas de vítimas em potencial. Na época de sua prisão, cinco cartas — fechadas, seladas e endereçadas a mulheres em Nova York, Maryland, Detroit e Carolina do Norte — foram encontradas em sua posse.

 DR. MEYERS: Powers possui um desejo exagerado de matar que domina toda sua personalidade.

À medida que a investigação se arrastava, começaram a correr boatos de que os cidadãos indignados de Clarksburg planejavam cuidar do assunto com as próprias mãos. A crise chegou a um ponto crítico na noite de sábado, 19 de setembro — quase um mês após a prisão de Powers —, quando uma turba de linchamento com mais de 4 mil homens e mulheres cercou a cadeia, clamando, aos gritos, pelo sangue do monstro. Eles se depararam com um contingente de policiais fortemente armados — o delegado e seus agentes, toda a força policial da cidade e um destacamento de policiais estaduais — que advertiram a multidão "a recuar ou seriam baleados onde se encontravam". Ignorando a ameaça, a turba avançou. Depois de disparar alguns tiros de alerta por cima da multidão, a polícia arremessou uma torrente de bombas de gás lacrimogêneo. Na confusão que se seguiu, oito dos insurgentes foram apanhados e detidos, enquanto o restante — "sufocando e chorando devido à fumaça" — recuou e algum tempo depois se dispersou. No meio do tumulto, Powers foi levado para fora pelos fundos do edifício até um automóvel que estava à espera e, escoltado por duas viaturas, foi levado para a penitenciária estadual em Moundsville, a 160 quilômetros de distância, onde permaneceria trancado em uma cela até o começo de seu julgamento.

Prevendo uma alegação de insanidade por parte da defesa, os promotores convocaram um conhecido psiquiatra forense, o dr. Edwin H. Meyers, para examinar Powers. Depois de conversar com Powers em sua cela durante muitas horas, Meyers o declarou legalmente são, alguém que "distinguia o certo do errado", mas que com certeza era um psicopata — "possuído de um desejo exagerado de matar que dominava toda sua personalidade". Ainda que fosse parcialmente motivado por ganância financeira, Powers obtinha sua mais profunda gratificação ao contemplar, planejar e então executar suas atrocidades — "atormentando, torturando e punindo suas vítimas antes de as estrangular ou as espancar até a morte". ==Ele era motivado, em resumo, "pelo mero gosto de matar".==

Por saberem quantos espectadores iriam afluir ao julgamento de Powers, os representantes do condado decidiram conduzi-lo no maior local disponível, a casa de ópera da cidade. O espetáculo teve início em 7 de dezembro de 1931, com os atores principais — o juiz e o júri, as testemunhas, o réu e seus advogados e os advogados da promotoria — sentados no palco. Durante os cinco dias de duração, ele atraiu uma multidão que assistiu de pé com uma absorção arrebatada. Powers, por outro lado, ficou sentado durante os procedimentos com uma expressão de total indiferença — "um homem apático mascando chiclete enquanto assistia um drama que parecia deixá-lo entediado", como um repórter escreveu.

Sua expressão permaneceu impassível mesmo quando o júri retornou com um veredicto de culpado na tarde de 11 de dezembro, depois de menos de duas horas de deliberação. Tampouco demonstrou a menor emoção três meses depois quando foi levado para a forca na Moundsville State Penitentiary. A cidade em si, como um jornal local reportou, "tinha assumido uma aparência festiva de feriado em preparação para a execução do homem cujos crimes deixaram o mundo perplexo. No lado de fora da prisão, uma multidão se reuniu ao longo do meio-fio. Uma fila de carros se estendia por inúmeros quarteirões".

Vestido com elegância em um terno preto de risca de giz, camisa branca de algodão e uma espalhafatosa gravata azul, o condenado subiu até o cadafalso com absoluta compostura e fitou fixamente as 42 testemunhas ali reunidas antes que o capuz preto fosse posto em sua cabeça. Quando lhe perguntaram se queria dizer suas últimas palavras, ele respondeu calmamente que não. Um instante depois, exatamente às 9h da sexta-feira, 18 de março de 1932, o cadafalso foi acionado. Com o pescoço quebrado, ele balançou na ponta da corda por onze minutos inteiros antes que os médicos da penitenciária o declarassem morto.

Embora relativamente poucas pessoas estejam cientes do fato, Harry Powers inspirou um best-seller, o suspense *The Night of the Hunter* (que também é o título original do filme), de 1953 de Davis Grubb, um homem natural de West Virginia que cresceu perto da casa de Powers em Clarksburg e que ambientou seu romance em Moundsville, onde o Barba Azul de Quiet Dell foi encarcerado na penitenciária estadual. Ambientado durante a Grande Depressão, o romance de Grubb foca em um ex-presidiário psicopata chamado Harry Powell que se passa por um pregador itinerante. Durante sua incansável procura por 10 mil dólares em dinheiro roubado, ele corteja, se casa e mata uma jovem mãe, em seguida vai atrás dos filhos agora órfãos, que fogem com o dinheiro.

Dois anos depois da publicação do romance de Grubb, de seu grande sucesso comercial e da aclamação por parte dos críticos (incluindo uma indicação ao National Book Award), uma versão cinematográfica sombriamente brilhante chegou ao cinema, dirigida pelo renomado ator britânico Charles Laughton, e adaptada pelo escritor vencedor de um Prêmio Pulitzer, James Agee. Na época do lançamento, o filme bastante estilizado — com sua cinematografia expressionista em preto e branco e textura surreal — foi um fracasso de bilheteria, colocando um ponto final à incipiente carreira de Laughton na direção. Os resenhistas também o consideraram "estranho" e "excêntrico". Ao longo dos anos, contudo, seu status foi se elevando com bastante rapidez. Hoje, ele é sempre classificado como um dos melhores filmes de Hollywood.

Em essência, a versão de Laughton do romance de suspense de Grubb é um conto de fadas aterrorizante com um padrasto maligno ao extremo, neste caso um homem no lugar da tradicional madrasta perversa. Esse personagem maldoso é interpretado por Robert Mitchum no papel do pregador psicótico, Harry Powell. Com os nós dos dedos tatuados com as palavras *love* (amor) e *hate* (ódio), sua voz adocicada destilando ameaças, Mitchum apresenta uma das atuações mais assustadoras já gravadas em celuloide.

Nós conhecemos esse "falso profeta em pele de cordeiro" enquanto ele está dirigindo um Modelo T roubado por um sul da época da Grande Depressão, tendo acabado de dar cabo de sua última vítima feminina — uma de dezenas de "viúva[s] com um pequeno maço de notas escondido em um pote de açúcar" com quem ele evidentemente se casou, roubou e matou. Dinheiro, no entanto, não é sua motivação principal. O que o motiva de verdade é seu ódio patológico pelo sexo oposto: "coisas cheirando a perfume, coisas com rendas, coisas com cabelos encaracolados", como ele as descreve. A raiva homicida que esse louco sente por mulheres que despertam sua luxúria é retratada de maneira assustadora na cena seguinte: sentado em um cabaré, assistindo uma stripper fazendo suas dancinhas, Powell — o rosto contorcido pela aversão — enfia uma mão no bolso. De repente, a lâmina de seu canivete automático atravessa o tecido, um pouco de simbolismo que não exige um diploma avançado em psicologia freudiana para ser interpretado.

O enredo principal começa quando, preso por roubo de automóvel, Powell se torna colega de cela de um prisioneiro sentenciado à morte, Ben Harper (Peter Graves, talvez mais lembrado como o pedófilo capitão Oveur na comédia

> **POWEL:** (*estende a mão esquerda, tatuada com as letras H-A-T-E*): Foi com esta mão que o irmão mais velho, Caim, desferiu o golpe que derrubou seu irmão. (*Levanta a mão direita para mostrar as letras L-O-V-E tatuadas.*) Estes dedos têm veias que correm até a alma do homem. (...) Estes dedos, meus queridos, estão sempre guerreando e puxando, um contra o outro.

de sucesso *Apertem os Cintos... o Piloto Sumiu!*). Instantes antes de sua captura, Harper, que é sentenciado à forca por matar dois homens durante um assalto a banco, tinha conseguido voltar para casa e esconder os 10 mil dólares roubados em uma boneca de pano que pertence à sua filhinha, Pearl. Ainda que Harper seja mandado para o cadafalso sem revelar a localização exata do dinheiro, o astucioso pregador malevolente supõe que ele deve estar escondido em algum lugar na propriedade de seu antigo colega de cela.

Assim que recebe liberdade condicional, Powell viajava para a cidade natal de Harper, Cresap's Landing, e logo se introduz na vida da viúva do falecido, Willa (Shelley Winters). Dono de um charme manipulador típico de personalidades psicopáticas, Powell não tem nenhuma dificuldade em impressionar Willa e seus vizinhos ingênuos com sua suposta devoção religiosa.

Ao notar que o filho mais novo de Willa, John, está fitando seus dedos tatuados, Powell passa a relatar "a historinha da Mão Direita – Mão Esquerda, a história do bem e do mal". Primeiro, ele estende a mão esquerda, tatuada com as letras *H-A-T-E*. "Foi com esta mão", declara, "que o irmão mais velho, Caim, desferiu o golpe que derrubou seu irmão." Ele então levanta a mão direita para mostrar as letras *L-O-V-E* tatuadas. "Estão vendo estes dedos, meus queridos?", pergunta. "Estes dedos têm veias que correm até a alma do homem. A mão direita, amigos! A mão do amor! Agora observem e irei lhes mostrar a história da vida." Em seguida, entrelaçando os dedos, apresenta uma luta manual grotesca enquanto declama:

Estes dedos, meus queridos, estão sempre guerreando e puxando, um contra o outro. Agora, olhem. O velho irmão Mão Esquerda, ele está lutando. E parece que o *AMOR* já era. Mas esperem um pouco, esperem um pouco! Minha nossa! O *AMOR* está vencendo! Sim, senhor, é o *AMOR* que venceu, e o velho Mão Esquerda ÓDIO está na lona!

Encorajada por seus vizinhos bisbilhoteiros, que estão completamente arrebatados pelo papo religioso daquele vigarista, Willa aceita o pedido de casamento de Powell, acreditando que a providência lhe enviou um companheiro gentil e carinhoso. Essa ilusão é dissipada na noite de núpcias, quando, em vez de uma consumação física, ela recebe um sermão repleto de fogo e enxofre sobre a natureza vergonhosa de seus desejos. Com sua sexualidade frustrada convertida em uma obsessão religiosa, ela cai ainda mais sob o feitiço maligno de Powell. Seu filho, John, porém, continua bastante desconfiado do pregador, que dedica grande parte de seus esforços a pressionar o garoto e sua irmãzinha a revelarem o esconderijo do dinheiro roubado.

Quando os olhos de Willa afinal se abrem para a verdade — que Powell está atrás do dinheiro —, ele a mata e se livra do corpo jogando-o no rio. Na cena mais perturbadora do filme, nós vemos a mulher morta embaixo d'água, sentada em seu submerso Modelo T, "os cabelos ondulando suave e vagarosamente como a grama de um prado sob uma inundação" (na descrição de um dos personagens). Quando Powell finalmente descobre onde os 10 mil dólares estão escondidos, as crianças quase não conseguem escapar de suas garras antes de fugirem para salvar suas vidas.

Neste ponto, *O Mensageiro do Diabo*, com frequência classificado como um filme noir, se transforma em puro terror — "um dos filmes mais assustadores já feitos", na opinião da respeitada crítica do *New Yorker*, Pauline Kael. A aterrorizante personificação daquele primitivo pesadelo de infância, o pai monstruoso, Powell persegue de maneira incansável suas pequenas presas por uma paisagem surreal. No fim, como muitos contos de fada, o filme assume uma qualidade alegórica quando John e Pearl encontram proteção com uma bondosa fazendeira, Rachel Cooper (a estrela dos filmes mudos, Lillian Gish), a encarnação humana do amor cristão em sua perpétua luta contra o mal cósmico.

ANATOMIA TRUE CRIME DOS FILMES

NO SILÊNCIO DE UMA CIDADE

WHILE THE CITY SLEEPS, 1956
DIRIGIDO POR FRITZ LANG. ESCRITO POR CASEY ROBINSON. COM DANA ANDREWS, RHONDA FLEMING, VINCENT PRICE, IDA LUPINO, GEORGE SANDERS, THOMAS MITCHELL, JOHN BARRYMORE JR. E JAMES CRAIG.

O penúltimo filme estadunidense dirigido pelo grande diretor imigrante Fritz Lang, *No Silêncio de uma Cidade* (baseado no romance de Charles Einstein, *The Bloody Spur*, de 1953), conta com Vincent Price como Walter Kyne, um Cidadão Kane de baixo orçamento que, depois de herdar um importante jornal metropolitano após a morte do pai, cria uma competição implacável entre três de seus melhores funcionários. Um assassino em série sexual está assombrando a cidade. O desagradável Kyne decreta que quem desvendar o caso será recompensado com o cobiçado posto de diretor executivo.

Embora seja anunciado como um suspense de arrepiar os cabelos ("Um suspense tão assustador quanto um grito sufocado!", dizia o slogan), *No Silêncio de uma Cidade* dedica grande parte de sua duração às maquinações dos três rivais atrás do grande prêmio corporativo:

o chefão da agência de notícias, Mark Loving (interpretado pelo sempre untuoso George Sanders), o ríspido editor do jornal, John Day Griffith (Thomas Mitchell, mais conhecido pelos espectadores como o pai de Scarlett O'Hara em ...*E o Vento Levou* e como o desafortunado tio de Jimmy Stewart, Billy, em *A Felicidade Não se Compra*) e o editor de fotografia, Harry Kritzer (James Craig) que, em seu tempo livre, está talaricando Kyne com a esposa estonteante deste último, Dorothy (Rhonda Fleming). O protagonista do filme, Edward Mobley (o defensor dos filmes noir, Dana Andrews), é um jornalista vencedor de um prêmio Pulitzer beberrão e mulherengo que por fim obriga o assassino a se mostrar colocando em prática o método bastante duvidoso de usar a própria noiva como isca.

Para os fãs de crimes verídicos, a real atração do filme é, claro, o vilão, um assassino psicótico chamado Robert Manners, interpretado com perfeição maníaca por John Barrymore Jr., descendente da lendária família de atores. Na sequência anterior aos créditos, ele invade o apartamento de uma bibliotecária de 23 anos prestes a entrar na banheira. O que acontece em seguida é deixado para a imaginação do espectador. Em seguida, somos informados de que, antes de fugir da cena do crime, o assassino usou o batom da vítima para rabiscar "Pergunte à Mãe" na parede do quarto — uma pista provocante que lhe rende o apelido de "o Assassino do Batom" nos tabloides. Na cena do clímax do filme, ele é preso pela polícia depois de uma cena de perseguição empolgante por um túnel de metrô com Mobley em seus calcanhares.

Ao levar o monstruoso Manners para a telona, Lang e sua roteirista, Casey Robinson, claramente se basearam em todos os bichos-papões que assombravam os Estados Unidos na era Eisenhower. O senso de moda do assassino saiu diretamente do manual de um adolescente rebelde: jaqueta de couro preta, boné de motociclista, penteado *ducktail* cheio de creme modelador para dar aquele brilho extra. Em uma época obcecada pela psicopatologia freudiana, ele é retratado como se fosse dominado por um complexo de Édipo letal, motivado a cometer assassinatos sádicos pelo ódio reprimido que sente pela mamãe. Também é um leitor compulsivo de histórias em quadrinhos policiais, a causa principal da delinquência juvenil, de acordo com os especialistas em educação infantil da época.

No entanto, a influência mais direta para a criação desse monstro arrepiante foi um verdadeiro assassino em série que aterrorizou Chicago em 1946 e que foi apelidado, como seu equivalente fictício, de "o Assassino do Batom".

Por volta das 13h do dia 5 de junho de 1945, o corpo nu de uma mulher de 43 anos de Chicago, a sra. Josephine Alice Ross — "uma viúva atraente divorciada duas vezes" (como os jornais a descreveram) — foi encontrado por sua filha adolescente, Jacqueline, balconista de uma mercearia do bairro, que tinha voltado para o apartamento da família para almoçar. Esparramada por cima de uma cama tombada, a sra. Ross tinha sido esfaqueada repetidas vezes no rosto e no pescoço, e sua veia jugular tinha sido cortada. Um vestido de noite vermelho, preso no lugar por uma meia-calça de náilon, estava enrolado em volta da cabeça, como se para ocultar os terríveis ferimentos. Embora os lençóis estivessem encharcados de sangue, não havia nenhuma gota em seu corpo. Água ensanguentada na banheira meio cheia indicava que o assassino tinha lavado o corpo. Ele também tinha fechado o corte na garganta com um pedaço de fita adesiva, ainda que — como o médico-legista concluiu — somente depois que ela tivesse sangrado até a morte. Os técnicos do laboratório forense fizeram uma busca minuciosa pelo apartamento, mas o assassino tinha limpado as impressões digitais de todas as superfícies.

 INSCRIÇÃO A BATOM NA PAREDE DO QUARTO: Pergunte à Mãe.

A imprensa local dedicou uma cobertura proeminente à morte de Ross e à busca policial infrutífera pelo assassino, mas foi apenas após o homicídio seguinte que o caso ganhou as manchetes nacionais e lhe rendeu o apelido sinistro pelo qual ficaria conhecido para sempre. No dia 10 de dezembro, a sra. Martha Engles, uma camareira de um hotel residencial na zona norte de Chicago, foi limpar o apartamento de Frances Brown, uma estenógrafa de trinta anos, recém-dispensada do WAVES (Women Accepted for Volunteer Emergency Service — Mulheres Aceitas como Voluntárias para Serviços Emergenciais) após seu serviço honorável durante a guerra. A camareira encontrou o cadáver seminu de Brown pendurado de cabeça para baixo por cima da banheira, a camisa do pijama enrolada em volta do pescoço. Quando os policiais a removeram, encontraram uma faca de pão de 25 centímetros enfiada no pescoço. Ela também tinha sido baleada duas vezes, na cabeça e no braço direito. Assim como no homicídio de Ross, o assassino tinha lavado o corpo com cuidado, como indicado por uma pilha de toalhas ensanguentadas no chão do banheiro.

Ficou claro para as autoridades que os assassinatos de Brown e de Ross eram obras abomináveis do mesmo perpetrador. O que fez do crime mais recente tão chocante, contudo, não foi a prova de que havia um maníaco homicida à solta em Chicago. Foi a bizarra mensagem deixada na cena do crime. Grafadas em batom vermelho na parede da sala de estar estavam as seguintes palavras:

> Pelo amor
> De Deus me peguem
> Antes que eu mate mais
> Não consigo me controlar

"O Louco Assassino do Batom", como um jornal o chamou, cometeu seu terceiro, último e mais terrível crime menos de um mês depois. Logo após a meia-noite de 7 de janeiro de 1946, Suzanne Degnan, de seis anos, filha de um executivo da cidade de Chicago, foi raptada de seu quarto no apartamento da família no primeiro andar do edifício. Um bilhete de resgate exigindo 20 mil dólares em troca da devolução da criança em segurança foi deixado na cena do crime. Como logo viria a ser descoberto, contudo, essa foi uma oferta falsa. Mais tarde naquele mesmo dia, a polícia encontrou a cabeça decepada de Suzanne em um cano de esgoto não muito longe da residência dos Degnan. Outras partes do corpo — perna esquerda, decepada no quadril; perna direita e nádegas; parte inferior do torso com uma parte da coxa presa a ele — foram encontradas em diversos canos de esgoto no decorrer das próximas horas. Seis semanas iriam se passar até que dois funcionários da Con Edison encontrassem os braços da menininha.

O pânico tomou conta da cidade. Seguindo ordens do prefeito, Edward J. Kelly, mil policiais temporários foram adicionados à força policial para ajudarem na maior perseguição criminal da história da cidade. Embora o assassino tivesse salpicado óleo no bilhete de resgate para obscurecer quaisquer impressões digitais, os especialistas do FBI conseguiram recuperar uma impressão nítida do mindinho esquerdo. "Este é um crime que será solucionado", declarou o procurador do Estado, William Tuohy.

Seis meses depois, na noite de quarta-feira, 26 de junho de 1946, diversos inquilinos de um prédio de apartamentos no norte de Chicago notificaram o zelador, Francis Hanley, de que havia um vagabundo no edifício: um jovem de cabelos escuros tinha entrado em um apartamento destrancado no terceiro andar, depois tinha descido as escadas correndo quando foi confrontado por um vizinho atento. Disparando até o saguão, Hanley ficou cara a cara com o rapaz, que sacou uma pistola e ameaçou fazer com que o zelador "tomasse uma nas tripas" se ele não saísse de sua frente. Dando um passo para o lado, Hanley deixou o estranho ir embora, em seguida chamou a polícia.

Depois de chegar depressa na cena, o detetive Tiffin P. Constant encurralou o suspeito, que estava agachado na escadaria dos fundos de um prédio nas proximidades. O rapaz apontou a arma para Constant e começou a pressionar o gatilho, mas a arma estava emperrada. Ele a arremessou contra a cabeça de Constant, depois foi para cima do detetive. Enquanto os dois homens lutavam ferozmente, um policial de folga, Abner T. Cunningham, que tinha acabado de voltar da praia e ainda estava usando um calção de banho, se aproximou correndo, apanhou três vasos de flores de cima do corrimão de uma varanda e espancou o agressor até este ficar inconsciente.

INSCRIÇÃO EM PAPELÃO: ME IMPEÇAM — ME ENCONTREM E ME IMPEÇAM — VOU FAZER ISSO DE NOVO.

Levado ao Bridewell Hospital, o rapaz — "um jovem robusto de 1,83 m de altura", como os jornais o descreveram, com "ombros fortes [e um] imenso peito peludo" — logo foi identificado como William Heirens, um aluno de dezessete anos da Universidade de Chicago que já tinha acumulado uma extensa lista de antecedentes criminais. Um arrombador domiciliar compulsivo, tinha sido condenado por quase duas dúzias de invasões antes de chegar aos catorze anos e tinha passado algum tempo em inúmeros lares para rapazes rebeldes. Ao revistar seu dormitório, a polícia encontrou duas malas abarrotadas de objetos roubados: joias, relógios, títulos de guerra, entre outras coisas, além de diversas pistolas. O que a princípio parecia ser um caso relativamente simples de invasão domiciliar — a primeira reportagem sobre a prisão de Heirens ficou escondida na página treze do *Chicago Daily Tribune* — virou uma sensação nas primeiras páginas de todo o país quando a polícia descobriu que a impressão digital do mindinho esquerdo de Heirens correspondia à digital recuperada do bilhete de resgate de Degnan.

Preso a uma cama hospitalar, Heirens foi submetido a um interrogatório de três dias que, pelo menos de acordo com alguns relatos, incluiu tortura genital, espancamento brutal por parte dos policiais e o costumeiro questionamento implacável sob uma luz forte. No quarto dia, foi-lhe administrado tiopentato de sódio. Sob os efeitos do "soro da verdade", ele alegou que os crimes tinham sido cometidos por um alter ego maligno, George Murman, cujo sobrenome, como os jornais não perderam tempo em declarar, era evidentemente uma contração de *murder man* (homem assassino). Embora os psiquiatras tenham descartado essa alegação como sendo um estratagema para provar sua insanidade, o exame que fizeram de Heirens revelou uma personalidade patológica dominada por um intenso fetiche sexual.

Esse fetiche se manifestou pela primeira vez aos nove anos, quando começou a roubar calcinhas, "a princípio de varais, depois de porões e mais tarde de casas de desconhecidos, as portas das quais ele encontrava abertas ou entreabertas". Em casa, vestia as calcinhas e "experimentava satisfação sexual". Aos treze anos, já tinha se transformado em um arrombador compulsivo. Embora seu objetivo principal continuasse sendo roupas íntimas femininas, ele tinha decidido que era "um pouco idiota invadir e não levar mais nada". O simples ato de se esgueirar por uma janela lhe provocava tamanha excitação que às vezes tinha orgasmos múltiplos. "Com frequência", como os examinadores anotaram em seu relatório, "quando a satisfação sexual ocorria no cômodo no qual entrava, era precedida por defecação, urinação ou ambos. Ele deixava a matéria resultante no cômodo." Em relação aos "estímulos e experiências sexuais normais", eles eram "desagradáveis, de fato repulsivos para ele". Quando beijava uma garota, contou, "ele rompia em lágrimas e vomitava".

Para evitar ser mandado à cadeira elétrica, Heirens confessou todos os três assassinatos. Logo depois de ser sentenciado a três prisões perpétuas consecutivas, ele retratou sua confissão e sustentou sua inocência. Muitos apoiadores concordavam que ele foi falsamente acusado, apontando para outro suspeito — um andarilho chamado Richard Russell Thomas com um extenso histórico de crimes brutais — como o culpado mais provável. Um prisioneiro modelo, Heirens se tornou o primeiro detento em Illinois a obter um diploma universitário. Também conquistou outra distinção. Quando morreu, em março de 2012, aos 83 anos — mais de 65 deles passados atrás das grades —, ==ele era o detento que cumpriu a quarta maior pena na história dos Estados Unidos==.

VOLÚPIA DE MATAR

Outro filme influenciado pelo caso de William Heirens é o fascinante suspense de 1952, *Volúpia de Matar*. Nos anos logo após o fim da Segunda Guerra Mundial, os Estados Unidos foram dominados pelo chamado pânico de crimes sexuais. Graças às reportagens sensacionalistas da imprensa popular e às proclamações amedrontadoras do diretor do FBI, J. Edgar Hoover, o público ficou convencido de que, como Hoover declarou, um exército imaginário de "degenerados criminosos sexuais" estava à solta pelo país, "representando uma ameaça sinistra às crianças e mulheres estadunidenses". Um produto do pânico em massa incitado pela mídia (que começou a diminuir apenas em meados da década de 1950), *Volúpia de Matar* começa com um intertítulo anunciando que, apenas "ao longo do último ano", nada menos que "31.175 mulheres" tinham sido vítimas de criminosos sexuais. O filme prestes a ser apresentado contava a história de um desses casos assustadores: "um homem cujo inimigo era o sexo feminino".

O psicopata que odeia as mulheres é um solteiro aparentemente gentil, Eddie Miller (Arthur Franz), um veterano da Segunda Guerra Mundial que agora trabalha como entregador para uma empresa de lavagem a seco em San Francisco. Nós descobrimos que Eddie tem um histórico de agressão contra mulheres e recentemente foi solto da prisão, onde recebeu tratamento psiquiátrico. (Visto que a década de 1950 foi obcecada por Freud, somos levados a acreditar que seu ódio pelo sexo oposto deriva de seu complexo maternal não resolvido.) Atormentado por seu desejo de matar mulheres, ele tenta ser encarcerado em um hospital psiquiátrico ao queimar a mão na boca escaldante de um fogão, mas é rejeitado por médicos sobrecarregados. Quando uma de suas clientes sensuais o convida para entrar em seu apartamento, lhe oferece uma cerveja, troca o vestido por um roupão e então o expulsa de casa quando o namorado aparece, seu ódio misógino mal reprimido fervilha até transbordar; ele embarca em uma onda de assassinatos, matando morenas atraentes com seu rifle MI de cima de telhados espalhados por toda a cidade.

Para os tabloides locais, o atirador em série é um monstro — "o Monstro do Rifle", como é rotulado. O filme, contudo, oferece uma perspectiva diferente. Produzido por um cineasta com visões políticas progressistas, Stanley Kramer (responsável por obras idealistas como *Acorrentados* e *Adivinhe Quem Vem para Jantar?*), ele retrata Eddie como um homem doente, lutando contra impulsos homicidas que é incapaz de controlar. Em uma cena claramente inspirada pelo caso Heirens, ele escreve uma mensagem em um pedaço de papelão de uma de suas caixas de munição: "PARA A POLÍCIA — ME IMPEÇAM — ME ENCONTREM E ME IMPEÇAM — VOU FAZER ISSO DE NOVO". Quando a polícia por fim consegue localizá-lo, eles o encontram sentado na cama, agarrando seu rifle como se fosse um ursinho de pelúcia, os olhos transbordando lágrimas tanto de tristeza quanto de alívio.

SENSATIONAL LIPSTICK MURDER

While the City Sleeps

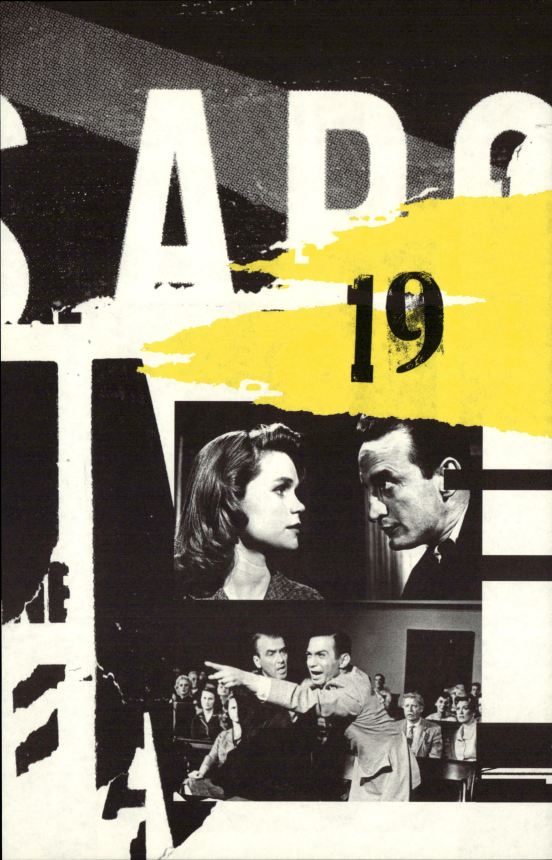

ANATOMIA TRUE CRIME DOS FILMES

ANATOMIA DE UM CRIME

ANATOMY OF A MURDER, 1959
DIRIGIDO POR OTTO PREMINGER.
ESCRITO POR WENDELL MAYES.
COM JAMES STEWART, LEE REMICK,
BEN GAZZARA, EVE ARDEN,
ARTHUR O'CONNELL, GEORGE
C. SCOTT E BROOKS WEST.

Natural da Península Superior de Michigan — "uma terra selvagem, inclemente e acidentada", como ele a descreveu —, John D. Voelker trabalhou como advogado em diversos escritórios pequenos no início dos anos 1930 antes de ser eleito para o cargo de promotor público do condado de Marquette. Após perder a reeleição em 1952, voltou a trabalhar por conta própria, enquanto escrevia livros de não ficção sob o pseudônimo Robert Traver. Alguns anos depois, enquanto contemplava a ideia de escrever um livro sobre a influência das condições climáticas no comportamento humano, ele teve, como contou mais tarde, "um súbito impulso de escrever meu primeiro romance". O resultado foi *Anatomia de um Crime*. Publicado em 1958, o livro logo chegou ao topo das listas de mais vendidos e, no ano seguinte, foi levado à telona pelo brilhante diretor Otto

Preminger, famoso por ser bastante difícil de lidar (seus acessos de raiva desenfreada e o modo tirânico como tratava os subalternos lhe renderam o apelido "Otto, o Ogro").

Considerado por muito tempo o melhor drama jurídico já produzido, o filme de Preminger também foi notável por sua inovadora franqueza ao tratar assuntos sexuais que até então eram vistos como tabus sob o chamado Código Hays, as diretrizes puritanas que Hollywood tinha adotado nos anos 1930 para evitar a censura oficial. Jimmy Stewart (cujo próprio pai, acredita-se, considerou o filme tão ofensivo a ponto de publicar um anúncio no jornal local incitando seus vizinhos a não assistir) interpreta Paul Biegler, um advogado de uma cidade pequena e adepto dedicado da pesca com mosca, personagem bastante inspirado no próprio Voelker. Como a geladeira cheia de trutas de Biegler atesta, ele tinha muito tempo livre para frequentar seus locais de pesca favoritos. Os clientes andavam em falta, um fato lembrado repetidas vezes por sua sarcástica e paciente secretária, Maida (Eve Arden), cuja lealdade nunca vacila, mesmo quando seu salário entra para a lista de despesas que seu chefe está quebrado demais para pagar. Portanto é claro que o interesse de Biegler se atiça quando um caso importante aparece repentinamente em seu caminho.

BIEGLER: Como advogado, tive que aprender que as pessoas não são apenas boas ou apenas más. As pessoas são muitas coisas.

Frederick Manion (Ben Gazzara), um tenente do Exército arrogante e esquentado, está na prisão local depois de balear cinco vezes um taberneiro chamado Barney Quill, que supostamente estuprou a atraente esposa de Manion, Laura (Lee Remick). O tenente está seguro de que será absolvido com base na "lei não escrita", de acordo com a qual um marido que encontra outro homem na cama com sua esposa tem o direito de matá-lo. Como Biegler o informa, contudo, a lei não escrita é um mito. Além disso, visto que uma hora tinha se passado entre o momento em que Manion descobriu a agressão e o momento em que entrou no bar e começou a atirar, o crime obviamente não foi cometido no calor do momento, mas foi premeditado com frieza. Biegler, cujos modos simples e tímidos encobrem uma mente jurídica afiada, precisa encontrar uma defesa que irá salvar seu cliente de uma condenação por homicídio qualificado.

Para complicar as coisas, há o caráter questionável de Laura, uma beldade sexy que tem o costume de se embonecar, ir sozinha ao bar mais próximo e dar em cima de todos os homens em seu alcance. Quando Biegler a encontra pela primeira vez, ela está com um olho roxo e outros hematomas no rosto, supostamente causados por Quill durante seu ataque. No entanto, outra explicação igualmente plausível para seus ferimentos logo se torna clara: ==seu marido possessivo e dado à violência a espancou porque suspeitava de que ela estava tendo um caso com Quill==. Na verdade, *Anatomia de um Crime* é às vezes classificado como um filme noir, em parte graças à sua cinematografia atmosférica em preto e branco, mas em grande parte porque Laura pode ser vista como uma arquetípica femme fatale, a mulher sedutora cuja atração irresistível causa estragos na vida de qualquer homem azarado o suficiente para ser enfeitiçado por seus encantos.

A segunda metade do filme de 161 minutos de Preminger é dedicada inteiramente ao julgamento, no qual Biegler — auxiliado por seu estimado amigo de longa data, Parnell McCarthy (Arthur O'Connell), um advogado sábio, mas fracassado, cuja carreira saiu dos trilhos por seu amor pela bebida — monta uma defesa baseada no obscuro precedente jurídico de "impulso irresistível". Enfrentando Biegler estão o promotor público um tanto irreverente (Brooks West, o marido na vida real de Eve Arden) e, em sua estreia na telona, George C. Scott como o sagaz (para não dizer bajulador) procurador da cidade grande, Claude Dancer.

Embora o duelo entre os advogados adversários no tribunal gere uma boa dose de tensão, a vitória de Biegler nunca chega a ser de fato duvidosa. Seu triunfo, contudo, é solapado pela cena final do filme. Acompanhado de Parnell (agora sóbrio e promovido a sócio do escritório de advocacia em tempo integral), Biegler se dirige ao loteamento para trailers onde os Manion moram para cobrar seus honorários há muito atrasados, apenas para descobrir que eles fugiram na calada da noite, deixando apenas um bilhete zombeteiro do cliente que ele tinha lutado tanto para inocentar. Essa reviravolta cínica reforça o mistério não resolvido no cerne do filme: Barney Quill era um estuprador que teve o que merecia ou era apenas um sujeito fogoso que foi vítima do ódio assassino e ciumento de um marido?

John Voelker, que só tinha elogios a tecer sobre o filme de Preminger, sempre insistiu que *Anatomia de um Crime* era uma obra de "pura ficção", inspirada por diversos "excelentes julgamentos de assassinatos" nos quais tinha se envolvido quando advogado. Na Península Superior de Michigan, contudo — onde o romance é ambientado e onde todo o filme foi filmado —, era de conhecimento geral que o romance era uma versão mal disfarçada de um caso verídico bastante chocante. Na verdade, em julho de 1960, exatamente um ano depois do lançamento do filme, tanto a editora de Voelker quanto o estúdio de Preminger foram processados em 9 milhões de dólares por difamação por uma enfermeira de Michigan, a sra. Hazel A. Wheeler, viúva de um homem chamado Maurice "Mike" Chenoweth, cujo assassinato cometido por Coleman Peterson, um tenente do Exército dos Estados Unidos, em 1952, foi a base para *Anatomia de um Crime*.

Um "machão" de fala dura nos moldes antiquados das obras de Hemingway, Chenoweth tinha passado muitos anos nas selvas da Nicarágua como oficial não comissionado dos Fuzileiros Navais antes de entrar para o Departamento de Polícia do Estado de Michigan, onde ensinou tiro com pistola e judô, em conjunto com seus outros deveres. Apareceu nas primeiras páginas dos jornais locais em 1946, quando se envolveu na prisão e interrogatório de Charles Gilbert, um operador de fundição de 35 anos que espancou a jovem esposa e a enteada de quatro anos com um virabrequim, depois as enterrou em uma cova rasa, possivelmente enquanto ainda estavam vivas. O puro horror do crime levantou questões sobre a sanidade de Gilbert, mas depois de ser examinado por três psiquiatras designados pelo tribunal, ele logo foi julgado, condenado por duas acusações de homicídio qualificado e sentenciado à prisão perpétua. Seis anos depois, o próprio Chenoweth estaria no centro de um caso de homicídio envolvendo a questão da sanidade do réu. Dessa vez, contudo, ele não seria o policial que efetuaria a prisão. Ele seria a vítima.

Depois de deixar a polícia estadual, Chenoweth se tornou proprietário e barman do Lumberjack Tavern, em Big Bay, um bar popular entre os residentes locais. Ainda que baixo, ele tinha a compleição de um leão de chácara e não tinha dificuldade em lidar com fregueses desordeiros, um dos quais o processou por agressão depois de ser expulso violentamente do bar. Chenoweth, que gostava de demonstrar sua boa pontaria arrancando a tiros as partes superiores dos pregadores enquanto sua esposa pendurava roupas no varal, era conhecido por manter uma pistola atrás do balcão. Também tinha a reputação de ser um mulherengo cujo casamento não o impedia de dar em cima de fregueses embriagadas (muitas das quais, de acordo com os boatos locais, tinham sofrido ataques sexuais em suas mãos).

Entre os fregueses regulares do Lumberjack Tavern em 1952 havia um casal recém-chegado, os Peterson. O marido, Coleman — um homem de 38 anos de queixo quadrado com um bigode tipo lápis — foi primeiro-tenente do Exército dos Estados Unidos que tinha combatido na Segunda Guerra Mundial e na

Coreia. Designado para o destacamento de artilharia antiaérea da região, morava em um loteamento para trailers com a esposa, Charlotte, quatro anos mais velha que ele. Fotografias de Charlotte mostram uma mulher atraente de meia-idade com cabelos ruivos ondulados, óculos de armação de gatinho e (como os jornais viriam a descrevê-la) um corpo "formoso". Dizia-se aos sussurros pela cidade que, quando o marido estava fora em um bivaque, o que acontecia com bastante frequência, ela aparecia sozinha no bar, onde anunciava sua disponibilidade se comportando de maneira provocante.

Por volta das 21h de quarta-feira, 31 de julho de 1952, enquanto o marido cochilava no trailer, Charlotte, que tinha ficado enfurnada dentro de casa o dia todo, decidiu ir ao bar. De acordo com o próprio relato, ela passou as duas horas seguintes agindo de maneira perfeitamente inocente, tendo tomado algumas cervejas e jogado shuffleboard. Testemunhas, contudo, viriam a relatar que ela estivera "se portando" de maneira bastante inapropriada para uma mulher de meia-idade casada — dançando descalça ao som da jukebox e flertando abertamente com o dono, Mike Chenoweth.

O que aconteceu exatamente quando ela foi embora do bar por volta das 23h está encoberto por incertezas, embora Charlotte jamais viesse a se desviar de sua versão dos eventos. Enquanto Charlotte se preparava para voltar para o loteamento de trailers, Chenoweth lhe ofereceu uma carona, comentando que "há muitos lenhadores grosseiros por aqui para que uma mulher ande sozinha à noite". Visto que ela e o marido sempre tinham se dado bem com o barman, ela não viu nenhum motivo para recusar. Em vez de a levar para casa, contudo, ele a levou para a floresta, a espancou, a estuprou e a jogou para fora do carro.

Por volta das 23h45, de acordo com seu testemunho posterior, o tenente Peterson, foi despertado por um grito. Depois de pular da cama, correu até a porta, onde encontrou a esposa "chorando, ofegante e histérica". O cabelo dela estava desgrenhado, o rosto machucado e inchado, a saia bastante rasgada. Depois de a levar para o sofá-cama, ele "tentou acalmá-la e descobrir o que aconteceu". ==Quando por fim se acalmou o bastante para falar, ela lhe contou que tinha sido "agredida e estuprada" por Mike Chenoweth.== Enquanto Peterson ajudava a esposa a tirar as roupas, viu que ela estava sem calcinha e que uma coxa estava manchada de sêmen.

Depois de fazer com que ela jurasse sobre um rosário que estava dizendo a verdade, Peterson pegou a pistola semiautomática que mantinha no trailer "para proteção" — uma Luger alemã que ele tinha tirado do corpo de um soldado inimigo e levado para casa depois da guerra. Após sair do trailer, ficou parado por alguns minutos, perscrutando os arredores para ver se Chenoweth estava espreitando no escuro. Então entrou no carro e dirigiu até o bar.

Mais ou menos uma dúzia de fregueses estava sentada às mesas quando Peterson chegou alguns minutos mais tarde. Chenoweth estava atrás do balcão, de frente para a entrada. Sem dizer nada, Peterson andou até o balcão, ergueu a pistola e começou a atirar. Quando Chenoweth desmoronou, Peterson se inclinou por cima do balcão e disparou as últimas balas no peito, barriga e ombro do proprietário. Então se endireitou e, calmamente, caminhou para fora do bar.

O gerente do bar, Adrian Wentzl, que estivera batendo papo com alguns amigos em uma das mesas, levantou de um pulo, correu para fora e gritou: "Tenente!". Como Wentzl viria a testemunhar, Peterson se virou e "me perguntou se eu queria uma bala na cabeça". Peterson então entrou no carro e foi embora.

De volta ao loteamento para trailers, Peterson foi atrás do zelador do lugar, Fred Marsh, e o informou que tinha acabado de matar um homem e que Marsh deveria notificar a polícia. Ele logo foi levado sob custódia e trancafiado na prisão do condado de Marquette.

Acusado de homicídio qualificado, Peterson contratou os serviços de John Voelker, que obteve um improvável trinfo no tribunal ao persuadir o júri de que seu cliente tinha cometido o assassinato enquanto se encontrava sob o domínio de um "impulso irresistível" que o deixou temporariamente insano. Logo após sua absolvição, Peterson foi obrigado a se submeter a exames realizados por psiquiatras designados pelo tribunal para verificarem se ele precisaria ser confinado em um hospital para criminosos com transtornos mentais. Quatro dias depois, foi declarado são e libertado.

Com a expectativa de ser bem-recebido por um cliente agradecido, Voelker foi ao loteamento para trailers para cobrar seus honorários, apenas para descobrir que os Peterson tinham fugido da cidade. Apesar de ter seus 3 mil dólares roubados, Voelker acabou com algo infinitamente mais valioso: a matéria-prima para o romance que o tornaria rico e famoso.

UM HERÓI DE SUA ERA

O fictício advogado de defesa Paul Biegler, interpretado por Jimmy Stewart, pode ter sido o herói em *Anatomia de um Crime*, de Otto Preminger. Mas, como os frequentadores dos cinemas nos anos 1950 estavam bastante cientes, ele estava dividindo os holofotes com um herói jurídico da vida real que tinha alcançado status de celebridade cinco anos antes, durante a chamada era McCarthy.

O vergonhoso episódio na história estadunidense foi assim chamado depois que o senador de Wisconsin, Joseph McCarthy, alcançou poder e proeminência políticos no período pós-Segunda Guerra Mundial ao alimentar o frisson nacional sobre a suposta infiltração em todos os aspectos da vida no país — desde o governo às salas de aulas e à indústria do entretenimento — de simpatizantes comunistas determinados a solapar o sistema governamental do país. As vidas e carreiras de incontáveis cidadãos, falsamente acusados de cometerem atos de traição, foram destruídas durante essa infame caça às bruxas política.

O começo do fim para o caça-comunistas McCarthy chegou em 1954 durante as audiências transmitidas para toda a nação sobre a suposta existência de agentes comunistas infiltrados no Exército dos Estados Unidos. Atuando como conselheiro especial para o Exército estava o advogado Joseph N. Welch, de 64 anos, um nativo do centro-oeste e republicano de longa data conhecido por sua inteligência incisiva e dominante.

À medida que o processo avançava, Welch calma e friamente destruía cada uma das acusações lançadas por McCarthy, que foi ficando cada vez mais agitado. O dramático clímax desse conflito — testemunhado pela TV por uma audiência estimada em 80 milhões de telespectadores — aconteceu no dia 9 de julho de 1954, quando McCarthy acusou um jovem membro do escritório de advocacia de Welch de ser membro de uma organização comunista. Welch, visivelmente atordoado, levou um tempo para se recompor antes de proferir uma repreensão que merecidamente se tornou famosa na história política dos Estados Unidos: "Até este momento, senador, não acredito que eu de fato tenha mensurado sua crueldade ou sua imprudência... Não vamos mais difamar este rapaz, senador. O senhor já fez o bastante. O senhor não possui nenhum senso de decência? Por fim não lhe restou nenhum senso de decência?".

O público na sala de audiências irrompeu em aplausos ruidosos. McCarthy nunca se recuperou dessa humilhação pública. Uma semana depois, ele foi oficialmente censurado por seus colegas no Senado dos Estados Unidos. Sua carreira insidiosa — assim como a paranoia que tinha incitado no país — chegou efetivamente ao fim.

Quando Otto Preminger decidiu filmar *Anatomia de um Crime*, fez questão de obter uma autenticidade absoluta, transportando o elenco e a equipe para a Península Superior de Michigan e filmando todo o filme nos exatos locais ligados ao verdadeiro caso de homicídio, incluindo a Lumberjack Tavern, a casa e o escritório de advocacia de John Voelker e o tribunal onde o julgamento foi realizado. Em uma escolha inteligente de elenco que rendeu ao filme uma publicidade bastante difundida — incluindo uma matéria copiosa na edição de 11 de maio de 1959 da revista *Life* —, Preminger também convenceu um verdadeiro gigante do meio jurídico a aparecer no filme: Joseph N. Welch, que apresenta uma atuação imbatível como o pragmático e autoritário juiz Weaver.

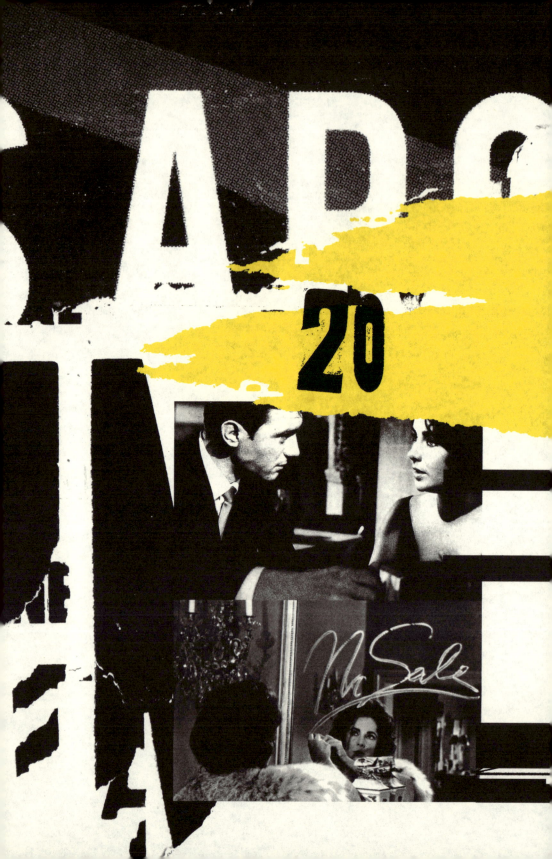

ANATOMIA TRUE CRIME DOS FILMES

DISQUE
BUTTERFIELD 8

BUTTERFIELD 8, 1960 DIRIGIDO POR DANIEL MANN. ESCRITO POR CHARLES SCHNEE E JOHN MICHAEL HAYES. COM ELIZABETH TAYLOR, LAURENCE HARVEY, EDDIE FISHER, DINA MERRILL, MILDRED DUNNOCK, BETTY FIELD E JEFFREY LYNN.

O escândalo mais quente de Hollywood no final da década de 1950 envolvia a recém-enviuvada Elizabeth Taylor. Pouco tempo depois de seu terceiro marido, o produtor Mike Todd, morrer em um acidente de avião, a superestrela embarcou em um romance tórrido com o melhor amigo de Todd, o cantor Eddie Fisher (pai da futura princesa Leia), que na época era casado com a queridinha dos Estados Unidos, Debbie Reynolds. A novela envolvendo Liz-Eddie-Debbie (que chegou ao clímax em maio de 1959, quando os dois pombinhos ilícitos se casaram) manteve o público estadunidense fascinado — e empolgado — durante meses.

Com o intuito de capitalizar com a má fama de Taylor como destruidora de lares cheia de apetite sexual, seu estúdio a escalou para o papel principal da versão para o cinema do controverso best-seller de John O'Hara de 1935, *BUtterfield 8* (o título, que também é o nome original do filme, faz referência às antiquadas centrais telefônicas da cidade de Nova York, as quais usavam nomes de lugares em vez de números, como PEnnsylvania 6-5000 no lugar de 736-5000). Embora Taylor tenha se recusado a interpretar um papel que considerava o de uma "ninfomaníaca doente", ela por fim concordou depois de o estúdio consentir com suas inúmeras exigências, que incluíam escalar seu novo marido no cobiçado papel do platônico melhor amigo da protagonista. Sua decisão acabou valendo a pena quando ela ganhou o Oscar de melhor atriz em 1961.

GLORIA: Qual é o nosso destino, capitão?

LIGETT (*ofegante*): Nosso destino é o êxtase.

Embora frequente e erroneamente descrita como uma garota de programa, a personagem de Taylor no filme, Gloria Wandrous, não é uma profissional do sexo, mas uma garota festeira e promíscua. Na verdade, ela fica bastante exasperada na cena de abertura quando acorda na cama de seu caso mais recente, um mulherengo casado chamado Weston Liggett (Laurence Harvey), e descobre que ele lhe deixou um envelope cheio de dinheiro antes de ir para o trabalho. O ponto crucial do filme — um daqueles melodramas exuberantes do cinema que, para um telespectador contemporâneo, costuma beirar o exagero — abrange o complicado caso amoroso entre o obcecado por sexo Liggett e a promíscua Gloria. Um outrora advogado promissor que abriu mão da carreira quando se casou por dinheiro, Liggett se vê preso em um emprego bem remunerado, mas sem importância, na empresa de produtos químicos do sogro e com uma esposa bonita, dedicada e entediante de tão convencional (Dina Merrill). Chafurdando em autopiedade, ele se entrega à bebida e a correr o tempo todo atrás de rabos de saia.

Gloria é igualmente dominada por autocomiseração. Molestada por um amigo da família quando tinha treze anos, ela se descreve em acessos periódicos de raiva como "a maior vagabunda de toda a cidade", "a maior vadia de todos os tempos". Ainda que seu relacionamento com Liggett comece como nada mais do que outra noitada sem importância, ele logo se transforma em um caso tempestuoso repleto de sexo intenso, discussões violentas em restaurantes caros e alguns dos diálogos mais bregas que já saíram da caneta de um roteirista de Hollywood. (Em determinado momento, enquanto sobem a bordo do veleiro de Liggett para uma sessão de rala e rola sob o convés, Gloria pergunta: "Qual é o nosso destino, capitão?". "Nosso destino é o êxtase", responde ele, ofegante.) Sua relação mutuamente autodestrutiva chega a uma inevitável conclusão melodramática quando, fugindo em seu carro esporte de seu último encontro em um motel barato (ou "bordel de beira de estrada", como a proprietária cínica o chama), Gloria invade um canteiro de obras, sai voando e é morta em uma explosão.

A morte de Gloria Wandrous em um acidente de carro é uma das muitas diferenças entre a versão cinematográfica de *Disque Butterfield 8* e sua fonte literária, que chega ao clímax com sua heroína mergulhando para a morte de um barco de passeio. Esse final, como quase tudo no romance, deriva de um caso chocante da vida real que John O'Hara admitiu ter sido sua inspiração: a misteriosa morte da geniosa e jovem socialite Starr Faithfull.

Embora pareça uma invenção de autor de romances bregas, Starr Faithfull[1] era de fato o seu nome. Ela era de uma família socialmente proeminente que tinha passado por um período de vacas magras. A mãe, cujo nome de solteira era Helen Pierce, era natural de Andover, Massachusetts, e remontava sua linhagem aos tempos coloniais. O padrasto, um empreendedor azarado chamado Stanley E. Faithfull, contava com Oliver Cromwell entre seus antepassados. Apesar da linhagem impressionante, os Faithfull — que residiam em um apartamento em Greenwich Village a poucos metros da casa do prefeito da cidade de Nova York, Jimmy Walker — viviam na pindaíba e dependiam da caridade dos parentes ricos, em especial Andrew J. Peters. Um político de carreira que tinha amigos poderosos e um currículo formidável — congressista de Massachusetts, secretário-assistente do Ministério das Finanças sob o governo de Woodrow Wilson, prefeito de Boston entre 1918 e 1922 —, Peters era casado com a prima da sra. Faithfull, Martha.

Nascida em 1906, Starr se transformou em uma beldade de cabelos castanhos e olhos cor de mel, compleição imaculada e um corpo "voluptuoso" (nas palavras do cronista Fred J. Cook). ==Ela alcançaria infâmia internacional== — e se tornaria um trágico símbolo da imprudente geração perdida pós-Primeira Guerra Mundial adepta do amor livre e do abundante consumo de álcool — após os eventos do dia 8 de junho de 1931. Naquela manhã, Daniel Moriarty, um servidor público que estava vasculhando uma praia de Long Island à procura de quaisquer tesouros que pudessem ter sido levados pela maré, encontrou

---

[1] Como o nome *Starr* se parece com *star*, estrela em inglês, uma tradução livre do nome poderia ser algo como *Estrela Fiel*. [NT]

seu corpo parcialmente vestido deitado de bruços na areia. O médico que realizou a necropsia concluiu que ela tinha se afogado, provavelmente em águas rasas, a julgar pela quantidade de areia nos pulmões. Feios hematomas no torso e nos membros sugeriam que ela tinha sido sujeitada a "agressões físicas" antes de morrer. Também havia uma quantidade suficiente de barbituratos em seu sistema para a ter colocado em um estupor.

CARTA DE STARR: Está tudo acabado para mim. Espero alcançar meu fim dessa vez... Quero o esquecimento. Vai ser um golpe baixo se existir vida após a morte.

A princípio, o padrasto — cuja testa protuberante, óculos fundo de garrafa e bigode de broxa faziam com que se parecesse com um cientista louco de desenho animado — a retratou a um repórter como uma jovem caseira e casta de temperamento doce. Não demorou muito, porém, para que a verdade chocante viesse à tona: uma história extravagante de decadência e depravação feita sob medida para ser explorada pelos tabloides.

Começando aos onze anos, quando estudava em uma escola particular em Lowell, Massachusetts, Starr foi "instruída nos mistérios da vida", de acordo com a descrição modesta feita pelos jornais, por um parente que tinha idade para ser seu pai. Esse indivíduo, a princípio identificado pela imprensa como um "membro proeminente e respeitado da comunidade [que] tinha os próprios filhos", tinha continuado a molestá-la durante anos, às vezes sedando-a com lufadas de clorofórmio ou éter antes de a submeter a "perversos atos sexuais". Embora seus pais tivessem notado mudanças preocupantes no comportamento da filha, eles se tornaram cientes da situação apenas em junho de 1926, quando Starr, com vinte anos, voltou para casa depois de uma noite passada em um hotel em Manhattan com esse parente "paternal" e por fim contou a verdade. A reação de Stanley Faithfull a essa chocante revelação foi logo contratar um advogado, que negociou um acordo de 25 mil dólares em troca do silêncio de Faithfull.

Com o dinheiro da chantagem de seu molestador, Starr foi enviada para diversos cruzeiros supostamente restauradores no Mediterrâneo, Índias Ocidentais e Europa, durante os quais costumava se envolver sexualmente com os oficiais dos navios. De volta à cidade de Nova York, desenvolveu o hábito de entrar de penetra nas festas de boa viagem a bordo de transatlânticos atracados, se embebedar e dar em cima da tripulação. Em uma determinada ocasião, ela só foi identificada como passageira clandestina depois que o navio já tinha deixado o píer, sendo então transferida à força para um rebocador de passagem e levada de volta à terra enquanto sofria um ataque de nervos. Também costumava frequentar espeluncas que vendiam bebidas ilegais, casas noturnas de quinta categoria, festas agitadas frequentadas por mafiosos e hotéis baratos, num dos quais foi espancada gravemente por seu amante da ocasião. ==Um livro de memórias encontrado entre suas posses detalhava sua vida sexual com quase vinte homens, identificados no diário por suas iniciais.==

Dado seu histórico de subir de fininho a bordo de barcos a vapor na noite anterior a suas partidas, a polícia de início supôs que Starr, dopada e suicida, tinha entrado como clandestina em um transatlântico, o *Île de France*, e se jogado do navio assim que ele partiu. A teoria de que ela tinha se matado foi reforçada quando um de seus amantes apresentou diversas cartas recém-enviadas a ele. "Está tudo acabado para mim", ela tinha escrito em uma delas,

> Espero alcançar meu fim dessa vez... Quero o esquecimento. Vai ser um golpe baixo se existir vida após a morte. Nada mais faz diferença agora. Adoro comer e posso fazer uma última refeição deliciosa sem me preocupar se vou engordar... A vida é ótima quando se tem 24 horas para viver. Não preciso temer uma velhice solitária, nem a pobreza ou obscuridade. Com certeza fiz da minha existência entediante, descontrolada e inútil uma bagunça sórdida e sem futuro. Estou morta, morta de cansaço. Não é culpa de ninguém a não ser minha própria — como odeio tudo —, a vida é horrível. Uso drogas e bebo para tentar gostar das pessoas, mas não adianta nada. É muito estranho como estou sentindo uma paz enorme, ou como quer que queira chamar, agora que sei que logo tudo estará acabado.

Stanley Faithfull, contudo, insistia que sua enteada tinha sido assassinada. Também estava convencido de que o assassino era seu molestador de longa data, o parente mais velho cuja identidade ele por fim revelou para um mundo aturdido e curioso: o primo de sua esposa, o poderoso político e ex-prefeito de Boston, Andrew J. Peters. De acordo com Faithfull, Peters tinha contratado marginais para matar Starr e assim garantir que ela nunca revelasse o monstro que ele era.

Interrogado pelos investigadores, Peters, sentindo-se indignado, negou que tivesse se envolvido em "relações imorais" com a garota. Sua alegação, porém, foi solapada tanto por sua prontidão em pagar 25 mil dólares de suborno quanto pelas descrições no diário de Starr sobre seu caso sexual com "AJP". Com sua reputação em ruínas, Peters sofreu um colapso nervoso logo em seguida e morreu antes do fim da década. Ainda assim, mesmo que pareça claro que esse cidadão aparentemente honesto foi, de fato, um criminoso sexual, não existem provas de que esteve envolvido na morte de Starr.

O mistério da morte de Starr Faithfull, que dominou as primeiras páginas dos jornais durante semanas, nunca viria a ser solucionado. Houve aqueles que se agarram à teoria do suicídio, outros que continuaram a suspeitar do envolvimento de Peters, e alguns que acreditavam que Starr tinha sido morta por um de seus muitos amantes aleatórios, que então tinha encenado um afogamento acidental. Um cronista do caso, o historiador criminal britânico Jonathan Goodman, acusa uma gangue de mafiosos de Long Island.

Qualquer que seja o caso, os membros de sua família direta demonstraram uma surpreendente falta de pesar diante de sua morte. "Não me sinto triste pela morte de Starr", contou a irmã mais nova, Tucker (que logo tratou de explorar a popularidade da família para conseguir um papel em uma produção da Broadway). "Ela está mais feliz, todos estão mais felizes." Exatamente um ano depois de seu corpo ter aparecido na praia, as cinzas de Starr Faithfull, empacotadas em uma caixa de papelão, permaneciam abandonadas no salão de uma funerária de Long Island.

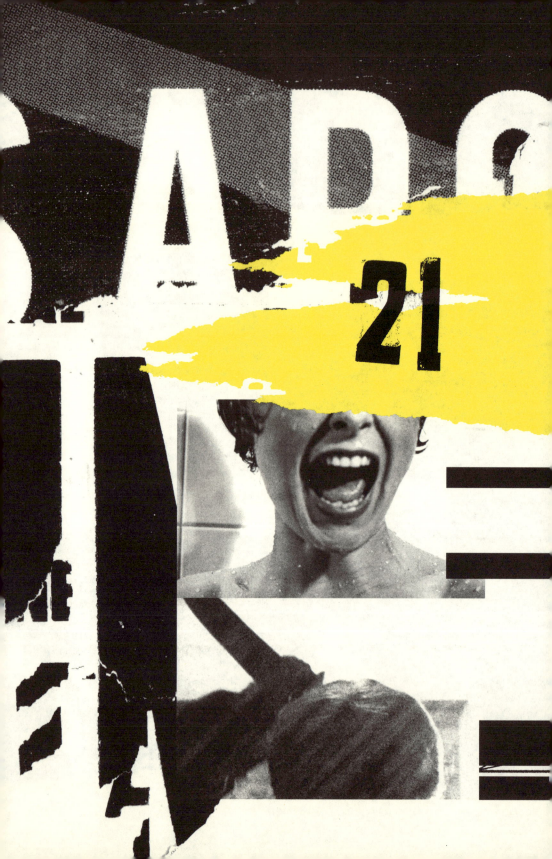

ANATOMIA TRUE CRIME DOS FILMES

PSICOSE

PSYCHO, 1960 DIRIGIDO POR ALFRED HITCHCOCK. ESCRITO POR JOSEPH STEFANO. COM ANTHONY PERKINS, VERA MILES, JOHN GAVIN, JANET LEIGH, MARTIN BALSAM, JOHN MCINTIRE E SIMON OAKLAND.

Uma loira bonita despe o roupão, entra no box e abre a torneira. Ela fecha a cortina. A água sai em jatos. Ela se ensaboa, sorrindo. De repente, acima de seu ombro, uma sombra aparece do outro lado da cortina. A sombra se aproxima. A cortina é puxada com violência. A sombra, com o formato de uma velha, segura uma faca de açougueiro. A grande lâmina golpeia para baixo, depois golpeia de novo. E de novo. Os acordes estridentes da trilha sonora combinam com os berros moribundos da vítima à medida que o sangue que escorre redemoinha para dentro do ralo.

A sequência, claro, é a famosa cena do chuveiro de *Psicose* de Alfred Hitchcock, o momento mais assustador do filme de terror mais influente dos tempos atuais. Depois de *Psicose*, um novo tipo de monstro começou a

assombrar as telas dos cinemas dos Estados Unidos — o slasher[1] psicótico. E o ato de tomar banho nunca mais foi o mesmo.

O brilhantismo do filme de Hitchcock deriva de seu talento em nos atrair para um mundo de completa insanidade — um reino de pesadelo onde um banheiro vira uma câmara dos horrores, um jovem tímido se transforma em um assassino ensandecido travestido de mulher e, no fim das contas, uma idosa gentil é um cadáver mumificado. Quando o filme chega ao fim, a audiência vai embora do cinema dizendo: "Graças a Deus foi só um filme".

Talvez o fato mais assustador sobre *Psicose*, então, seja este: ele foi baseado em um caso real. Existiu de fato um maníaco cujos atos indescritíveis serviram de inspiração para *Psicose*. Seu nome, no entanto, não era Norman Bates. Era Ed Gein.

Edward Theodore Gein nasceu em La Crosse, Wisconsin, no dia 27 de agosto de 1906, filho de George Gein e Augusta Willamina Lehrke. Em 1913, a família (que incluía o irmão mais velho de Ed, Henry) se mudou para uma fazendinha de gado leiteiro no condado de Juneau, 64 quilômetros a leste de La Crosse. Menos de um ano depois, eles voltaram a se mudar — dessa vez permanentemente — para uma fazenda de 79 hectares, dez quilômetros a oeste de Plainfield, uma cidade minúscula e remota na parte central do sul do estado.

Todas as evidências disponíveis indicam que Gein foi submetido a uma criação profundamente patológica. A mãe era uma fanática religiosa hostil

---

[1] Termo usado para descrever o subgênero dos filmes de terror onde o assassino, chamado de *slasher*, ou *esfaqueador* em português, mata de maneira aleatória, geralmente brandindo facas ou outras lâminas afiadas, como *Halloween*, *Sexta-Feira 13*, *Pânico* etc. [NT]

**PLACA NA ENTRADA DE "PSICOSE":
NÃO VAMOS PERMITIR que você
atrapalhe a si mesmo! É fundamental
assistir PSICOSE desde o começo para
apreciá-lo por completo. Portanto, não será
permitida a entrada no cinema após o início
de cada sessão. De ninguém, absolutamente
ninguém, nem mesmo o irmão do gerente, o
Presidente dos Estados Unidos ou a Rainha
da Inglaterra (Que Deus a Abençoe!)
Alfred Hitchcock**

e dominadora (a família era luterana) que ralhava constantemente contra a pecaminosidade do próprio sexo. Mantendo os dois filhos presos com firmeza à barra de sua saia, ela os imbuiu de seu senso corrompido sobre a perversidade universal, os modos imorais das mulheres e a depravação do amor carnal. Seu marido incompetente alternava entre períodos de passividade amuada e fúria alcoólica.

O sofrimento emocional de Gein foi sem dúvida intensificado pela extrema dureza do ambiente e pelo amargo isolamento de sua vida. Do ponto de vista extremamente distorcido de Augusta, a devota cidade de Plainfield era um buraco infernal de depravação, e ela se certificava de que os filhos, em especial Eddie, tivessem o mínimo de contato com seus habitantes. Um pária mesmo durante a infância, ele com frequência foi motivo de chacota ao longo de seus anos escolares (que chegaram ao fim após a formatura da oitava série). Ele cresceu sob o domínio total da mãe extremamente obstinada, completamente incapaz de desenvolver relacionamentos pessoais normais.

Quando George Gein morreu de uma doença prolongada em 1940, ninguém — nem mesmo a família — sentiu muito sua morte. Sozinhos com a mãe, os dois irmãos caíram ainda mais sob seu domínio malévolo. Henry, pelo menos, parece ter tido alguma ideia da influência destrutiva de Augusta e tentou ajudar o irmão a se libertar. Mas Eddie não queria lhe dar ouvidos. Ele adorava Augusta e não via com bons olhos as críticas do irmão.

Em 1944, Henry morreu em condições ambíguas enquanto tentava apagar um incêndio em um trecho pantanoso da propriedade da família. Na época, sua morte foi atribuída a um ataque cardíaco. No entanto, nos anos que se seguiram, muitos cidadãos vieram a acreditar que, além de suas outras atrocidades, Eddie era culpado de fratricídio.

Agora Eddie tinha a mãe só para si. Mas não por muito tempo. Três dias antes do Natal de 1945, Augusta, aos 67 anos, sofreu um leve derrame. Eddie cuidou dela dia e noite em casa, rezando a Deus para poupar a vida da mãe. Suas preces não foram atendidas. Uma semana depois, Augusta foi acometida por outro derrame, este mais devastador, e levada às pressas ao Wild Rose Hospital, onde morreu no dia 29 de dezembro. Dominado pelo pesar, Eddie compôs um poema comovente, "In Loving Memory of My Mother, Augusta" [Em memória de minha mãe, Augusta], que apareceu junto com o obituário no jornal local:

> SENTIREI SAUDADES DELA PARA SEMPRE,
> SEU AMADO FILHO EDWARD.

> Gone, from sorrow, grief, and anguish,
> Gone, no more with pain to languish,
> Gone, thy loving soul set free,
> But, oh, how hard to part with the thee,
> My mother![2]

Morando sozinho na sombria e dilapidada casa da fazenda, Gein passou a se refugiar em um mundo de fantasia violenta e rituais bizarros. Embora ainda continuasse a manter uma tênue ligação com a comunidade — fazendo bicos para os vizinhos, removendo neve para o condado, fazendo viagens ocasionais à cidade —, ele estava sob o domínio de uma profunda psicose.

Dois anos depois da morte da mãe, começou a fazer incursões noturnas aos cemitérios locais, escavando as sepulturas de mulheres de meia-idade ou idosas recém-falecidas cujos obituários ele tinha lido nos jornais. Suas atividades necrófilas prosseguiram por pelo menos cinco anos. Em 1954, assassinou uma proprietária de um bar de meia-idade chamada Mary Hogan e levou o cadáver de noventa quilos para a casa da fazenda.

---

2 Partiu, livre da mágoa, do sofrimento e da angústia / Partiu, livre da dor e da lamúria / Partiu, dando à alma liberdade / Mamãe, como será doída / Essa saudade! [NT]

Durante esse período, começaram a circular boatos de que Gein guardava uma coleção de cabeças encolhidas no quarto — supostamente suvenires de guerra enviados para ele por um parente que tinha lutado no Pacífico Sul. Essas histórias, contudo, foram descartadas como frutos das imaginações férteis das crianças do vilarejo, que tinham começado a considerar a propriedade de Gein uma casa mal-assombrada. ==A verdade, que viria a se provar infinitamente mais chocante do que os rumores, por fim veio à luz no outono de 1957.==

Na tarde de sábado, 16 de novembro — o primeiro dia da temporada de caça aos cervos —, Frank Worden voltou de um dia infrutífero na floresta e seguiu direto para uma lojinha de ferragens cuja proprietária e gerente era sua mãe, Bernice, uma viúva de 58 anos. Para sua surpresa, sua mãe não estava lá. Depois de fazer uma busca pelo local, Worden encontrou um rastro de sangue que avançava a partir da frente da loja e passava pela porta dos fundos. Também encontrou um recibo de venda de dois litros de anticongelante emitido para o último cliente da sra. Worden, Eddie Gein.

Quando a polícia chegou na casa da fazenda de Eddie para questioná-lo sobre o paradeiro da sra. Worden, eles se depararam com o corpo da avó de 58 anos na cozinha externa atrás da casa. Pendendo de uma roldana pelos calcanhares, ela tinha sido ==decapitada, estripada, e então pendurada e eviscerada como um cervo abatido==.

Os policiais, atordoados e enojados, pediram reforços. Em pouco tempo, uma dúzia ou mais de agentes policiais apareceram na fazenda e começaram a explorar o conteúdo da casa dos horrores de Gein. ==O que encontraram no decorrer daquela noite longa e infernal foi mais chocante do que qualquer um poderia ter imaginado.== Tigelas para sopas criadas a partir de crânios. Cadeiras com estofamento de carne humana. Cúpulas de abajur feitas com pele. Uma caixa cheia de narizes. Um puxador de cortina feito a partir dos lábios de uma mulher. Uma caixa de sapatos contendo uma coleção de genitálias femininas preservadas. Um cinto de mamilos. Os rostos de nove mulheres, cuidadosamente desidratados, forrados com jornal e pendurados em uma parede como troféus de caça. Um colete de pele, decorado com seios, feito a partir do torso superior esfolado de uma mulher de meia-idade. Mais tarde, Eddie confessou que, à noite, ele amarrava o colete ao redor de si e andava com passos afetados pela casa da fazenda, fingindo ser a mãe.

Por volta das 4h30, depois de revistarem toda a bagunça na casa de Gein, um investigador encontrou um saco de aniagem ensanguentado enfiado embaixo de um colchão fétido. Dentro havia uma cabeça recém-decepada.

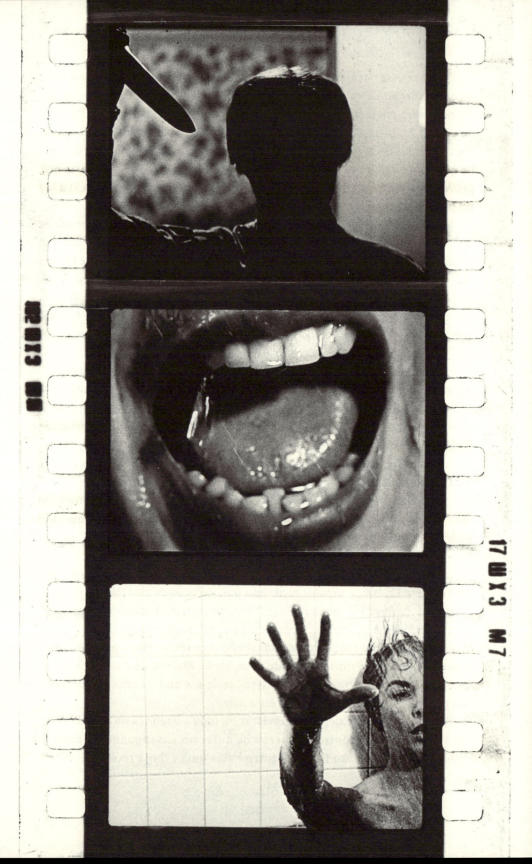

Dois pregos de 7,6 centímetros, cada um com um laço de barbante amarrado à ponta, tinham sido enfiados nos ouvidos. A cabeça era de Bernice Worden. Eddie Gein iria pendurá-la na parede como decoração.

A descoberta desses horrores góticos na casa de um fazendeiro tranquilo do centro-oeste durante a notoriamente insípida era Eisenhower abalou — e fascinou — o país. Em Wisconsin, Gein logo passou a fazer parte do folclore regional. Poucas semanas após sua prisão, piadas macabras, chamadas de *Geiners*, se tornaram uma mania por todo o estado (por exemplo: O que Ed Gein disse ao delegado que o prendeu? Me dê ouvidos!). A imprensa afluiu aos montes à sobrecarregada cidade natal de Gein e o transformou em uma celebridade da noite para o dia. Ao longo da primeira semana de dezembro de 1957, tanto a revista *Life* quanto a *Time* publicaram reportagens sobre Gein, a primeira dedicando nove páginas à sua "casa dos horrores". Durante algum tempo, a casa da fazenda de Gein se transformou em uma popular atração turística, um acontecimento intolerável na opinião da ultrajada comunidade. Na noite de 20 de março de 1958, um incêndio misterioso irrompeu na casa de Gein. Ele só foi apagado quando o lugar odioso tinha sido reduzido a cinzas.

A princípio, todos presumiram que Gein estivera operando uma fábrica de assassinatos. Mas durante suas confissões, ele fez uma alegação que, a princípio, pareceu incrível demais para ser aceita. Ele não era um maníaco homicida, insistiu. De fato, ele tinha matado duas mulheres — Bernice Worden e a proprietária do bar, Mary Hogan, cujos rostos preservados e sem pele tinham sido encontrados no meio da abominável coleção de Gein. Mas quanto às outras partes de corpos, Eddie revelou que as tinha obtido em cemitérios locais. Durante anos após a morte da mãe, ele tinha sido um ladrão de túmulos, recorrendo aos mortos para obter a companhia que não era capaz de encontrar entre os vivos. Eddie Gein, em resumo, não era um assassino em série. Na definição exata do termo, ele era um carniçal.

Diagnosticado como esquizofrênico, Gein foi internado no Central State Hospital for the Criminally Insane em Waupun, Wisconsin. Após um julgamento apenas por formalidade, realizado em 1968, foi levado de volta ao hospital psiquiátrico e, apesar de tentar obter liberdade em 1974, permaneceu institucionalizado pelo restante da vida. Um detento modelo, morreu de câncer no Mendota Mental Health Institute em Madison no dia 26 de julho de 1984 e foi enterrado ao lado da mãe em Plainfield.

Entre os residentes de Wisconsin na época em que a história de Gein foi publicada pela primeira vez estava Robert Bloch. Um morador de longa data de Milwaukee, Bloch estivera publicando ficção de mistério e terror desde a adolescência, tendo recebido desde cedo encorajamento do célebre escritor H.P. Lovecraft. Após uma carreira de sucesso como redator de publicidade, Bloch em 1953 tinha decidido que iria se dedicar a escrever como freelancer em tempo integral; suas histórias — muitas delas publicadas em revistas populares — eram famosas por seus finais com reviravoltas terrivelmente inteligentes, o que costumava fazer com que se parecessem com prolongadas piadas de mau gosto. Assassinos psicopatas apareciam com proeminência em suas histórias. Uma de suas obras mais conhecidas era um conto intitulado "Yours Truly, Jack the Ripper" (Atenciosamente, Jack, o Estripador).

No outono de 1957, Bloch estava morando em Weyauwega, Wisconsin, a cidade natal de sua esposa, 193 quilômetros ao norte de Milwaukee e menos de 48 quilômetros a leste de Plainfield. Depois de ler nos jornais os relatos sobre as descobertas apavorantes na cidade próxima, Bloch logo viu no caso Gein a matéria-prima para um conto de terror de primeira. Ali havia uma história de terror da vida real muito mais horrenda do que qualquer coisa imaginada por Lovecraft. A história retratava os atos mais nefastos de depravação, todos levados a cabo por um solteirão insípido de aparência completamente inofensiva motivado a realizar abominações pela ligação patológica que tem com a mãe tirânica, que continua a dominar sua existência mesmo depois da morte.

O resultado foi seu romance, *Psicose*. Publicado no verão de 1959, o livro recebeu uma resenha positiva no *New York Times*, que o elogiou como "assustadoramente eficaz". A resenha chamou a atenção da assistente de produção de Alfred Hitchcock, que entregou o romance ao chefe. Ao adquirir os direitos para o filme — e os serviços do roteirista Joseph Stefano —, Hitchcock transformou o suspense relativamente sensacionalista de Bloch em uma obra-prima do cinema.

A diferença entre as duas versões pode ser vista com clareza ao compararmos a lendária sequência do banho do filme — uma façanha de 45 segundos que exigiu 78 configurações de câmeras e que consiste em 52 cortes — com a cena superficial no romance de Bloch (no qual a personagem Marion Crane se chama Mary):

Mary começou a gritar. A cortina se abriu mais e uma mão apareceu, empunhando uma faca de açougueiro. E foi a faca que, no momento seguinte, cortou o seu grito.

E a sua cabeça.

Na medida em que *Psicose* iniciou o ciclo moderno de filmes "slasher", o louco que o inspirou, Ed Gein, passou a ser considerado uma figura influente na cultura do país: o protótipo de todo maníaco que empunha uma faca, machado ou cutelo que vem assombrando as telas dos cinemas dos Estados Unidos no decorrer dos últimos cinquenta anos. Como dizem os aficionados do terror, ele é o "Avô da Sanguinolência".

ED GEIN, SUPERESTRELA

Entre os fãs de cinema, Ed Gein é lendário não apenas por ser o "verdadeiro Norman Bates", mas como uma inspiração direta para diversos outros célebres filmes de terror, em especial *O Massacre da Serra Elétrica* e *O Silêncio dos Inocentes*.

Tobe Hooper, o diretor de *O Massacre da Serra Elétrica*, supostamente ouviu histórias sobre Gein contadas por parentes do centro-oeste e cresceu assombrado por esses relatos. Em seu clássico sanguinolento, o personagem inspirado por Gein não é um dono de motel de modos agradáveis com dupla personalidade, mas sim um gigante bestial chamado Leatherface que ostenta uma máscara feita de pele humana desidratada.

Thomas Harris, autor de *O Silêncio dos Inocentes*, pesquisou o arquivo do FBI sobre Gein antes de criar seu personagem fictício, Jame Gumb (também conhecido como "Buffalo Bill"), um aspirante a transexual que tenta confeccionar um terno a partir dos torsos esfolados de suas vítimas.

Psicose, *O Massacre da Serra Elétrica* e *O Silêncio dos Inocentes* tomam liberdades consideráveis com a história de Gein. Atendo-se mais aos fatos temos o filme de terror de baixo orçamento de 1974, *Confissões de um Necrófilo*, que adquiriu status de cult entre os fãs de terror.

Além desses filmes, existem muitos outros filmes z sanguinolentos sobre caipiras de modos agradáveis que no fim das contas são assassinos canibais — filmes com títulos como *Invasion of the Blood Farmers* [Invasão dos fazendeiros sangrentos] e *I Dismember Mama* [Eu desmembro a mamãe]. Todos tiveram origens nos horrores reais perpetrados pelo "influente psicopata" estadunidense, Ed Gein.

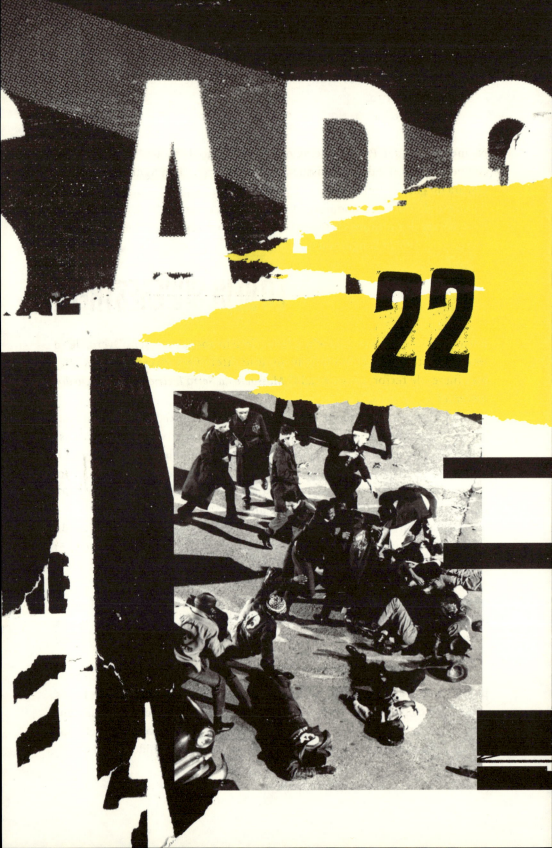

ANATOMIA TRUE CRIME DOS FILMES

JUVENTUDE SELVAGEM

THE YOUNG SAVAGES, 1961 DIRIGIDO POR JOHN FRANKENHEIMER. ESCRITO POR EDWARD ANHALT E J.P. MILLER. COM BURT LANCASTER, DINA MERRILL, EDWARD ANDREWS, SHELLEY WINTERS, TELLY SAVALAS E JOHN DAVIS CHANDLER.

Em uma época em que a arma escolhida por qualquer membro que se preze de uma gangue do gueto é uma Glock semiautomática .9, os delinquentes juvenis de outrora, brandindo seus canivetes, podem parecer quase pitorescos em sua relativa inocuidade. Em sua própria época, contudo — ou seja, a década de 1950 —, eles eram vistos como a maior ameaça pública do país: uma imensa horda de bárbaros adolescentes de cabelos emplastados com brilhantina que desdenhavam de todas as normas sociais e representavam uma ameaça mortal à segurança e ao bem-estar dos cidadãos de bem. Tão extremo era o pânico causado por essa suposta epidemia de rebeldia adolescente que, de acordo com uma pesquisa nacional, a delinquência juvenil alcançou uma posição mais alta na lista de preocupações públicas do que testes de bombas atômicas ao ar livre. Esse pânico generalizado foi alimentado não apenas pela incessante cobertura midiática de todos os crimes envolvendo meliantes adolescentes, como também pelos filmes sobre problemas sociais, por exemplo, *Sementes de Violência, Juventude Transviada* e *Juventude Selvagem*.

Dirigido por John Frankenheimer (que, apenas um ano mais tarde, viria a dar ao mundo um dos melhores suspenses já produzidos em Hollywood, *Sob o Domínio do Mal*), esse tenso filme em preto e branco, filmado em locação, começa como uma versão não musical de *Amor, Sublime Amor*. Em um bairro pobre de Manhattan, um trio de marginais, membros de uma gangue só de brancos chamada Thunderbirds, caminha em uníssono por calçadas lotadas. Empurrando crianças para o lado, derrubando aos chutes um carrinho de boneca de uma garotinha, sem prestar atenção ao tráfego de veículos que se aproxima nem à fervilhante vida dos inquilinos dos conjuntos habitacionais ao seu redor, eles marcham em frente como se fossem donos das ruas. Todos os três estão vestidos de acordo com o código de vestimenta dos delinquentes juvenis: jaqueta de couro preta, jeans com as barras dobradas para cima, botinas. Um deles — cujo apelido, como descobrimos mais tarde, é "Batman" — também ostenta uma capa preta. Quando chegam em seu destino — uma escadaria em Spanish Harlem, onde um adolescente porto-riquenho cego está tocando gaita —, os três Thunderbirds sacam seus canivetes, se lançam sobre o rapaz e o esfaqueiam até a morte.

Visto que o assassinato acontece em plena luz do dia em uma rua pululando de testemunhas, não demora muito para que os perpetradores sejam detidos. Incitado pelos tabloides a uma sede por derramamento de sangue, o público clama pela execução dos três. Por saber que mandar os rapazes para a cadeira elétrica irá lhe render votos, o promotor público com ambições políticas, de olho no cargo de governador, está decidido a condená-los por homicídio qualificado. Com esse objetivo, ele encarrega seu melhor funcionário para cuidar do caso, o promotor-assistente Hank Bell, interpretado com discreta intensidade por Burt Lancaster.

Nós acabamos descobrindo que Hank cresceu nas mesmas ruas perigosas que os assassinos. O nome de sua família, antes do pai o americanizar, era Bellini. Ele se afastou de suas origens de classe baixa um pouco pela própria dedicação e talento e um pouco pelo casamento com uma elegante socialite do grupo WASP (White, Anglo-Saxon and Protestant, ou "brancos, anglo-saxões e protestantes"), Karin, interpretada pela elegante socialite do WASP, Dina Merrill (filha da herdeira do cereal para café da manhã, Marjorie Merriweather Post e do corretor de Wall Street, E.F. Hutton, fundador da firma de mesmo nome). Uma liberal do tipo que os Archie

Bunker[1] do mundo ridicularizam como sendo "corações moles", Karin fica horrorizada com os esforços do marido em garantir a pena de morte para os jovens réus. Ainda que seus sentimentos idealistas sejam postos a duras provas quando é aterrorizada por uma dupla de marginais em um elevador, ela insiste em ver os assassinos adolescentes como produtos de suas formações desprivilegiadas, não como os animais retratados pela imprensa.

Hank se vê dividido não apenas entre os desejos contrastantes do chefe e da esposa, como também entre aqueles de dois pais angustiados: a mãe enlutada da vítima, que exige justiça olho por olho pelo filho assassinado, e Mary diPace (Shelley Winters), mãe de um dos acusados, convencida de que seu garoto nunca teria sido capaz de cometer tal ato. Para complicar ainda mais a situação, existe o fato de que Mary e Hank tinham outrora namorado e quase se casado.

Enquanto Hank investiga o crime (auxiliado por um detetive da polícia chamado Gunderson, interpretado pelo futuro Kojak, Telly Savalas), ele descobre que o caso não é tão simples quanto parecia. A vítima, no fim das contas, não era um deficiente inocente e inofensivo, mas um membro importante dos Horsemen, os inimigos porto-riquenhos dos Thunderbirds. Surgem evidências de que o filho de Mary, Bobby, tinha certa vez intervindo para salvar a vida de um jovem porto-riquenho que estava correndo o risco de ser afogado pelo líder psicopata dos Thunderbirds, Arthur Reardon (interpretado pelo sempre repulsivo ator de personagens excêntricos, John Davis Chandler).

Em seu ato final, o filme se transforma em um drama jurídico, culminando no tipo de reviravolta hollywoodiana que não só deixa de lado o resultado esperado, como também leva Hank, com o risco de prejudicar sua carreira, a desafiar o chefe e fazer a coisa certa, de acordo com a postura progressista do filme.

Ainda que *Juventude Selvagem* faça uma inversão das raças — na verdade, os perpetradores foram os porto-riquenhos e as vítimas foram os brancos —, a capa preta usada pelo personagem chamado Batman aponta claramente para a inspiração da vida real do filme: os crimes chocantes conhecidos como assassinatos do Homem da Capa que assombraram a cidade de Nova York dois anos antes do lançamento do filme.

O "Homem da Capa" foi o sinistro apelido atribuído pelos tabloides à figura principal da tragédia, um rapaz de dezesseis anos bastante perturbado, Salvador Agron. Nascido na cidadezinha de Mayaguez em Porto Rico em 1943, Sal teve uma infância aterrorizante depois que sua mãe, que tinha se casado

---

[1] Personagem do seriado dos anos 1970 *Tudo em Família* conhecido por seu preconceito contra uma diversidade de indivíduos, como negros, latinos, homossexuais, comunistas, hippies, judeus, mulheres liberais, católicos, asiáticos etc. [NT]

aos treze anos, fugiu do marido muito mais velho, acusando-o de "espancá-la com um facão, negligenciá-la a favor de outras mulheres e embriaguez". Junto com os dois filhos — Sal, com dezoito meses de idade, e a irmã mais velha dele, Aurea, ambos sofrendo de desnutrição —, ela encontrou abrigo em um lar para os pobres da Igreja Católica romana, um lugar que parecia ter saído de uma das histórias de Dickens e de que Sal iria sempre se lembrar como "um hospício".

Separado da mãe, que recebeu um emprego na ala para os idosos e tinha

SAL: Quando abri os olhos, tudo o que consegui ver foram formigas, milhares de formigas, por todo o meu corpo, picando e rastejando... eu tinha sido arremessado no inferno por seis Irmãs da Caridade como uma cura para me fazer parar de mijar na cama... quando tentei me levantar, uma das freiras me empurrou para baixo de novo.

permissão de ver os filhos apenas aos domingos, Sal "nunca se ajustou à vida no lar para os pobres", como relatado por Ira Henry Freeman em uma reportagem para a *New York Times Magazine*, "A Criação de um Jovem Assassino":

Ele desenvolveu o hábito de descer da cama aos trambolhões e dormir no chão. Não conseguia ficar parado, prestar atenção ou obedecer às ordens. Quando apanhava, dava chiliques, e fugiu do abrigo diversas vezes. Incapaz de brincar com as outras crianças de uma maneira pacífica, ele as atacava com pedras.

Uma criança que urinava na cama de maneira crônica, cuja enurese continuou até os catorze anos, Sal — de acordo com o que escreveu mais tarde em uma autobiografia informal — foi submetido a inúmeras torturas nas mãos das freiras (ou, como ele se referia a elas, "aquelas Vacas do Inferno"). Era forçado a ficar em pé no quintal diante das outras crianças com o colchão encharcado de urina na cabeça, era espancado "impiedosamente", era obrigado a "mijar em tijolos quentes" e, em certa ocasião, foi jogado em cima de um formigueiro: "Quando abri os olhos, tudo o que consegui ver foram formigas, milhares de formigas, por todo o meu corpo, picando e rastejando... eu tinha sido arremessado no inferno por seis Irmãs da Caridade como uma cura para me fazer parar de mijar na cama... quando tentei me levantar, uma das freiras me empurrou para baixo de novo".

Após o que chamou de "incidente com as formigas", Sal, então com cinco anos e meio, foi enviado para a casa do pai. "Por mais jovem que fosse", escreve Freeman, "Sal corria pelas ruas dia e noite, voltava para casa em raras ocasiões para comer e às vezes sequer dormia lá. Costumava ser encontrado dormindo nas calçadas ou em becos." Como Sal revelou mais tarde, foi durante esse período que, enquanto perambulava embaixo de uma ponte, foi molestado sexualmente por um estranho. Também começou a manifestar uma "estranha compulsão por lâminas de barbear" e a se cortar nos braços e no peito.

Alguns meses depois, foi devolvido ao "castelo dos mortos-vivos" (seu outro nome para o lar para os pobres), porque o "pai e sua mulher estavam brigando e ele estava prestes a abandoná-la por outra". Exceto por aquela estadia interrompida na casa do pai, Sal passou oito anos naquela lúgubre instituição. Quando saiu de lá, aos dez anos, tinha recebido "o equivalente a apenas um ano de educação" e era incapaz de ler e escrever. Seus professores relataram que "sua fala permanecia 'infantilizada', que ele passava o tempo fazendo desenhos 'esquisitos' e que não conseguia prestar atenção às aulas, que se remexia o tempo todo, causava comoções e ficava vagueando. Certa vez, fugiu para o jardim e se enterrou".

Em 1952, Sal foi para a cidade de Nova York para onde a mãe, que tinha voltado a se casar, dessa vez com um pastor pentecostal chamado Carlos Gonzales, tinha se mudado um ano antes. De tanto ser abusado violentamente pelo padrasto — que lhe administrava surras regulares com uma cinta para "expulsar seus demônios" —, Sal passou a matar aulas e a ficar de bobeira nas esquinas. Depois de invadir o apartamento de um vizinho e roubar alguns charutos, um pouco de dinheiro e uma lanterna, foi mandado para um reformatório por nove meses. Pouco depois de ser solto, o reverendo Gonzales, incapaz de lidar com o enteado incontrolável, entrou com uma denúncia de menor delinquente junto à Vara da Infância e da Juventude, e Sal foi enviado a Wiltwyck School, um "centro residencial de tratamento" para "meninos carentes e problemáticos".

Embora tenha sido matriculado em um programa de "esclarecimento moral e espiritual, desenvolvimento de personalidade, correção de problemas de comportamento, educação e treinamento para ser um bom cidadão", a Wiltwyck, como muitas outras escolas reformatórias, frequentemente se mostrava um terreno fértil para a criminalidade. Foi esse o caso com Sal, que, como ele escreveu, "acabei me tornando um delinquente juvenil pior do que quando entrei... aprendi coisas sobre crimes e gangues... desenvolvi muitos hábitos ruins, como a familiaridade com a maconha e o cigarro."

Como muitos outros internos — assim como seus orientadores adultos —, ele também se deixou levar por uma "homossexualidade desenfreada". Um caso típico de sua experiência foi o "dia em que outro garoto e eu levamos um menino inocente para a floresta e o atacamos. Nós atacamos sexualmente o coitado desse menino enquanto ele gritava pedindo ajuda. Dei um tapa em sua boca e o obriguei a se submeter ao nosso ataque". Mais tarde, tomado pelo remorso, Sal procurou o garoto e se desculpou com ele, para então ficar "chocado ao ouvir de sua própria boca que ele tinha gostado do estupro e estava ansioso para que fizéssemos a mesma coisa com ele de novo".

AGRON (*gabando-se*)**: Não ligo se me queimarem vivo. Minha mãe pode até assistir.**

"Conheci muitos meninos assim na Wiltwyck School for Boys", recordou-se Sal.

De volta à sua casa no Brooklyn após ser solto em 1956, Sal, então com treze anos, se tornou membro júnior de uma gangue, os Chaplains, cujas atividades principais eram ficar de bombeira nas esquinas e se envolver em brigas de faca, corrente e armas de fogo caseiras com rivais de territórios vizinhos. Desesperada para afastá-lo de seus amigos marginais, a mãe de Sal o enviou de volta a Porto Rico para morar com o pai, agora incapacitado por um derrame e casado com uma mulher muito mais jovem que se enforcou pouco depois da chegada de Sal (no total, como Freeman aponta, o Agron pai viria a ter dez esposas, no papel ou por meio de uniões estáveis, antes de morrer aos 55 anos). Após um breve período em um reformatório em Mayaguez, para onde foi enviado por atacar outro garoto com uma garrafa quebrada, Sal foi mandado de volta à cidade de Nova York. Àquela altura, já demonstrava sinais de psicose incipiente, vendo "demônios" e ouvindo vozes que "lhe diziam para fazer coisas ruins".

De volta ao Brooklyn, Sal se tornou um membro iniciado de uma gangue de rua ainda mais assustadora, os Mau Maus. Passou a brandir uma baioneta durante brigas de gangue. "Na maioria das vezes eu esfaqueava as pessoas nos ombros ou nas coxas", escreveu Sal mais tarde, "sem realmente querer matar ninguém, mas eu sempre queria machucar — machucar pra valer. Eu tinha raiva e ódio nos olhos."

Temendo por sua vida quando uma gangue rival, os Sand Street Angels, foi atrás de vingança contra os Mau Maus por terem baleado um de seus membros em um fliperama, Sal se refugiou na casa da irmã, Aurea, agora casada e morando no Harlem. Quando Aurea e o marido se separaram pouco tempo depois, Sal se viu vivendo "como um gato de rua, dormindo em prédios abandonados, encontrando comida onde podia, fazendo bicos para lojistas, de vez em quando ganhando esmola de Aurea ou da mãe". Ele afinal encontrou um lar quando se juntou a uma gangue porto-riquenha, os Vampires, e se mudou para um apartamento que custava 7 dólares por semana com outro membro, Tony Hernandez, que supostamente "ganhava dinheiro como prostituto".

Para combinar com o nome da gangue, Hernandez às vezes envergava um manto preto de enfermeira forrado de cetim vermelho — algo bem parecido com a capa usada pelo conde Drácula de Béla Lugosi, um dos clássicos filmes de monstros que na época apareciam com regularidade em programas de TV chamados de *"creature feature"*, ou "segmento de monstros" em tradução livre. Por volta da meia-noite de domingo, 30 de agosto de 1959, depois de ficar sabendo que um dos membros de sua gangue tinha sido espancado por uma gangue de brancos chamada Nordics, Sal pegou a capa emprestada, se armou com uma adaga mexicana com uma lâmina de 18 centímetros e partiu noite adentro com Hernandez, que levava um guarda-chuva de uma ponta afiada. Depois de se encontrarem com diversos outros Vampires, junto com aliados de duas "gangues irmãs", os Young Lords e os Heart Kings, eles seguiram para o território costumeiro dos Nordics, um parquinho de concreto sem iluminação na vizinhança de projetos habitacionais no West Side conhecida como Hell's Kitchen.

Um grupo de adolescentes daquele bairro estava sentado nos bancos, jogando conversa fora, quando Sal e seus comparsas apareceram. Entre eles estavam Anthony Krzesinski e Robert Young, ambos de dezesseis anos, e um amigo de dezoito, Ewald Reimer, nenhum dos quais pertencia aos Nordics ou a qualquer outra gangue. Ao perceberem que havia confusão a caminho, Krzesinski e seus amigos se dirigiram para a saída, mas foram bloqueados por um dos Vampires, que declarou: "Nenhum gringo vai sair desse parque". De repente, uma batalha irrompeu. Como o sociólogo Eric C. Schneider descreve:

punhos voaram, cabos de vassoura, cintos táticos e garrafas foram brandidos, um guarda-chuva afiado foi enfiado na barriga de um garoto, e o rapaz de capa sacou um canivete automático que enfiou nas costas de Robert Young. Dois garotos agarraram Anthony Krzesinski e o seguraram enquanto [Agron] o esfaqueava no peito, perfurando o coração e um pulmão. Embora Young e Krzesinski tenham conseguido fugir do parque, apesar de seus ferimentos, [Reimer] foi encurralado por quatro rapazes, que o socaram até Agron intervir e o esfaquear na barriga. Reimer se desvencilhou, mas foi derrubado e pisoteado até alguém dizer: "Ele já teve o que merecia".

Young conseguiu se arrastar por um lance de escada até o apartamento de um amigo, onde caiu de cara no chão da sala de estar e morreu. Krzesinski correu até um prédio próximo e morreu no corredor. Levado às pressas ao St. Clare's Hospital, Reimer, gravemente ferido, sobreviveu.

Duas noites depois, Agron e Hernandez — que em breve viriam a ser conhecidos nos tabloides como "o Homem da Capa" e "o Homem do Guarda-Chuva" — foram vistos por patrulheiros em East Bronx e logo foram detidos. Arrastado diante da imprensa, Agron alternou entre sorrisos de desdém, rosnados e descaso. "Não ligo se me queimarem vivo", gabou-se para os repórteres. "Minha mãe pode até assistir."

Quando um repórter enfiou um microfone em sua cara e perguntou como se sentia, Agron deu de ombros: "Como sempre me senti".

"Você se sente importante?"

"Sinto que quero matar *você*", disse Agron com desdém. "É isso o que sinto."

Incitado pelos tabloides — os quais publicaram em suas primeiras páginas fotos de um Agron sorridente sob manchetes que diziam MATEI PORQUE "DEU VONTADE" DIZ O HOMEM DA CAPA —, o público clamava por seu sangue. As pessoas conseguiram o que queriam quando, após um julgamento que durou treze semanas no verão de 1960, Agron foi declarado culpado de homicídio qualificado e sentenciado à cadeira elétrica da penitenciária Sing Sing — a pessoa mais jovem da história do estado de Nova York a receber a pena de morte. Uma semana antes de sua execução, marcada para maio de 1962, o governador de Nova York, Nelson Rockefeller — levando em consideração uma campanha pedindo clemência apoiada por, entre outros, a antiga primeira-dama Eleanor Roosevelt — comutou a sentença para prisão perpétua.

Ao longo dos vinte anos seguintes, Sal — um adolescente analfabeto e perigosamente instável quando entrou no sistema penitenciário — passou por uma transformação dramática, tornando-se um cristão renascido, aprofundando

suas leituras de filosofia, religião e políticas radicais, e obtendo um diploma técnico de uma faculdade comunitária. Declarado como "o homem mais reabilitado que já conheci" pelo famoso advogado William M. Kunstler, recebeu liberdade condicional em novembro de 1979 e foi morar com a mãe no Bronx, onde — como relatou o *New York Times* — "tentou encontrar paz... lendo, escrevendo poesia, desfrutando da companhia dos filhos e netos da irmã e trabalhando como orientador infanto-juvenil em um centro comunitário em Manhattan". Morreu de causas naturais no dia 22 de abril de 1986, a poucos dias de seu aniversário de 43 anos.

CAPEMAN: O MUSICAL

Assim como incontáveis outros jovens que cresceram na cidade de Nova York nos anos 1950, os assassinatos do Homem da Capa causaram uma forte impressão no jovem Paul Simon. Ainda assombrado pelo caso depois de mais de três décadas, Simon, após ter se tornado um dos cantores-compositores mais célebres de sua geração, teve a ideia de transformar a história de Salvador em um musical da Broadway; nas palavras de um repórter do *New York Times*, Stephen J. Dubner, o projeto lhe permitiria prestar homenagem "ao doo-wop,[2] ao rock and roll e à música porto-riquenha que enchiam as ruas da cidade quando tanto ele quanto Agron eram adolescentes".

Sob a orientação de um amigo chamado Carlos Ortiz, Simon mergulhou em reportagens de jornais em espanhol, se afundou em música latina e viajou para Porto Rico para entrevistar a mãe de Agron, Esmeralda. Ele então gastou cinco anos e um milhão de dólares do próprio bolso compondo e gravando as músicas para o espetáculo: "uma peça biográfica operística", como Dubner a descreve, que "começa quando Agron é solto da prisão, depois retrocede para sua infância em Porto Rico, sua adolescência em Nova York, sua pena de prisão, uma visita surreal ao deserto do Arizona e de volta para casa de Esmeralda".

Apesar da completa falta de experiência com produções de espetáculos da Broadway, Simon, um "perfeccionista" infame, insistiu em exercer total controle sobre o projeto, reunindo, ao que parecia, um time dos sonhos com pessoas talentosas, incluindo o poeta ganhador do prêmio Nobel, Derek Walcott,

---

2   Estilo de música baseado no rhythm and blues apresentado apenas por grupos vocais de três a seis integrantes. [NT]

o famoso coreógrafo Mark Morris e — nos papéis do Agron adolescente e adulto — o galã da salsa, Marc Anthony, e o renomado cantor-compositor-ator (e outrora candidato à presidência do Panamá) Rubén Blades. À medida que o espetáculo se aproximava da data de estreia, o diretor quatro vezes vencedor do prêmio Tony, Jerry Zaks, também foi levado a bordo.

Em partes graças à óbvia arrogância de Simon ao desprezar todas as tradições da Broadway, as pessoas do mundo teatral previam — com uma descarada alegria pela desgraça alheia — que o espetáculo seria um desastre. No fim das contas, o burburinho negativo foi em grande parte confirmado. Embora os resenhistas tenham elogiado as músicas de Simon como uma das melhores trilhas sonoras já compostas para os palcos, o espetáculo em si foi considerado um fiasco de maneira unânime, com uma história confusa, personagens unidimensionais e atuações inertes. Criticado pelo influente crítico teatral do *New York Times*, Ben Brantley, como um "espetáculo entediante… uma monotonia deprimente e implacavelmente confusa", *The Capeman* foi cancelado depois de apenas 68 apresentações. Paul Simon demorou mais ou menos dez anos para admitir o óbvio: "Não é tão fácil escrever para o teatro pela primeira vez", contou a um entrevistador. "Você de fato precisa de um orientador. Para pessoas que estão saindo da música popular, escrever canções que enriqueçam a trama é diferente de escrever o que estiver em sua cabeça. É uma disciplina diferente."

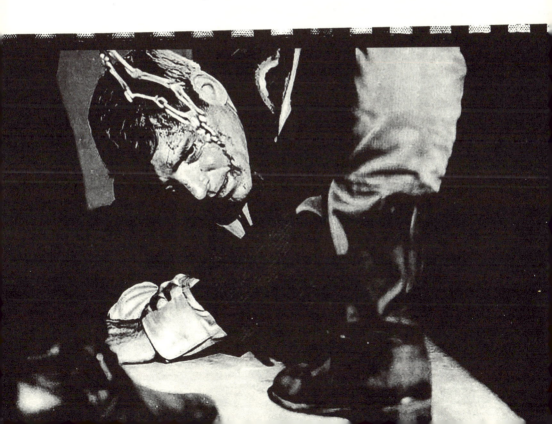

ANATOMIA TRUE CRIME DOS FILMES

NA MIRA DA MORTE

TARGETS, 1968 DIRIGIDO E ESCRITO POR PETER BOGDANOVICH. COM BORIS KARLOFF, TIM O'KELLY, NANCY HSUEH, SANDY BARON E PETER BOGDANOVICH.

Ainda que o assassinato em massa não seja de modo algum um fenômeno exclusivamente moderno — nem estadunidense —, continua sendo uma verdade deprimente o fato de que a década entre 2007 e 2017 testemunhou os cinco piores tiroteios em massa da história dos Estados Unidos, incluindo: o ataque em Sandy Hook que tirou as vidas de vinte alunos primários e seis membros adultos da equipe em 2012; o massacre em uma casa noturna em Orlando que matou 49 pessoas da comunidade LGBT em 2016; e — o atual detentor desse recorde nefasto — o tiroteio em Las Vegas que matou 58 espectadores de um show em 2017. Na verdade, dos doze crimes mais letais desse tipo, apenas um ocorreu antes do fim da década de 1980. Em uma década turbulenta de assassinatos políticos, tumultos urbanos e uma taxa de crimes em ascensão nos guetos, o chamado tiroteio de Texas Tower em 1966 desferiu outro golpe crítico na já abalada sensação de segurança do país.

O perpetrador foi Charles Whitman Jr., de 25 anos. O mais velho de três filhos de um casal de classe média alta de Lake Worth, Flórida, o jovem Charlie era, pelo menos por fora, a personificação quase estereotípica do garoto ideal, bem-apessoado, tipicamente estadunidense dos anos 1950. Loiro, de olhos azuis e bonito, era um aluno atlético de ótimo desempenho e um coroinha devoto que ganhava dinheiro entregando jornais e que se tornou um dos escoteiros mais jovens a alcançar a patente de Águia. Também era, como os eventos viriam a provar, um caldeirão borbulhante de raiva homicida reprimida, cuja fúria era direcionada contra o rígido pai.

Um homem ambicioso e bem-sucedido por méritos próprios com uma empresa de encanamento em expansão, o Whitman pai era um disciplinador rigoroso que exigia que os filhos se dirigissem a ele como "senhor"; de acordo com sua filosofia de "criança mimada, criança estragada", ele administrava "surras" com raquete de madeira e cinto. Também era um marido agressivo no âmbito físico; como ele mesmo admitiu, bateu na esposa "em muitas ocasiões. Minha esposa era muito teimosa e... por conta do meu temperamento, eu descia a mão nela", explicou.

Como muitos garotos dos Estados Unidos, Charlie Jr. aprendeu a atirar desde cedo com o pai, um confesso "fanático por armas". Uma fotografia de Charlie, que mais tarde viria a aparecer na página doze da reportagem de capa que a revista *Life* publicou sobre o crime, o mostra aos dois anos de idade em uma praia da Flórida, olhando com afeto para o cachorro da família enquanto segura um rifle de alto calibre em cada mão. "Criei meus rapazes para saberem como manusear armas", o pai viria a proclamar cheio de orgulho. "Charlie já conseguia acertar um esquilo no olho quando tinha dezesseis anos."

Para seus colegas de turma no ensino médio, Charlie — como um deles depôs — parecia "completamente normal. Um garoto como outro qualquer". Ele arremessava no time de beisebol, namorava garotas e se saía bem o suficiente nas aulas para se formar em sétimo lugar em uma turma de 72 alunos. Embora parecesse destinado a ir para a faculdade, uma briga com o pai mudou o curso de sua vida.

Pouco antes de seu aniversário de dezoito anos, Charlie voltou bêbado de uma festa. Enfurecido, seu pai foi para cima dele com os punhos, depois o empurrou para dentro da piscina, onde o adolescente embriagado e ainda vestido quase se afogou. Essa foi a humilhação final para Charlie. Alguns dias depois, tanto para despeitar o pai quanto para se afastar dele o máximo possível, Charlie se alistou no Corpo De Fuzileiros Navais.

Após o treinamento básico, foi estacionado na base naval da baía de Guantánamo, Cuba, onde, entre outras distinções, se destacou como atirador, obtendo avaliações particularmente altas nas categorias de "disparo rápido à longa distância" e "acurácia contra alvos em movimento". Com ambições de ser promovido, solicitou e ganhou uma bolsa de estudos do Corpo de Fuzileiros Navais para a Universidade do Texas em Austin, onde — se tivesse mantido os padrões necessários — teria obtido um diploma em engenharia mecânica, para em seguida passar dez meses na Officer Candidate School antes de se tornar um oficial comissionado.

 CHARLIE: Uma pessoa poderia repelir um exército dali de cima antes que conseguissem pegá-lo.

Alguns meses depois de entrar para a universidade, Charlie, então com 22 anos, conheceu e começou a namorar uma bela estudante de pedagogia, Kathleen Leissner, dois anos mais nova. Depois de um namoro de seis meses, eles se casaram em agosto de 1962. Àquela altura, as primeiras rachaduras na fachada de garoto de ouro de Charlie tinham começado a aparecer. Ele foi preso por abater ilegalmente um cervo (que ele então arrastou de volta para o dormitório e estripou no banheiro comunitário), passou a dever muito dinheiro para pessoas repulsivas com quem jogava pôquer e mal conseguiu tirar notas passáveis em seus cursos. Em uma determinada ocasião, deixou um amigo desconcertado com um comentário casual que viria a se mostrar assustadoramente profético. Fitando a torre que é o marco da universidade, Charlie observou: "Uma pessoa poderia repelir um exército dali de cima antes que conseguissem pegá-lo".

Em fevereiro de 1963, a bolsa de estudos de Charlie foi revogada, e ele voltou ao serviço ativo no Camp Le Jeune, Carolina do Norte. Antes que o ano chegasse ao fim, foi julgado pela corte marcial por apostas, posse de arma de fogo não autorizada e usura (resultado de uma ameaça de "arrancar aos chutes os dentes" de outro fuzileiro que se recusou a pagar juros de 50% sobre um empréstimo de 30 dólares). ==Declarado culpado, foi sentenciado a um mês na==

cadeia do quartel e rebaixado de anspeçada a soldado raso. Apesar de seu histórico vergonhoso, recebeu uma dispensa honrosa quando deixou o serviço militar em dezembro de 1964.

Depois de retornar a Austin, Charlie voltou a se matricular na universidade, formando-se primeiro em engenharia mecânica antes de trocar para engenharia arquitetônica, um curso integrado que, como disse ao seu conselheiro acadêmico, lhe permitiria "expressar seus talentos artísticos de uma maneira melhor". Com o grande apoio de Kathy, que tinha arrumado emprego como professora de ciências do ensino médio, ele complementava a renda dos dois com empregos de meio período como caixa de banco, cobrador de dívidas e vendedor de loja de roupas, enquanto lidava com uma carga de estudos bastante pesada e atuava como chefe dos escoteiros de uma tropa local. Os efeitos das pressões combinadas do trabalho e dos estudos começaram a aparecer. Ele sofria de dores de cabeça debilitantes, ganhou tanto peso que os escoteiros o chamavam de Porky,[1] roía as unhas até a carne e suava profusamente, mesmo nos dias frios de dezembro. O fim do casamento de seus pais veio para se somar a essas tensões. Depois de suportar anos de abuso, sua mãe abandonou o marido em março de 1966 e se mudou para Austin, onde Charlie — assumindo outro fardo — diligentemente "cuidou dela e tentou garantir que não ficasse sobrecarregada".

Afundando em depressão, Charlie logo largou a faculdade, falou abertamente em matar o pai e anunciou que iria abandonar Kathy. Ela por fim o convenceu a se consultar com um psiquiatra do centro médico da universidade, o dr. Maurice Dean Heatley, que concluiu que o jovem estava "transbordando hostilidade". Embora Charlie tivesse confessado que estava "pensando em subir na torre e... atirar nas pessoas", Heatley — que tinha ouvido muitas vezes tais "declarações indiscriminadas de hostilidade generalizada" de seus pacientes — não ficou muito preocupado. Prescreveu para Charlie o calmante Librium e marcou uma consulta para vê-lo de novo em uma semana. Mas Charlie nunca mais voltou.

Às 18h45 do domingo, 31 de julho de 1966 — enquanto a esposa estava em seu emprego de meio período como telefonista —, Charlie, em preparação para as atrocidades que estava prestes a cometer, se sentou diante de sua máquina de escrever portátil e começou a ciscar no teclado. "Não entendo muito bem o que me leva a datilografar esta carta", começou:

---

[1] *Porky* pode ser uma gíria depreciativa para alguém acima do peso, ou o nome em inglês do personagem Gaguinho dos desenhos do Pernalonga. [NT]

Talvez seja para deixar alguns motivos vagos para os atos que realizei recentemente. Não entendo o que está acontecendo comigo nos últimos tempos. Eu deveria ser um jovem comum, inteligente e sensato. No entanto, recentemente (não consigo me lembrar de quando começou) venho sendo vítima de muitos pensamentos incomuns e irracionais. Esses pensamentos se repetem o tempo todo, e é preciso um enorme esforço mental para me concentrar em tarefas úteis e contínuas... Conversei com um médico uma vez por umas duas horas e tentei expressar para ele os medos que eu sentia chegar em esmagadores impulsos violentos. Depois de uma sessão, não voltei a ver o médico, e desde então venho enfrentando minha confusão mental sozinho, e ao que parece está sendo em vão.

Então, em uma declaração que ficou ainda mais chocante por seu tom calmo e comedido, escreveu:

Depois de pensar muito, decidi matar minha esposa, Kathy, hoje à noite depois de ir buscá-la no trabalho na companhia telefônica. Eu a amo muito, e ela vem sendo para mim uma esposa tão boa quanto qualquer homem poderia esperar. Não consigo identificar de maneira racional nenhum motivo específico para fazer isso. Não sei se é egoísmo, ou se não quero que ela tenha que encarar a vergonha que minhas ações com certeza lhe fariam sentir. Neste momento, porém, a razão principal em minha mente é que eu sinceramente não acredito que valha a pena viver neste mundo, e estou preparado para morrer, e não quero deixá-la nele para sofrer sozinha. Pretendo matá-la da maneira mais indolor possível.

"Motivos parecidos me forçaram a tirar a vida da minha mãe também", acrescentou, como se essa atrocidade já fosse um fato consumado. "Não acredito que a pobre mulher tenha alguma vez desfrutado da vida como é o seu direito."

Três horas depois, Charlie foi buscar a esposa no prédio da Southwestern Bell Telephone Company e a deixou em casa antes de seguir para o apartamento da mãe. Não se sabe exatamente como ele matou a mãe, ainda que, com base nas evidências forenses, pareça que ele a tenha estrangulado com uma mangueira de borracha de 1,5 m de cumprimento até ela perder a consciência, esfaqueou seu peito com uma faca de caça, em seguida atirou na parte de trás da cabeça ou esmagou o crânio com um objeto pesado. Depois de limpar o sangue das mãos, se sentou com um bloco de anotações e uma caneta esferográfica e escreveu:

A quem possa interessar:
    Acabei de tirar a vida da minha mãe. Estou muito transtornado por ter feito isso. Entretanto, sinto que se existe um paraíso, ela com certeza está lá agora. E se não houver vida após a morte, eu a livrei do sofrimento daqui da Terra. O intenso ódio que sinto por meu pai é indescritível. Minha mãe entregou àquele homem os melhores 25 anos de sua vida, e visto que finalmente não aguentou mais suas surras, humilhações, degradações e tribulações [escolheu] abandoná-lo... Sinto muito por essa ter sido a única maneira que vi de livrá-la de seu sofrimento, mas acho que foi para o melhor. Não deixe que haja dúvidas em sua mente quanto ao fato de eu ter amado essa mulher com todo meu coração. Se existe um Deus, deixe que ele compreenda minhas ações e me julgue de acordo.

Passava um pouco das 2h quando Charlie voltou para seu apartamento. Kathy dormia profundamente, nua embaixo dos lençóis. Depois de descobrir seu corpo, ele a esfaqueou cinco vezes no peito com sua faca de caça. Então acrescentou um adendo escrito à mão ao bilhete que tinha datilografado na tarde anterior:

    Imagino que possa parecer que matei brutalmente meus dois entes queridos. Eu só estava tentando fazer um trabalho rápido e meticuloso. Se a apólice do meu seguro de vida estiver válida, por favor... quitem todas as minhas dívidas... Façam uma doação anônima a uma fundação de saúde mental. Talvez pesquisas possam evitar mais tragédias desse tipo. Charles J. Whitman.

==Charlie passou as próximas sete horas fazendo preparações meticulosas para o que ele claramente pretendia que fosse um ataque prolongado.== Depois de encher sua maleta militar com uma variedade de armas e suprimentos suficientes para durarem diversos dias — tudo desde água e comida enlatada a desodorante e papel higiênico —, ele saiu diversas vezes, primeiro para alugar um carrinho de mão e depois para comprar mais armas de fogo de alta potência e centenas de cartuchos de munição. Quando o atendente da loja de armas perguntou por que ele precisava de toda aquela munição, Charlie respondeu: "Para atirar em alguns porcos".
    Com o arsenal e a maleta militar guardados no carro, Charlie dirigiu até o campus, chegando por volta das 11h30. Pegou o elevador até o 27º andar da torre, então arrastou os equipamentos por alguns degraus até o deque de observação. Quando a recepcionista, Edna Townsley, de 47 anos, o abordou, ele desferiu um golpe mortal na parte de trás de seu crânio com a coronha de um rifle, depois escondeu o corpo atrás de um sofá. Alguns minutos depois, uma

BILHETE DE CHARLIE: Imagino que possa parecer que matei brutalmente meus dois entes queridos. Eu só estava tentando fazer um trabalho rápido e meticuloso.

família de turistas apareceu no topo das escadas. Charlie os acertou com disparos de sua espingarda de cano serrado, matando dois e aleijando permanentemente dois outros.

Depois de obstruir a porta que dava para o deque de observação, Charlie se acomodou para cuidar do assunto principal. De seu ponto de observação em cima da torre de 85 metros de altura, ele tinha uma vista desobstruída do campus — uma plataforma de caça ideal para um franco-atirador psicopata; começou a disparar contra alvos aleatórios com seu rifle de alto calibre com mira telescópica. Um entregador de jornal em sua bicicleta foi o primeiro a ser abatido. Foi seguido de uma dupla de calouros a passeio, um deles uma moça recém-casada e grávida de oito meses; um professor de matemática visitante de 33 anos a caminho do almoço com um amigo; um policial correndo na direção da torre; um técnico de manutenção elétrica voltando para sua picape depois de fazer um telefonema; e muitos outros. ==Quando o massacre chegou ao fim, noventa minutos depois, doze pessoas tinham sido mortas e outras 31 tinham sido feridas.==

Protegido pelo parapeito de pedra que rodeava o deque de observação, Charlie estava invulnerável à torrente de disparos dos mais de cem policiais que acorreram ao local. Quando um atirador de elite da polícia em um ultraleve tentou atingi-lo de cima, Charlie obrigou a aeronave a se afastar com alguns disparos certeiros na fuselagem.

O horror chegou ao fim apenas quando um patrulheiro de folga, Ramiro Martincz, junto com outros dois policiais e um corajoso funcionário da universidade conseguiram alcançar a torre. Depois de subirem até o deque de observação, Martinez conseguiu avançar de fininho até Whitman e o alvejou com todas as balas de seu revólver, enquanto outro policial, Houston McCoy, disparou o golpe de misericórdia com uma espingarda. "O ataque mais brutal perpetrado por apenas um homem na história criminal dos Estados Unidos" — como a revista *Life* o chamou — tinha chegado ao fim. Mas, ==como alguns eventos viriam a provar de maneira trágica, a era moderna dos atiradores em massa tinha apenas começado.==

Dois filmes de não ficção foram feitos sobre o massacre na Universidade do Texas: *A Torre da Morte*, um filme feito para a TV de 1975 estrelando Kurt Russell como Whitman, e *Tower*, um documentário fascinante de 2016 que combina filmagens de arquivo e animações por rotoscopia para contar a história inteiramente a partir do ponto de vista daqueles que vivenciaram o horror — testemunhas, sobreviventes e heróis anônimos do tiroteio. O caso do franco-atirador do Texas também serviu de inspiração para um fascinante filme B que impulsionou a carreira de um dos principais jovens diretores dos anos 1970, Peter Bogdanovich.

ORLOK (choroso): Meu tipo de terror não é mais assustador. Ninguém tem medo de um monstro pintado.

Um cinéfilo de longa data que, começando aos doze anos, criou fichas catalográficas de cada um dos 5.316 filmes que viria a assistir, Bogdanovich transformou sua obsessão cinematográfica em um trabalho remunerado no começo da casa dos vinte anos quando começou a escrever perfis de seus diretores hollywoodianos favoritos para a revista *Esquire*. Ansioso para se tornar ele próprio um cineasta, Bogdanovich e a esposa se mudaram para Los Angeles onde, em 1965, foi apresentado a Roger Corman, o lendário rei dos filmes do cinema apelativo, responsável por joias do cinema drive-in como *Os Devoradores de Cérebro*, *Teenage Caveman* e *O Ataque das Sanguessugas Gigantes*, assim como uma aclamada série de adaptações de contos de Edgar Allan Poe estrelando Vincent Price.

Um admirador dos artigos de Bogdanovich publicados na *Esquire*, Corman — famoso por ter impulsionado as carreiras de diretores como Francis Ford Coppola, Martin Scorsese, Ron Howard e James Cameron — o contratou como assistente de direção em seu projeto mais recente, um filme de baixo orçamento sobre uma gangue de motociclistas, *Anjos Selvagens*. Bogdanovich acabou por reescrever o roteiro, encontrar locações, atuar como diretor de segunda unidade e ser espancado por um grupo de Hell's Angels que tinham sido contratados como figurantes.

Quando o filme se tornou um sucesso inesperado de bilheteria, rendendo quase vinte vezes mais seu custo de produção de 350 mil dólares, Corman ofereceu a Bogdanovich a chance de dirigir. Houve apenas uma condição. Alguns anos antes, Corman tinha feito um filme de terror às pressas com um visual impressionante, mas não muito coerente, *Sombras do Terror*, estrelando um jovem Jack Nicholson como um oficial da cavalaria do Exército de Napoleão e, como o assombrado proprietário de um castelo gótico assustador, Boris Karloff, então com 78 anos, cujas cenas foram filmadas em três dias.

De acordo com os termos de seu contrato, Karloff ainda devia a Corman dois dias de trabalho. Sempre à procura de maneiras de fazer filmes por uma bagatela, Corman propôs que Bogdanovich "filmasse vinte minutos com Karloff em dois dias", depois editasse as novas cenas com vinte minutos de filmagens tiradas de *Sombras do Terror*. "Então teremos quarenta minutos com Karloff", explicou. "Depois quero que você vá filmar com outros atores durante dez ou doze dias e filme quarenta minutos com eles, e eu terei um novo filme de oitenta minutos com Karloff!"

Embora tenha agarrado a oportunidade de dirigir o filme, Bogdanovich a princípio ficou um pouco perdido em relação a como proceder. Então, como contou mais tarde a um entrevistador,

> nós lembramos que quando estivemos em Nova York da última vez, o editor Harold Hayes da *Esquire* tinha dito: "Por que você não faz um filme sobre aquele cara no Texas que atirou em todas aquelas pessoas em 1966?"... Então pensamos, *E se Karloff interpretasse um ator que estivesse se aposentando porque seu tipo de terror não é mais assustador?* O que é assustador de verdade é aquele sujeito no Texas. Então, e se contássemos uma história alternando essas duas histórias?

O resultado foi o suspense de 1968 dirigido por Bogdanovich, *Na Mira da Morte*, o filme de estreia de um diretor que viria a alcançar um enorme (mesmo que passageiro) sucesso com a trinca *A Última Sessão de Cinema* (1971), *Essa Pequena é uma Parada* (1972) e *Lua de Papel* (1973). ==Tanto uma elegia para os filmes de terror gótico do passado, com seus cenários atmosféricos europeus, quanto uma representação assustadoramente presciente de um novo tipo de monstro — o indiferente assassino psicótico tipicamente estadunidense —, o filme conta com Karloff como uma versão mal disfarçada de si mesmo==, um envelhecido ícone dos filmes de terror chamado Byron Orlok (cujo nome, além de soar como o dele próprio, é uma homenagem ao assustador vampiro do clássico do cinema mudo de F.W. Murnau, *Nosferatu*).

Depois de assistir a uma exibição de seu último filme, *Sombras do Terror*, Orlok anuncia sua intenção de se aposentar. Ele é, proclama, "uma antiguidade", "um dinossauro". Outrora, ele foi "o sr. Bicho Papão, o Rei do Sangue".

Como um antigo slogan publicitário dizia, "os Irmãos Marx te fazem rir, Garbo te faz chorar, Orlok te faz gritar". Agora os filmes que o deixaram famoso são vistos como anacronismos risíveis — "exagerados e artificiais".

Sua decisão é um choque em particular para um jovem roteirista, Sammy. Interpretado de maneira cativante pelo próprio Bogdanovich, Sammy escreveu um roteiro que se parece bastante com o de *Na Mira da Morte* no qual Orlok interpretaria a si mesmo, não "algum falso vilão vitoriano". Depois de aparecer bêbado no quarto do hotel em que Orlok está hospedado, Sammy tenta convencê-lo a mudar de ideia. Orlok, porém, está inflexível. Folheando uma pilha de jornais sobre a mesinha de centro, ele encontra o que está procurando e o joga no colo de Sammy. JOVEM MATA SEIS EM SUPERMERCADO, diz a manchete. "Olhe só isso", diz Orlok. "Meu tipo de terror não é mais assustador. Ninguém tem medo de um monstro pintado."

Intercalado com a história de Orlok, temos o enredo envolvendo o verdadeiro monstro do filme, um jovem corretor de seguros bem-apessoado, Bobby Thompson (Tim O'Kelly), bastante baseado em Charles Whitman. Nós o vimos pela primeira vez em uma loja de armas, onde está comprando um rifle de alto calibre com mira telescópica, assim como munição e pentes extras (*Na Mira da Morte* também é uma crítica séria sobre a fácil obtenção de armas de fogo nos Estados Unidos). Ele então dirige até uma casa comum estilo fazenda em San Fernando Valley que ele e a esposa dividem com seus pais. Enquanto leva a vida mundana estereotípica de um suburbano de classe média — assistindo TV com a família no sofá da sala de estar, dando graças à mesa de jantar, indo ao estande de tiro com o pai —, Bobby começa a estocar um arsenal.

Como Whitman, que admitiu ter se sentido cada vez mais dominado por "pensamentos irracionais", Bobby, conforme diz à esposa, está começando a ter "ideias esquisitas". Na manhã seguinte, depois de datilografar uma carta anunciando a intenção de matar a esposa e a mãe, ele atira nas duas mulheres, além de balear um desafortunado entregador, então segue até seu arsenal para dar continuidade ao ataque. Em um filme repleto de alusões aos filmes favoritos de Bogdanovich, Bobby primeiro se posiciona no topo de um tanque de armazenamento de petróleo (uma aparente homenagem ao clímax do clássico *Fúria Sanguinária*, com James Cagney), onde começa a atirar em veículos que passam na rodovia próxima. Através da mira telescópica de Bobby, nós vemos os passageiros afundando nos assentos quando são atingidos na cabeça por seus disparos — imagens que parecem deliberadamente baseadas nas famosas imagens amadoras de Abraham Zapruder do assassinato de Kennedy, que, na época do lançamento de *Na Mira da Morte*, tinha acontecido poucos anos antes.

Ele então segue até o cinema drive-in onde o personagem de Karloff tinha concordado em fazer uma aparição na estreia de *Sombras do Terror*. Na sequência final, Bobby se esconde nos andaimes atrás da tela e passa a matar os espectadores com seu rifle de franco-atirador até ser impedido pelo destemido Byron Orlok. Se o público de 1968 deveria associar a violência do filme com o assassinato de Kennedy e o massacre de Texas Tower, ninguém que o assista hoje pode deixar de se lembrar do massacre de 2012 em um cinema em Aurora, Colorado, onde um atirador ensandecido matou uma dúzia de pessoas e feriu quase sessenta durante uma exibição noturna de *Batman – O Cavaleiro das Trevas Ressurge* — prova da relevância lúgubre e contínua deste filme cult extremamente perturbador.

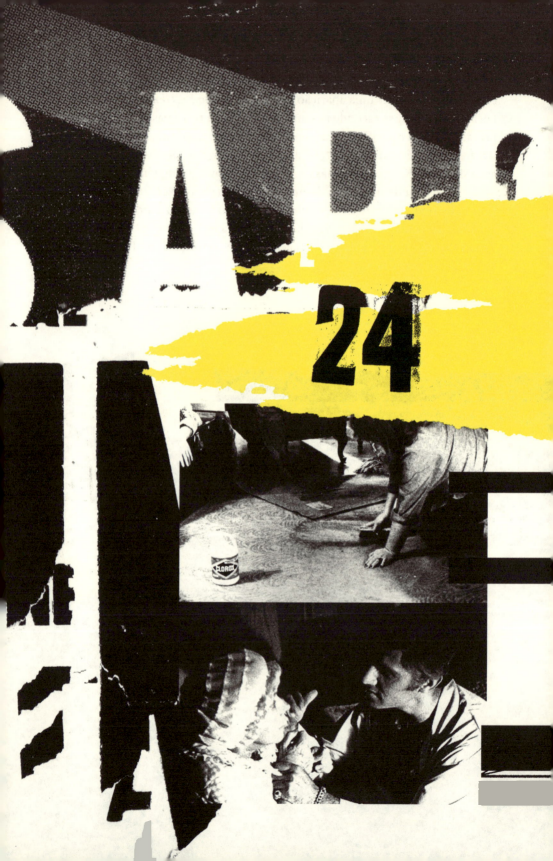

ANATOMIA TRUE CRIME DOS FILMES

LUA DE MEL
DE ASSASSINOS

THE HONEYMOON KILLERS, 1970 DIRIGIDO E ESCRITO POR LEONARD KASTLE. COM SHIRLEY STOLER, TONY LO BIANCO, MARY JANE HIGBY, DORIS ROBERTS, KIP MCARDLE E MARILYN CHRIS.

Ainda que a maioria dos assassinos em série prefira se dedicar aos seus prazeres pervertidos por conta própria, alguns — como os "Estranguladores de Hillside", Angelo Buono e Kenneth Bianchi, ou a pavorosa dupla Henry Lee Lucas e Ottis Toole — preferem cometer suas atrocidades com um parceiro. Também existem casos de "casais assassinos": amantes casados ou que moram juntos cujo relacionamento romântico envolve um prazer compartilhado pelo homicídio em série. Um caso clássico é aquele dos "Assassinos das Solteiras Solitárias", Martha Beck e Raymond Fernandez.

Nascido em Honolulu de pais espanhóis em 1914, Ray tinha três anos quando a família se mudou para Bridgeport, Connecticut. Embora detalhes biográficos sobre sua infância sejam escassos, acredita-se que ele sofria surras rotineiras e brutais nas mãos do pai alcoólatra e que foi preso por roubo aos quinze anos. Aos dezoito, ele se mudou para a Espanha para trabalhar na fazenda de um tio e, poucos anos depois, estava casado e com quatro filhos. Durante a Guerra Civil Espanhola, lutou algum tempo ao lado dos fascistas. Com a eclosão da Segunda Guerra Mundial, abandonou a esposa e os filhos e se alistou na Marinha Mercante. Um grave ferimento cerebral, sofrido quando foi atingido na cabeça pela tampa de aço de uma escotilha, supostamente o deixou com uma depressão permanente no crânio e uma personalidade bastante alterada.

Pouco depois do fim da guerra, ele roubou alguns equipamentos de um navio militar só para ver se "conseguiria se safar do crime". Foi sentenciado a um ano de prisão no centro de detenção federal em Tallahassee, Flórida, onde, de acordo com diversos relatos, se tornou amigo de um prisioneiro haitiano que o iniciou nos mistérios da religião vodu. Quando recebeu liberdade condicional em 1946, tinha se convencido de que, por meio de rituais de vodu, poderia exercer um controle místico sobre as mulheres.

Depois de se mudar para um apartamento encardido no Brooklyn, passou a se sustentar com diversos trabalhos diurnos — trabalhador de construção civil, carregador de cargas nas docas — enquanto dedicava as noites a um projeto com maior potencial lucrativo: empregar seus novos poderes no ocultismo para roubar os bens de mulheres vulneráveis. Ao obter nomes e endereços de centenas de mulheres à procura de amor em uma agência matrimonial, Ray começou a se corresponder com dezenas dessas viúvas, divorciadas e solteironas solitárias. Não se sabe ao certo quantas dessas mulheres ele veio a conhecer e defraudar. O que se sabe é que, no outono de 1947, ele iniciou um intenso flerte com a sra. Jane Lucilla Thompson, "uma nutricionista jovial de rosto sem atrativos que trabalhava no Manhattan's Presbyterian Hospital" (como os jornais a descreveram), que tinha se separado do marido há pouco tempo e dividia com a mãe idosa um apartamento de seis cômodos no Upper West Side em Manhattan. Em pouco tempo, Ray tinha alugado um apartamento pequeno no mesmo edifício. Algumas semanas depois, o casal, agora noivo, embarcou em uma viagem para a Espanha, onde — de acordo com o que Jane contou para a mãe — Ray planejava "lhe mostrar a terra de seus antepassados" antes do casamento. Quando Ray voltou para a cidade de Nova York em dezembro, contudo, estava sozinho; Jane tinha morrido no quarto do hotel em Cádiz, supostamente de um ataque cardíaco.

Usando documentos supostamente assinados por Jane que o transformavam em seu principal beneficiário, Ray tomou posse do apartamento, despejou a mãe dela e logo voltou à máquina de escrever; dessa vez respondeu um anúncio publicado por uma agência chamada Mother Dinene's Family Club for

Lonely Hearts (Clube Familiar da Mãe Dinene para Solteiros). Em sua carta, Ray descreveu a si mesmo como um empresário de sucesso no ramo de importação e exportação, dono de um apartamento em Manhattan "grande demais para um solteiro". Depois de uma breve troca de correspondências cada vez mais ardentes, Ray e sua nova vítima em potencial combinaram de se conhecer. No dia 28 de dezembro de 1947, ele chegou de trem em Pensacola, Flórida, para o fatídico encontro com sua futura parceira de depravação, Martha Beck.

De uma obesidade mórbida desde a infância devido a um "distúrbio hormonal", ==Martha, aos 27 anos, já tinha sofrido o tipo de humilhação implacável que é quase uma garantia de desenvolvimento de uma personalidade sociopata.== O peso e o corpo que amadureceu de maneira prematura faziam com que ela fosse um objeto de escárnio das outras crianças. Antes de chegar à adolescência, foi estuprada repetidas vezes por um irmão mais velho. Grávida, recorreu a um aborto autoinduzido usando uma mistura de terebintina e pólvora. Quando a mãe descobriu o que tinha acontecido, culpou Martha por provocar a agressão e lhe deu uma surra por "causar problemas na família".

Embora tenha se formado em primeiro lugar da turma em uma escola de enfermagem em Pensacola, nenhum hospital quis contratá-la "por conta de seu excesso de peso". Treinada para cuidar dos vivos, ela foi reduzida a cuidar dos mortos, aceitando um emprego em uma funerária, onde passava seus dias preparando cadáveres de mulheres para os enterros.

Ela afinal pôde praticar a profissão de sua escolha em 1942, quando se mudou para a Califórnia e encontrou um emprego como enfermeira em um hospital do Exército. Frequentando os bares à noite, engravidou de um de seus muitos amantes, um soldado que — em vez de se casar com ela — se jogou de uma ponte em uma tentativa de suicídio.

Depois de voltar, envergonhada, para sua cidade natal de Milton, Flórida, Martha deu à luz uma menina, alegando que o pai era um oficial da Marinha com quem tinha se casado pouco antes de ele ser enviado para o Pacífico Sul e ser morto em serviço. Alguns anos depois, voltou a engravidar, dessa vez de um motorista de ônibus chamado Alfred Beck, que concordou em se casar com ela. Antes que o casamento chegasse ao fim, seis meses depois, Martha tinha dado à luz seu segundo filho, dessa vez um menino.

Pouco depois, ela arrumou um emprego em um hospital infantil em Pensacola, onde logo foi promovida ao cargo de supervisora. ==Ainda que tivesse conquistado um certo nível de sucesso profissional, sua vida pessoal continuava desanimadora como sempre, e ela se refugiou no mundo de fantasia das revistas de fofocas e romances melosos de Hollywood.== Em algum momento em 1947, uma colega de trabalho — por pena ou como uma pegadinha cruel — lhe enviou um formulário para um clube de relacionamentos. Superando a sensação inicial de humilhação, Martha se matriculou. Duas semanas depois de postar um anúncio no boletim informativo do clube, ela foi contatada por Ray Fernandez, que em breve viajaria para Pensacola.

"Quando aquele homem desceu do trem e eu o vi pela primeira vez", Martha contaria mais tarde, "eu acreditei que estava apaixonada — um amor tão grande que iria viver tanto quanto eu." Não se sabe exatamente o que Ray pensou quando viu Martha — "uma mulher bastante sem graça", como os jornais a descreveram, de aproximadamente 1,68 m de altura e pesando mais de noventa quilos. O que quer que tenha sido, os dois logo se tornaram amantes. Pouco tempo depois de ele voltar à cidade de Nova York, Martha o seguiu, seus dois filhos pequenos a reboque. Quando Ray deixou claro que não tinha nenhuma intenção de se tornar um "homem de família", Martha, sem nenhuma hesitação aparente, abandonou as crianças no centro do Exército da Salvação mais próximo. Muitos anos iriam se passar até que ela voltasse a vê-las.

Emocionado por essa demonstração de devoção — e em escravidão sexual nas mãos de uma Martha voraz e sedenta de amor —, Ray confessou a verdade: ele não era um empresário legítimo, mas sim um gigolô que ganhava dinheiro ludibriando mulheres solitárias que conhecia por meio de anúncios matrimoniais. Longe de se sentir desencorajada por essa revelação, Martha concordou com entusiasmo em se tornar sua cúmplice.

Pouco antes do Dia dos Namorados de 1948, os dois patifes — fingindo ser cunhados — viajaram para Royersford, Pensilvânia, para encontrar o alvo mais recente de Ray, Esther M. Henne, uma professora de 41 anos do Pennhurst Asylum, um instituto para crianças "com deficiências intelectuais". Menos de duas semanas depois, Esther virou a sra. Raymond Fernandez. Logo após se estabelecer no apartamento de seu novo marido em Manhattan, ele deixou de ser o cavalheiro "gentil e cortês" que a tinha deixado arrebatada e se transformou em um "maníaco alucinado".

"Durante quatro dias", ela contou aos repórteres mais tarde, "ele foi muito educado comigo. Até que ele me deu uma bronca quando me recusei a transferir a posse de minhas apólices de seguro de vida e meus fundos de professora para ele... [Ele] se tornou rude, mal educado e vulgar." Ao voltar para casa depois de comparecer a um compromisso no dia 8 de março — nove dias depois do casamento — Esther descobriu que todas suas joias, incluindo seu relógio de pulso e o anel de diamante, tinham desaparecido do apartamento, assim como 500 dólares em dinheiro. A polícia logo rastreou as joias roubadas até uma loja de penhores local e descobriu que tinham sido penhoradas pela suposta cunhada de Ray, Martha, que estava morando em outro quarto do apartamento.

Àquela altura, Esther tinha motivos para se perguntar por que Ray passava tanto tempo no quarto de Martha todas as noites. "Ele disse que a sra. Beck era uma parente", relatou ela, "mas eu suspeitava de que eles tinham relações íntimas." Histórias perturbadoras sobre seu marido chegaram aos seus ouvidos: a antiga dona do apartamento, Jane Thompson, tinha viajado com ele para o exterior e "morrido lá de maneira misteriosa"; ele já era um homem casado, com uma esposa e quatro filhos na Espanha; havia "uma mulher na Filadélfia que tinha engravidado dele". No dia 31 de março, um mês depois do casamento, Esther Henne Fernandez fez as malas, entrou no carro, voltou correndo para a Pensilvânia e tratou logo de entrar com um pedido de divórcio.

Pouco depois, Ray e Martha escapuliram para Chicago, onde arrumaram empregos diurnos, ele como operador de máquina e ela como enfermeira registrada no St. Luke's Hospital. As noites eram passadas esquadrinhando as seções de anúncios pessoais nos jornais e escrevendo cartas para as inúmeras correspondentes da agência de relacionamentos de Ray.

Naquele verão, depois de desperdiçar algumas semanas com uma decepcionante vítima em potencial — uma mulher da Carolina do Norte chamada Ruby Mercer que se mostrou tão pobre, que Ray abandonou seu plano de ludibriá-la —, ele focou suas atenções em uma presa mais promissora: a sra. Myrtle Young de Green Forest, Arkansas, uma abastada divorciada de quarenta anos que tinha dois filhos já adultos. No dia 14 de agosto, dois dias depois de chegar em Chicago para conhecer o cavalheiro charmoso com quem estivera se correspondendo, Myrtle e Ray se casaram. Após 24 horas, ela tinha sido convencida a depositar metade dos 4 mil dólares de suas economias em uma conta conjunta com seu novo marido e a usar o restante para lhe comprar um carro. Enfurecida de ciúmes, Martha — agora fingindo ser irmã de Ray — fez tudo ao seu alcance para impedir que Ray dormisse com a nova esposa. Em 16 de agosto, Martha lhe administrou em segredo uma dose grande de barbituratos. Myrtle foi então levada ao terminal de ônibus e despachada de volta ao Arkansas, onde, no dia 21 de agosto — exatamente uma semana depois do casamento — morreu no hospital em decorrência de "hemorragia cerebral".

As poucas vítimas seguintes dos dois réprobos tiveram mortes ainda mais terríveis do que a de Myrtle Young. No final de 1948, Ray começou a se corresponder com uma mulher de Albany, Nova York, a sra. Janet J. Fay, que escreveu dizendo ser uma viúva atraente e frequentadora da igreja na casa dos quarenta anos que gostava de dançar e tinha economizado quase 7 mil dólares. Quando Ray, acompanhado da "irmã" Martha, viajou para conhecê-la no final de dezembro, descobriu que ela não tinha sido completamente honesta com ele. Ela, na verdade, tinha 66 anos e pesava pelo menos dez quilos a mais do que tinha dito. Ainda assim, estivera dizendo a verdade sobre o único detalhe que lhe interessava, o tamanho de sua conta bancária.

 MARTHA: Minha história é uma história de amor. Apenas aqueles que foram torturados pelo amor, como eu fui, entendem o que quero dizer.

Em um intervalo de poucos dias, ela aceitou o pedido de casamento de Ray, transferiu seus bens para o noivo bem-educado e viajou com ele e sua futura cunhada para Long Island, onde Ray e Martha estavam dividindo um apartamento em Valley Stream. Na noite de sua chegada, 4 de janeiro de 1949, Martha — em um paroxismo de ciúme — deixou Fay inconsciente com um golpe de um martelo bola. Ray terminou o serviço ao enforcá-la com um cachecol. Depois de esconderem o corpo em um armário, removeram as manchas de sangue do quarto. Pela manhã, compraram um baú, enfiaram o corpo dentro e se dirigiram para o Queens, onde o deixaram no porão da inocente irmã de Ray durante alguns dias antes de levá-lo para uma casa alugada e enterrá-lo sob o piso de cimento do porão.

Menos de três semanas depois, o casal assassino se pôs a caminho de Michigan para se encontrar com o alvo mais recente de Ray, Delphene Downing, uma viúva de 41 anos que morava com a filha de dois anos, Rainelle, em um subúrbio de Grand Rapids. A princípio arrebatada pelo charme bajulador de Ray, Delphene, como muitas de suas vítimas, começou a transferir suas finanças para o homem com quem esperava se casar. Ao contrário de suas predecessoras ingênuas demais, porém, ela começou a suspeitar de que seu futuro marido não era a pessoa que fingia ser. Ao que parece, o ponto de virada aconteceu quando ela se deparou com Ray sem a peruca que ele tinha passado a usar para esconder a calvície cada vez mais pronunciada. Depois de acusá-lo de tê-la enganado, ela teve um ataque de nervos. Veio a se acalmar algum tempo depois, ainda que apenas após aceitar alguns soníferos que Martha lhe ofereceu. Visto que parecia claro que Delphene estava prestes a cancelar o casamento e reivindicar o dinheiro, Ray atirou nela enquanto ela dormia, com uma pistola que tinha pertencido ao falecido marido, e então, com a ajuda de Martha, enterrou o corpo em um buraco cavado às pressas no porão. No dia seguinte, ao se verem sobrecarregados com a inconsolável filha de dois anos de Delphene, Martha afogou a menininha na pia do porão. Depois de a enterrarem ao lado da mãe e preencherem as covas com cimento, comemoraram com uma ida ao cinema.

Em vez de fugirem da cena do crime de imediato, os dois permaneceram na casa por três dias, ao que parece, enquanto esperavam o cimento endurecer. Antes de conseguirem fugir, uma dupla de policiais, alertada pelo antigo sogro de Delphene, apareceu à porta da frente. **Não demorou muito para encontrarem os dois túmulos improvisados no porão.**

Detidos, Ray e Martha fizeram uma extensa confissão, admitindo terem cometido algo em torno de dezessete assassinatos ao longo de sua onda de crimes. "Os Assassinos das Solteiras Solitárias", como foram chamados, viraram celebridades nos tabloides da noite para o dia. Extraditados para Nova York, foram julgados pelo homicídio de Janet Fay, condenados e sentenciados à morte. Antes de ser levado à cadeira elétrica em 8 de março de 1951, Ray exclamou: "Que diabos o público sabe sobre o amor? Quero gritar — Eu amo a Martha!". Martha registrou seus últimos pensamentos em uma declaração para a imprensa:

> Minha história é uma história de amor. Apenas aqueles que foram torturados pelo amor, como eu fui, entendem o que quero dizer. Fui retratada como uma mulher gorda e insensível. Verdade, sou gorda. Mas se isso fosse um crime, quantas do meu sexo seriam culpadas? Não sou desprovida de sentimentos. Não sou burra. Não sou uma idiota. As prisões e o corredor da morte apenas fortaleceram meus sentimentos por Raymond. Na história do mundo, quantos crimes foram atribuídos ao amor?
>
> Aqui estão minhas últimas palavras e meus últimos pensamentos:
> Aquele dentre vós que está sem pecado seja o primeiro que lhe atire uma pedra.
> Eu amo Raymond.

Dezoito anos após suas execuções, a história horripilante de Martha Beck e Raymond Fernandez foi adaptada para o cinema em *Lua de Mel de Assassinos*, o único sucesso cinematográfico de um libretista e compositor de óperas de 39 anos chamado Leonard Kastle, que não viria a fazer nenhum outro filme. Além de escrever o roteiro, Kastle assumiu a direção depois de o diretor contratado inicialmente, um jovem Martin Scorsese, ter passado tanto tempo criando tomadas compostas de maneira artística que ficou óbvio que ele não seria capaz de terminar o filme dentro do orçamento minúsculo de 150 mil dólares.

Interpretando Martha temos Shirley Stoler, cuja primeira aparição de uniforme e chapéu brancos e engomados nos faz pensar na drag queen Divine no papel da enfermeira Ratched. Embora seu físico encorpado e "rosto de pudim sem graça" (como é descrita de maneira pouco generosa em uma biografia oficial) limitassem o número de papéis cinematográficos disponíveis para ela, ==Stoler apresenta uma atuação inesquecível como uma Martha depravada e patética==, que — sentindo-se desejada pela primeira vez por um homem atraente — está mais do que disposta a se envolver em atos de crueldade monstruosa para se agarrar ao amante vigarista.

Tony Lo Bianco (que viria a aparecer em dezenas de filmes, de modo mais memorável como o ladrão de meia-tigela, Sal Boca, em *Operação França*) faz sua estreia no cinema como Ray. Projetando um carisma assustador, ele incorpora de uma maneira perfeita o charme sórdido de amante latino que fazia com que o Ray da vida real fosse tão irresistível para suas vítimas. As cenas de amor entre Lo Bianco e Stoler — que se parecem como uma caricatura obscena do casal da cantiga infantil sobre Jack Sprat e sua esposa[1] — capturam de maneira eficaz a grotesca paixão mútua daquele casal incongruente, enquanto deixam o espectador se sentindo apropriadamente sujo.

O elenco de apoio também é extraordinário, em especial Mary Jane Higby como Janet Fay, retratada como uma tagarela boba tão incrivelmente irritante que até mesmo o mais bondoso dos espectadores pode ser tomado pela vontade de estender a mão para um martelo bola cada vez que ela abre a boca. Embora as cenas com Janet beirem a comédia de humor ácido, seu assassinato desagradável e sórdido, filmado com uma brutalidade direta e crua, é muito mais perturbador do que a violência extrema bastante estilizada de filmes contemporâneos como *Bonnie e Clyde – Uma Rajada de Bala* e *Meu Ódio Será Tua Herança*.

Filmado em preto e branco granuloso no estilo de documentários, *Lua de Mel de Assassinos* a princípio foi menosprezado por alguns críticos convencionais como um grosseiro filme do cinema apelativo. "O filme é tão ruim", escreveu a geralmente perspicaz Pauline Kael, "que eu não o recomendaria a ninguém." Outros, contudo, reconheceram o filme como uma pequena

---

[1] Em português, a cantiga poderia ser traduzida assim: "Jack Sprat comia pouco / Sua esposa comia muito / No prato nada sobrava / Quando os dois comiam juntos. [NT]

obra-prima independente, chamando-o (nas palavras de um resenhista do *New York Times*) de "um dos melhores e, curiosamente, mais bonitos filmes estadunidenses dos últimos tempos". François Truffaut, um dos mais importantes diretores da *nouvelle vague* o declarou como sendo seu "filme estadunidense favorito", e seu status de clássico de baixo orçamento só fez aumentar com o passar dos anos.

MARTHA E RAY: UM FILMOGRAFIA

Além de *Lua de Mel de Assassinos*, quatro filmes foram inspirados pelos crimes de Martha Beck e Raymond Fernandez. Em 1950, antes mesmo de os dois amantes depravados terem sido levados à cadeira elétrica, o pequeno estúdio Republic Pictures lançou *Casal Sinistro*, um filme de uma hora de duração sobre um casal de trapaceiros que, fingindo serem irmão e irmã, paqueram, se casam, roubam e (quando a ocasião assim o exige) matam os ingênuos abastados (tanto homens quanto mulheres) que conhecem por meio de um clube de relacionamentos por correspondência.

Afora essa premissa central, a trama melodramática de *Casal Sinistro* — que envolve fugas em alta velocidade, tiroteios intensos com a polícia e um filho dedicado que retorna da Arábia Saudita para tomar conta da mãe comatosa que foi empurrada para fora de um trem em movimento — apresenta apenas a mais tênue ligação com o caso real. Atendo-se mais aos fatos temos *Vermelho Sangue*, de Arturo Ripstein. Ainda mais do que *Lua de Mel de Assassinos*, este filme mexicano de 1996 retrata os personagens principais — a obesa e insaciável Coral e seu amante desprezível, Nicholas — como uma dupla de monstros irremediavelmente repulsivos. Embora seus dois primeiros homicídios tenham (como o resenhista do *New York Times*, Stephen Holden, escreveu) "uma aura maliciosa de humor hitchcockiano", o filme por fim se livra de seu tom abominável de humor ácido e mergulha no puro terror apavorante.

Outra excelente interpretação assustadora dessa história é o filme de terror franco-belga de 2014, *Aleluia*. A atriz espanhola Lola Dueñas está absolutamente assustadora no papel da substituta de Martha Beck, Gloria, uma mãe solo sedenta de amor e funcionária de um necrotério que está tão apaixonada pelo vigarista sedutor, Michael (Laurent Lucas) que, sempre que o pega fazendo sexo (bastante explícito) com uma de suas vítimas, é acometida de uma raiva homicida e mata a mulher de maneira brutal. Mais para o final do filme — quando incita Michael a matar de maneira pavorosa sua última (e mais atraente) vítima com um machado, e depois vai atrás da jovem filha instável e elegante da falecida enquanto esta foge —, Gloria já se transformou em um mostro saído direto de um filme slasher.

Os Fugitivos, de 2006, do roteirista e diretor Todd Robinson aborda a história de uma maneira completamente diferente, focando na caçada policial pelos dois golpistas homicidas. Um drama de época superficial ambientado nos anos 1940 na mesma linha do (superior) Los Angeles - Cidade Proibida, o filme conta com John Travolta no papel do policial de Long Island, Elmer Robinson. Atormentado pelo suicídio da esposa ocorrido três anos antes, Elmer se torna obcecado em encontrar o casal assassino quando uma das presas de Ray corta os pulsos depois de pegá-lo transando com a "irmã". Junto com Elmer em sua jornada está seu parceiro piadista e de fala dura, Charles Hildebrandt, interpretado pelo falecido, mas sempre excelente, James Gandolfini. Embora o filme capture a crueldade brutal dos crimes de Martha e Ray, ele é culpado do único pecado que Leonard Kastle considerou tão objetável em Bonnie e Clyde – Uma Rajada de Bala de Arthur Penn. Assim como esse filme revolucionário, que transformou os dois bandidos da vida real distintamente antipáticos em um deslumbrante casal glamuroso, Os Fugitivos apresenta uma dupla de beldades de Hollywood, Jared Leto e Salma Hayek, como os repulsivos Ray e Martha. O resultado é muito mais agradável aos olhos do que o sórdido filme semidocumentário de Kastle, mas, por essa mesma razão, não é nem de perto tão perturbador.

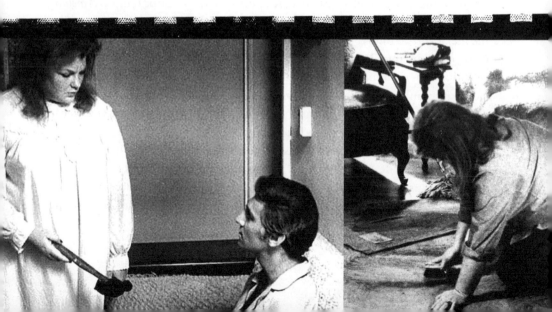

ANATOMIA TRUE CRIME DOS FILMES

PERSEGUIDOR IMPLACÁVEL

DIRTY HARRY, 1971 DIRIGIDO POR DON SIEGEL. ESCRITO POR HARRY JULIAN FINK, R.M. FINK E DEAN RIESNER. COM CLINT EASTWOOD, HARRY GUARDINO, RENI SANTONI, JOHN VERNON, ANDY ROBINSON E JOHN LARCH.

A vida real tem uma maneira vexatória de não amarrar as pontas soltas. Crimes chocantes permanecem sem solução, injustiças terríveis não são punidas, ofensas graves permanecem impunes. Esse fato lamentável é exatamente a única razão para termos filmes ("*reel*" life, poderíamos dizer¹): para proporcionar soluções claras e distintas para dilemas que são fontes de frustrações amargas na realidade. Poucos filmes oferecem essa compensação de maneira tão satisfatória quanto o primeiro filme do inspetor Harry, *Perseguidor Implacável*.

Em 1971, com as altas taxas de homicídios, tumultos irrompendo nos guetos e jovens revolucionários recorrendo a atos violentos contra "o sistema", os Estados Unidos pareciam estar mergulhando no caos social. A aparente

---

1 Trocadilho com as palavras *reel* (rolo de filme) e *real* (real) que são pronunciadas de modo muito semelhante. [NT]

impotência dos sistemas policiais e judiciários diante dessa agitação tinha causado uma sensação generalizada de medo e raiva no público. Milhões de estadunidenses tementes a Deus estavam desesperados por um salvador: alguém que sozinho iria restaurar as boas e velhas lei e ordem. O personagem "Dirty" Harry Callahan de Clint Eastwood em *Perseguidor Implacável* (o título original do filme leva o nome do personagem, *Dirty Harry*[2]) se mostrou ser o homem perfeito para o trabalho: um implacável policial justiceiro que se recusa a deixar que coisas insignificantes como direitos civis e processos legais o impeçam de realizar sua missão de vida — ou seja, livrar as ruas da escória criminosa eliminando o máximo de vilões possíveis com seu Magnum .44.

HARRY CALLAHAN: Sei no que você está pensando. "Ele deu seis tiros ou apenas cinco?" Bem, pra dizer a verdade, em toda essa empolgação, eu meio que perdi a conta. Mas sendo esta uma Magnum .44, a arma mais poderosa do mundo e que explodiria sua cabeça, você tem que se fazer uma pergunta: "Será que estou com sorte?" Então, tá com sorte, vagabundo?

Embora Harry dê cabo dos ocasionais estupradores e ladrões de banco sem dificuldades, seu principal inimigo no filme (o primeiro no que viria a ser uma série de cinco) é um psicopata cacarejante de cabelos compridos que se chama de Scorpio (interpretado com perfeição repulsiva por Andy Robinson). Nós primeiro vemos Scorpio, um assassino em série que gosta de enviar cartas debochadas para a polícia, atirando em uma jovem aleatória dando voltas na piscina no telhado de um hotel. Com a promessa de continuar matando a não ser que seu pedido de resgate seja atendido, ele cumpre sua palavra focando a mira de seu rifle de franco-atirador em algumas vítimas em potencial antes de abater um garoto afro-americano.

Depois de sequestrar uma adolescente, enterrá-la viva e exigir um resgate por sua libertação, Scorpio é perseguido por Harry. Por saber que o tempo é essencial para que a garota possa ser salva, Harry utiliza algumas técnicas

---

2   O apelido "dirty" aqui se refere aos modos pouco convencionais do personagem. Pode ser traduzido como "corrupto", mas no caso se refere a alguém que não joga ou age de acordo com as regras. [NT]

melhoradas de interrogatório para arrancar uma confissão do canalha resmungão. Infelizmente, quando a polícia a desenterra, ela já tinha sufocado. Para piorar, graças a algumas tecnicalidades inoportunas envolvendo os métodos não convencionais de Harry, o maníaco Scorpio é posto em liberdade para cometer mais maldades contra a sociedade.

Dirigido por Don Siegel — o reverenciado diretor pragmático de clássicos de baixo orçamento como *Vampiros de Almas* e *Rebelião no Presídio* —, *Perseguidor Implacável* faz um trabalho brutalmente eficaz ao explorar as ansiedades descontroladas do público dos anos 1970. ==Para os telespectadores do norte da Califórnia, ele também fez uma conexão com uma fonte muito específica de um temor comunal: o reinado de terror desencadeado três anos antes pelo louco infame que vagava pela noite conhecido como Assassino do Zodíaco.==

Suas primeiras vítimas conhecidas foram um casal de estudantes do ensino médio, Betty Lou Jensen e David Faraday, residentes de Benicia, Califórnia, aproximadamente uma hora ao norte de San Francisco. Na noite de 20 de dezembro de 1968, depois de passarem algumas horas na casa de um amigo, os dois foram de carro a um remoto cantinho dos namorados e, ao que parece, estavam tão absortos um no outro que não perceberam quando outro carro estacionou ao lado deles. De acordo com a reconstrução do crime feita pela polícia mais tarde, o motorista do segundo carro, armado com uma pistola semiautomática calibre .22, saiu do veículo e começou a disparar através da janela traseira do lado do passageiro do Rambler marrom 1960 de Faraday. Ao abrir a porta do seu lado, Faraday foi morto com um tiro na parte de trás da cabeça enquanto tentava fugir. Jensen conseguiu sair do carro e partiu em disparada, mas foi perseguida e morta com cinco tiros nas costas antes que pudesse se afastar mais do que alguns metros.

Seis meses depois, pouco antes da meia-noite de 4 de julho de 1969, a garçonete da Waffle House, Darlene Ferrin, de 22 anos, e seu namorado, Michael Mageau, de dezenove, estavam dividindo o banco dianteiro de seu Chevrolet Corvair 1960 no estacionamento do campo de golfe Blue Rock Springs, outro popular cantinho dos namorados a poucos quilômetros do local dos assassinatos anteriores. Não estavam ali há muito tempo quando outro carro estacionou ao lado deles, foi embora e voltou alguns minutos depois. Após estacionar por volta de três metros atrás do Corvair, o motorista, portando uma poderosa lanterna e uma Luger .9, começou a disparar contra o casal encurralado. Caminhou então de volta para o carro, mas, ao ouvir os gemidos de Mageau, voltou para o Corvair e disparou mais dois tiros contra o adolescente. Por milagre, Mageau sobreviveu. Ferrin não teve tanta sorte.

Quarenta minutos depois do ataque, o Departamento de Polícia de Vallejo recebeu um telefonema anônimo de um homem de voz rouca. "Quero denunciar um duplo homicídio", disse o homem no telefone. "Se seguirem 1,60 km para o leste pela Columbus Parkway até o estacionamento público, vocês encontrarão jovens em um carro marrom. Eles foram baleados por uma Luger .9. Eu também matei aqueles jovens no ano passado."

O tom pragmático com o qual essa mensagem foi dita deixou claro que um maníaco homicida estava à solta. Toda a dimensão de sua loucura, contudo, apenas se tornou aparente seis semanas depois, quando ele enviou três cartas diferentes para os jornais locais, o *Vallejo Times-Herald*, o *San Francisco Examiner* e o *San Francisco Chronicle*. Cada uma continha um criptograma. Trabalhando com sua esposa, Bettye June, Donald Harden, um professor do ensino médio e criptógrafo amador de Salinas, conseguiu desvendar o código. Quando reunidas, as três passagens codificadas formavam uma única mensagem bastante perturbadora com alguns erros de grafia:

EU GOSTO DE MATAR PESSOAS PORQUE É MUITO DIVERTIDO É MUITO MAIS DIVERTIDO DO QUE MATAR ANIMAIS DE CASSA NA FLORESTA PORQUE O HOMEM É O ANIMAU MAIS PERIGOZO DE TODOS MATAR ALGUMA COISA ME DÁ A EXPERIÊNCIA MAIS EMPOLGANTE É MELHOR ATÉ DO QUE TRANZAR COM UMA GAROTA A MELHOR PARTE É QUE QUANDO EU MORRER EU VOU RENASSER NO PARAIZO E TODOS QUE MATEI SERÃO MEUS ESCRAVIZADOS EU NÃO VOU DAR A VOCÊS MEU NOME PORQUE VOCÊS VÃO TENTAR ME CONTER OU ME EMPEDIR DE COLETAR MEUS ESCRAVIZADOS PARA A VIDA APÓS A MORTE.

A carta foi assinada com um símbolo estranho que lembrava a mira telescópica de um rifle — um círculo cortado por uma cruz.

Mesmo antes que a mensagem decodificada viesse a público, o assassino enviou outra carta para o *San Francisco Examiner*, estabelecendo suas credenciais malignas ao fornecer detalhes dos homicídios — "a grande diversão que tive em Vallejo", como se referiu a eles de maneira zombeteira — que apenas o perpetrador conheceria. Mantendo a promessa da mensagem anterior, ele não revelou seu nome. Em vez disso, usou o pseudônimo que de imediato entrou para a mitologia do assassino em série dos dias de hoje.

"Aqui quem fala é o Zodíaco", a carta começava. Desse ponto em diante, ele começaria cada uma de suas mensagens com o mesmo cumprimento agourento.

Dois meses se passaram. No dia 27 de setembro de 1969, os universitários Bryan Hartnell e Cecilia Shepard estavam fazendo piquenique às margens de um lago perto de Vallejo quando uma figura assustadora emergiu detrás de algumas árvores. Seu rosto estava oculto sob um capuz preto grande demais, os buracos para os olhos cobertos com óculos escuros de clipe. Um babador bizarro, bordado com o emblema do círculo com a cruz do Zodíaco, estava pendurado sobre o peito. Presa ao cinto havia uma faca grande em uma bainha de madeira — possivelmente uma baioneta. Na mão, ele segurava uma pistola semiautomática.

 ZODÍACO: Se fizerem o que eu mandar, ninguém vai se machucar.

"Só quero seu dinheiro e a chave do carro", anunciou ele. "Se fizerem o que eu mandar, ninguém vai se machucar."

Depois de tirar pedaços de fios de plástico já cortados da jaqueta, ele amarrou os pés e as mãos do casal sob a mira de sua arma. Em seguida, enquanto o casal se encontrava deitado de cara na grama, colocou a pistola no coldre, sacou a faca e começou a esfaquear as costas de Hartnell. Quando terminou, voltou sua atenção para a jovem dominada pelo terror. Após o término desse ataque frenético, andou até o carro deles e, com uma caneta permanente preta, desenhou o logo do círculo com a cruz na porta, junto com as datas e os locais de seus três ataques na área da baía de São Francisco. Uma hora depois, ele telefonou para a polícia, informando calmamente que tinha acabado de cometer "um duplo homicídio". Como foi descoberto depois, ele estava errado. Esfaqueada dez vezes, Cecilia Shepard viria a morrer alguns dias mais tarde. Seu namorado sobreviveu aos seis ferimentos que sofreu.

Sua última vítima conhecida foi Paul Lee Stine, de 29 anos, um aluno da Universidade Estadual de São Francisco e taxista em meio período. Na noite de 11 de outubro de 1969, exatamente duas semanas depois do ataque contra Hartnell e Shepard, Stine foi morto por um disparo na cabeça efetuado à queima-roupa por um passageiro que tinha levado a Pacific Heights. Antes de fugir da cena do crime, o assassino cortou um pedaço da camisa da vítima, ensopado com o sangue do morto, e o levou consigo.

Alguns dias depois, o editor do *San Francisco Chronicle* recebeu um envelope. Dentro havia uma amostra da camisa ensanguentada de Stine e uma carta do Zodíaco. "Eu sou o assassino do taxista nas proximidades da Washington Street com a Maple Street", começava a missiva. "Sou o mesmo homem que deu cabo das pessoas no norte da região da baía." Depois de fazer pilhéria sobre a incompetência da polícia — que "poderia ter me prendido caso tivessem feito uma busca adequada pelo parque" —, ele finalizou com um cenário de gelar os ossos: "Estudantes são um bom alvo, acho que vou aniquilar um ônibus escolar uma manhã dessas. É só atirar no pneu dianteiro e depois matar as criancinhas enquanto elas pulam para fora."

Felizmente, ele nunca levou a cabo essa ameaça. Tampouco o Zodíaco voltou a matar, até onde sabemos. Ele continuou, contudo, com as correspondências bizarras, enviando cartas e cartões comemorativos esporádicos para os jornais durante os anos seguintes. Sua identidade permanece um mistério. Diversos suspeitos já foram sugeridos, entre eles o antigo médico do Exército e jornalista Richard Gaikowski, o dr. George Hodel (que também foi denunciado pelo filho como sendo o Assassino da Dália Negra) e até mesmo o chamado Unabomber, Ted Kaczynski. Entretanto, o principal especialista do caso, Robert Graysmith — cujos livros forneceram a base para o filme arrebatador de David Fincher, *Zodíaco*, de 2007 — menciona como o suspeito mais provável Arthur Leigh Allen, um fã de armas e molestador de crianças condenado que morreu em 1993.

Embora os assassinatos do Zodíaco permaneçam oficialmente sem solução, *Perseguidor Implacável* apresenta sua própria conclusão fictícia para o caso. No clímax do filme, o inimigo de Harry, Scorpio, de fato cumpre a última ameaça do Zodíaco ao sequestrar um ônibus cheio de estudantes. Antes que possa realizar qualquer que seja o plano nefasto que tem em mente, Harry e seu fiel Magnum .44 chegam para o resgate e aplicam a justiça há muito devida, proporcionando aos telespectadores o tipo de conclusão suprema e satisfatória que a realidade com muita frequência nos nega.

ANATOMIA TRUE CRIME DOS FILMES

FRENESI

FRENZY, 1972 DIRIGIDO POR ALFRED HITCHCOCK. ESCRITO POR ANTHONY SHAFFER. COM JON FINCH, BARRY FOSTER, ALEC MCCOWEN, ANNA MASSEY, BARBARA LEIGH-HUNT, VIVIEN MERCHANT, JEAN MARSH, BILLIE WHITELAW E CLIVE SWIFT.

O penúltimo filme de Alfred Hitchcock, *Frenesi*, é uma adaptação de *Goodbye Piccadilly, Farewell Leicester Square* (que em português se chama, assim como o filme, *Frenesi*), romance de 1967 de Arthur La Bern, que considerou o filme tão "desagradável" (como escreveu em uma carta ao *Times* de Londres) que repudiou em público ter tido qualquer ligação com ele. La Bern, contudo, estava praticamente sozinho em sua opinião negativa sobre o filme.

Depois dos suspenses clássicos dos anos 1930 e 1940 (*Os 39 Degraus, Suspeita, A Sombra de uma Dúvida, Interlúdio* etc.), das elegantes obras de arte dos anos 1950 (*Um Corpo que Cai, Janela Indiscreta, Ladrão de Casaca, Intriga Internacional*) e dos filmes de terror revolucionários do início dos anos 1960 (*Psicose, Os Pássaros*), Hitchcock mergulhou em um declínio súbito e brusco, produzindo uma série de fiascos (*Marnie: Confissões de uma Ladra*, *Cortina Rasgada*, *Topázio*) que sugeriam que ele tinha perdido a mão. *Frenesi*, lançado em 1972, foi aclamado por resenhistas como um bem-vindo retorno à velha forma do mestre do suspense cinematográfico.

O filme começa com uma típica cena hitchcockiana. Às margens do rio Tâmisa, no lado de fora de um edifício governamental, um político faz um discurso a um grupo de cidadãos (entre eles está o próprio Hitchcock, fazendo sua característica ponta). Graças aos esforços das autoridades locais, proclama ele, o rio em breve será restaurado à sua condição imaculada de outrora. "Vamos nos regozijar porque a poluição logo será banida das águas deste rio e porque logo não haverá nenhum..." Antes que as palavras "corpo estranho" pudessem sair de sua boca, um dos ouvintes avista algo flutuando no rio: o corpo nu de uma jovem estrangulada com uma gravata, a vítima mais recente do chamado Assassino da Gravata que vem aterrorizando Londres.

**MARGEM DO RIO TÂMISA - POLÍTICO:
Vamos nos regozijar porque a poluição
logo será banida das águas deste rio
e porque logo não haverá nenhum...
(*Surge flutuando o corpo nu de
uma mulher estrangulada.*)**

O filme então corta para o protagonista, um perdedor amargurado chamado Richard Blaney (Jon Finch). Um ex-líder de esquadrão da Força Aérea Real que — com uma combinação de azar e de sua própria personalidade excepcionalmente irascível — acabou na pior, Blaney, como tantos dos heróis de Hitchcock, se vê apanhado em circunstâncias apavorantes. Possuído de um temperamento violento que explode diante da menor provocação, ele passa a impressão de ser exatamente o tipo de indivíduo perigoso e instável que pode se deixar levar pelo homicídio em série. Quando tanto sua ex-esposa quanto sua namorada são mortas pelo Assassino da Gravata, ele é acusado falsamente, preso e condenado pelos assassinatos das duas.

O verdadeiro culpado vem a ser o melhor amigo de Blaney, Bob Rusk (Barry Foster), um hortifrutigranjeiro bem-sucedido de Covent Garden. Um sedutor de fala mansa e bem-vestido que projeta um ar de benevolência familiar, Rusk, como os telespectadores logo descobrem, é um filhinho da mamãe profundamente perverso com gostos sexuais depravados e um ódio arraigado pelo sexo oposto. Como outros de sua laia aberrante, ele acredita que todas as mulheres são prostitutas que simplesmente pedem para serem estupradas e mortas. A cena na qual ele ataca e estrangula a ex-esposa de Blaney, Brenda (Barbara Leigh-Hunt), no escritório da agência de relacionamentos dela é uma das mais violentas e perturbadoras no cânone de Hitchcock.

Ainda mais assustador é o assassinato da namorada de Blaney, Babs Milligan (Anna Massey), que acontece completamente fora de quadro. Por precisar de um lugar para ficar antes de fugir para Paris com Blaney, Babs aceita o convite para passar a noite no apartamento de Rusk enquanto ele (supostamente) parte em uma viagem. A câmera segue os dois pelas escadas até a porta do apartamento. Enquanto Rusk leva Babs para dentro, nós o ouvimos dizer a ela as mesmas coisas que disse à sua vítima anterior antes de atacá-la: "Você é meu tipo de mulher". Depois que a porta é fechada às suas costas, a câmera desliza silenciosamente de volta pelas escadas, sai do prédio e recua até a rua movimentada, onde trabalhadores e transeuntes cuidam de seus afazeres rotineiros, alheios à atrocidade que está acontecendo bem acima de suas cabeças. Essa é uma ótima demonstração de como o invisível pode ser muito mais aterrorizante do que o horror retratado da maneira mais explícita.

Esse momento angustiante é seguido de uma cena célebre. Depois de enfiar o cadáver de Babs em um saco de batatas e colocá-lo no caminhão de um fazendeiro, Rusk descobre que o alfinete de gravata com monograma que ele mantém na lapela desapareceu e se dá conta, para seu horror, de que Babs deve tê-lo arrancado durante a luta mortal. Desesperado para recuperá-lo, ele sobe no caminhão, que então dispara pela rodovia. Em uma sequência que mistura tensão de roer as unhas e comédia pastelão grotesca, ele se engalfinha com o cadáver nu enquanto luta para soltar a prova incriminadora de seus dedos, que estão rígidos por conta do *rigor mortis*.

Um alívio cômico nos é proporcionado por meio de uma trama secundária envolvendo o investigador principal do caso, Oxford (Alec McCowen), o inspetor de fala mansa. Duas questões são de uma importância obsessiva para Oxford: solucionar os homicídios e conseguir uma refeição decente preparada por sua esposa amalucada (Vivien Merchant), uma aspirante a chef de cozinha francesa que insiste em usá-lo como cobaia culinária. As dúvidas persistentes sobre a culpa de Blaney levam a um clímax empolgante e uma deliciosa frase de efeito que (como o acadêmico cinematográfico Raymond Foery mostra em seu livro sobre a produção de *Frenesi*) se originou a partir da colaboração ativa entre Hitchcock e o roteirista Anthony Shaffer.

Com sua mistura inimitável de ingredientes — comédia ácida e violência macabra, perspicácia sardônica e suspense de roer as unhas, complexidade psicológica e puro entretenimento pop —, *Frenesi* parece ser pura invencionice, preparado em sua totalidade com elementos clássicos hitchcockianos. Entretanto, a verdade é que, tal como *Psicose*, essa obra de aparente ficção foi inspirada por um caso criminal da vida real conhecido por diversos nomes, tais como "os Assassinatos dos Nus do Tâmisa", "os Assassinatos às Margens do Tâmisa" e os assassinatos de "Jack, o Despidor".

Ao contrário do vilão fictício de *Frenesi* — que, ao longo do filme, mata uma empresária e uma bartender batalhadora — o psicopata que permanece não identificado e que serviu como seu modelo foi um típico "assassino de meretrizes", uma variedade comum de assassinos em série que atacam apenas prostitutas. Embora existam alguns desentendimentos a respeito de quando sua onda de assassinatos começou, a maioria dos historiadores do caso traça suas origens à noite de 17 de junho de 1959, quando o corpo parcialmente vestido de Elizabeth Figgs, uma prostituta de 21 anos, foi encontrado em Dukes Meadows, um parque ribeirinho na zona oeste de Londres que servia, quando o tempo estava quente, como um popular local de encontro de casais apaixonados. A necropsia revelou que ela tinha sido morta por estrangulamento manual em algum momento entre a meia-noite e as 2h. A última pessoa que sabemos tê-la visto com vida foi um cliente, Ernest Forrest, que tinha pagado 30 xelins para transar com ela no banco traseiro de seu carro antes de deixá-la pouco depois da 1h. Um católico devoto que consultou seu padre antes de se entregar, Forrest cooperou completamente com a polícia, que logo o descartou como suspeito. Uma investigação intensa conduzida ao longo das semanas seguintes não resultou em nenhuma pista quanto à identidade do perpetrador.

Uma característica comum entre os assassinos em série é que eles tendem a matar com mais frequência quanto mais tempo permanecem em liberdade. Entre o primeiro homicídio de Jeffrey Dahmer em junho de 1978, por exemplo, e o segundo em setembro de 1987, nove anos se passaram. Por outro lado, nos dois meses antes de sua prisão em julho de 1991, ele cometeu nada menos que seis homicídios, matando a uma taxa aproximada de um jovem por semana. Esse padrão (conhecido pelos criminologistas como "escalada") se mostrou verdadeiro no caso do assassino psicótico que em breve seria conhecido como "Jack, o Despidor".

Na tarde de 8 de novembro de 1963 — quatro anos depois do assassinato por estrangulamento de Elizabeth Figgs e não muito longe de onde seu corpo foi encontrado —, o cadáver bastante decomposto de uma mulher, nu exceto por uma meia de náilon enrolada em volta de um tornozelo, foi encontrado em um depósito de lixo embaixo de 60 cm de resíduos. Com base no hioide fraturado — um ossinho na forma de ferradura localizado na garganta —, o patologista que realizou a necropsia afirmou que era "bastante provável" que a mulher tivesse sido estrangulada até a morte.

Ainda que os restos mortais estivessem putrefatos a ponto de serem irreconhecíveis, os técnicos de laboratório foram capazes de recuperar uma impressão digital do polegar que levou à identificação da vítima: Gwynneth Rees foi uma prostituta imprudente de 22 anos que tinha acumulado uma dúzia de condenações por prostituição no curso de sua vida abreviada e que contava com diversos associados dos gêmeos Kray, os gângsteres mais infames de Londres, entre seus conhecidos íntimos. ==Mais de 1.100 pessoas foram interrogadas pela polícia ao longo da investigação==, mas — como no caso de Elizabeth Figgs — nenhum suspeito foi detido.

Embora os corpos de Figgs e Rees tenham sido encontrados nas margens do Tâmisa, o cadáver seguinte foi encontrado dentro do próprio rio, como a vítima nua do Assassino da Gravata que é levada para as margens no começo de *Frenesi*. Pouco depois das 13h do domingo, 2 de fevereiro de 1964, dois irmãos, membros de um clube de regatas, estavam preparando uma corrida de barcos quando avistaram o corpo nu de uma mulher na água, a cabeça e os ombros cobertos de madeira levada pelo mar, as meias de náilon enroladas em volta dos tornozelos. Quando os policiais que chegaram na cena puxaram o cadáver inchado pela água para a margem, eles encontraram duas calcinhas manchadas de sêmen enfiadas em sua garganta. Uma necropsia revelou que — assim como Figgs e Rees — ela não tinha diversos dentes e tinha evidentemente morrido por estrangulamento.

As impressões digitais a identificaram como Hannah Tailford, de 31 anos. Conforme o que os investigadores viriam a descobrir, ela tinha começado a se prostituir quando ainda era adolescente depois de ter fugido de casa; participou de filmes pornográficos baratos de 8 mm; participou de orgias, algumas delas supostamente organizadas por libertinos da alta sociedade; e uma vez tentou ganhar dinheiro ao anunciar a venda de seu bebê recém-nascido. Apesar de outra investigação intensa da polícia, que durou três meses e envolveu os interrogatórios de aproximadamente setecentas pessoas (com uma ênfase especial em clientes que, de acordo com suas parceiras prostitutas, "gostavam de estrangular manualmente enquanto transavam"), o assassinato permaneceu sem solução.

Mesmo enquanto a procura pelo assassino de Tailford se desenrolava, outro cadáver feminino despido foi levado pelas águas até a margem do rio. Com base nas impressões digitais e em uma tatuagem, ela logo foi identificada como Irene Lockwood, uma prostituta e golpista de 26 anos que, na época de sua morte, estava grávida de algo entre catorze e dezoito semanas. Como as vítimas anteriores, não tinha diversos dentes frontais. O caso pareceu ter chegado a uma conclusão quando um de seus conhecidos, o zelador surdo de um tênis clube chamado Kenneth Archibald, de 54 anos, entrou na delegacia de Notting Hill e confessou ter cometido o crime. Apesar das discrepâncias óbvias em sua história, ele foi acusado do assassinato. No julgamento realizado em junho, contudo, ele retratou sua confissão, explicando que estivera sofrendo de uma grave depressão na época e que deixara sua "imaginação correr solta". Àquela altura, estava claro que Archibald não podia ser o assassino em série que os tabloides tinham então apelidado de "Jack, o Despidor". Enquanto aquele homenzinho patético estava sob custódia, o verdadeiro assassino tinha atacado outra vez.

Na manhã do dia 24 de abril de 1964, um residente de um calmo bairro residencial na zona oeste de Londres saiu de casa para esvaziar um balde de cinzas e encontrou o cadáver nu de uma jovem deitado em cima de uma pilha de lixo pouco além do portão de seu jardim. Ela logo foi identificada como Helen Barthelemy, uma antiga trapezista de circo que tinha virado stripper e depois prostituta.

Como as vítimas anteriores, ela tinha morrido por estrangulamento e não tinha diversos dentes frontais, evidentemente extraídos depois da morte. Ao contrário das desafortunadas vítimas anteriores, seu corpo tinha sido abandonado a alguma distância do Tâmisa, em uma óbvia tentativa por parte do assassino de evitar as dezenas de policiais que agora patrulhavam as áreas próximas das margens do rio onde os primeiros quatro corpos tinham sido encontrados. Apesar de sua tentativa de evitar ser descoberto, o Despidor tinha deixado uma pista potencialmente importante. Um exame detalhado do cadáver de Barthelemy encontrou partículas microscópicas de uma tinta silicone preta que tinha saído do bocal de uma pistola de pintura.

Partículas idênticas foram encontradas nos cadáveres das próximas — e últimas — três vítimas do Despidor: Mary Flemming, de trinta anos, encontrada no caminho de acesso de uma garagem em Chiswick no dia 14 de julho; Frances Brown, de vinte anos, largada em um estacionamento em Kensington em novembro; e Bridget O'Hara, de 28 anos, cujo corpo parcialmente mumificado foi encontrado no dia 16 de fevereiro de 1965, atrás de um depósito no Heron Trading Estate, um complexo industrial em Acton. Uma análise forense dos resíduos de tinta encontrados em Barthelemy e nas outras provou, por fim, que todos os quatro cadáveres tinham sido armazenados no mesmo local. Fazendo uso de todos os recursos da Scotland Yard, os investigadores foram capazes de rastrear a fonte da tinta até um depósito de transformadores no Heron Trading Estate.

Com essa descoberta, a prisão do "assassino de meretrizes" mais infame de Londres desde Jack, o Estripador, parecia iminente. O suspeito mais provável parecia ser Mungo "Jock" Ireland, de 46 anos, um segurança noturno beberrão do complexo industrial. No entanto, antes que pudesse ser detido pela polícia, Ireland se trancou em sua garagem e se matou com os gases do escapamento do carro que ele manteve ligado e em ponto morto. "Não aguento mais isso", escreveu em seu bilhete de suicídio. Embora os assassinatos do Despidor tenham chegado a um fim abrupto depois de sua morte, uma investigação subsequente — que mostrou que ele tinha estado em sua Escócia natal quando o corpo de Bridget O'Hara tinha sido encontrado — lançou dúvidas quanto à sua culpa.

Ao longo dos anos, outros nomes foram propostos como suspeitos, incluindo Freddie Mills, um pugilista campeão mundial e personalidade da TV com propensão sexual sádica; Harold Jones, um galês que se mudou para Londres depois de cumprir uma pena de vinte anos pelos assassinatos de duas garotas quando tinha quinze anos; e Andrew John Cushway, um ex-investigador de polícia que tinha caído em desgraça e guardava rancor de seus antigos colegas. Não existe nenhuma prova definitiva, contudo, que ligue algum deles aos assassinatos do Despidor. Ao contrário da conclusão clara de *Frenesi*, o caso verdadeiro que inspirou o excelente filme que marcou a volta de Hitchcock à sua velha forma permanece oficialmente sem solução.

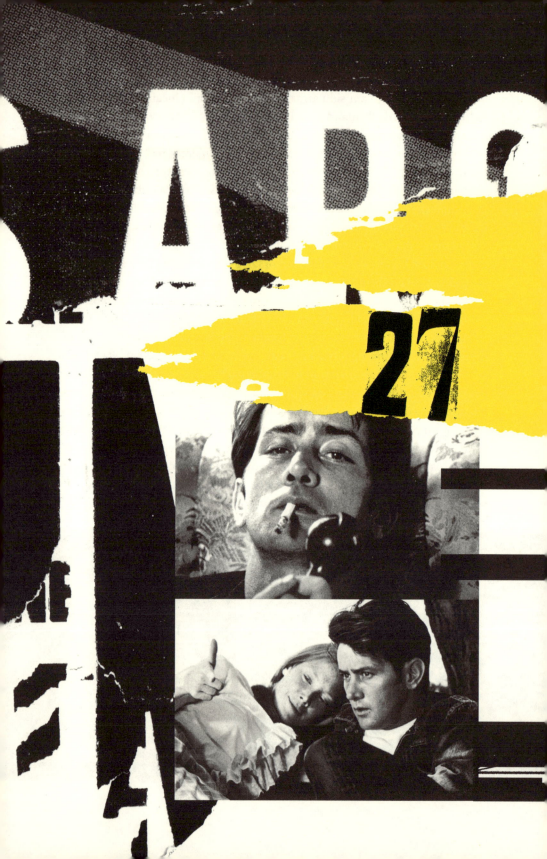

ANATOMIA TRUE CRIME DOS FILMES

TERRA
DE NINGUÉM

BADLANDS, 1973 PRODUZIDO, DIRIGIDO E ESCRITO POR TERRENCE MALICK. COM MARTIN SHEEN, SISSY SPACEK, WARREN OATES, RAMON BIERI E ALAN VINT.

Os anos 1950 foram remodelados na imaginação popular como uma época amena e branda de simplicidade e inocência — de bailes, namoros firmes e milk-shakes depois das aulas no Pop's Sweet Shoppe. Como todos os mitos nostálgicos sobre os "bons e velhos tempos" há muito passados, esta é uma imagem da realidade bastante alterada, que omite os temores e ansiedades que deixavam os estadunidenses acordados à noite.

Juntamente com as chuvas radioativas e a suposta infiltração comunista nas escolas, no governo e na indústria do entretenimento, o fantasma que assombrava aquela década era o delinquente juvenil, o adolescente antissocial com sua jaqueta de couro preto, penteado *ducktail* e o sempre presente sorriso desdenhoso estilo Elvis Presley. Os piores pesadelos do adulto estadunidense em relação à juventude descontrolada pareceram se tornar realidade de um modo chocante em janeiro de 1958, quando uma dupla de adolescentes caçadores de aventuras de Lincoln, Nebraska, perpetrou a mais horripilante onda de assassinatos da década.

Caçoado sem misericórdia desde a infância por conta de sua baixa estatura, pernas curvas, cabelos cor de cenoura e uma família paupérrima, Charlie "Little Red" Starkweather se transformou em um adolescente cheio de raiva e, como ele disse, um "ódio duro como ferro". Assim que abandonou a escola depois da nona série, ele trabalhou por um tempo como coletor de lixo até que sua mania de gritar insultos para desconhecidos da janela de seu caminhão de lixo o fez ser despedido. Um aspirante a James Dean que imitava a aparência e os maneirismos de seu ídolo, ele se via como um jovem romântico e rebelde. Na verdade, Charlie, de dezenove anos, era um sociopata de pavio curto que guardava rancor de todo mundo — de todos, quer dizer, menos de sua namoradinha menor de idade, Caril Ann Fugate, de catorze anos, cuja mãe e padrasto faziam tudo em seu poder para desencorajar seu relacionamento com o marginal "presunçoso e imprestável".

A raiva fervilhante de Charlie se transformou em homicídio no início de dezembro de 1957, quando ele roubou um posto de gasolina na periferia de Lincoln, sequestrou o atendente de 21 anos, levou-o para um campo e o baleou na cabeça com um rifle de caça. ==Esse assassinato brutal gratuito acabou se mostrando apenas um aquecimento para os horrores que estavam por vir.==

Sete semanas depois, na tarde de 21 de janeiro de 1958, ele apareceu na casa dos Fugate portando seu rifle. Caril ainda não tinha voltado da escola, portanto Charlie tratou de ficar à vontade. Quando a mãe e o padrasto dela lhe informaram que não queriam que ele andasse mais com a filha deles, Charlie, conforme relatou depois, "deixou que os dois acertassem as contas com seu rifle". Ele então matou a filha deles de dois anos e meio — a meia-irmã de Caril — afundando seu crânio com a coronha do rifle. Enfiou o corpo da bebê em uma caixa de papelão e escondeu a mãe e o padrasto de Caril em um anexo da casa e no galinheiro, respectivamente.

O que exatamente Caril sabia sobre esse banho de sangue nunca foi esclarecido. Ela mais tarde alegou que, quando chegou da escola, Charlie tinha escondido os corpos e ela não fazia ideia de que sua família estava morta. Conforme os céticos viriam a destacar, porém, a casa térrea era tão pequena que teria sido difícil esconder as evidências de um homicídio triplo de qualquer pessoa que ocupasse os mesmos cômodos apertados.

De qualquer maneira, Caril não se comportou como uma pessoa muito preocupada com o paradeiro de sua família desaparecida. Poucas horas depois do massacre, ela estava toda feliz aconchegada no sofá com Charlie. Eles ficaram enfurnados na casa durante os seis dias seguintes, assistindo TV, se empanturrando com tranqueiras e transando. Para se certificarem de que não seriam interrompidos durante esse idílio romântico, Caril prendeu um bilhete na porta da frente: "Fiquem Longe Todo Mundo Está Gripado".

Com a comida chegando ao fim e os parentes de Caril ficando mais desconfiados a cada dia que passava, os amantes adolescentes entraram no calhambeque incrementado de Charlie, embarcando no que a revista *Life* viria a chamar de =="orgia de assassinatos"==. Em uma fazenda no sudeste da cidade, Charlie matou August Meyer, de 71 anos, com um disparo de espingarda na cabeça, em seguida espancou o cachorro do idoso até a morte por precaução. Com o carro atolado na lama no lado de fora da casa de Meyer, ele e Caril pegaram carona com dois estudantes do ensino médio, Robert Jensen, de dezessete anos, e sua namorada, Carol King, de dezesseis. Em pouco tempo, os dois foram forçados a entrar em um abrigo contra tempestades abandonado, onde Charlie disparou três balas na cabeça de Jensen, estuprou King, em seguida "enfiou uma faca em sua vagina" e "a deixou deitada em cima do corpo [do namorado]".

Depois de voltarem para Lincoln no carro de Jensen, Charlie e Caril dirigiram para um bairro elegante que Charlie conhecia de seus dias de coleta de lixo e invadiram a casa de um eminente empresário, C. Lauer Ward. A esposa de Ward, Clara, e a empregada foram obrigadas a entrar em um quarto, depois foram amarradas, amordaçadas e esfaqueadas até a morte. Ward foi baleado até a morte quando chegou do trabalho mais tarde naquele dia.

Assim que trocaram o Ford roubado de Jensen pelo elegante Packard de Ward, o casal assassino seguiu para Wyoming, onde Charlie esperava encontrar refúgio na casa do irmão. Enquanto isso, com a descoberta do massacre na casa dos Ward, ==a região foi dominada pelo pânico==. O delegado local reuniu um grupo de cem homens, o governador convocou a Guarda Nacional, os pais impediram que seus filhos fossem à escola e as empresas reservaram quartos em hotéis para que seus funcionários não tivessem que dirigir ao longo das estradas por onde os assassinos pudessem estar perambulando.

Dez horas depois de fugirem da casa dos Ward, Charlie avistou um carro estacionado no acostamento de uma rodovia deserta. Ao decidir se livrar do Packard porque era "muito chamativo", ele estacionou ao lado do carro e disparou nove tiros através da janela do lado do motorista, matando um caixeiro-viajante chamado Merle Collison que estava tirando um cochilo atrás do volante. Esse seria o último assassinato de Charlie. Depois de empurrarem o corpo de Collison para o banco do passageiro, ele e Caril entraram no carro. Charlie, no entanto, não conseguiu soltar o freio de mão. Quando outro motorista parou para oferecer ajuda, Charlie brandiu o rifle, e logo os dois se engalfinharam em uma luta de vida ou morte pela arma. Naquele instante, uma viatura rodoviária conduzida por um policial chamado William Rohmer se deparou com a cena. Quando Rohmer parou a viatura, Caril irrompeu do carro de Collison, gritando "Socorro! É o Starkweather! Ele é louco! Ele vai me matar!".

Abrindo mão do rifle, Charlie pulou para dentro do Packard e saiu em disparada. Rohmer chamou reforços, depois partiu atrás dele. Durante a perseguição em alta velocidade que se seguiu, os policiais que o perseguiam conseguiram atirar através do para-brisa do carro de Charlie. Depois de parar o carro, ele desceu cambaleando, queixando-se de que tinha sido atingido e que iria sangrar até morrer. Na verdade, uma orelha tinha um leve corte causado pelo vidro estilhaçado. "Você é um sujeito bem durão, né?", desdenhou o policial que o algemou e o levou embora.

 HOLLY SARGIS: Era melhor viver uma semana com alguém que me amava pelo que eu era, do que anos de solidão.

Sob custódia, Charlie de imediato, até mesmo cheio de orgulho, confessou todos os onze assassinatos. A princípio, ele confirmou a alegação de Caril de que ela tinha sido sua prisioneira e que não tinha tomado parte da matança. Foi apenas quando ela se ofereceu para testemunhar contra ele que Charlie se voltou contra ela, acusando-a de ser uma cúmplice ativa na onda de assassinatos. Condenado por homicídio qualificado, Charlie foi sentenciado à cadeira elétrica. Caril também foi condenada, mas recebeu uma sentença de prisão perpétua; obteve liberdade condicional depois de apenas dezoito anos atrás das grades. "Eu só quero ser uma dona de casa comum e gorducha", anunciou quando foi solta. "Lavar as meias, queimar a torrada."

Por se encaixar muito bem no molde de um dos gêneros favoritos de Hollywood — os jovens amantes fora da lei fugitivos fadados ao fracasso, que remonta ao filme de Fritz Lang de 1937, *Vive-se Uma Só Vez* —, a saga de Starkweather-Fugate se transformou na inspiração de diversos filmes. O terror barato *Tara Diabólica* (1963) retrata um casal de adolescentes psicóticos que passa toda a duração do filme aterrorizando um trio de professores. O agressivo e superviolento *Assassinos por Natureza* (1994) de Oliver Stone transformou a tragédia em um desenho animado horripilante.

De longe, o melhor filme inspirado pelo caso — e o único que se atém mais aos fatos — é a impressionante e bem-sucedida estreia de Terrence Malick, *Terra de Ninguém*. Martin Sheen (com 33 anos na época, mas que passava com facilidade por alguém de vinte) interpreta o personagem de Starkweather, Kit Carruthers. Sissy Spacek é sua namorada, uma dançarina com baliza da banda da escola, Holly Sargis, uma adolescente sardenta e maria-vai-com-as-outras cuja personalidade, como anuncia a narração em voice-over que é a marca-registrada de Malick, parece ter sido moldada completamente por revistas baratas sobre histórias românticas. ==À medida que atravessam uma paisagem repleta da costumeira visão poética do diretor, Kit casualmente mata uma série de vítimas inocentes, enquanto Holly fica rondando por perto, demonstrando a mesma emoção que uma estudante em um encontro um pouco chato.== A narração final, dita em seu tom invariavelmente monótono e desinteressado, resume o destino dos dois após serem capturados:

Kit e eu fomos levados de volta a Dakota do Sul. Eles o prenderam na solitária, então não teve a chance de conhecer os outros presidiários, embora tivesse certeza de que iriam gostar dele, principalmente os assassinos. Quanto a mim, eu me safei com uma condicional e muitos olhares tortos. Depois me casei com o filho do advogado que me defendeu. Kit pegou no sono no tribunal enquanto sua confissão era lida e foi condenado à morte na cadeira elétrica. Em uma noite quente de primavera, seis meses depois, após doar seu corpo à ciência, ele morreu.

TARA DIABÓLICA

Se *Terra de Ninguém* transforma a saga de Starkweather-Fugate em uma poesia cinematográfica, *Tara Diabólica* de James Landis — lançado uma década depois da brilhante estreia de Malick — transforma o caso em um filme sensacionalista incontrito e desinibido. Esse clássico do terror de baixo orçamento é sobre um trio de professores do ensino médio: o molenga Carl, de 52 anos, o robusto veterano do Exército Ed e a beldade recatada Doris. Seguindo a venerável tradição dos filmes de terror, eles querem fazer algo fora do convencional e partem em uma viagem para verem um jogo dos Los Angeles Dodgers, e acabam nas garras do psicopata que dá nome ao filme (o título original é *The Sadist*, O Sádico, em tradução livre), Charley Tibbs, e de sua queridinha menor de idade, Judy.

Interpretado por Arch Hall Jr. (estimado pelos aficionados por filmes B por seu famoso papel como o homem das cavernas gigante e urrador em *Eegah*, certificado como um dos piores filmes já feitos), Charley é um troglodita de jeans e topete extravagante, uma risada idiota e uma pistola semiautomática Colt calibre .45, com a qual já matou meia dúzia de vítimas. Sua namorada mascadora de chicletes, que não pronuncia uma única palavra inteligível durante todo o filme, é uma maria-vai-com-as-outras tarada; quando não está deixando os acontecimentos gerais ainda mais repugnantes dando beijos de língua babados no namorado porcino, ela sussurra sugestões inaudíveis em seu ouvido sobre maneiras de atormentar ainda mais suas vítimas.

Desenrolando-se em tempo real e ambientado quase que em sua totalidade em um ferro-velho assustador, esse filme realmente angustiante — filmado de maneira engenhosa pelo cineasta que logo viria a ganhar fama, Vilmos Zsigmond (creditado como William Zsigmond) — submete os telespectadores a 92 minutos de tensão ininterrupta. O clímax viria a se tornar a marca registrada de futuras obras-primas como *O Massacre da Serra Elétrica*: a frenética "garota final" em uma fuga desesperada de um monstro implacável com uma arma na mão.

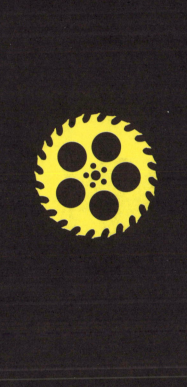

ASSASSINATO

28

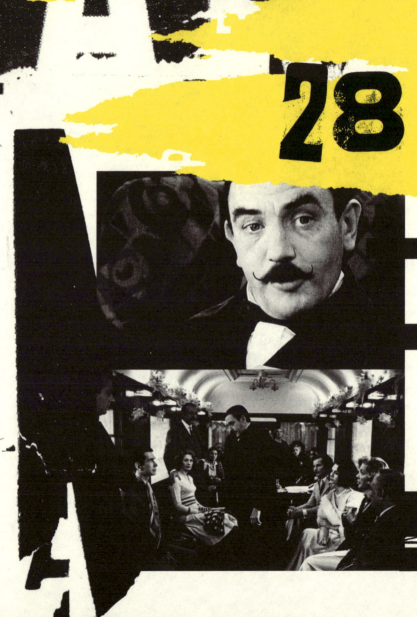

ANATOMIA TRUE CRIME DOS FILMES

NO EXPRESSO DO ORIENTE

MURDER ON THE ORIENT EXPRESS, 1974
DIRIGIDO POR SIDNEY LUMET. ESCRITO POR PAUL DEHN. COM ALBERT FINNEY, LAUREN BACALL, MARTIN BALSAM, INGRID BERGMAN, JACQUELINE BISSET, JEAN-PIERRE CASSEL, SEAN CONNERY, JOHN GIELGUD, WENDY HILLER, ANTHONY PERKINS, VANESSA REDGRAVE, RACHEL ROBERTS, RICHARD WIDMARK E MICHAEL YORK.

MURDER ON THE ORIENT EXPRESS, 2010
DIRIGIDO POR PHILIP MARTIN. ESCRITO POR STEWART HARCOURT. COM DAVID SUCHET, TOBY JONES, JESSICA CHASTAIN, BARBARA HERSHEY, HUGH BONNEVILLE, EILEEN ATKINS, SUSANNE LOTHAR E DAVID MORRISEY.

MURDER ON THE ORIENT EXPRESS, 2017
DIRIGIDO KENNETH BRANAGH. ESCRITO POR MICHAEL GREEN. COM KENNETH BRANAGH, DAISY RIDLEY, JUDI DENCH, PENÉLOPE CRUZ, JOSH GAD, WILLEM DAFOE, MICHELLE PFEIFFER E JOHNNY DEPP.

Embora não seja considerado o melhor dos 66 romances investigativos de Agatha Christie (essa honra pertence a *O Assassinato de Roger Ackroyd*, de 1926, sua obra de arte de mistério com um dos finais mais complexos do gênero), *Assassinato no Expresso do Oriente*, publicado pela primeira vez em 1934, com certeza é seu romance com mais adaptações para o cinema. Os fãs da aprazível vertente de mistérios *whodunit*[1] de "quarto fechado" da dama Agatha têm três versões muito bem-feitas para comparar e contrastar. Cada uma, embora se atenha bastante à história original e ao clímax com sua famosa revelação surpresa, oferece seus próprios prazeres distintos e variações interessantes.

1   Literalmente, "quem cometeu?". Trata-se de um subgênero de histórias de mistério em que, após um crime ser cometido, acompanhamos deduções lógicas e análise de pistas até a revelação do criminoso. [NT]

A trama é a seguinte: viajando no lendário trem luxuoso de Istanbul a Londres está Hercule Poirot, o mundialmente famoso detetive belga. Vaidoso e meticuloso, graças ao funcionamento de sua mente extraordinária (suas "pequenas células cinzentas", como gosta de dizer), ele nunca deixa de desvendar até mesmo os crimes aparentemente mais insolúveis. Logo depois de o trem partir, Poirot é abordado por um indivíduo estadunidense suspeito, Samuel Ratchett, que teme que sua vida esteja em perigo e deseja contratar Poirot como guarda-costas. Desencorajado pela personalidade vulgar de Ratchett, Poirot recusa.

POIROT: Senhoras e senhores, todos vocês estão cientes de que um assassino repulsivo foi ele mesmo repulsiva, e talvez merecidamente, assassinado.

Pouco depois, a premonição de Ratchett se torna realidade quando ele é morto à noite em sua cabine. Ao examinar a cena do crime, Poirot descobre que Ratchett era, na verdade, um gângster chamado Lanfranco Cassetti, responsável por um dos crimes mais chocantes da época: o sequestro seguido de assassinato de Daisy Armstrong, de três anos, filha do herói de guerra coronel Toby Armstrong, ganhador da Cruz Vitória. Enquanto Poirot avança em sua investigação, ele descobre que cada um dos passageiros tem uma ligação íntima com a família Armstrong e, por consequência, um possível motivo para ter desejado a morte de Ratchett. Na célebre reviravolta final, o grande detetive reúne todos os suspeitos em um vagão e apresenta meticulosamente a inusitada solução.

A primeira — e, na opinião da maioria dos críticos, melhor — adaptação cinematográfica do livro é a versão de 1974. Dirigida por Sidney Lumet (o aclamado cineasta por trás de clássicos como *12 Homens e Uma Sentença*, *Serpico*, *Network – Rede de Intrigas* e *Um Dia de Cão*), essa produção opulenta é uma homenagem às extravagâncias hollywoodianas dos anos 1930. Escalados como o grupo de viajantes temos uma cintilante lista de dignitários das telonas, incluindo Sean Connery, Lauren Bacall, Richard Widmark, John Gielgud, Vanessa Redgrave, Anthony Perkins e Ingrid Bergman (que naquele ano ganhou o Oscar de melhor atriz coadjuvante por seu papel como uma tímida missionária sueca). Se existe um defeito nessa extravagante produção, este é a performance exagerada do ator britânico Albert Finney no papel principal. Em uma atuação exuberante como o austero Poirot e empregando um sotaque de origem indeterminada, Finney — ainda que seja divertido de assistir — se parece mais com o inspetor Clouseau de Peter Sellers do que o idiossincrático, mas infalivelmente brilhante detetive de Christie.

A mesma crítica não pode ser atribuída à versão de 2010 feita para a TV. Parte da aclamada série britânica *Agatha Christie's Poirot*, esse episódio com a duração de um filme conta com David Suchet, que, ao longo de 25 anos e setenta episódios, trouxe o adorado detetive belga à vida de maneira tão perfeita que a filha da própria Christie o convidou para jantar para lhe dizer o quanto sua mãe teria adorado a representação dele de sua famosa criação.

O que diferencia essa versão das outras é seu dominante tom sombrio. ==Ela começa com duas cenas perturbadoramente violentas que não são encontradas no romance.== Mesmo antes dos créditos de abertura terem terminado de passar, um jovem tenente do Exército inglês, pego em uma mentira vergonhosa por Poirot, atira na própria cabeça diante do detetive, e uma turca, acusada de adultério, é apedrejada até a morte por uma turba enquanto Poirot observa. O assassinato de Ratchett, nunca descrito diretamente no livro, é retratado em detalhes explícitos nesse filme para TV. O mais surpreendente de tudo é o final. Embora Poirot, como sempre, chegue à famosa solução surpresa, ele é confrontado, nessa alteração controversa, por um agonizante dilema moral que o deixa em um devastador sofrimento emocional e espiritual — uma mudança radical em relação à sua típica atitude petulante.

Das três representações cinematográficas de Poirot, Kenneth Branagh toma as maiores liberdades com o personagem em sua suntuosa adaptação de 2017 repleta de estrelas. Em um grande contraste em relação à criação um tanto cômica de Christie — um homenzinho rechonchudo "de aparência estranha", que mal chega aos 1,60 m de altura, com uma cabeça em formato de um ovo e de modos afetados e um tanto afeminados —, Branagh, ostentando um bigode extravagante que chega a distrair o público, o transforma em uma figura viril e galante, que, em um determinado momento do filme, persegue um suspeito pelas armações de uma ponte precária em uma montanha (um comportamento de herói de filmes de ação inimaginável para o Poirot sedentário original, cuja ideia de esforço físico é remover partículas de poeira perdidas em suas roupas impecavelmente asseadas). Branagh também muda o final quase da mesma maneira que a versão de Suchet, deixando Poirot profundamente indeciso quanto às suas obrigações morais uma vez que o mistério é resolvido.

Ainda que *Assassinato no Expresso do Oriente* seja quase que inteiramente pura invenção, o enredo de Christie foi parcialmente inspirado por um dos crimes mais chocantes do século XX, um caso que estava fresco na mente do público quando o romance foi publicado pela primeira vez. Ao contrário de nossa própria época repleta de desilusões — quando políticos outrora reverenciados são frequentemente expostos como adúlteros compulsivos, atletas idolatrados revelam-se viciados em drogas e agressores de esposas, e descobrimos que artistas amados são estupradores e molestadores de crianças —, as primeiras décadas do século XX foram um período muito mais inocente, quando todo o país ainda era capaz de se arrebatar pela adoração desavergonhada aos seus heróis. E nenhum estadunidense inspirou uma adulação mais frenética do que Charles Lindbergh (pelo menos até seus muitos podres virem à tona).

No momento em que seu monoplano monomotor, *The Spirit of St. Louis*, aterrissou nos arredores de Paris após seu histórico voo transatlântico em maio de 1927, "Lindy Sortudo" deixou de ser um obscuro piloto de correio aéreo para ser o homem mais famoso do mundo — não apenas uma celebridade, mas quase um semideus, tão glorificado pelo público que, nas palavras de um biógrafo, foi como se "tivesse caminhado sobre a água, não a sobrevoado". Só na cidade de Nova York, 4 milhões de pessoas berravam aclamações enquanto ele desfilava pela Broadway em meio a uma nevasca de confete. Duzentas canções foram compostas em sua homenagem. Escolas, parques e ruas — até mesmo uma montanha e uma cratera lunar — foram batizadas em sua honra. Violando a própria regra de não homenagear uma pessoa viva, o Serviço Postal dos Estados Unidos lançou um selo celebrando seu voo histórico. Ele foi premiado com a Medalha de Honra do Congresso. Durante os anos seguintes, o país continuaria dominado pela "Lindbergh-mania".

No verão de 1930, à procura de um pouco de paz e privacidade longe do brilho intenso de tamanha publicidade implacável, Lindbergh — àquela altura casado com Anne, cujo nome de solteira era Morrow — comprou um terreno de 158 hectares em uma área remota de New Jersey, perto da cidade de Hopewell. A construção de um enorme sobrado de pedra que iria demorar mais de um ano para ser concluída foi logo iniciada. No inverno e outono de 1931, antes que a casa nova estivesse pronta para ser ocupada permanentemente, Lindbergh, Anne e o filho de vinte meses, Charles Jr., passavam os finais de semana em Hopewell, ficando de segunda a sexta na propriedade de campo da mãe de Anne em Englewood.

Na tarde de sábado, 27 de fevereiro de 1932, os Lindbergh chegaram em Hopewell para sua costumeira estadia de fim de semana. Normalmente, teriam voltado para Englewood no final do domingo. No entanto, visto que o bebê estava sofrendo de um leve resfriado, acharam melhor ficar lá por mais alguns dias, até ele ter se recuperado por completo.

Ele parecia muito melhor na noite de terça-feira, primeiro de março. Às 19h30, eles esfregaram seu peito com um pouco de Vick VapoRub, colocaram uma fralda nele, o vestiram com um macacão de dormir da marca Dr. Denton e o colocaram no berço. Quando a babá, Betty Gow, deu uma espiada no quarto por volta das 19h50, o pequeno Charlie estava dormindo profundamente.

Por volta das 21h, após um jantar tardio, Lindbergh estava conversando com a esposa diante da lareira na sala de estar quando ouviu um estalo súbito do outro lado da janela, como um galho de árvore quebrando. Sua esposa não tinha ouvido nada a não ser os ruídos comuns de uma noite tempestuosa. Ouviram com atenção por alguns instantes, então seguiram para o quarto no andar de cima, onde Lindbergh tomou banho e voltou a se vestir antes de se recolher para a biblioteca no andar de baixo para ler um pouco. Anne permaneceu no andar de cima, se aprontando para dormir. Àquela altura, já eram quase 22h.

Alguns minutos mais tarde, antes de dar o dia por encerrado, Betty Gow decidiu dar uma última olhada no bebê. Para sua surpresa, o berço estava vazio. Talvez a mãe o tivesse pegado? Betty correu para o quarto principal e perguntou a Anne se o bebê estava com ela. Quando Anne respondeu com um desorientado não, Betty correu para baixo e fez a mesma pergunta a Lindbergh que, depois de ouvir que seu filho pequeno tinha sumido do berço, pulou da cadeira e correu para o quarto do bebê. Avaliou a situação de imediato. Foi até seu quarto, apanhou o rifle carregado que guardava dentro do closet, depois voltou para o quarto do bebê, seguido por Betty e Anne. Olhando ao redor, viu um pequeno envelope branco em cima da tampa do aquecedor sob o peitoril da janela. Não teve dúvidas quanto ao conteúdo do envelope. "Anne", disse para a esposa aflita, "nosso bebê foi sequestrado."

Demonstrando a capacidade de manter extraordinária frieza sob pressão que o tinha permitido realizar uma proeza que mudou o mundo, Lindbergh se conteve de tocar no envelope. Chamou as polícias local e estadual, que logo chegaram na cena. Ao fazerem buscas pelo terreno, os policiais encontraram um par de marcas na lama sob a janela do quarto do bebê, claramente deixadas por pés ou uma escada. Encontraram a escada em si — uma coisa caseira de madeira dividida em três partes — jogada a aproximadamente 23 metros de distância. Parte dela tinha rachado, obviamente quando o sequestrador tinha voltado a descer por ela com o bebê.

Dentro do quarto do bebê, o envelope deixado perto da janela teve as impressões digitais retiradas e foi aberto. Como Lindbergh já esperava, ele continha um bilhete de resgate. Escrita à mão com tinta azul e repleta de erros de escrita que sugeriam que o autor era alemão, a carta exigia 50 mil dólares em troca da devolução do bebê em segurança.

Dada a estima reverente que Lindbergh recebia de seus compatriotas, o sequestro de seu filho parecia não apenas hediondo, mas também inconcebivelmente perverso: "o crime mais revoltante do século", como um repórter o descreveu. O presidente Hoover emitiu uma declaração lamentando o crime, enquanto o Congresso dos Estados Unidos tratou logo de fazer com que sequestros passassem a ser uma ofensa federal passível de pena de morte. Franklin Delano Roosevelt, na época governador de Nova York, colocou os recursos de sua polícia estadual à disposição de Lindbergh. William Green e o dr. James E. West — presidentes da American Federation of Labor e do Boy Scouts of America, respectivamente — convocaram todos os seus membros para ajudarem a encontrar o perpetrador. Will Rogers, adorado "filósofo cowboy" e estrela do rádio, cinema e teatro, expressou a indignação que o país estava sentindo em suas colunas publicadas em todos os jornais da nação. De uma cela na prisão do condado de Cook, onde estava aguardando transferência para a penitenciária de Atlanta para começar sua pena de onze anos por evasão fiscal, Al Capone ofereceu uma recompensa de 10 mil dólares pela devolução da criança.

As semanas que se seguiram foram um pesadelo de pistas falsas, esperanças arruinadas, boatos exagerados e brincadeiras cruéis. Durante esse tempo, os pais aflitos receberam mais de 100 mil cartas oferecendo consolo, conselho e uma quantidade inacreditável de informações bem-intencionadas, mas completamente inúteis. Enquanto Anne emitia relatórios de cortar o coração para o sequestrador, detalhando as necessidades alimentares do bebê, seu marido transmitia um apelo fervoroso pelo rádio, oferecendo não apenas o dinheiro do resgate, mas também imunidade total contra as acusações em troca do filho incólume. Dominado pelo desespero, ele contratou dois infames contrabandistas para servirem de ligação com o submundo.

Entre os incontáveis indivíduos que se ofereceram para ajudar no caso por livre e espontânea vontade, estava uma figura excêntrica chamada John F. Condon. Um professor e administrador aposentado que tinha trabalhado no sistema de escolas públicas da cidade de Nova York por muitos anos, Condon, de 72 anos, era visto de maneiras contraditórias, tanto como um "educador altruísta e honroso", quanto como um pomposo adepto da autopromoção que adorava ver seu nome impresso, não importava o quão obscura a publicação

fosse. Um defensor incansável de seu bairro natal, o Bronx, era um frequente colaborador do jornal do bairro, o *Bronx Home News*, submetendo uma série contínua de dissertações, poemas e cartas sob diversos pseudônimos cafonas como P.A. Triot, L.O. Nestar e J.U. Stice.[2]

No dia 7 de março de 1932, Condon apanhou uma caneta de tinta roxa e escreveu uma de suas cartas tipicamente exageradas para o sequestrador, incitando-o "a devolver o lindo bebê para os braços da mãe" e oferecendo acrescentar mil dólares de suas próprias economias aos 50 mil dólares do resgate. Ele a despachou de imediato para o *Bronx Home News*, que publicou uma versão editada no dia seguinte. Na noite de 9 de março, Condon — que tinha sido motivado mais pela sua necessidade insaciável de atenção do que por qualquer esperança séria de ter notícias do sequestrador — ficou perplexo ao receber uma resposta, perguntando se Condon estaria "disposto a agir como intermediário no cazo [sic] Lindbergh". Anexada a essa carta havia uma segunda endereçada a Lindbergh. Depois de determinar que essas mensagens eram autênticas, Lindbergh logo autorizou Condon a agir como intermediário. Ao longo das semanas seguintes, sob o pseudônimo Jafsie (derivado de suas três iniciais, JFC), Condon se comunicou com o sequestrador por meio de anúncios codificados no jornal e teve um encontro cara a cara com ele em um cemitério no Bronx. As negociações chegaram ao fim na noite de 2 de abril, quando Condon, seguindo as instruções intricadas fornecidas pelo sequestrador, o encontrou em outro cemitério no Bronx e lhe entregou 50 mil dólares em dinheiro em troca de um bilhete indicando que o menino estava sendo mantido em um barco de 28 pés chamado *Nelly*, ancorado entre Cape Cod e Martha's Vineyard. Lindbergh, pilotando um hidroavião Sikorsky, esquadrinhou a área, auxiliado por meia dúzia de barcos da guarda costeira e um navio de guerra da Marinha. Depois de dois dias de buscas infrutíferas, Lindbergh foi forçado a aceitar a amarga verdade: "Nós fomos traídos".

Após pouco mais de um mês, na quarta-feira, 12 de maio, o drama da busca pelo desaparecido bebê Lindbergh, que tinha mantido o público estadunidense fascinado por 72 dias, chegou a um clímax devastador em um bosque melancólico a menos de oito quilômetros do lar da criança. Por volta das 15h15 daquela tarde, dois homens, Orville Wilson e William Allen, estavam viajando por um trecho deserto de estrada na periferia do vilarejo de Hopewell quando encostaram o carro para que Allen pudesse tirar água do joelho. Depois de avançar por volta de 15 metros através de um bosque de bordo e alfarrobeira,

---

[2] Patriota, Estrela Solitária e Justiça, respectivamente. [NT]

Allen de repente se deparou com os restos mortais meio enterrados do que, a princípio, acreditou ser um animal. ==Olhando com mais atenção, viu um minúsculo pé humano se projetando da cova rasa.== A polícia logo foi chamada. Embora o cadáver estivesse bastante decomposto e parcialmente comido por animais necrófagos, os cachos dourados no topo do crânio escurecido, junto com outras evidências, incluindo a covinha no queixo e as roupas ainda intactas, não deixaram nenhuma dúvida quanto a sua identidade. Uma necropsia revelou que o bebê tinha morrido devido a uma fratura craniana. Os investigadores teorizaram que a cabeça do bebê tinha se chocado contra a parede de pedra da casa quando a escada quebrou no momento em que o sequestrador o carregava para baixo.

Notícias dessa terrível descoberta fizeram o país ter um paroxismo de indignação e tristeza — ==*"a maior demonstração pública de pesar desde o assassinato de Lincoln"*==, nas palavras de um cronista. Sem nenhum suspeito ou pista, contudo, a história foi sumindo aos poucos dos noticiários.

Enquanto o público voltava sua atenção a outros assuntos, os investigadores continuaram a procurar pelo sequestrador. Depois de submeter a escada caseira a uma análise científica detalhada, Arthur Koehler, o principal "tecnólogo de madeira" do país, conseguiu rastrear a origem dos braços laterais até um depósito de madeira no Bronx. Enquanto isso, um panfleto de 57 páginas contendo os números de série de cada uma das notas do dinheiro do resgate foi distribuído a milhares de bancos ao redor do país. Os comerciantes também foram encorajados a ficarem de olho em qualquer pessoa que passasse adiante uma dessas notas, muitas das quais tinham sido pagas com certificados de ouro.

Na manhã de sábado, 15 de setembro de 1934, um Dodge sedan azul 1930 encostou no posto de gasolina Warner-Quinlan na esquina da Lexington Avenue com a 127th Street em Manhattan. O motorista, um homem esbelto de complicação clara que falava com um forte sotaque alemão, pediu ao gerente, Walter Lyle, vinte litros de gasolina. Quando o homem entregou um certificado de ouro no valor de 10 dólares para pagar a conta de 98 centavos, Lyle olhou hesitante para o certificado. Um ano e meio antes, para evitar a acumulação de ouro que tinha se transformado em uma epidemia durante a Grande Depressão, o presidente Roosevelt tinha emitido uma ordem exigindo que todos os cidadãos entregassem suas moedas, barras e certificados de ouro dentro do prazo de um mês. Como resultado, poucos certificados de ouro continuavam em circulação. Temendo que os 10 dólares fossem falsos, Lyle anotou o número da placa do carro do homem na margem da nota enquanto o motorista se afastava.

Em um intervalo de 24 horas, depois de serem alertados pelo banco onde Lyle depositava seus ganhos, os investigadores identificaram o dono do veículo como um carpinteiro de nacionalidade alemã, Bruno Richard Hauptmann, residente na East 222nd Street, Bronx — um endereço a poucos quarteirões do depósito que tinha fornecido a madeira para a escada e do cemitério onde o sequestrador tinha se encontrado com John Condon. Na manhã de 19 de setembro, Hauptmann foi preso por uma equipe de agentes do FBI, do Departamento de Polícia da Cidade de Nova York e da Polícia Estadual de New Jersey. Ele estava levando consigo um certificado de ouro no valor de 20 dólares, logo identificado por seu número de série como sendo parte do dinheiro do resgate. Mais desse dinheiro — mais de 12 mil dólares — foi encontrado na garagem de Hauptmann. Em uma busca no apartamento dele, que estava atulhado de móveis luxuosos novos, os investigadores também encontraram um caderno contendo um esboço de uma escada de três partes idêntica àquela usada pelo sequestrador, mapas rodoviários de New Jersey, o endereço e o número de telefone de John Condon rabiscados a lápis na parte interna da moldura da porta do closet e — o mais condenatório — um pedaço faltando no piso de tábuas de pinheiro do sótão. Chamado pela polícia, o especialista em madeira, Arthur Koehler, determinou com facilidade que um dos braços laterais da escada usada no sequestro era perfeitamente compatível com o pedaço que estava faltando. Embora Hauptmann alegasse não ter nenhum antecedente criminal antes de sua chegada aos Estados Unidos como passageiro clandestino em 1923, os investigadores logo foram informados por seus colegas da polícia alemã que ele tinha cumprido uma pena de quatro anos de prisão por assalto à mão armada. Também tinha cometido uma série de invasões domiciliares, em uma das quais usou uma escada para entrar por uma janela do segundo andar da casa do burgomestre da cidade.

Os processos contra Hauptmann, que tiverem início na manhã de 2 de janeiro de 1935, logo suplantaram a audiência de leitura de sentença de Nathan Leopold e Richard Loeb em 1924 como "o Julgamento do Século". Invadida por um exército de jornalistas, curiosos e vendedores de todos os tipos, a cidadezinha de Flemington se transformou, nas palavras de um historiador, "em nada menos do que um parque de diversões dedicado ao julgamento de Hauptmann". Setecentos repórteres estavam disponíveis para cobrir o que o sempre cáustico H.L. Mencken descreveu como "a maior história desde a Ressurreição". No primeiro domingo do julgamento, foi-se estimado que 60 mil turistas afluíram à cidade, e vendedores ambulantes venderam miniaturas de madeira da escada usada no sequestro, mechas falsas do cabelo do bebê Lindbergh e fotos de

Charles e Anne Lindbergh, acompanhadas de autógrafos falsificados. Tamanha era a grotesca atmosfera festiva da cena que a escritora vencedora do Prêmio Pulitzer, Edna Ferber, ali para cobrir o julgamento para o *New York Times*, proclamou que "aquilo fazia você querer deixar de fazer parte da raça humana".

O julgamento, que durou pouco mais de seis semanas, culminou em um veredicto de culpado. Particularmente devastador para a defesa foi o testemunho de Arthur Koehler, que, com a ajuda de fotografias ampliadas, demonstrou além de qualquer dúvida razoável que a escada usada no sequestro tinha sido construída em partes com uma tábua do piso do sótão de Hauptmann.

Mantendo de maneira estoica sua inocência até o fim, Hauptmann foi mandado à cadeira elétrica em 3 de abril de 1936. Nas décadas seguintes surgiu um fluxo constante de livros argumentando que ele foi incriminado, um teórico da conspiração foi tão longe a ponto de afirmar que o próprio Lindbergh matou o filho por acidente, depois inventou o sequestro para encobrir o ato. Embora a maioria dos especialistas jurídicos concorde que o julgamento de Hauptmann foi injusto em muitos aspectos, o peso esmagador das provas contra ele aponta quase com toda certeza para sua culpa.

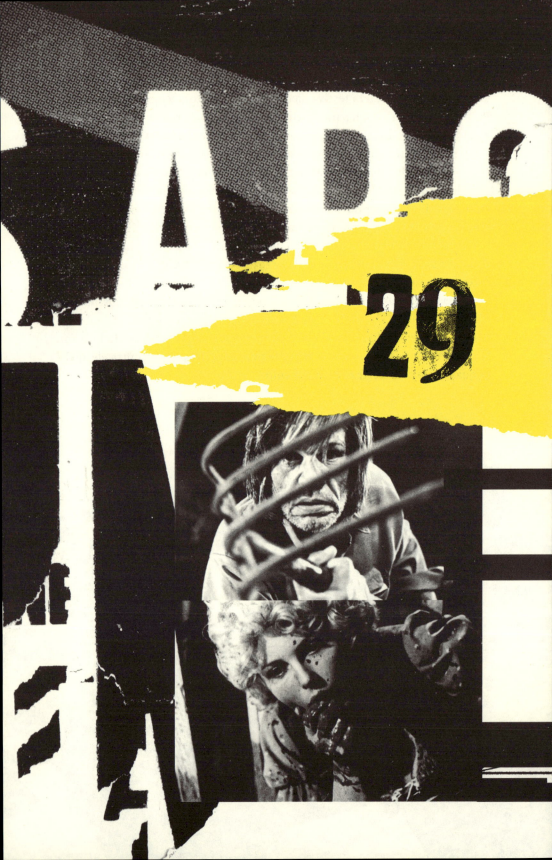

ANATOMIA TRUE CRIME DOS FILMES

DEVORADO VIVO

EATEN ALIVE!, 1976 DIRIGIDO POR TOBE HOOPER. ESCRITO POR KIM HENKEL, ALVIN L. FAST E MARDI RUSTAM. COM NEVILLE BRAND, MARILYN BURNS, CAROLYN JONES, STUART WHITMAN, MEL FERRER, ROBERT ENGLUND E WILLIAM FINLEY.

Em 1974, Tobe Hooper, um cineasta de Austin, foi um dos roteiristas e o diretor de *O Massacre da Serra Elétrica*, um filme a princípio criticado como um festival sanguinolento irracional para cinemas drive-in e agora reconhecido amplamente como um dos maiores e mais influentes filmes de terror de todos os tempos — o *Cidadão Kane* dos filmes sobre desmembramentos. Como muitos artistas que criam uma obra de arte logo de cara, contudo, Hooper nunca foi capaz de repetir essa façanha. Sua filmografia subsequente está repleta de filmes com potencial para serem aterrorizantes, mas que nunca conseguem cumprir os sustos prometidos.

Um bom exemplo é o filme de Hooper após *O Massacre da Serra Elétrica*: um incorrigível filme do cinema de exploitation com o título agradavelmente exagerado de *Devorado Vivo*. Ao contrário de seu trabalho anterior, que consistia em sua totalidade em atores amadores locais, *Devorado Vivo* apresenta atores profissionais que, em determinado momento, tiveram carreiras legítimas em Hollywood. Inclusos nesse elenco temos Neville Brand, um ator veterano de papéis excêntricos que interpretou vilões de vozes roucas em dezenas de filmes e seriados; Carolyn Jones, indicada ao Oscar mais lembrada como Mortícia na versão para a TV de *A Família Addams*; Stuart Whitman, um bonito ator coadjuvante que estrelou alguns faroestes memoráveis nos anos 1960, em especial, *Os Comancheros*, ao lado do imortal John Wayne; Mel Ferrer, mais conhecido por seu trabalho em clássicos como *E Agora Brilha o Sol* e *Scaramouche* (e por orientar a carreira de sua terceira esposa, Audrey Hepburn); e o futuro Freddy Krueger, Robert Englund. A única remanescente de *O Massacre da Serra Elétrica* é Marilyn Burns, a "garota final" que consegue escapar das garras de Leatherface e de seu clã de canibais.

Devorado Vivo começa com uma cena que parece ter sido filmada no set de um filme pornô particularmente vulgar dos anos 1970, do tipo que costumava passar nos cinemas adultos na Times Square. Um jovem dono de um prostíbulo chamado Buck (Robert Englund) tenta obrigar sua relutante parceira, Clara — uma recém-chegada ao mundo da profissão mais antiga do mundo —, a fazer sexo anal. Depois de recusar, ela é expulsa do estabelecimento pela madame, a senhorita Hattie (Carolyn Jones), e se abriga no Starlight, um pulgueiro pantanoso que faz o Bates Motel se parecer com o hotel Ritz-Carlton. O proprietário, Judd (Neville Brand), um recluso demente de cabelos escorridos que se parece bastante com os caipiras psicóticos de *O Massacre da Serra Elétrica*, de imediato a identifica como "uma das garotas da senhorita Hattie" e a empurra de um lance de escadas, corta-a com um ancinho, em seguida a joga, ainda com vida, em um pântano para ser devorada por seu crocodilo de estimação.

Pouco depois, uma típica família estadunidense em uma viagem de carro faz uma parada no Starlight: a mãe e o pai que vivem discutindo, Faye e Roy (a primeira interpretada por Marilyn Burns de *O Massacre da Serra Elétrica*, e o segundo interpretado pelo ator de personagens excêntricos William Finley, usando óculos fundo de garrafa e parecendo ainda mais louco do que o vilão mentalmente perturbado); a adorável filhinha, Angie; e o ainda mais adorável cãozinho, Snoopy. Enquanto Roy usa o banheiro, Snoopy sai perambulando e é logo devorado pelo crocodilo. Angie fica muito abalada e é carregada até um quarto, onde seus pais tentam consolá-la enquanto trocam recriminações desagradáveis.

Injuriado pelo desprezo da esposa em relação ao seu comportamento pouco viril, Roy corre para fora e pega uma escopeta de cano duplo no porta-malas do carro, com a intenção de se vingar do crocodilo assassino. Ele está atirando na água quando Judd, cacarejando feito louco, o ataca com uma foice de cabo longo. Enquanto Roy jaz sangrando às margens da água, o réptil gigante se ergue do pântano e acaba com ele.

Assim que volta para dentro do motel, Judd ataca Faye com brutalidade enquanto ela está relaxando na banheira, então, quando Angie foge aterrorizada, ele sai atrás da garotinha com sua foice. Quando Angie consegue escapar ao se espremer para dentro do entrepiso do hotel, Judd desiste da perseguição e volta ao andar superior para deixar Faye inconsciente e amarrá-la à cama para torturas futuras.

Enquanto isso, outra dupla de vítimas em potencial chega ao Starlight: Harvey Wood (Mel Ferrer), pai da jovem prostituta desaparecida na sequência de abertura, e sua filha mais nova, Libby. No terço final do filme, Harvey é morto por Judd e sua foice; o despudorado jovem Buck da primeira cena reaparece e logo vira comida de crocodilo; e Libby, Faye e Angie — em uma mudança na convenção dos filmes slasher de deixar apenas uma vítima viva — conseguem fugir. ==Em uma cena de apropriada justiça poética, Judd acaba nas mandíbulas de seu insaciável bicho de estimação== enquanto persegue as três moças que tentam fugir pelo pântano.

Embora *Devorado Vivo* fique bem aquém do ápice angustiante que é *O Massacre da Serra Elétrica*, ele compartilha muitos dos atributos de seu ilustre predecessor, incluindo uma verdadeira atmosfera perturbadora de depravação rústica e uma abundância de violência sádica tão alegremente exagerada que beira o humor ácido. Também como *O Massacre da Serra Elétrica*, que foi inspirado pelas atrocidades do necrófilo de Wisconsin, Ed Gein, *Devorado Vivo* é baseado por alto nos crimes lendários de um assassino em série da vida real.

Seu nome era Joe Ball. Filho do homem mais abastado de Elmendorf, Texas — uma parada ferroviária aproximadamente 24 quilômetros a sudoeste de San Antonio que pode passar despercebida se você não estiver prestando atenção —, Joe serviu no exterior durante a Grande Guerra antes de voltar para casa e se dedicar à produção de bebidas ilegais. Com a revogação da Lei Seca, abriu um bar na periferia da cidade, um boteco barulhento de beira de estrada chamado (ironicamente) Sociable Inn [Pousada Sociável]. ==Para propósitos de entretenimento, instalou uma piscina de concreto nos fundos e a encheu com cinco jacarés adultos, divertindo os clientes durões nas noites de sábado ao==

jogar animais vivos — filhotes de cães e gatos, gambás, guaxinins — para os répteis frenéticos. Brigas de galo eram outra atração, assim como as mulheres que Joe contratava como garçonetes "dançarinas de cabaré", que pareciam ir e vir com surpreendente regularidade.

Uma dessas mulheres, Minnie Gotthardt, conquistou o coração de Joe apesar de ser, nas palavras do historiador local Elton Cude Jr., "uma pessoa mandona, desagradável e detestável". Entretanto, depois de três meses compartilhando as tarefas administrativas do bar (assim como sua cama), Minnie teve seu lugar no coração dele suplantado por uma bonitona recém-chegada, Dolores Goodwin, cuja paixão por Joe permaneceu inalterada mesmo depois de ele a ter golpeado com uma garrafa de cerveja e de tê-la deixado com o rosto coberto de cicatrizes. A chegada, na primavera de 1937, de uma beldade de cabelos escuros, Hazel "Schatzie"[1] Brown, que ao julgar pela única foto sua remanescente, poderia ter sido escalada como a meretriz de fala dura em um filme de gângsteres da era da Grande Depressão, complicou ainda mais a vida amorosa de Joe.

Pouco tempo depois de Schatzie aparecer em cena, Minnie desapareceu de repente. Para os clientes que perguntavam a seu respeito, Joe explicava que ela tinha engravidado e ido à cidade texana de Corpus Christi para ter o bebê. Joe deu a entender que o pai era um homem negro, embora tivesse usado uma palavra diferente para o descrever. Com Minnie fora do caminho, Joe não perdeu tempo em se casar com Dolores. Essa união durou menos de um ano. Em abril de 1938, Dolores foi embora, tendo fugido para a casa da irmã em San Diego. A bonita Schatzie Brown, que tinha se tornado amante de Joe, desapareceu pouco tempo depois.

Na sexta-feira, 23 de setembro de 1938, um operário mexicano idoso — identificado nas notícias da época apenas como "Manuel" — apareceu na delegacia do condado com uma história perturbadora. De acordo com Manuel, que fazia alguns bicos para a irmã de Joe, a sra. Jimmy Loap, Joe tinha recentemente levado um barril de ferro de 210 litros para a fazenda dos Loap e o tinha guardado atrás do celeiro. Alguns dias depois, quando Joe apareceu por lá de novo, Manuel entreouviu a sra. Loap dizendo ao irmão: "Aquele barril que você deixou aqui está fedendo e tem moscas por toda parte, e quero que você tire ele daqui". Joe tinha prometido voltar no dia seguinte com a picape para levar o barril embora.

---

[1] Termo carinhoso em alemão; algo como "querida" ou "docinho". [NT]

Inclinando-se para perto do chefe do turno da noite, Albert Stahl, Manuel disse: "Tem um cadáver humano naquele barril, sr. Delegado. Ela foi morta pelo sr. Joe".

Na manhã seguinte à alegação alarmante de Manuel — sábado, 24 de setembro —, uma dupla de subdelegados, John Gray e John Klevenhagen (mais tarde capitão do Texas Rangers), se dirigiu à fazenda dos Loap. A sra. Loap confirmou que tal barril existia. Ela não fazia ideia do que havia dentro. Com base no fedor, porém, ela supunha que fosse um pouco da carne podre que se sabia que Joe usava para alimentar seus jacarés de estimação. De qualquer maneira, não estava mais ali; seu irmão tinha ido até lá e o levado embora, como prometido.

MANUEL: Tem um cadáver humano naquele barril, sr. Delegado. Ela foi morta pelo sr. Joe.

Ciente dos boatos sobre os acontecimentos sinistros no Sociable Inn, Gray e Klevenhagen seguiram para a sórdida espelunca de beira de estrada, onde encontraram o proprietário sentado a uma mesa com Clifton Wheeler, um jovem afro-americano descrito nos jornais como "auxiliar" de Joe. Quando os homens da lei explicaram que tinham recebido informações "sobre o corpo no barril" e que o iriam levar para interrogatório, Joe não fez nenhuma objeção, mas perguntou se primeiro poderia "tirar o dinheiro da caixa registradora e fechar o lugar".

"Tranque tudo e vamos embora", disse Klevenhagen.

Joe foi para trás do balcão e abriu a caixa registradora. De repente, se virou com uma pistola semiautomática calibre .45 na mão direita.

"Não!", gritou Klevenhagen, enquanto ele e o parceiro arrancavam as próprias armas dos coldres.

Joe hesitou por um instante. Então apontou a pistola para o próprio peito, puxou o gatinho e cai morto no chão do bar. "Esse suicídio com o intuito de evitar ser preso foi uma confissão implícita do crime", relataram os jornais. "Mas qual crime?"

A resposta foi dada pelo braço direito de Joe, Clifton Wheeler. Levado para ser interrogado em San Antonio, Wheeler de pronto confirmou a história de Manuel. O barril suspeito tinha, de fato, contido um cadáver humano: os restos mortais de Hazel "Schatzie" Brown.

De acordo com Wheeler, Joe tinha atirado em Hazel depois de ela ter anunciado sua intenção de trocá-lo por outro homem — um dos clientes regulares do bar que tinha um bom emprego, uma bela casa e queria se casar com ela. Joe tinha então enfiado o corpo dela no barril e o guardado temporariamente na casa da irmã.

Alguns dias mais tarde, ele e Wheeler tinham colocado o barril na picape e o levado para um despenhadeiro que dava para o rio San Antonio. Enquanto Wheeler observava, Joe desmembrou o corpo com uma serra para carne que tinha pegado na cozinha do bar e cortou a cabeça fora com um machado. Em seguida, os dois homens cavaram uma cova rasa, jogaram o torso e os membros cortados lá dentro e cobriram tudo com areia e alguns troncos. Então acenderam uma fogueira enorme a aproximadamente quarenta quilômetros de distância e jogaram a cabeça nas chamas. O barril foi parar dentro do rio.

Quando Wheeler concluiu sua confissão, o sol já tinha se posto. Portando lanternas, um grupo de policiais o levou de volta a Elmendorf, onde ele os guiou até o local do enterro e, usando uma velha pá enferrujada que Joe tinha largado por lá, desencavaram o torso e os membros decompostos. Uma parte da mandíbula de Hazel com os dentes ainda intactos foi recuperada das cinzas da fogueira e se mostrou essencial para estabelecer a identidade da vítima.

As autoridades ainda estavam intrigadas sobre os motivos de Joe para ter matado Hazel. Ciúme não parecia um motivo muito provável. Wheeler também esclareceu esse mistério. "Talvez ela soubesse coisas demais sobre ele ter atirado na senhorita Minnie", contou.

Aproximadamente dezoito meses antes — Wheeler explicou com tranquilidade para uma audiência perplexa —, Joe, depois de ter se cansado da presença controladora de Minnie, a tinha levado para um piquenique em uma praia na costa do Golfo. Por motivos que não tinham ficado claros de imediato para ele, Wheeler foi convidado a acompanhá-los. Sentados lado a lado sobre um cobertor, Joe e Minnie desfrutaram de sanduíches e cervejas geladas, observaram a espuma se quebrando na areia e jogaram sobras de comida para as gaivotas. Minnie nunca tinha visto tantas gaivotas, havia centenas delas, e enquanto estava sentada ali admirando-as, Joe sacou sua pistola calibre .45 e atirou em sua cabeça.

"Enterre ela e vamos embora", disse Joe para Wheeler, que estava sentado ali perto e que agora compreendia o porquê de ter sido levado junto.

Wheeler (que viria a receber uma sentença de dois anos como cúmplice de assassinato) concordou em levar os agentes até a sepultura de Minnie. Quando chegaram no local, contudo, ele não foi capaz de encontrá-la. Vendavais tinham alterado a paisagem, preenchendo as depressões entre as dunas com até seis metros de areia. Depois de dois dias de escavações infrutíferas, as autoridades emitiram uma solicitação junto ao administrador do condado requisitando fundos para conduzirem uma extensa escavação. Três semanas se passariam até que, com a ajuda de uma escavadeira a vapor do Departamento Estadual de Rodovias, os restos mortais decompostos de Minnie Gotthardt fossem desenterrados da areia.

Enquanto isso, dois policiais do Texas, impacientes para interrogar a ex-esposa de Joe, viajaram para San Diego, onde a encontraram na cadeia cumprindo uma sentença de quinze dias por embriaguez pública. Ela revelou que, durante uma viagem de carro para a baía de Corpus Christi, Joe lhe contara que tinha matado Minnie alguns dias antes e até tinha parado e descido do carro, supostamente para conferir a cova. Apesar de sua óbvia capacidade para cometer atos de violência, contudo — como evidenciado pela cicatriz causada na ocasião em que ele a tinha golpeado com uma garrafa de cerveja —, ela "não acreditou que ele pudesse fazer uma coisa dessas". Ainda assim, teve que admitir que Joe "tinha casos com muitas mulheres" e que costumava "agir de um jeito estranho" quando elas sumiam de repente.

Os jornais, que tinham começado a se referir a Joe como ==o Barba Azul do Sul do Texas==, relataram que ele tinha matado "pelo menos meia dúzia de mulheres". Entre elas estava uma "'anfitriã' loira chamada Estelle" que "desapareceu de repente, deixando suas roupas em um quarto nos fundos daquele bar de beira de estrada", e Julia Turner, de 27 anos, que, de acordo com sua colega de quarto, Margie Casbeer, "não voltou para casa certa noite depois de ir para o estabelecimento de Joe".

O que rendeu a Joe sua duradoura má fama, contudo, não foi o número de supostas vítimas, mas o método horripilante com o qual ele — pelo menos de acordo com uma fonte — se livrava de algumas delas. No dia 4 de outubro de 1938, um agente policial de Elmendorf, S.C. "Sonny" Cain, anunciou que tinha sido abordado por um homem disposto a testemunhar que Joe Ball "tinha picado os corpos de suas vítimas e os usado para alimentar seus jacarés de estimação".

De acordo com esse indivíduo (nunca identificado na imprensa pelo nome), seis anos antes, no dia 24 de maio de 1932, ele tinha "dado a volta até o quintal dos fundos do bar de beira de estrada e surpreendido Ball arrastando o corpo de uma mulher na direção do poço de concreto onde Ball mantinha seus cinco jacarés de estimação". Ao ver o homem, Joe sacou a arma e "ameaçou matá-lo, à sua esposa e filhos, se ele não ficasse de bico calado e fosse embora do estado". Alguns dias depois, o homem pegou a família e fugiu para Califórnia, só se atrevendo a voltar e revelar a verdade chocante depois de ler sobre o suicídio de Joe nos jornais.

A história ganhou as manchetes por todo o sudoeste do país: VÍTIMAS SERVEM DE ALIMENTO A JACARÉS; JACARÉS RECEBEM CARNE HUMANA COMO COMIDA EM FAZENDA DE ASSASSINATOS; MULHERES MORTAS USADAS COMO ALIMENTO DE JACARÉS; CORPOS DISSECADOS DADOS COMO COMIDA A JACARÉS. Aqueles que se deram ao trabalho de ler os artigos que acompanhavam tais manchetes descobriram que "não havia como determinar a veracidade dessa história"; na verdade, ela foi ridicularizada por todos que acompanharam o caso de perto. Até mesmo a ex-esposa de Joe, Dolores, que não nutria muito afeto por seu ex--marido abusivo, desconsiderou a alegação sensacionalista como mero boato. "Joe nunca colocou ninguém naquele tanque de jacarés", contou aos entrevistadores anos depois. "Joe não era nenhum monstro terrível."

Na época dessa declaração, porém, a lenda do "Joe Jacaré" e sua "fazenda de assassinatos" tinha se estabelecido no folclore local com solidez. Durante as décadas seguintes, ela continuaria a ser disseminada por escritores de revistas de detetives baratas, autores de enciclopédias sobre assassinos em série e cineastas como Tobe Hooper — provando mais uma vez a veracidade da famosa fala no filme de John Ford, *O Homem que Matou o Facínora*: "Quando a lenda se transforma em fato, publique a lenda".

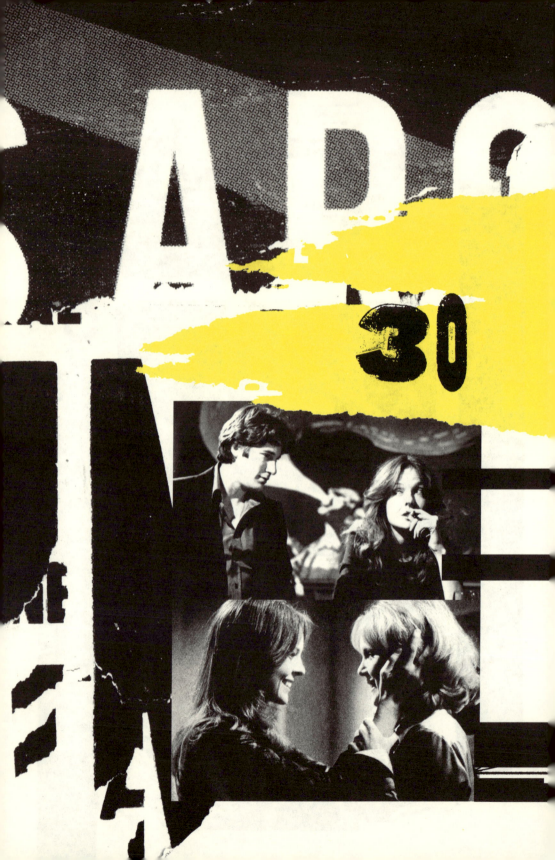

ANATOMIA TRUE CRIME DOS FILMES

A PROCURA
DE MR. GOODBAR

LOOKING FOR MR. GOODBAR, 1977 DIRIGIDO E ESCRITO POR RICHARD BROOKS. COM DIANE KEATON, TUESDAY WELD, WILLIAM ATHERTON, RICHARD KILEY, RICHARD GERE E TOM BERENGER.

Uma desagradável atmosfera puritana paira sobre esta adaptação de 1977 do incontestável best-seller de Judith Rossner que no Brasil foi traduzido como *De Bar em Bar*. Em essência, o filme é uma crítica severa e desaprovadora dos excessos desenfreados e pré-AIDS dos anos 1970, quando — de acordo com o ponto de vista do roteirista e diretor Richard Brooks — gays homicidas corriam à solta pelas ruas da cidade de Nova York e todos os quarteirões contavam com bares para solteiros liberais frequentados por garanhões predatórios e jovens solitárias que circulavam à procura de aventuras casuais.

Diane Keaton interpreta Theresa Dunn, uma das mais cativantes dessas mulheres desesperadas e condenadas. Criada em um repressivo lar católico irlandês, Theresa sofre de uma sensação de insegurança bastante arraigada por ter sido afligida pela escoliose (curvatura da coluna) quando criança. Embora seja inteligente, bonita e bastante dedicada aos alunos surdos para quem leciona, Theresa é um completo desastre quando o assunto é relacionamentos pessoais. Ela despreza o "jovem gentil", bonito e idealista que tenta conquistá-la (William Atherton). Delicadeza e devoção são desinteressantes para ela; o que a excita são humilhações e maus-tratos, que ela recebe em abundância de seus muitos parceiros sexuais.

Depois de um longo caso com um insuportável professor casado de sua faculdade, ela mergulha ainda mais em uma vida de sórdidas aventuras sexuais de uma noite só com uma série de indivíduos cada vez mais questionáveis (o mais memorável destes é o brigão extremamente narcisista interpretado por Richard Gere em seu primeiro papel importante). Theresa vai além da conta ao se envolver com um ex-condenado sexualmente confuso (interpretado de maneira bastante convincente por um jovem Tom Berenger à la Marlon Brando) que a mata de forma brutal, para provar sua masculinidade, no clímax extremamente perturbador do filme.

Ao criar a fictícia Theresa Dunn — suas mais íntimas fantasias, sentimentos, desejos, motivações etc. —, Judith Rossner contou principalmente com a própria imaginação. A história que serviu de base para o romance *De Bar em Bar* (e, por consequência, para o filme À Procura de Mr. *Goodbar*), porém, foi inspirada por um chocante crime verídico ocorrido em 1973, o homicídio brutal de uma professora de 27 anos da cidade de Nova York chamada Roseann Quinn.

Como sua equivalente fictícia, Quinn — a mais velha de três filhos de devotos pais católicos irlandeses — desenvolveu escoliose quando criança. Aos treze anos, foi submetida a uma operação na coluna e passou um ano inteiro se recuperando. O procedimento ajudou a fortalecer seus ombros tortos, mas a deixou com um manquejar pronunciado, uma cicatriz de quase trinta centímetros nas costas e um profundo sentimento de insegurança, alienação e autodesprezo.

Rebelando-se contra os valores conservadores dos pais — que esperavam que ela se dedicasse aos tradicionais papéis de dona de casa e mãe —, Quinn saiu de casa aos dezoito anos, se matriculou em uma faculdade estadual de pedagogia, se envolveu com o movimento de direitos civis dos anos 1960 e começou a namorar homens afro-americanos. Algum tempo depois, se mudou para um apartamento em Manhattan. De dia, tendia a levar uma vida calma e tranquila como professora (a princípio em escolas públicas de Newark, depois na St. Joseph's School for the Deaf [Escola St. Joseph para os surdos] no Bronx).

À noite, a ruiva miúda e sardenta se transformava em uma garota festeira, escandalosa e promíscua, que se envolvia com estranhos desleixados nos bares locais e os levava para casa para sessões de sexo violento.

O último estranho com quem viria a se envolver foi um rapaz chamado John Wayne Wilson. Nascido em uma cidadezinha de Indiana, Wilson tinha sido criado por pais severos do centro-oeste que (de acordo com uma assistente social) poderiam ter servido de modelo para o famoso quadro de Grant Wood, *American Gothic*. Um fujão crônico com um longo histórico de problemas psiquiátricos, Wilson tinha entrado e saído de hospitais psiquiátricos desde que tinha doze anos. Aos dezesseis — loiro, olhos azuis, musculoso —, ele viajou pelo país de carona, indo acabar na Times Square, onde passou a se dedicar a pequenos delitos e à prostituição homossexual.

JOVEM DESCONHECIDO: Quinn ficou bastante desagradável.

No verão de 1970, um contador de 39 anos chamado Geary Guest estava na Times Square à procura de sexo e avistou o prostituto de vinte anos. Pouco tempo depois, Wilson foi acolhido na cobertura de Guest. A vida do jovem andarilho durante os dois anos seguintes foi distintamente errática. Depois de roubar dinheiro e cartões de crédito do amante rico, seguiu para Miami, onde conheceu e se casou com uma garota de dezessete anos chamada Candy Cole, foi preso por roubo e fugiu da prisão depois de cumprir apenas alguns meses da pena de um ano.

Ao voltar para a cidade de Nova York, Wilson e sua esposa adolescente se acomodaram no apartamento do leniente Guest. Determinado a ser um provedor para a esposa, ele saiu às ruas e voltou a se prostituir. Quando Candy engravidou, ele tentou ter uma vida normal ao arrumar um emprego como funcionário do correio. Mas a respeitabilidade não era o forte de Wilson, e pouco tempo depois ele tinha voltado a seus velhos hábitos.

Na noite de Ano Novo de 1973, tanto Roseann Quinn quanto John Wayne Wilson foram parar em um bar no Upper West Side chamado Tweed's. Nunca saberemos o que exatamente aconteceu entre os dois. Com base em reconstituições posteriores (como aquela organizada pela jornalista Lacey Fosburgh em

Hora de Fechar: A Verdadeira e Chocante História do Crime de "De Bar em Bar"), parece que, depois de compartilhar algumas bebidas e bater um papo com o desconhecido jovem atraente, Quinn o levou até seu apartamento apertado e desmazelado a alguns edifícios de distância naquele mesmo quarteirão. De acordo com o relato que Wilson mais tarde fez à polícia, os dois fizeram sexo. Logo depois, Quinn (que aparentemente tinha uma veia masoquista e gostava de provocar seus amantes para que fossem violentos com ela) "ficou bastante desagradável", empurrando e enxotando Wilson e mandando que ele fosse embora. Wilson — instável até nas melhores circunstâncias — "surtou" e a atacou com brutalidade, a sufocou com as próprias mãos, a estrangulou com sua calcinha, a esfaqueou com uma faca de aparar, enfiou uma vela em sua vagina, golpeou seu rosto com uma estatueta e mordeu seus seios de maneira feroz.

Depois de tomar um banho para tirar o sangue do corpo e de limpar as impressões digitais do apartamento, ele voltou para casa e confessou o assassinato a Guest, que lhe deu uma passagem de avião e o despachou para Miami. Dois dias depois, o cadáver brutalizado de Roseann Quinn foi encontrado por uma colega de trabalho, preocupada com sua ausência da escola. O assassinato brutal da jovem professora ganhou as manchetes. Até mesmo o *New York Times*, com seu nobre princípio de evitar qualquer coisa que cheire a sensacionalismo, concedeu ao assassinato de Quinn uma cobertura de primeira página.

Guest, em pânico — temendo de repente que pudesse ser acusado como cúmplice —, contou à polícia sobre Wilson, que logo foi preso e levado de volta à cidade de Nova York, onde foi encarcerado no complexo de detenção de Manhattan conhecido como "the Tombs" (as Tumbas). Após cinco meses, pouco depois do meio-dia de 5 de maio de 1973, ele lançou um lençol por cima de uma viga do teto de sua cela e se enforcou. Guest reivindicou o corpo e o acompanhou pessoalmente de volta a Indiana para o enterro. No dia do funeral, a jovem esposa de Wilson, Candy, deu à luz um bebê natimorto — um fim apropriadamente sinistro para um caso sórdido e chocante que não causou nada a não ser desgosto e morte.

TRACKDOWN

Além da versão cinematográfica de Richard Brooks, À Procura de Mr. *Goodbar*, o homicídio de Roseann Quinn serviu de base para outro filme, este para a TV e muito mais obscuro, chamado *Trackdown: Finding the Goodbar Killer* [Perseguição: À Procura do Assassino de *De Bar em Bar*], de 1983.

Em um contraste marcante em relação ao filme lançado nos cinemas, *Trackdown* oferece apenas um breve vislumbre da personagem de Quinn, Mary Alice Nolan. Nós a vemos em um bar para solteiros sendo paquerada por seu assassino, depois jazendo morta logo depois do crime (que não chega a ser mostrado). Além de seu emprego na escola para crianças surdas no Bronx, nós não descobrimos quase nada sobre ela, ainda que alguns personagens secundários façam comentários sarcásticos sobre sua vida sexual promíscua e "depravada".

Também não vemos muita coisa do assassino — um jovem esquisito de uma beleza infantil chamado John Charles Turner. Ele aparece de vez em quando em algumas cenas: no apartamento de seu amante gay de meia-idade, dando uma olhada nas manchetes sobre Miami, embarcando em um ônibus Greyhound com destino ao centro-oeste com sua inocente noiva grávida e, por fim, sendo preso em Indianápolis.

O foco do filme de cem minutos de duração, como seu título sugere, é a investigação do crime, aqui liderada pelo policial fictício da cidade de Nova York, John Grafton, interpretado por George Segal e seu charme costumeiro. Como esperado de um drama para televisão, grande parte do filme trata dos assuntos familiares de Grafton: o fim de seu casamento e a decisão da filha de ir morar na faculdade, em vez de ficar em casa e frequentar uma escola local. Um detetive obstinado que vive mordendo as pontas dos charutos, Grafton é o herói que soluciona o caso ao obrigar o amante rico de Turner a revelar a identidade do assassino. Ainda que isso seja um desvio drástico da verdade (o namorado mais velho de John Wayne Wilson, Geary Guest, se ofereceu para revelar as informações em troca de imunidade), *Trackdown* faz um trabalho razoavelmente preciso ao retratar a antiga rotina policial de sair batendo perna pelas ruas que levou à prisão do assassino. Outra virtude do filme é a filmagem feita no local, o que oferece uma perspectiva vívida, geralmente nua e crua, da cidade de Nova York no começo dos anos 1980. Embora tenha sido quase impossível assistir a *Trackdown* durante muitos anos, o filme — como muitos outros programas outrora disponíveis apenas na TV — agora pode ser desfrutado no YouTube.

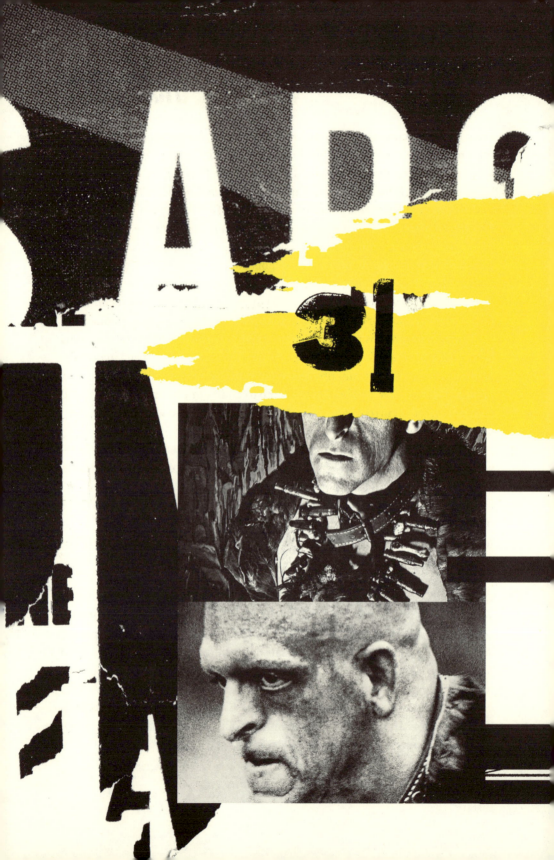

ANATOMIA TRUE CRIME DOS FILMES

QUADRILHA DE SÁDICOS

THE HILLS HAVE EYES, 1977
DIRIGIDO E ESCRITO POR WES CRAVEN. COM SUSAN LANIER, ROBERT HOUSTON, VIRGINIA VINCENT, RUSS GRIEVE, DEE WALLACE, MARTIN SPEER, JOHN STEADMAN, JAMES WHITWORTH, CORDY CLARK, JANUS BLYTHE E MICHAEL BERRYMAN.

Três anos depois do lançamento do clássico do terror, *O Massacre da Serra Elétrica*, de Tobe Hooper, os fãs do gênero receberam um presente na forma de um filme de baixo orçamento que segue essa mesma linha, *Quadrilha de Sádicos*, de Wes Craven. Seguindo a mesma fórmula básica — um pequeno grupo de viajantes imprudentes se desvia da estrada principal e cai nas garras de psicopatas canibais —, o filme de Craven se concentra em uma típica família estadunidense de férias, os Carter: o papai, Bob (Russ Grieve), um ex-policial presunçoso; a esposa afetada, Ethel (Virginia Vincent); os filhos adolescentes bem-apessoados, Bobby (Robert Houston) e Brenda (Susan Lanier); e a filha mais velha, já casada, Lynne (Dee Wallace), junto com o marido que usa óculos, Doug (Martin Speer), e a filhinha deles, Katy.

Ignorando o sábio conselho de um coroa rabugento chamado Fred (John Steadman) que os incita a permanecerem na rodovia, Bob pega um desvio pelo deserto e sem demora perde o controle e sai da estrada com o carro que vinha puxando o trailer. Empacado no meio do nada, ele decide andar de volta ao posto de gasolina decrépito de Fred, deixando a família largada no descampado e à mercê de uma tribo de montanheses consanguíneos: selvagens canibais que passam a sujeitar os Carter (e a audiência) a noventa minutos de violência sádica.

Nós somos testemunhas de eventos como a evisceração do adorado pastor alemão da família; a crucificação de Bob em um cacto e sua subsequente imolação após ser encharcado de gasolina; e o estupro da atraente Brenda nas mãos do grotescamente malformado Pluto. Ainda que seja atenuado com uma pitada de humor doentio (a aparência e o comportamento de diversos membros masculinos do clã canibal são tão loucamente exagerados que às vezes beiram o ridículo), o filme é perturbador ao extremo. Ele se torna ainda mais angustiante quando Pluto e o troglodita do seu irmão, Mars, fogem com a adorável bebê Katy (ou, como eles se referem a ela, o "jovem peru de Ação de Graças"). Para salvar a filha, o outrora molenga Doug tem que criar coragem e enfrentar os vilões mutantes à maneira deles, regredindo à selvageria e transformando-se em um assassino implacável (um tema comum em suspenses de ação estadunidenses, talvez exemplificado de modo bastante poderoso em *Amargo Pesadelo* de James Dickey e recebido uma ênfase especial no remake sem limitações de 2006 do filme de Craven, rebatizado em português de *Terror nas Montanhas*, dirigido por Alexandre Aja).

Enquanto *Quadrilha de Sádicos* tem uma dívida inquestionável para com *O Massacre da Serra Elétrica*, ele teve outra inspiração, esta ainda mais direta: o suposto monstro escocês da vida real, Sawney Bean. Embora acadêmicos modernos venham levantando algumas dúvidas relevantes sobre muitos de seus detalhes — embora, na verdade, venham questionando se tal figura algum dia chegou até mesmo a existir —, a lenda de Sawney Bean vem sendo disseminada como verdade histórica desde o final dos anos 1700, quando foi recontada na coleção bastante popular de histórias de crimes verídicos, *The Newgate Calendar*.

De acordo com essa fonte republicada com bastante frequência, Bean nasceu na segunda metade do século XVI, durante o reinado do rei Jaime VI da Escócia. Filho de fazendeiros batalhadores, ele próprio era "muito propenso à ociosidade". Avesso a "qualquer emprego honesto", ele e a esposa — "uma mulher tão inclinada à violência quanto ele" — fugiram da sociedade civilizada e encontraram refúgio em uma caverna na costa estéril de Galloway, onde "viveram por mais de 25 anos sem irem a nenhuma cidade, povoado ou vilarejo".

Durante esse tempo, o animalesco casal gerou uma família que, ao longo de anos de endogamia, acabou aumentando para 48 membros: filhos e netos criados "sem nenhuma noção de humanidade ou sociedade civilizada". Morando em seu imundo covil litorâneo — "um lugar de horror e escuridão perpétuos" —, esse clã monstruoso sobreviveu roubando e matando, atacando quaisquer viajantes que passassem por aquele trecho solitário de litoral.

> **NEWGATE CALENDAR: Eles costumavam carregar a carcaça até seu covil, onde, depois de esquartejá-la, faziam conservas com os membros mutilados e depois os comiam.**

Afora isso, assim que estivesse morta, a vítima servia de sustento para os canibais da família Bean. Assim que tivessem dado cabo de "qualquer homem, mulher ou criança", o *Newgate Calendar* relata, "eles costumavam carregar a carcaça até seu covil, onde, depois de esquartejá-la, faziam conservas com os membros mutilados e depois os comiam". Por mais numerosos que fossem, os Bean eram tão prolíficos em suas chacinas que "era comum que tivessem excesso de sua comida abominável; por conta disso, à noite eles frequentemente jogavam no mar as pernas e os braços dos pobres coitados que tinham matado de um lugar a uma boa distância de sua habitação sanguinolenta. Os membros costumavam ser levados à terra pela maré em diversas partes do país, para o assombro e terror de todos que os encontravam."

Os habitantes da região — "alarmados com essas perdas tão frequentes de vizinhos e conhecidos" — saíram à procura de potenciais perpetradores. As suspeitas recaíam sobre diversos "viajantes honestos" que eram "enforcados injustamente diante das menores evidências". Uma grande quantidade de "donos de pousadas inocentes" também foi "executada por nenhuma outra razão a não ser pelo fato de que se sabia que as pessoas que tinham se perdido tinham pernoitado em seus estabelecimentos, o que resultava na suspeita de que tinham sido assassinadas por eles e seus corpos escondidos em lugares obscuros

para que não fossem encontrados". Tal justiça aplicada pelas mãos de justiceiros não fez nada para conter o terror: "Ainda assim, os súditos do rei continuavam a desaparecer tanto quanto antes".

Não se sabe quantas pessoas morreram durante o reinado de terror dos Bean, embora "tenha sido calculado em termos gerais que nos 25 anos em que cometeram suas carnificinas, eles lavaram as mãos no sangue de pelo menos mil homens, mulheres e crianças". Seu esconderijo remoto foi por fim descoberto quando um casal, "voltando para casa uma certa noite depois de um dia de feira", foi atacado por "selvagens impiedosos". Sacando uma espada e uma pistola, o marido começou a combater os atacantes "de maneira furiosa". Enquanto lutava contra eles, porém, sua esposa "logo foi morta diante dos olhos do marido; pois as mulheres canibais cortaram sua garganta e caíram sobre ela e chuparam seu sangue com tanta voracidade como se fosse vinho. Com isso feito, elas rasgaram sua barriga e arrancaram todas as entranhas".

No instante em que parecia que o marido também estava prestes a ser subjugado pelo frenético bando de comedores de carne, "vinte ou trinta pessoas vindo da mesma feira" se aproximaram "em conjunto; diante disso, Sawney Bean e seu clã sedento de sangue recuaram e fugiram da melhor maneira possível por uma floresta densa até seu covil".

Por ter sido a primeira pessoa a ter entrado em conflito com os Bean e "escapado com vida", o marido de imediato foi levado a Glasgow, onde relatou "o acontecido ao prefeito da cidade, que logo mandou notícias ao rei". Alguns dias depois, liderado pelo rei Jaime em pessoa, um exército de "aproximadamente quatrocentos homens" partiu para "deter o bando diabólico":

O homem que tinha sido atacado foi o guia, e cuidados foram tomados para que um grande número de cães de caça estivesse com eles para que não lhes faltassem meios de colocar um fim àquelas crueldades.
Não foi encontrado nenhum sinal de nenhuma habitação durante muito tempo... mas alguns dos cães de caça, por sorte, entraram em um covil lúgubre e de pronto começaram a latir de maneira hedionda, uivando e ganindo... Logo foi-se pedido que trouxessem tochas, e um grande número de homens se aventurou para dentro de caminhos intricados, serpenteantes e tortuosos, até que afinal chegaram na... habitação daqueles monstros.

Agora todos do grupo, ou o maior número deles quanto possível, entraram e ficaram tão chocados com o que viram que estavam prestes a caírem desmaiados no chão. Pernas, braços, coxas e pés de homens, mulheres e crianças estavam pendurados em fileiras, como carne seca. Muitos membros se encontravam mantidos em conserva, e grandes pilhas de dinheiro, tanto ouro quanto prata, com relógios, anéis, espadas, pistolas e uma grande quantidade de roupas, tanto de linho quanto de lã, e um número infinito de outras coisas que eles tinham tirado daqueles que tinham assassinado, estavam jogados em pilhas ou encostados nas paredes do covil.

Capturados e levados para Edimburgo, os Bean foram condenados a uma punição proporcional a seus crimes. Primeiro os homens e os meninos foram castrados, "seus membros íntimos cortados e jogados ao fogo". Suas mãos e pernas foram então "separadas de seus corpos". Foram deixados para sangrar lentamente até a morte enquanto as mulheres daquele clã monstruoso foram forçadas a assistir. Em seguida, as mulheres e as meninas "foram queimadas até a morte em três fogueiras diferentes". Nenhum dos Bean demonstrou "o menor sinal de arrependimento; mas continuaram até o último fôlego de vida a praguejar e esbravejar as mais terríveis imprecações sobre todos ao redor".

SAWNEY: FLESH OF MAN

Com base no título, os espectadores desse filme de terror de 2012 podem imaginar que ele será um drama histórico sanguinolento ambientado na Escócia em um passado muito distante — *Coração Valente* com canibalismo. Na verdade, o filme é um festival sádico e sanguinolento sobre um descendente e homônimo dos dias de hoje do infame comedor de homens, que administra um horrendo açougue subterrâneo nas desoladas Terras Altas. Morando com ele em seu covil fétido estão seus dois irmãos aberrantes — mutantes que vestem moletons com capuzes e que são adeptos (por motivos não explicados) das artes marciais — e sua mãe monstruosa, que é mantida trancada em uma cela e alimentada com regulares baldes com partes de corpos humanos fedorentos.

Para manter essa despensa macabra estocada, Sawney faz viagens para Edimburgo todas as noites em um táxi parecido com um rabecão e sequestra jovens atraentes que são levadas de volta à sua caverna e transformadas em comida para sua mãe, não antes, porém, de serem sujeitadas a diversos ultrajes pornográficos de tortura nas mãos (e língua) do lascivo Sawney. O enredo, o que existe dele, é sobre um jovem jornalista no rastro das mulheres desaparecidas (entre as quais estão a irmã de sua namorada e, mais para o final, a própria namorada). Também está envolvido na busca um inspetor de polícia desleixado que descobrimos ter uma conexão próxima (mesmo que um tanto ambígua) com o clã de canibais consanguíneos. Ainda que não seja para todos os gostos, os fãs de terror do teatro Grand Guignol[1] atenuado com um pouco de humor ácido irão encontrar muitas coisas das quais gostar neste doentio filme do cinema exploitation escocês (às vezes exibido com o título alternativo de *Lord of Darkness*).

---

[1] O teatro Grand Guignol foi uma casa de espetáculos em Paris especializada em peças com histórias macabras e sanguinolentas. [NT]

ANATOMIA TRUE CRIME DOS FILMES

DEZ MINUTOS PARA MORRER

10 TO MIDNIGHT, 1983 DIRIGIDO POR J. LEE THOMPSON. ESCRITO POR WILLIAM ROBERTS. COM CHARLES BRONSON, LISA EILBACHER, ANDREW STEVENS, GENE DAVIS, GEOFFREY LEWIS E WILFORD BRIMLEY.

Na era de galãs hollywoodianos como Brad Pitt e Mark Wahlberg, pode parecer estranho ter havido uma época em que a estrela de cinema mais famosa do mundo era um ator conhecido afetuosamente por seus fãs italianos como *Il Brutto — O Feio*. Tal era o caso quando o grande campeão de bilheteria da década de 1970 era o ícone dos filmes de ação com rosto de granito, Charles Bronson. Depois de muitos anos como um rústico ator coadjuvante em filmes como *Sete Homens e um Destino* e *Fugindo do Inferno*, Bronson tirou a sorte grande com a fantasia de justiceiro de 1974, *Desejo de Matar*. Com seu novo status de ator principal, o salário de Bronson foi às alturas, enquanto a qualidade de seus filmes sofria um declínio inversamente proporcional. Para muitos críticos, eles atingiram o ponto mais baixo em 1983 com *Dez Minutos para Morrer*, descrito de maneira um tanto inclemente, mesmo que correta, pelo resenhista Roger Ebert como "a porcaria de um filminho medíocre". Apesar de todas suas falhas cinematográficas, contudo, o filme exerce um fascínio especial sobre os fãs de histórias de crimes verídicos.

Bronson interpreta um tira do Departamento de Polícia de Los Angeles, Leo Kessler, cuja crença (como aquela de seu antepassado cinematográfico em *Perseguidor Implacável*, com Clint Eastwood) é "Esqueça o que é legal — faça o que é certo". O vilão do filme é um indivíduo bonito, mas bastante assustador, chamado Warren Stacy (Gene Davis), que gosta de ficar pelado e assassinar as diversas jovens atraentes que rejeitaram suas investidas. Não demora muito até que Kessler identifique Stacy como o principal suspeito desses assassinatos em série. Sem nenhuma prova contundente que o permita pôr as mãos em Stacy, Kessler não deixa detalhes legais ficarem em seu caminho e planta provas incriminadoras que levam à prisão do psicopata e ao seu julgamento por homicídio. Infelizmente, o advogado vigarista de Stacy (o sempre sórdido Geoffrey Lewis) descobre o estratagema e faz com que o caso contra seu cliente seja desconsiderado.

LEO KESSLER: Esqueça o que é legal — faça o que é certo.

Determinado a se vingar, Stacy foca suas atenções sociopatas na filha adulta de Kessler, Laurie (Lisa Eilbacher), uma enfermeira hospitalar que mora com diversas colegas de trabalho. Na sequência final, Stacy invade o apartamento delas e mata as colegas de casa de Laurie, em seguida vai atrás dela. Na última hora, ela é salva do mesmo destino pavoroso pela chegada oportuna do pai, que coloca uma bem-merecida bala entre os olhos do psicopata furioso.

O que faz com que valha a pena para os fãs de crimes verídicos assistirem a este filme policial/slasher/pornô *softcore* de baixa qualidade é sua conexão com um dos casos de homicídio mais chocantes do século xx. Embora o personagem de Warren Stacy tenha a aparência atraente de Ted Bundy, sua derradeira onda de ataques é, na verdade, baseada no infame massacre de oito estudantes de enfermagem cometido por Richard Speck em 1968 em Chicago.

Um sociopata robusto e obtuso cujo rosto alongado e equino era repleto de cicatrizes de catapora, Speck foi submetido à violência desde uma tenra idade nas mãos do padrasto, um bêbado brutalmente abusivo que não fazia questão de esconder o desdém que sentia pelo garoto. Quando Speck abandonou a nona série, aos dezesseis anos, ele já era um desajustado que bebia em excesso, usava drogas e odiava as mulheres, cujo comportamento moderado mascarava uma potência assustadora para a violência.

Três anos depois de largar a escola, ele se casou com uma garota de quinze anos e, logo depois, se tornou pai de uma menina, nascida enquanto Speck — um criminoso compulsivo desde o começo da adolescência — cumpria pena por perturbação da paz. Durante aqueles raros intervalos em que estava fora da prisão e ficava em casa, sua jovem esposa era supostamente submetida a abusos brutais. Cansada de ser estuprada pelo marido sob ameaça de uma faca, ela logo pediu o divórcio.

Por volta de seus 25 anos, Speck já tinha acumulado mais de quarenta prisões sob acusações que iam de falsificação a lesão corporal qualificada. Estava fugindo da polícia por ter arrombado uma mercearia em Dallas quando seguiu para Chicago na primavera de 1966. Após uma breve visita à família da irmã, viajou para sua cidade natal de Monmouth, Illinois, onde, pouco depois de chegar, estuprou uma mulher de 65 anos durante uma invasão domiciliar e se tornou suspeito do homicídio de uma bartender de 32 anos. Depois de fugir em disparada antes que a polícia apertasse o cerco, voltou para Chicago e foi morar com a irmã, o cunhado e as filhas adolescentes do casal.

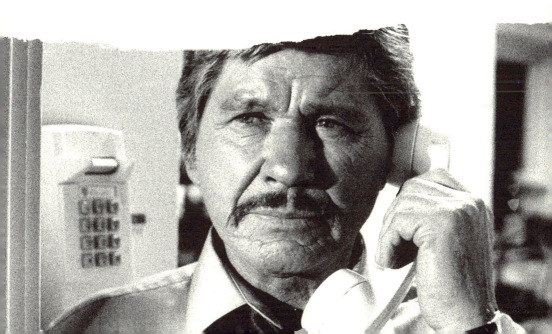

Depois de ficar tempo demais no apartamento apertado, tentou arrumar um emprego como marinheiro mercante. Enquanto esperava para zarpar, levou uma vida às margens da sociedade, bebendo o dia todo em bares imundos e passando as noites em pensões baratas ou, quando ficava sem dinheiro, em bancos de praças. Em determinado momento, levou uma frequentadora de bares de 53 anos de volta para seu quarto em um pulgueiro, a estuprou e roubou a espingarda calibre .22 que ela levava consigo como proteção.

 CORAZON AMURAO: Estão todas mortas! Minhas amigas estão todas mortas! Ah, Deus, sou a única sobrevivente!.

Perto da agência de empregos da Maritime Union onde Speck tinha se candidatado ao trabalho de marinheiro havia inúmeros sobrados usados por um hospital comunitário como dormitório para as enfermeiras em treinamento. Um desses sobrados servia como acomodação para nove estudantes de enfermagem, seis estadunidenses — Gloria Davy, Suzanne Farris, Nina Schmale, Patricia Matusek, Mary Ann Jordan e Pamela Wilkening — e três alunas de intercâmbio filipinas — Merlita Gargullo, Valentina Pasion e Corazon Amurao. "Em seu tempo livre, algumas das enfermeiras tomavam sol na área diretamente atrás dos sobrados", escreveram Dennis L. Breo e William J. Martin, cronistas do caso. "Algumas passavam caminhando... pela frente do salão do sindicato até a sorveteria Tastee-Freez na esquina. A maioria usava shorts ou vestidos leves de verão." Em algum momento durante as semanas indolentes que passou naquela vizinhança, as belas e jovens enfermeiras chamaram a atenção malevolente de Richard Speck.

Por volta das 23h de 13 de julho de 1966, Corazon Amurao, de 23 anos, foi despertada por uma batida na porta de seu quarto. Ela a abriu e se viu cara a cara com um estranho ameaçador brandindo uma pistola calibre .22 e um canivete. Depois de garantir à jovem assustada que não "iria machucá-la", o intruso — um embriagado e drogado Richard Speck — logo reuniu as outras cinco estudantes de enfermagem que estavam em casa naquela hora, arrebanhou todas para dentro de um quarto e mandou que deitassem no chão. Usando o canivete para cortar um lençol em tiras, passou a amarrar as vítimas aterrorizadas. Ao longo da hora seguinte, mais três jovens chegaram na casa. Também acabaram amarradas e indefesas no chão do quarto, elevando o total para nove. O verdadeiro terror começou por volta da meia-noite, quando Speck desamarrou Pamela Wilkening, a levou para o quarto ao lado, esfaqueou seu peito e a estrangulou. Mary Ann Jordan e Suzanne Farris foram as próximas. Speck as empurrou para dentro de outro quarto e as brutalizou com a faca.

Depois de fazer uma pausa para lavar o sangue das mãos, Speck voltou ao seu trabalho medonho. Uma a uma, as jovens foram levadas para quartos diferentes e mortas com brutalidade. A última a morrer foi Gloria Davy, de 22 anos. Speck se demorou bastante com ela — quase uma hora — estuprando-a duas vezes antes de a sodomizar com um objeto desconhecido e a estrangular até a morte.

Eram 3h30 quando Speck, sua sede de sangue saciada, fugiu da casa. Em seu frenesi, contudo, tinha perdido a conta de suas vítimas. Uma delas, Corazon Amurao, tinha conseguido rolar para baixo de um beliche e ficou escondida durante o ataque de Speck, reprimindo os soluços de terror que subiam por sua garganta enquanto ouvia a matança que acontecia perto de seu esconderijo. Paralisada de medo, ficou ali até o raiar do dia, quando se retorceu para sair de baixo da cama, subiu no parapeito da janela e começou a gritar: "Estão todas mortas! Minhas amigas estão todas mortas! Ah, Deus, sou a única sobrevivente!".

À medida que as manchetes por todo o país alardeavam notícias sobre o massacre — "o crime do século", de acordo com as autoridades de Chicago —, o perpetrador retornou à sua rotina imoral de bebedeira e prostituição. Enquanto isso, Corazon Amurao, ainda que bastante sedada após o trauma, conseguiu fornecer aos investigadores uma descrição detalhada do agressor. Não demorou muito para que descobrissem o nome do homem que estavam procurando.

Ao saber que tinha deixado uma sobrevivente e que a polícia estava fechando o cerco, Speck fugiu para uma parte ainda mais sórdida da cidade. Escondido em uma espelunca onde cubículos fétidos de 1,50 m por 2,50 m podiam ser alugados por 90 centavos por noite, acabou cortando os pulsos com os cacos de uma garrafa de vinho quebrada. Foi levado ao Cook County Hospital, onde um jovem médico, o dr. Leroy Smith, que estivera acompanhando o caso nos jornais, reconheceu a distinta tatuagem no braço dele: Born to Raise Hell, algo como "nascido para causar o caos". Quando Speck implorou por um pouco de água, Smith agarrou sua nuca, apertou o ponto de pressão o mais forte que conseguiu e indagou: "Você deu água àquelas enfermeiras?". Então chamou a polícia.

O julgamento de Speck, que aconteceu em Peoria depois de um pedido de mudança de local feito pela defesa, começou no dia 3 de abril de 1967. O ponto culminante aconteceu quando foi perguntado a Corazon Amurao se ela era capaz de identificar o assassino: ela desceu do tablado das testemunhas, andou diretamente até Speck, apontou o dedo para o rosto dele e disse: "Este é o homem!". No dia 15 de abril, depois de uma deliberação que levou 49 minutos, o júri entregou um veredicto de culpado, e ele foi sentenciado à morte.

Quando a pena de morte foi declarada inconstitucional em 1972, Speck recebeu uma nova sentença de oito penas consecutivas de cinquenta a 150 anos. Sofreu um ataque cardíaco fatal na penitenciária de Stateville no dia 5 de dezembro de 1991, pouco antes de seu quinquagésimo aniversário. Quatro anos depois, uma filmagem indescritivelmente obscena veio à luz, mostrando Speck — que de alguma maneira tinha conseguido adquirir hormônios femininos enquanto estava atrás das grades e agora ostentava um par de seios caídos, além de estar usando calcinhas e um penteado curto e loiro — fazendo brincadeiras sobre seus homicídios, cheirando cocaína e fazendo sexo oral em seu amante. Quando lhe foi perguntado pelo cinegrafista fora de cena por que ele tinha matado as oito jovens, o monstruoso e repugnante Speck responde com um dar de ombros: "Aquela simplesmente não foi a noite delas".

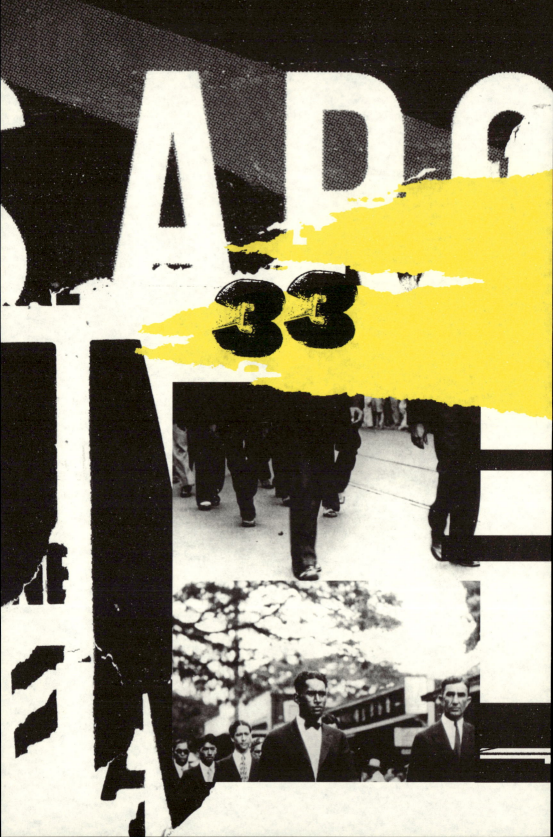

ANATOMIA TRUE CRIME DOS FILMES

SANGUE E ORQUÍDEAS

BLOOD & ORCHIDS, 1986
DIRIGIDO POR JERRY THORPE.
ESCRITO POR NORMAN KATKOV.
COM KRIS KRISTOFFERSON,
JANE ALEXANDER, MADELEINE
STOWE, MATT SALINGER, JOSÉ
FERRER, SEAN YOUNG, JOHN
LILUOHE E WILLIAM RUSS.

Dada a grande quantidade de casos de assassinatos chocantes que suscitaram coberturas frenéticas por parte da mídia nas décadas entre o ataque a tiros contra o famoso arquiteto Stanford White em 1906 e o homicídio duplo em 1994 que culminou no julgamento de O.J. Simpson, a maioria das pessoas teria dificuldade em escolher qual seria o crime do século. Algumas poderiam escolher o assassinato cometido apenas pela emoção de matar, o chamado *thrill killing*, por Leopold e Loeb em 1924; outras, o sequestro do bebê Lindbergh em 1932; ainda outras, o assassinato em massa perpetrado por Richard Speck em 1966, ou as monstruosidades da família Manson em 1969. A situação é diferente, contudo, no Havaí, onde, se questionados sobre o crime mais notório do século XX, os residentes não hesitariam em mencionar o Caso Massie, um antigo caso conhecido em todo o mundo que hoje desapareceu quase que por completo da memória coletiva dos estadunidenses continentais.

O nome do caso deriva de sua figura central, Thalia Massie. Com vinte anos na época dos acontecimentos que a lançaram para as primeiras páginas dos jornais ao redor do mundo, Thalia era filha de pais com alto padrão de vida de uma linhagem sofisticada, mas com recursos financeiros limitados. Seu pai, Granville Roland Fortescue — filho ilegítimo de Robert, o tio "libertino" de Teddy Roosevelt — já tinha torrado sua herança relativamente modesta quando chegou na casa dos quarenta anos e recusou empregos remunerados por acreditar que estavam abaixo de seu status social. Sua mãe, Grace — uma parente próxima do inventor do telefone, Alexander Graham Bell — era uma beldade obstinada forçada a dar aulas de bridge para manter as contas da casa em dia.

Enviada para internatos exclusivos por parentes caridosos, Thalia não via seus pais, cada vez mais rancorosos e negligentes, com muita frequência. Afligida por um problema na tireoide que a deixou com olhos protuberantes, visão debilitada e uma luta contra o peso que iria acompanhá-la durante toda sua vida, Thalia se transformou em uma adolescente descontrolada que bebia e fumava em excesso e que tinha uma reputação de "agir... de modo extremamente imodesto diante de rapazes". Em 1927, aos dezesseis anos, ela conheceu e se casou com o cadete da Academia Naval Thomas Massie, de 22 anos, um sujeito brincalhão que compartilhava seu prazer em realizar pegadinhas audaciosas, como apanhar um bebê sem supervisão do saguão de um cinema e deixar os pais com medo de que seu filho tivesse sido sequestrado.

Graças ao comportamento cada vez mais irrestrito de Thalia — o qual, de acordo com boatos, incluía "dar em cima... de praticamente qualquer homem que parecesse próspero e limpo" —, o relacionamento dos dois logo se deteriorou a ponto de brigarem embriagados o tempo todo, às vezes com violência física, e com frequência em público. Em maio de 1930, eles se mudaram para o Havaí, para onde Tommie tinha sido transferido para um esquadrão submarino em Pearl Harbor. Sob ameaça de divórcio, Thalia se esforçou para mudar seu comportamento irresponsável, mas continuou considerando sua vida quase insuportavelmente enfadonha, enquanto Tommie se via preso em um casamento que era uma fonte inesgotável de conflito e humilhação.

Na noite de sábado, 12 de setembro de 1931, os Massie, acompanhados de outros dois casais, seguiram para o Ala Wai Inn, uma casa noturna popular em Waikiki. Deixada sozinha enquanto Tommie ficava de papo com os amigos, Thalia, entediada e irritada, perambulou até o andar superior, onde acabou se envolvendo em uma discussão desagradável com um tenente da Marinha embriagado que a chamou de algo ofensivo e foi recompensado com uma bofetada na cara. Pouco depois — por volta da meia-noite — Thalia foi embora sozinha da casa noturna.

Muitas pessoas atestaram mais tarde que a viram caminhando na direção da praia, "como se... estivesse sob a influência de álcool". Um pouco atrás havia um homem branco em um terno marrom escuro que, de acordo com uma das testemunhas, "se parecia com um soldado".

Alguns minutos antes da 1h, dois casais que se dirigiam a um restaurante para um lanche noturno depois de uma noite de carteado, o sr. e a sra. Eustace Bellinger e o sr. e a sra. George William Clark, foram parados por uma jovem agitada com o rosto bastante machucado. Depois de se certificar de que eram "brancos", a mulher, que disse se chamar Thalia Massie, lhes contou que tinha sido atacada por "cinco ou seis garotos havaianos" que tinham parado o carro atrás dela enquanto ela voltava a pé para casa, tinham-na arrastado para dentro do carro, lhe dado um soco na boca, depois a levado até "um agrupamento de árvores" e a jogado para fora antes de partirem em disparada. Em resposta à pergunta feita com delicadeza pela sra. Clark, Thalia contou que não tinha sofrido um ataque sexual e pediu para ser levada para casa.

Pouco depois de ela ter sido deixada em casa, Tommie, que tinha continuado a farrear com os amigos, telefonou para casa para saber onde Thalia estava. "Venha para casa", exclamou ela. "Aconteceu uma coisa horrível." Quando ele chegou alguns minutos depois, a história de Thalia tinha mudado. Chorando inconsolável, ela agora afirmou que não só tinha sido "sequestrada e espancada por uma gangue de havaianos", como também tinha sido arrastada para alguns arbustos e "estuprada violentamente seis ou sete vezes".

Passando por cima das objeções de Thalia, Tommie telefonou para a polícia. Questionada pelos investigadores, Thalia repetiu a história do estupro. Além de identificar os agressores como "havaianos", contudo, ela não conseguiu fornecer muitos detalhes. Na escuridão da noite sem lua — e sem os óculos — não tinha conseguido ver os rostos dos homens. Quando questionada sobre o carro, ela respondeu que acreditava ser um Ford preto "modelo antigo" com o tecido da capota rasgado.

Quando Thalia terminou a história, a polícia já tinha alguns suspeitos em mente. Uns noventa minutos antes, à 00h45, um casal que voltava para casa vindo de uma festa — Homer Peeples e a esposa, Agnes — quase bateu em um carro cheio de rapazes. Os dois veículos pararam cantando pneus, ofensas foram trocadas entre os ocupantes e um dos jovens, um boxeador profissional chamado Joe Kahahawai, irrompeu do carro gritando ameaças para os Peeples. Por não ser uma pessoa que se sente intimidada com facilidade, a formidável sra. Peeples, uma havaiana alta "com a constituição de um tanque Sherman" (nas palavras da filha), desceu do carro e começou uma disputa de empurrões com Kahahawai, que a golpeou na orelha. Antes que a briga ficasse mais séria, os dois foram separados e os carros dispararam em direções opostas, mas não antes de a sra. Peeples anotar o número da placa do outro veículo. Ela então mandou o marido seguir para a delegacia de polícia, onde denunciou o ataque e forneceu o número da placa, 58-895.

Supondo que os agressores de Thalia e os jovens arruaceiros que tinham se desentendido com os Peeples eram as mesmas pessoas, a polícia logo encontrou a dona do carro, uma japonesa chamada Haruyo Ida. Naquela noite, descobriram, a senhorita Ida tinha emprestado o carro para o irmão Horace, que tinha ido a um luau com quatro amigos, Joe Kahahawai, Benny Ahakuelo, David Takai e Henry Chang. Sob interrogatório, Ida e os outros confessaram que foram eles que tinham se envolvido na briga com a sra. Peeples, mas negaram com veemência qualquer envolvimento no ataque contra Thalia Massie.

Os cinco suspeitos tinham uma série de fatores a seu favor: álibis inquestionáveis referentes aos seus paradeiros no momento do ataque e um cortejo de testemunhas para corroborá-los; a insistência de Thalia de que todos os agressores eram havaianos, ao passo que os Ida e Takai eram japoneses; sua descrição do carro como sendo um Modelo T preto com um grande rasgo na capota, ao passo que o veículo de Ida era um Modelo A novo marrom-claro com uma capota de pano perfeitamente intacta. Além disso, diversos médicos que tinham examinado Thalia não encontraram nenhuma evidência de que ela tivesse sido estuprada.

==Nenhum desses fatos, contudo, impediu que os tabloides locais condenassem os cinco suspeitos como uma "gangue de monstros" que tinha sequestrado e violentado repetidas vezes uma jovem "branca de requinte e cultura".== Aos quatro ventos se espalharam boatos de que Thalia tinha sido "violentada" em "todos os três orifícios", que seus sequestradores a tinham "chutado e quebrado sua pélvis e... quase arrancado o mamilo de um de seus seios com mordidas". Enquanto isso, Thalia — que inicialmente tinha afirmado que não tinha tido nenhum vislumbre da placa do carro dos agressores — agora de repente se lembrou do número, 58-805, uma correspondência quase exata com a placa do carro de Ida. Ainda que essa súbita recordação sem dúvida tivesse sido facilitada pelo fato de os rádios da polícia terem transmitido diversas vezes o número da placa do veículo de Ida de onde Thalia conseguia ouvir, os investigadores a consideraram uma confirmação da culpa dos cinco "brutos de pele escura".

O julgamento de Ida e de seus quatro companheiros começou no dia 16 de novembro de 1931 e se estendeu ao longo de três semanas. A promotoria deu o seu melhor para retratar os réus como uma perversa gangue de "monstros dominados pela luxúria" que tinha violentado de maneira terrível a inocente vítima, reduzindo-a a "uma linda jovem dilacerada". Sem nenhuma prova corroborante além do testemunho bastante duvidoso de Thalia, porém, o caso contra os cinco jovens foi desmantelado com facilidade pela defesa. Depois de deliberar por mais de 97 horas, o júri com membros de diversas raças declarou estar em um entrave irremediável, e os réus foram soltos para aguardarem um novo julgamento em liberdade.

THALIA (*com indiferença*): Ainda que me sinta mal pelo homem ter sido baleado, ele teve o que merecia.

O resultado levou as tensões raciais nas ilhas a um ponto de ebulição. Entre a população não branca, havia pouca dúvida de que Ida e os outros estavam sendo incriminados por um estupro que não tinham cometido — que, na verdade, poderia nem ter acontecido. A maioria dos brancos, por outro lado, ficou enfurecida pela incapacidade do júri de chegar a um veredicto. Como um tabloide publicou em seu editorial, se o sistema jurídico não era capaz de condenar criminosos tão obviamente culpados como aqueles cinco "mestiços depravados", Honolulu nunca estaria protegida de todas as "criaturas sórdidas e nojentas que rastejam pelas ruas" e atacam mulheres brancas "inocentes e indefesas". Incitado a um frenesi pela imprensa racista, um grupo de marinheiros sequestrou Horace Ida à mão armada, levou o rapaz para uma área remota e o submeteu a um ataque brutal com punhos, cintos e coronhas das armas.

O pior, contudo, ainda estava por vir. Determinada a defender a reputação da filha com unhas e dentes, a mãe dominante de Thalia, Grace Fortescue, decidiu tomar as rédeas da situação. Convencida de que a única maneira de garantir uma condenação era arrancar uma confissão de um dos acusados, ela envolveu Tommie e outros dois oficiais da Marinha, Albert Jones e Edward Lord, em uma trama nefária. No dia 8 de janeiro de 1932, quando Joe Kahahawai deixava o prédio do Poder Judiciário após seu encontro diário com um agente da condicional, ele foi sequestrado em plena luz do dia pelos conspiradores e levado para a casa de Grace; depois de ameaçar matá-lo caso não confessasse, um dos marinheiros o matou com um disparo no peito.

    Depois de embrulharem o corpo ensanguentado em um lençol e o colocar no banco traseiro do carro, Grace, Tommie e Edward Lord seguiram na direção da baía de Hanauma, com a intenção de arremessar o corpo do promontório Koko Head para dentro das águas revoltas na base do penhasco. Como precaução, Grace, sentada atrás, abaixou as cortinas das janelas traseiras. Àquela altura, contudo, o primo de Kahahawai, Eddie, que tinha estado com ele naquela manhã e testemunhado o sequestro, tinha alertado a polícia e fornecido uma descrição do Buick sedan azul dos sequestradores. À procura do carro, dois oficiais avistaram o Buick azul com as cortinas das janelas traseiras abaixadas de maneira suspeita. Partindo em perseguição, eles o forçaram a encostar, encontraram o corpo do homem assassinado e prenderam Grace e seus comparsas.

    O caso Massie, até então um assunto em grande parte local, agora foi estampado nas primeiras páginas dos jornais de todo o país. Longe de demonstrar remorso, Grace expressou um orgulho genuíno por ter vingado a vergonha da filha, declarando a um entrevistador que "ela era nativa do sul", onde "eles tinham o próprio jeito de lidar com os 'pretos'". No geral, a imprensa do continente não só apoiou, mas também comemorou o crime, retratando o linchamento de Joe Kahahawai como um "crime de honra" justificável.

    "Antes de condenar os indivíduos pelo drama impressionante que abalou Honolulu em 8 de janeiro de 1932", dizia uma dessas típicas reportagens, "faça a si mesmo a seguinte pergunta":

> O que você faria se sua jovem esposa — sua adorável filha — tivesse sido brutalmente agredida, estuprada... por cinco homens de sangue exótico, espancada com tamanha violência que sua mandíbula quebrasse e seu corpo fosse mutilado por golpes cruéis? O que você faria se achasse que a polícia tinha arruinado a investigação — se, apesar de uma identificação positiva, o júri tivesse sido incapaz de condenar — se os criminosos, soltos perante fiança, perambulassem com insolência pela cidade depois de um julgamento anulado, praticamente esfregando em sua cara essa vitória jurídica — *o que você faria?*

Embora Grace não tivesse condição nenhuma de arcar com os serviços dele, seus amigos da alta sociedade contribuíram para contratar o melhor advogado de defesa da época, Clarence Darrow. Um defensor de longa data de causas progressistas, a lenda de 74 anos estava em grandes apuros financeiros, desde que seus fundos de aposentaria tinham sido eliminados pela quebra da bolsa de valores. Para grande decepção de seus admiradores, o homem que pouco tempo antes estivera envolvido na defesa dos Garotos de Scottsboro — os nove adolescentes afro-americanos acusados falsamente de estuprarem duas mulheres brancas em um trem no Alabama — agora concordava em representar quatro justiceiros racistas.

No decorrer das três semanas de julgamento, que tomou grande parte de abril de 1932, Darrow argumentou que o assassinato de Joe Kahahawai foi justificado sob a "lei não escrita" — crença amplamente difundida de que um marido tem o direito de matar o homem que atacou sua esposa. Seu comovente discurso de encerramento, transmitido ao vivo pelo rádio, durou quase quatro horas e meia e levou os ouvintes às lágrimas. Apesar dessa atuação bastante habilidosa, o júri não ficou convencido. Grace e seus três corréus foram declarados culpados de homicídio culposo, um veredicto que acarretava uma sentença obrigatória de dez anos.

A justiça, no entanto, não seria feita. Cedendo à pressão política que vinha do continente, o governador territorial Lawrence Judd comutou as sentenças de dez anos para uma hora, a qual os quatro réus passaram em seu escritório — bebendo champanhe, de acordo com alguns relatos. Quatro dias depois, eles embarcaram em um transatlântico com destino a São Francisco, onde, assim que chegaram, foram recebidos como celebridades de Hollywood.

O que exatamente aconteceu com Thalia na noite de 12 de setembro de 1931 permanece uma questão de especulação. Uma investigação meticulosa realizada por detetives da agência Pinkerton que durou um mês concluiu que, ainda que houvesse "um sem-número de evidências que de fato confirmavam que a sra. Massie, de alguma maneira, sofreu inúmeros ferimentos na cabeça e no corpo", não havia "nada nos registros... que comprovasse a ocorrência de um estupro". Qualquer que fosse a dimensão do ataque, além do mais, era "impossível deixar ter certeza" de que ele "*não* foi perpetrado pelos acusados". Os boatos culpavam diversos suspeitos pelos ferimentos em seu rosto: o homem não identificado visto seguindo-a na noite do incidente, um amante ilícito ou até mesmo Tommie, que — de acordo com rumores — teve um ataque de raiva quando chegou da casa noturna e a encontrou nos braços de um colega da Marinha.

==Não existe tal ambiguidade no filme feito para TV de 1986, *Sangue e Orquídeas*, a versão fictícia do Caso Massie, baseado em um romance de Norman Katkov.== Logo no início do filme, a personagem de Thalia Massie — aqui, a esposa jovem e bonita de um oficial da Marinha, Hester Ashley Murdoch (Madeleine Stowe) — vai embora de um baile no clube de campo para ir a um encontro amoroso ao ar livre com o melhor amigo do marido, Bryce Parker (Matt Salinger). Quando, após fazerem amor, ele anuncia que está terminando o caso deles, ela lhe informa que está grávida e que não tem nenhuma intenção de fazer um aborto. Em um acesso de raiva, ele a espanca brutalmente e foge, deixando-a nua e ensanguentada nos arbustos.

Pouco depois, ela é encontrada por quatro jovens havaianos que tinham saído para um pouco de diversão inocente em uma noite de sábado — beber cerveja, nadar pelados no mar, passear em um conversível emprestado. Embora seus amigos tentem persuadi-lo a não se envolver, um dos jovens, Robert André (John Liluohe), insiste em levá-la para o pronto-socorro. Quando os médicos lançam olhares desconfiados para André e seus amigos, perguntando-se o que os jovens havaianos estão fazendo com uma mulher branca nua, os quatro Bons Samaritanos saem correndo.

Logo depois, a mãe de Hester, Doris Ashley (Jane Alexander), uma socialite de sangue frio, aparece no hospital. Hester, uma personagem muito mais solidária do que seu protótipo da vida real, revela a verdade para a mãe: ela foi espancada pelo amante, Bryce, e está grávida dele. Visto que o adultério da filha, caso fosse revelado para o mundo, sujaria o nome da família, Doris coage Hester, uma mulher decente mas sem vontade própria, a alegar que foi estuprada pelos jovens havaianos, que logo são presos.

Enquanto o herói do filme — o investigador de fala dura e chapéu fedora, o capitão Curt Maddox (Kris Kristofferson) — trabalha para desvendar a verdade, os quatro inocentes são levados a julgamento. No surpreendente clímax da primeira metade do que originalmente foi uma minissérie dividida em duas partes, o marido traído de Hester, o tenente Lloyd Murdoch (William Russ), obrigado a agir ao ser submetido a humilhações por um subordinado racista chamado Butrick, pula de sua cadeira na seção dos espectadores do tribunal lotado e atira na cabeça de André.

Julgado por assassinato, Lloyd é defendido por Walter Bergman (José Ferrer), um idoso bastante parecido com Darrow, cuja esposa sexy e muito mais jovem, Leonore (Sean Young), não perde tempo em pular na cama com o detetive Maddox. Enquanto isso, os três garotos havaianos remanescentes são sequestrados por um grupo de marinheiros liderados por Butrick, um caipira violento, e são pendurados pelos braços e açoitados brutalmente com cintos táticos de fivelas pesadas. ==Embora o personagem de Kristofferson seja pura invenção hollywoodiana, a maioria dos acontecimentos em *Sangue e Orquídeas* faz analogia ao caso Massie.== O ponto onde o filme se afasta de forma dramática da realidade é em Hester, representação da figura de Thalia. Durante o julgamento do marido, quando Bergman argumenta que seu cliente estava apenas vingando o estupro sofrido pela esposa nas mãos dos quatro havaianos, Hester não consegue mais suportar a mentira e se levanta de um pulo, gritando que os rapazes são inocentes. Em contraste, Thalia manteve estoicamente ao longo de todo o julgamento que Joe Kahahawai e seus amigos foram os homens que a estupraram, uma contradição direta em relação à declaração feita à polícia na noite do incidente, quando insistiu que estava escuro demais para enxergar os rostos dos agressores.

Além disso, nos momentos finais do filme, Hester, atormentada pela angústia, se enforca no chuveiro. A Thalia da vida real de fato cometeu suicídio, mas apenas em 1963, quando, depois de décadas de uma vida bastante problemática, sofreu uma overdose de barbituratos. Quanto aos seus sentimentos em relação ao assassinato de Joe Kahahawai, ela declarou despreocupadamente que, ainda que "se sentisse mal pelo homem ter sido baleado, ele teve o que merecia".

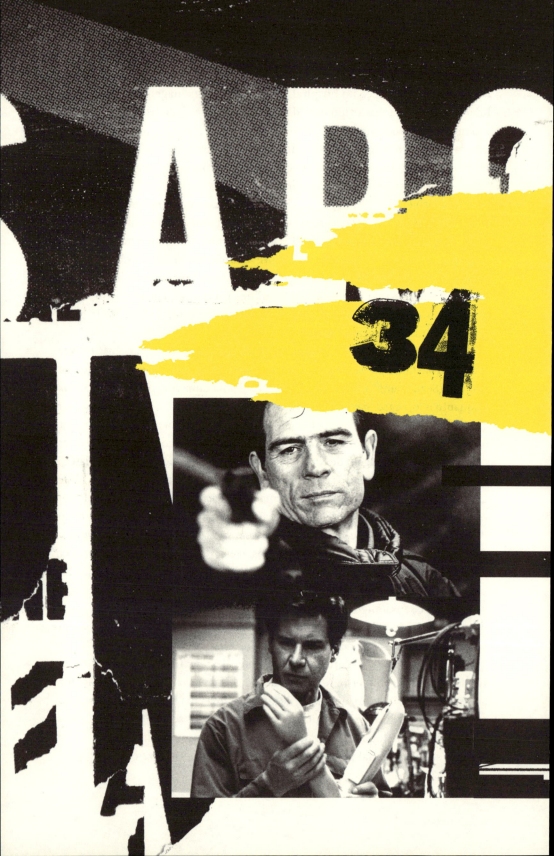

ANATOMIA TRUE CRIME DOS FILMES

O FUGITIVO

THE FUGITIVE, 1993 DIRIGIDO POR ANDREW DAVIS. ESCRITO POR JEB STUART E DAVID TWOHY. COM HARRISON FORD, TOMMY LEE JONES, SELA WARD, JOE PANTOLIANO, ANDREAS KATSULAS, JEROEN KRABBÉ E JULIANNE MOORE.

Na noite de 29 de agosto de 1967, um número sem precedentes de 78 milhões de pessoas — a maior audiência a assistir um programa de TV semanal na época — sentaram-se hipnotizados diante de suas televisões para assistir ao episódio final da popular série *O Fugitivo*. Durante quatro anos, o protagonista do programa, o médico falsamente acusado, Richard Kimble (David Janssen), estivera fugindo, à procura do intruso de um braço só que tinha assassinado sua esposa, ao mesmo tempo em que eludia o investigador da polícia estadual de Indiana, o tenente Philip Gerard (Barry Morse), um perseguidor implacável da mesma natureza obcecada do inspetor Javert de *Os Miseráveis*.

Um quarto de século depois, acompanhando a tendência da Hollywood contemporânea de reciclar seriados dos anos 1950 e 1960 (*Maverick, Dragnet, James West* etc.), a Warner Bros. lançou uma versão de grande orçamento de *O Fugitivo*, possivelmente o melhor desse gênero cinematográfico merecidamente criticado. Harrison Ford estrela como Kimble, que aqui não é um mero pediatra de cidade pequena (como no seriado da TV), mas um cirurgião cardiovascular de fama internacional. Dirigido a um passo vertiginoso por Andrew Davis, o filme não perde tempo em ir direto ao seu empolgante assunto. Antes de os créditos iniciais terem terminado de passar, a deslumbrante esposa do herói, Helen (Sela Ward), é morta de maneira brutal, e Kimble é preso, condenado, sentenciado à cadeira elétrica e colocado em um ônibus com destino à prisão. Quando os outros passageiros realizam uma tentativa de fuga, o ônibus despenca colina abaixo até uma via férrea diante de um trem que se aproxima. A espetacular colisão que se segue foi realizada — nos velhos tempos antes das imagens geradas por computador — colocando um ônibus de tamanho real no caminho de um trem de carga em alta velocidade, uma proeza que supostamente custou 1,5 milhão de dólares e valeu cada centavo (os destroços permanecem onde a sequência foi filmada nas montanhas Great Smoky, Carolina do Norte, e ainda é uma atração turística popular).

DR. RICHARD KIMBLE (*apontando uma arma para Samuel Gerard*): Eu não matei minha esposa!

SAMUEL GERARD: Não estou nem aí!

Não é necessário dizer que Kimble escapa do ônibus por um triz e se vê em fuga, perseguido pelo delegado adjunto Gerard (aqui renomeado como Samuel), um policial macho alfa interpretado em sua típica bravura máscula por Tommy Lee Jones, que ganhou um Oscar de melhor ator coadjuvante por sua atuação. Seu confronto inicial chega ao clímax quando Kimble dá um salto desesperado de cima de uma usina hidroelétrica de 68 metros de altura — uma cena empolgante que é um pouco estragada apenas pelo fato de que a figura que mergulha daquela altura vertiginosa é obviamente um boneco.

De volta à terra firme, Kimble faz a barba, tinge o cabelo de preto e volta para Chicago, onde embarca em uma busca pelo verdadeiro assassino de sua esposa, um cliente desagradável chamado Sykes que tem um braço protético. Caçado não apenas pelo incansável Gerard, mas também por toda a força policial de Chicago — e com toda a população da cidade atenta à sua presença —, o médico extremamente engenhoso consegue capturar o homem de um braço só, desvendar o esquema nefário que levou à morte de Helen e derrotar a mente por trás de seu assassinato.

Ainda que algumas armas sejam manuseadas com regularidade e disparadas com frequência, Kimble, fiel ao seu juramento de Hipócrates, nunca inflige ferimentos letais. Em determinando momento, disfarçado de auxiliar de enfermagem, ele até encontra tempo para salvar a vida de um garotinho ferido, arriscando-se ser capturado a qualquer instante enquanto analisa os raios-x da criança, revisa seu prontuário médico e o leva às pressas para uma cirurgia. O filme termina com um momento comovente de vínculo masculino quando o recém-exonerado Kimble e seu antigo inimigo, Gerard, trocam algumas cordialidades antes de partirem juntos na direção do pôr do sol na traseira de uma viatura.

Embora Roy Huggins, criador do seriado de TV original, tenha afirmado que teve a ideia para *O Fugitivo* independente de quaisquer influências externas, ==muitos acreditam que o seriado foi inspirado por um dos casos de homicídio mais chocantes da década de 1950, um crime com paralelos inconfundíveis com a premissa central da série de Huggins.==

O assassinato aconteceu nas primeiras horas da manhã de 4 de julho de 1954. Na noite anterior, Sam e Marilyn Sheppard — antigos namoradinhos do ensino médio que tinham sido (ao que tudo indicava) bem casados por quase dez anos — tinham recebido outro casal em sua casa às margens de um lago em Bay Village, Ohio, um subúrbio de classe alta em Cleveland. Quando os convidados foram embora, o "dr. Sam" — um osteopata que tivera um dia exaustivo no hospital particular que administrava com o pai e os dois irmãos — já tinha caído no sono na sala de estar. Deixando o marido adormecido na sala, Marilyn, de 31 anos, uma morena atraente que na época estava grávida de quatro meses, se recolheu ao andar superior. Dormindo profundamente no quarto ao lado estava o filho de sete anos dos Sheppard, Samuel Reese, apelidado de "Chip".

Visto que todos os suspeitos do caso estão mortos há muito tempo, ninguém jamais saberá o que aconteceu em seguida. Sam Sheppard viria a contar a mesma história repetidas vezes, sem nunca se desviar dos detalhes principais: em algum momento no meio da noite, ele foi despertado pelos gritos da esposa, que estava gemendo e chamando seu nome. Sonolento, conseguiu subir a escada e, ao entrar no quarto, viu uma "figura branca" assomando acima do corpo da esposa que trajava apenas um pijama. Ele "começou a lutar" com a figura, mas então foi golpeado na cabeça e perdeu a consciência.

Quando voltou a si, estava deitado no chão ao lado da cama da esposa. Marilyn tinha sido espancada com tanta brutalidade que, só de olhar, ele pôde ver que "ela tinha partido". Seu rosto tinha sido surrado a ponto de se tornar irreconhecível, o nariz estava quebrado, faltavam diversos dentes. Havia sangue por toda parte. Tinha ensopado o colchão e respingado em todas as paredes. Mais tarde, a polícia também viria a encontrar um rastro de sangue que levava do quarto até o porão.

**SHEPPARD (pelo telefone):
Meu Deus, Spen, venha para cá.
Acho que mataram Marilyn.**

Depois de correr para dentro do quarto do filho, Sheppard encontrou o garoto em um sono profundo. De repente, ele ouviu um barulho no andar inferior e disparou escada abaixo. A porta dos fundos estava aberta, e através dela, ele conseguiu distinguir "uma forma avançando depressa na direção do lago". Parecia ser um homem de meia-idade de aproximadamente 1,90 m de altura, com "cabelos armados" pretos e uma camisa branca.

Perseguindo a figura em fuga pelo gramado e para além dos degraus de madeira que davam na praia 15 metros abaixo, Sheppard se jogou em cima do homem e o agarrou por trás. Depois de uma briga breve e violenta, o médico de trinta anos — um homem de 1,83 m de altura e 77 quilos que tinha sido capitão do time de futebol americano do ensino médio — foi acometido por "uma sensação de sufocamento" e perdeu a consciência.

O dia já estava começando a raiar quando ele voltou a si. Depois de cambalear de volta ao interior da casa e subir a escada até seu quarto, ele verificou o pulso da esposa e concluiu que ela estava morta. Por volta das 6h — depois de perambular, atordoado, pela casa por algum tempo, telefonou para o vizinho, o prefeito Spencer Houk. "Meu Deus, Spen, venha para cá", exclamou. "Acho que mataram Marilyn."

As primeiras reportagens nos jornais especularam que Marilyn tinha sido morta ou por um ladrão de joias ou por um viciado "procurando narcóticos". De acordo com esses relatos, Sheppard tinha sido gravemente ferido pelo invasor enquanto corria ao socorro da esposa. Em pouco tempo, contudo, o próprio Sheppard passou a ser considerado como principal suspeito do homicídio.

De acordo com a polícia, não havia nenhum sinal de arrombamento na casa. Ainda que Sheppard tenha de fato sofrido ferimentos graves — incluindo uma vértebra do pescoço fraturada —, a ideia de que um homem atlético de 1,83 m de altura tivesse sido nocauteado duas vezes pelo atacante parecia difícil de engolir. E havia muitos outros elementos suspeitos: a incapacidade de Sheppard de explicar o lapso de duas horas entre a morte de Marilyn e seu telefonema para Spencer Houk; o inexplicável desaparecimento da camiseta branca que ele estivera usando quando adormeceu no sofá-cama no andar de baixo; o fato de o cachorro da família não ter latido e que o filho de sete anos, Chip, tivesse de alguma maneira dormido durante o assassinato brutal da mãe e da suposta briga do pai com o "invasor de cabelo armado".

Embora Sheppard tenha se mantido resoluto ao negar sua culpa, sua causa não foi ajudada em nada por sua aparente relutância em cooperar com a polícia (ele se negou a fazer um teste de polígrafo e de imediato contratou um conhecido advogado de defesa criminal) ou o fato de — ao contrário de suas afirmações de devoção marital — uma jovem chamada Susan Hayes ter se apresentado à polícia e confessado que ela e o dr. Sam estiveram tendo uma tórrida relação. Em poucos dias, o caso tinha se transformado em um completo circo midiático, com os jornais de Cleveland acusando abertamente Sheppard de assassinato e exigindo sua prisão. **PAREM DE ENROLAR E PRENDAM-NO**, dizia a manchete de um jornal local. Com o público inflamado já convencido de sua culpa, Sheppard foi levado sob custódia no dia 30 de julho de 1954.

O resultado do julgamento, que começou em outubro, foi uma conclusão óbvia. No dia 21 de dezembro, depois de seis semanas de testemunhos, o júri entregou um veredicto de culpado de homicídio doloso simples. ==Sheppard recebeu uma sentença de prisão perpétua por um juiz que — mesmo antes dos procedimentos terem começado — supostamente disse a um colunista de uma agência de notícias nacional que o réu era "culpado pra diabo. Não resta dúvida quanto a isso".==

Enquanto Sheppard mofava na penitenciária de Ohio, sua família seguia lutando para provar sua inocência. Em 1961, contrataram F. Lee Bailey, na época um advogado jovem e ambicioso determinado a ganhar fama nacional. Em abril de 1963, ele enviou uma petição para o tribunal federal, argumentando que uma cobertura desenfreada do caso tinha feito com que fosse impossível que Sheppard tivesse um julgamento justo. No verão seguinte, em uma reviravolta surpreendente, Sheppard foi libertado da prisão pelo juiz distrital John Weinman, que concordou que os direitos constitucionais de Sheppard tinham sido violados pelo comportamento irresponsável da imprensa, que tinha transformado o julgamento em uma "zombaria da justiça". "Se alguma vez já houve um julgamento conduzido pelos jornais", escreveu, "este é um exemplo perfeito." Dois anos depois, no dia 6 de junho de 1966, a Suprema Corte dos Estados Unidos apoiou a decisão do juiz Weinman, declarando que "a publicidade massiva, dominante e prejudicial focada na acusação do requerente o impediu de receber um julgamento justo, coerente com a Cláusula do Devido Processo Legal da 14ª Emenda".

Naquele outono, novembro de 1966, o estado de Ohio julgou Sheppard outra vez. Doze anos tinham se passado desde sua primeira condenação, e dessa vez as circunstâncias eram bastante diferentes. Em primeiro lugar, ele estava sendo representado por um dos advogados de defesa mais vivazes e hábeis da época, F. Lee Bailey; além de suas proezas legais, Bailey era um mestre de relações públicas e tinha conseguido gerar uma considerável compaixão por seu cliente por meio da imprensa.

Outro ponto, talvez tão importante quanto, foi a enorme popularidade do renomado drama televisivo do horário nobre, *O Fugitivo*. A profunda compaixão e identificação que o público estadunidense sentiu pelo herói do programa, o dr. Richard Kimble, inevitavelmente se estendeu à sua inspiração da vida real, o dr. Sam Sheppard. No dia 16 de novembro de 1966, o júri entregou um veredicto de inocente. Sheppard era um homem livre, e a reputação de F. Lee Bailey foi consagrada.

O pesadelo de Sheppard, contudo, não tinha de fato chegado ao fim. Na verdade, sua vida despencou em uma espiral terrível após sua exoneração. Readmitido à prática da medicina, foi processado por erro médico depois da morte de um de seus pacientes. Voltou-se para o consumo de álcool e drogas. Em 1968, a mulher com quem tinha se casado na prisão se divorciou dele, alegando que ele tinha roubado dinheiro dela, ameaçado sua vida e arremessado garrafas contra ela. Ele se tornou — de todas as coisas imagináveis — um lutador profissional, em uma época pré-WWE, quando uma atmosfera de show de horrores e profundo descrédito pairava sobre o suposto esporte. Em abril de 1970, foi encontrado morto por conta de uma insuficiência hepática. Ele tinha apenas 46 anos.

Nos anos seguintes, o caso voltou às notícias, graças aos esforços infatigáveis de Samuel Reese Sheppard, já adulto, para estabelecer, além de qualquer dúvida remanescente, que seu pai era inocente do assassinato e que o "invasor de cabelo armado" de fato existia. Empregando exames modernos de DNA (indisponíveis na época do homicídio), especialistas provaram que a trilha de sangue que levava do quarto ao porão da casa dos Sheppard pertencia a uma terceira pessoa. Também surgiram provas de que, ao contrário das alegações iniciais da polícia, a fechadura da porta do porão tinha, de fato, sido manipulada.

O culpado mais provável, a maioria das pessoas concorda, foi o lavador de janelas dos Sheppard, um homem chamado Richard Eberling, que foi parar na prisão depois de ser condenado por espancar uma idosa até a morte em um esquema para herdar seus bens. Eberling (que estava familiarizado com a residência dos Sheppard, se encaixava na descrição geral do "invasor de cabelo armado", e foi preso por roubo em 1959 com o anel de diamantes de Marilyn Sheppard em seu poder) com certeza teve tanto motivo quanto oportunidade. Mas o antigo lavador de janelas — que morreu na prisão em julho de 1998 — foi para o túmulo negando ter cometido o assassinato. Dois anos depois, ainda determinado a limpar o nome do pai, Samuel Reese Sheppard abriu um processo civil contra o estado de Ohio por encarceramento errôneo. Depois de um julgamento de oito semanas, o júri não chegou a um veredicto favorável a ele, declarando que a promotoria tinha fracassado em provar que o dr. Sam Sheppard era inocente do assassinato da esposa.

ANATOMIA TRUE CRIME DOS FILMES

UM SONHO SEM LIMITES

TO DIE FOR, 1995 DIRIGIDO POR GUS VAN SANT. ESCRITO POR BUCK HENRY. COM NICOLE KIDMAN, JOAQUIN PHOENIX, MATT DILLON, CASEY AFFLECK, ILEANA DOUGLAS, DAN HEDAYA, WAYNE KNIGHT, KURTWOOD SMITH, HOLLAND TAYLOR E DAVID CRONENBERG.

Embora seja classificado como comédia, *Um Sonho Sem Limites* de Gus Van Sant não chega a causar muitas gargalhadas. Uma sátira mordaz sobre a obsessão que os estadunidenses têm pela fama (por mais sórdidos que sejam os métodos empregados para alcançá-la), ele é um filme bastante perturbador, mais assustador do que engraçado, no fim das contas. Não é nenhuma surpresa que o diretor tenha filmado na sequência o drama profundamente perturbador sobre tiroteios escolares, *Elefante*, assim como o controverso remake de *Psicose*.

Na verdade, Suzanne Stone — a personagem principal desmiolada e mortal, interpretada à perfeição por Nicole Kidman — é tão sociopata quanto Norman Bates. Sob o exterior de animadora de torcida, ela é uma mulher fatal assustadoramente implacável, cuja ambição obstinada é obter grande sucesso na mídia. A crença na qual baseia sua vida é repetida ao longo do filme: "Você não é alguém realmente importante nos Estados Unidos se não estiver na TV. Por que do que adianta fazer alguma coisa que valha a pena ser feito se não houver ninguém assistindo?".

Para sua inconveniência, ela acontece de estar casada com Larry Maretto, um bobalhão descontraído (interpretado de maneira envolvente por Matt Dillon) cujos valores familiares antiquados estão em conflito com os sonhos extremamente egoístas e ambiciosos de Suzanne. Quando Larry bate o pé e se recusa a se mudar para Los Angeles, sua esposa não tem outra escolha senão providenciar seu assassinato a sangue-frio. Empregando seus consideráveis encantos sexuais, ela seduz um otário do ensino médio apaixonado por ela chamado Jimmy Emmett (um Joaquin Phoenix assustador de tão eficaz em seu primeiro papel importante) e recorre a ele e a um amigo para executarem o trabalho. O crime catapulta Suzanne para as primeiras páginas de todos os tabloides do país, lhe proporcionando (mesmo que por um curto período) o tipo de fama midiática que ela sempre cobiçou.

SUZANNE: Você não é alguém realmente importante nos Estados Unidos se não estiver na TV. Por que do que adianta fazer alguma coisa que valha a pena ser feito se não houver ninguém assistindo?

A história termina em um tom bastante gratificante quando Suzanne tem o que merece nas mãos de um "produtor de Hollywood" (interpretado pelo diretor de filmes de terror, David Cronenberg) que, na verdade, é um assassino de aluguel da máfia contratado pelo vingativo pai do falecido Larry.

O filme (com um roteiro perversamente inteligente escrito por Buck Henry, que faz uma ponta como um professor mal-humorado do ensino médio) foi baseado em um romance (*To Die For*, que também é o título original do filme) de Joyce Maynard (que também é vista fazendo uma ponta como advogada de Suzanne). Sua principal fonte, contudo, foi o caso verídico de Pamela Smart, cujo sobrenome de solteira era Wojas, de 22 anos. Smart não era uma garota do tempo da TV a cabo exageradamente ambiciosa, como sua equivalente fictícia. Tampouco foi assassinada por um mafioso charmoso. Mas em muitos outros aspectos, *Um Sonho Sem Limites* se atém bastante aos fatos de sua história sensacionalista.

Nascida em Miami, Pam se mudou para New Hampshire quando era bem novinha, após seus pais decidirem que a cidade infestada pelo crime não era lugar para criar uma menininha. Cheia de lembranças afetuosas de seu estado natal, voltou para a Flórida para frequentar a faculdade. Enquanto visitava os pais em New Hampshire durante o recesso de primavera, conheceu e se apaixonou por um belo jovem corretor de seguros chamado Greg Smart. Dois anos depois, estavam casados.

Pam foi trabalhar como diretora do laboratório de audiovisual de uma escola de ensino médio local. Aos olhos das pessoas, ela e Greg pareciam ser recém-casados perfeitamente felizes. Na verdade, seu casamento foi conturbado desde o início. Apenas sete meses depois de juntarem as escovas de dente, Greg confessou que já tinha tido um caso com outra mulher.

Na época, Pam administrava o programa de conscientização contra drogas e álcool da escola. Um de seus alunos orientadores era um rapaz tímido e esguio de quinze anos chamado Billy Flynn. Em pouco tempo, Billy se transformou no objeto das atenções cada vez mais intensas de Pam. Ela começou a lhe enviar fotos sensuais em biquínis minúsculos. Em um fim de semana de fevereiro, enquanto o marido estava fora em uma viagem, ela convidou Billy para passar a noite em seu condomínio. Eles beberam álcool enquanto assistiam ao filme brega de sadomasoquismo, *9 ½ Semanas de Amor*. Mais tarde naquela noite, tornaram-se amantes.

==O rapaz de quinze anos — que nunca tinha transado antes — deve ter sentido como se tivesse morrido e ido parar no paraíso para maiores de dezoito anos.== Ele logo se tornou submisso à mulher mais velha e experiente. Assim como a personagem do filme, Pam começa a contar ao amante adolescente que o marido era um monstro violento e abusivo. Não podia se divorciar dele, porém, sem perder tudo — a mobília, o apartamento, até mesmo seu adorado cachorrinho. A única solução possível era se livrar de Greg.

A princípio, Billy descartou a sugestão. Pam, porém, se tornou cada vez mais insistente e ameaçadora. Na verdade, começou a chantagear o garoto com sexo. Se quisesse manter o relacionamento entre os dois, ele teria que matar Greg. Caso contrário, ela iria encontrar outra pessoa — alguém mais digno de seus favores — para fazer o trabalho.

Com o estímulo de 500 dólares para cada um (a serem retirados da apólice do seguro de vida de Greg), Billy empregou a ajuda de dois amigos da escola, Patrick "Pete" Randall e Vance "J.R." Lattime. Na noite de 1º de maio de 1990, enquanto Pam estava ocupada (de maneira bastante conveniente) em outro lugar, Billy e Pete entraram no apartamento dos Smart pela porta dos fundos, que tinha sido deixada aberta de acordo com o combinado anteriormente. Depois de saquearem a casa para fazer com que parecesse que o lugar tinha sido invadido, esperaram Greg chegar em casa. Assim que ele passou pela porta, os dois garotos o agarraram, o obrigaram a ficar de joelhos e seguraram uma faca de açougueiro junto à sua garganta. Enquanto o homem de 24 anos implorava pela vida, Billy sacou um revólver calibre .38 e atirou uma vez em sua cabeça. Em seguida, os dois assassinos adolescentes fugiram do apartamento e escaparam em um carro de fuga conduzido por J.R. Lattime.

Nos dias que se seguiram ao assassinato, os boatos foram abundantes. Greg, diziam algumas pessoas, tinha sido morto devido a dívidas de apostas que tinha acumulado em Atlantic City. Outros afirmavam que os Hell's Angels estavam envolvidos. Enquanto isso, Pam parecia estranhamente jovial para uma jovem viúva dedicada cujo esposo tinha acabado de ser assassinado de maneira brutal no hall de entrada de sua residência. Ela parecia se regozijar com toda a atenção que a imprensa estava lhe dedicando e mal conseguia esperar para retirar do apartamento todas as posses do marido morto.

Os pais arrasados de Greg (em especial o pai, de quem Greg tinha sido bastante próximo) começaram a desconfiar cada vez mais de Pam. Assim como os investigadores. Em pouquíssimo tempo, essas suspeitas foram confirmadas por um telefonema anônimo feito para a polícia local, alertando sobre o envolvimento de Pam com Billy Flynn. No dia 12 de junho de 1990, os três rapazes foram detidos e, logo depois, declarados aptos a serem julgados como adultos. Diante da perspectiva de ser condenado à prisão perpétua, Billy desmoronou e confessou.

A princípio, Pam declarou sentir choque e descrença absolutos diante da confissão de Billy. De fato, alegou que nunca tinham sido amantes. Sob pressão da polícia, contudo, outra aluna — uma garota chamada Cecelia Pierce, que tinha sido assistente e confidente de Pam — confirmou o relato de Billy, insistindo que certa vez tinha surpreendido os pombinhos incompatíveis transando. Depois de permitir que colocassem uma escuta nela, Cecelia gravou uma conversa bastante incriminadora com Pam na qual a jovem bonita, animada e tão "inocente" descarregou uma diatribe desagradável repleta de profanidades que resultou em uma confissão completa.

Levada a julgamento em 1991, Pam continuou a alegar que, ainda que tivesse cometido o erro de permitir que seus sentimentos por Billy saíssem do controle, não teve nada a ver com o assassinato. Billy, que estava obcecado de tão apaixonado, insistiu ela, tinha cometido o homicídio por conta própria, impelido por ciúme sexual. No fim das contas, porém, o júri considerou a história chocante e chorosa de Billy sobre manipulação sexual nas mãos da mulher mais velha e conspiradora muito mais convincente. No dia 22 de março de 1991, Pam Smart foi declarada culpada de ser cúmplice de homicídio doloso qualificado, conspiração para cometer homicídio e manipulação de testemunhas. Foi condenada à prisão perpétua sem possibilidade de condicional.

Billy Flynn e seus dois cúmplices receberam condenações de homicídio doloso simples. Desde então, todos os três receberam liberdade condicional. Pam Smart, que obteve dois mestrados desde que foi presa e ainda insiste estoicamente em sua inocência, permanece atrás das grades.

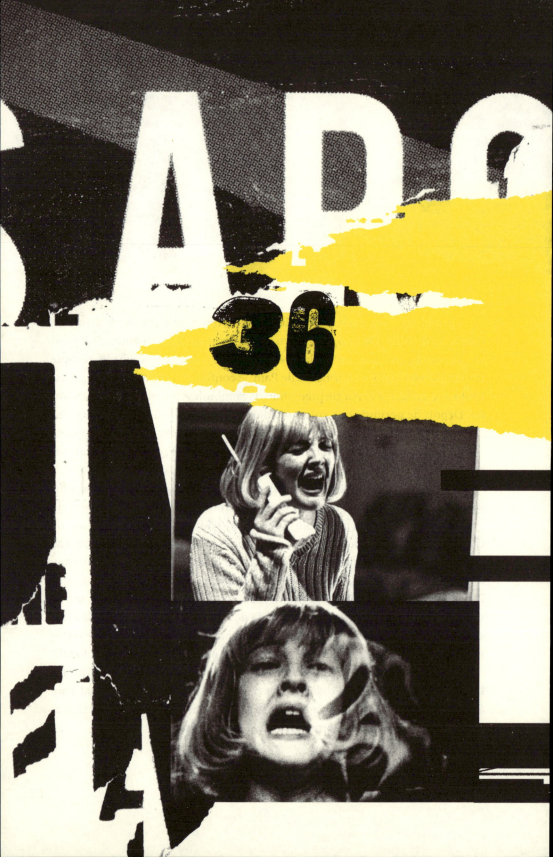

ANATOMIA TRUE CRIME DOS FILMES

PÂNICO

SCREAM, 1996 DIRIGIDO POR WES CRAVEN. ESCRITO POR KEVIN WILLIAMSON. COM NEVE CAMPBELL, DAVID ARQUETTE, COURTENEY COX, JAMIE KENNEDY, MATTHEW LILLARD, SKEET ULRICH, ROSE MCGOWAN, DREW BARRYMORE E HENRY WINKLER.

Pânico recebe muitos créditos por ter revitalizado um gênero que, em 1996, tinha caído em clichês cansativos. Descrito com frequência como um filme de terror pós-moderno, ele consegue realizar a façanha de admitir que é uma obra de ficção — um filme slasher de Hollywood que funciona usando certas fórmulas — enquanto causa sustos genuínos, na verdade assustando os espectadores que acabaram de descobrir exatamente como os cineastas planejam assustá-los.

O filme começa com um prólogo que resume sua abordagem sugestiva e cheia de autorreferências. Sozinha à noite em sua isolada casa suburbana, uma estudante do ensino médio chamada Casey (Drew Barrymore) está aquecendo uma embalagem de pipocas Jiffy Pop enquanto se prepara para assistir a um filme de terror adolescente em VHS, quando recebe uma série de telefonemas de um estranho de voz rouca cujos gracejos e flertes se tornam cada vez mais ameaçadores. Depois de afirmar que seu filme de terror favorito é *Halloween – A Noite do Terror*, a pessoa anônima ao telefone, que já tinha emboscado o namorado dela e o amarrado a uma cadeira no deck da piscina, a desafia a jogar um quiz sobre filmes de terror.

Quando ela identifica incorretamente o assassino no primeiro *Sexta-Feira 13* como Jason (na verdade, era a mãe dele, a sra. Voorhees), a pessoa ao telefone — um assassino psicopata fantasiado, chamado "Ghostface", com uma assustadora máscara branca inspirada pelo famoso quadro de Edvard Munch, *O Grito* [o nome original do filme é *Scream*, que também é o nome da pintura, *The Scream*] — mata o namorado e vai atrás dela. Graças à direção primorosa do maestro do terror, Wes Craven, a subsequente cena de perseguição, que chega ao clímax com o terrível assassinato de Casey, funcionava tanto como uma paródia exagerada de filmes slasher adolescentes quanto como um exemplo do gênero de gelar o sangue.

> **SIDNEY: Seus doentes de merda. Vocês viram filmes demais!**
> **BILLY: Ora, Sid, não culpe os filmes. Filmes não criam psicopatas. Filmes tornam os psicopatas mais criativos!**

A mesma combinação improvável segue eficiente durante o restante do filme, no qual Ghostface persegue e dá cabo de uma série de colegas de escola de Casey (incluindo o diretor da escola, interpretado pelo antigo Fonz, Henry Winkler). Em determinado momento, um nerd que sabe tudo sobre filmes de terror chamado Randy (Jamie Kennedy) chega a fazer um sermão extenso aos seus amigos sobre as leis imutáveis que governam os filmes slasher. Se quiser sobreviver, explica a eles, você nunca pode transar, usar drogas ou beber álcool, ou, sob nenhuma circunstância, diga "Volto já". Fiel às regras que o filme tanto respeita quanto tira sarro, Randy é um dos poucos sobreviventes ("Nunca fiquei tão feliz por ser virgem", diz ele). Quando a heroína do filme, Sidney (Neve Campbell), atira no psicopata agora desmascarado no final do filme, Randy, com seu conhecimento enciclopédico de tais assuntos, faz um alerta: "Cuidado, este é o momento em que o assassino supostamente morto volta à vida para um último susto". Como era de se esperar, o assassino de repente dá um salto, apenas para receber um tiro de misericórdia entre os olhos disparado por Sidney, que declara: "Não no meu filme".

Embora *Pânico* provoque tanto risos quanto sustos, sua inspiração da vida real não foi motivo de risadas. O roteirista, Kevin Williamson — na época um aspirante a cineasta estudando na UCLA —, teve a ideia para o filme enquanto assistia a um programa de TV sobre um assassino em série que estava aterrorizando a cidade universitária de Gainesville, Flórida. Williamson, que na época estava cuidando da casa de um conhecido, "estava morrendo de medo" por conta do programa, como contou mais tarde a um entrevistador. "Durante o intervalo comercial, eu ouvi um barulho. E tive que fazer uma busca pela casa. Fui até a sala de estar e uma janela estava aberta. Eu estava na casa há dois dias. Não tinha percebido a janela aberta. Fiquei bastante assustado. Então fui até a cozinha e peguei uma faca de açougueiro, e peguei o telefone."

Em uma tentativa de acalmar os nervos, Williamson ligou para um amigo, que só piorou as coisas ao lembrá-lo de cenas particularmente assustadoras em *Halloween – A Noite do Terror*. "Uma coisa levou a outra", relembrou Williamson. "Fui dormir naquela noite com tanto medo que tive muitos pesadelos, então acordei por volta das 3h ou 4h e comecei a escrever a cena de abertura de *Pânico*."

O programa que deixou Williamson tão assustado foi um episódio de *Turning Point*, um programa investigativo de uma hora de duração que era transmitido pela ABC. O assunto era o infame assassino psicótico, Danny Harold Rolling, cujos crimes, cometidos no decorrer de um único fim de semana de terror no verão de 1990, pareciam coisas saídas de um filme slasher de baixo orçamento: cinco universitárias foram brutalmente assassinadas por um louco desconhecido enquanto dormiam. Praticamente da noite para o dia, a idílica cidadezinha de Gainesville, que tinha acabado de ser classificada por uma revista nacional como o "13º melhor lugar para se viver nos Estados Unidos", ganhou má fama como uma das comunidades mais assustadoras do país — a "Medonha Gainesville", como a imprensa a apelidou.

As primeiras vítimas morreram no dia 24 de agosto. Christina Powell e Sonja Larson, colegas de quarto de dezessete anos na Universidade da Flórida, foram encontradas mortas em seu dormitório estudantil. O assassino tinha invadido o quarto enquanto elas dormiam, as amarrado e amordaçado com fita adesiva, então as estuprado e brutalizado com uma faca de combate KA-BAR de trinta centímetros de comprimento. Em seguida, ele mutilou os corpos e os arrumou em poses obscenas como um último insulto às vítimas e uma afronta às pessoas que as encontrariam.

Na noite seguinte, ele voltou a atacar. Dessa vez, a vítima foi Christa Hoyt, de dezoito anos, uma segundanista da Faculdade Comunitária de Santa Fe. O assassino invadiu sua casa, então esperou que ela retornasse. Quando ela chegou, ele passou fita adesiva em sua boca e a estuprou. Em um frenesi de violência reminiscente de Jack, o Estripador, ele a esfaqueou até a morte, cortou fora os mamilos, abriu a vítima do esterno à virilha e decapitou o cadáver, colocando a cabeça em uma prateleira antes de fugir da cena do crime. A selvageria do crime viria a lhe render o apelido de "o Estripador de Gainesville" nos tabloides.

O pânico tomou conta da comunidade. Centenas de estudantes fugiram do estado. Muitas das que permaneceram andavam em grupos e evitavam ficar sozinhas.

Embora Tracey Paules, de 23 anos, compartilhasse da inquietação geral, ela não estava muito preocupada. Dividia a casa com um velho amigo do ensino médio da mesma idade que ela, Manuel Taboada, um veterano musculoso de 1,90 m de altura que pesava mais de noventa quilos. Com Manny por perto, nada de ruim lhe aconteceria, acreditava. Ela estava errada.

Nas primeiras horas da manhã do dia 27 de agosto, o Estripador de Gainesville invadiu o apartamento enquanto eles dormiam. Manny acordou e se viu sob ataque do maníaco que brandia uma faca. Ainda que o jovem tivesse lutado com ferocidade, ele não era páreo para a lâmina do Estripador. O médico-legista viria a testemunhar que o jovem sofreu 31 ferimentos, incluindo "um corte no queixo, uma punhalada no pescoço, um agrupamento de onze facadas e cortes na parte superior do tórax, um grande ferimento à faca na parte superior do abdômen, um corte na coxa direita, dois cortes na parte inferior da perna direita e cortes e punhaladas no pulso e mão esquerdos e na mão direita".

Como documentos do tribunal de justiça viriam a registrar, Tracy foi despertada pela comoção:

[Ela] abriu a porta para investigar. Ao ver [o agressor encharcado de sangue], correu de volta ao seu quarto, trancando a porta. Danny abriu a porta aos chutes e a atacou. Ele prendeu as mãos dela nas costas com fita adesiva e passou fita adesiva pela boca dela. Tirou a camiseta dela e a estuprou, virou-a de barriga para baixo e a esfaqueou nas costas perfurando o coração. Ela morreu depressa. De oito a dez segundos, e tudo estava terminado. Ele retirou a fita adesiva e a arrastou até o corredor, entrou no banheiro, umedeceu uma toalha de rosto, limpou o sangue do rosto dela e a estuprou de novo. Limpou-a com um produto de limpeza de cozinha e foi embora.

Com a cidade em pânico, a polícia intensificou as buscas pelo assassino sexual. Fortes suspeitas recaíram sobre um homem natural da área chamado Edward Humphrey, um encrenqueiro crônico com um histórico de comportamento errático. Mas enquanto as autoridades focavam as atenções em Humphrey, o verdadeiro assassino, Danny Rolling, estava a quilômetros de distância.

Nascido em Shreveport, Louisiana, em 1954, Rolling parece nunca ter tido a chance de uma vida normal. O pai, um policial, era um carrasco brutal que aterrorizava a família, submetendo os filhos — em especial o jovem Danny — a implacáveis abusos físicos e verbais. Já no início da adolescência, o garoto fazia uso pesado de álcool e drogas e tinha tentando se suicidar diversas vezes sem sucesso. ==Também tinha se tornado um voyeur, uma compulsão que mais tarde viria a envolver invasões domiciliares, estupros e por fim assassinatos sexuais.==

 RANDY: Cuidado, este é o momento em que o assassino supostamente morto volta à vida para um último susto.
(Sidney atira entre os olhos do assassino.)
SIDNEY: Não no meu filme.

Aos dezessete anos, ele se alistou na Aeronáutica, mas foi dispensado dois anos depois após ser pego com maconha. Em 1979, já tinha passado a cometer assaltos à mão armada, um crime que lhe rendeu diversas passagens pela penitenciária. Posto em liberdade condicional em 1988, Rolling voltou a Shreveport e tentou morar com os pais. Essa mudança imprudente culminou em uma explosão de violência armada entre pai e filho. Depois de balear o pai duas vezes, Rolling fugiu para Kansas City, em seguida viajou para o sul até a Flórida. Em agosto de 1990, estava em Gainesville, acampando nos bosques não muito longe das casas das mulheres que viriam a se tornar suas primeiras vítimas.

Depois do massacre em Gainesville, Rolling seguiu para Ocala, onde, no dia 8 de setembro, foi capturado depois de roubar um supermercado à mão armada. A princípio, a polícia não se deu conta de que tinha apanhado o Estripador de Gainesville. Rolling não parecia ser nada além de um ladrãozinho, sem talento e azarado. Investigações mais aprofundadas de seu histórico, contudo, revelaram alguns fatos preocupantes. Os policiais descobriram que Rolling estava sendo procurado em Shreveport por tentar matar o pai. Além disso, houvera um terrível homicídio triplo em Shreveport durante o tempo em que Rolling residiu lá com os pais: o esfaqueamento brutal de Julie Grissom, de 24 anos, uma aluna da Universidade Estadual da Louisiana; o pai dela, William, de 55 anos; e o neto dele de oito anos, Sean — um crime que apresentava semelhanças marcantes com os horrores de Gainesville.

Um exame das evidências reunidas no local onde Rolling tinha acampado depois de chegar em Gainesville resultou na descoberta de esmagadoras provas físicas que o ligavam aos homicídios das cinco universitárias, incluindo um pelo pubiano que, graças à análise de DNA, foi constatado como compatível com uma das vítimas. Em pouco tempo, Rolling tinha confessado os crimes, embora tenha tentado colocar a culpa em um alter ego chamado Geminiano — um estratagema que foi por água abaixo quando os investigadores descobriram que ele tinha tirado a ideia do filme *O Exorcista III*.

No julgamento em 1994, seu advogado tentou persuadir o júri de que Rolling merecia compaixão devido à sua criação brutal. Qualquer compaixão que pudessem ter sentido pelos maus tratos que ele tinha sofrido quando criança, porém, não foi capaz de atenuar a indignação que sentiram diante das atrocidades que ele tinha cometido como adulto. No dia 23 de abril de 1994, ele foi sentenciado à morte por cinco acusações de homicídio.

Doze anos iriam se passar até que a sentença fosse cumprida. Na semana anterior à execução, ele entregou um bilhete ao seu conselheiro espiritual, confessando os assassinatos dos Grissom: "Eu, e apenas eu, sou culpado", dizia o bilhete. "Foi minha mão que arrancou aquelas luzes preciosas deste velho mundo sombrio."

Por volta das 17h de quarta-feira, 25 de outubro de 2006, depois de devorar uma última refeição colossal — rabo de lagosta com manteiga clarificada, camarão com molho coquetel, batata assada com creme azedo e cheesecake de morango, tudo acompanhado de chá gelado —, Rolling foi levado para a câmara de execução. Quarenta e sete testemunhas, incluindo mais de uma dúzia de familiares das oito vítimas, estavam ali para testemunhar sua execução. Quando lhe foi perguntado se tinha uma última declaração a fazer, o homem condenado começou a cantar, um hino de sua autoria que ao que parece ele tinha composto para a ocasião: "Aquele que lançou as estrelas no firmamento, criou os oceanos, montanhas, águias e pombas", chilreou, "ninguém maior que ti, ó Senhor, ninguém maior que ti!". Ele ainda murmurava a letra enquanto os fluídos eram injetados em seu braço. Treze minutos depois, foi declarado morto. Do outro lado dos muros da prisão, uma multidão de pessoas que estava ali para comemorar — muitas delas usando o azul e o laranja da Universidade da Flórida e segurando placas que diziam "Matem o Matador!" — deu vivas.

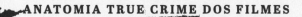

ANATOMIA TRUE CRIME DOS FILMES

ELEFANTE

ELEPHANT, 2003 DIRIGIDO E ESCRITO POR GUS VAN SANT. COM ALEX FROST, ERIC DEULEN, JOHN ROBINSON, ELIAS MCCONNELL, JORDAN TAYLOR, CARRIE FINKLEA, NICOLE GEORGE, BRITTANY MOUNTAIN E TIMOTHY BOTTOMS.

Nos últimos anos da década de 1990, os Estados Unidos pareciam estar nas garras de uma aterrorizante epidemia de crimes: uma erupção de assassinatos em massa perpetrados por sociopatas adolescentes armados que transformaram suas escolas em abatedouros. Em outubro de 1997, nove alunos do ensino médio no Mississippi foram baleados — dois dos quais sofreram ferimentos fatais — por um colega de classe enfurecido, Luke Woodham (que começou sua onda de assassinatos ao esfaquear a mãe até a morte). Alguns meses depois, Michael Carneal, de catorze anos, de West Paducah, Kentucky, abriu fogo com uma Luger calibre .22 contra oito membros de um grupo de oração de sua escola, matando três deles. Em março seguinte, em Jonesboro, Arkansas, uma dupla de estudantes atiradores, Mitchell Johnson e Andrew Golden — de onze e treze anos — emboscaram seus colegas de turma, matando quatro alunas e um professor e ferindo outras nove crianças.

Até mesmo o massacre de Jonesboro, contudo, não é nada se comparado ao banho de sangue que aconteceu no ano seguinte em Columbine, a escola de ensino médio no Colorado que se tornou sinônimo do pesadelo da violência armada juvenil.

DYLAN KLEBOLD: Foda-se a misericórdia, foda-se a justiça, foda-se a moral, foda-se o civilizado, fodam-se as regras, fodam-se as leis... MORRAM!

Em 1999, a Columbine High School — situada aos sopés das Montanhas Rochosas no subúrbio de Littleton, em Denver — tinha um orgulhoso histórico de excelência acadêmica e atlética: as maiores notas do SAT (Teste de Aptidão Escolar) do país, uma taxa de formatura de 93%, times esportivos campeões estaduais. O lema da escola, gravado acima da entrada, expressa um sentimento compartilhado com sinceridade pelo corpo docente e pelos administradores: "Os melhores jovens dos Estados Unidos passam por estes corredores". Quatro anos antes, o edifício tinha passado por uma reforma de 15 milhões de dólares que acrescentou, entre outras melhorias, um lindo refeitório novo para os alunos. Um modelo dos ideais e aspirações do estadunidense branco de classe média — "o tipo de lugar", como um jornalista escreveu, "para o qual os pais mandam seus filhos para fugirem dos problemas das cidades grandes, tais como violência escolar e taxas de criminalidade em ascensão" —, ela foi um cenário incongruente para o horror que se desenrolou ali no dia 20 de abril de 1999.

Os perpetradores dessa atrocidade foram dois alunos do último ano, Eric Harris e Dylan Klebold. No rescaldo de sua onda de fúria, a mídia disseminou diversos mitos sobre a dupla que ainda são considerados verdadeiros pelo grande público: eles eram párias sociais, possivelmente gays; faziam parte de uma panelinha de góticos chamada Máfia do Sobretudo; e que tinham como alvo as minorias, os cristãos e os atletas que os tinham intimidado. Esses e outros mitos — que o dia 20 de abril foi escolhido como data para o massacre porque era o aniversário de Hitler, por exemplo, ou que uma das vítimas, Cassie Bernall, que mais tarde viria a ser reverenciada como uma mártir cristã, foi morta por ter afirmado sua crença em Deus — são desbancados pelo jornalista Dave Cullen em seu relato definitivo sobre o crime, o livro *Columbine* de 2009, publicado no Brasil com o mesmo título em 2019.

==Longe de ser um adolescente desajustado e nerd, Eric Harris — a força motriz por trás do massacre — era um sedutor descolado e seguro de si que fumava, farreava e cultivava um visual "militar chique" audacioso.== Era um ávido fã de beisebol, gostava de beber com os amigos e dirigia por aí tocando hard rock a todo volume no rádio do carro. Bem-sucedido com as garotas, ele "chegara ao baile de volta às aulas como um calouro de dezessete anos", escreve Cullen "e se dera bem com uma moça de 23".

==Também era um típico psicopata.== Normal por fora, com uma personalidade deslumbrante e simpática, ele era um ser assustadoramente aberrante por trás de sua "máscara de sanidade": uma criatura astuta, manipuladora e extremamente implacável que em segredo exultava em sua (suposta) superioridade diante dos meros mortais ao seu redor e que considerava os outros seres humanos como vermes desprezíveis que não mereciam outra coisa a não ser serem aniquilados por suas mãos divinas.

Ele, na verdade, tinha muito em comum com outro sociopata adolescente que tinha ganhado infâmia nacional 75 anos antes: o assassino dos anos 1920 que matava pelo prazer de matar, Richard Loeb. Como "Dickie" Loeb, Harris era uma estrela acadêmica, tinha um orgulho arrogante de seu sucesso com as mulheres, via a si mesmo como um super-homem nietzschiano e se deleitava em correr riscos criminosos, cometendo pequenos delitos como preparação para o assassinato. E como Loeb — uma das metades da dupla criminosa mais infame da Era do Jazz dos Estados Unidos —, Harris tinha uma influência perniciosa sobre uma personalidade subordinada que viria a se transformar em um parceiro solícito em sua monstruosa *folie à deux*.

Um prodígio da matemática e gênio da computação que vinha de um lar carinhoso e abastado, Dylan Klebold, assim como Eric Harris, parecia ser um aluno do ensino médio normal — um rapaz que se distinguia na liga virtual de beisebol, tinha um emprego após o horário escolar em uma pizzaria de um centro comercial e, apesar de sua timidez quase dolorosa, estava saindo com uma "garota cristã doce e inteligente" que ele, cheio de orgulho, acompanhou ao baile de formatura. Também era um depressivo extremo que, no começo da primavera de seu segundo ano, começou a despejar suas reflexões atormentadas em um diário encontrado após sua morte. Alternando entre introspecção espiritual e expressões de autodesprezo abjeto — ==" Minha existência é uma merda"==; "Não tenho nenhuma felicidade, nenhuma ambição, nenhum amigo &

nenhum amor"; "Ah Deus eu quero taaanto morrer" —, esses são registros de um rapaz desesperadamente infeliz que talvez tivesse tirado a própria vida da mesma maneira que tantos outros adolescentes suicidas caso não tivesse formado um vínculo maligno com um psicopata sádico.

Eric Harris também registrou seus pensamentos, tanto em um site quanto em um diário. Em um contraste gritante em relação aos de Dylan, os dele não eram reflexões de um adolescente suicida atormentado cheio de ódio por si mesmo, mas sim o desabafo de um megalomaníaco dominado pelo ódio. "Me sinto como Deus", bradou ele. "Sou maior do que quase qualquer um na porra do mundo em termos de inteligência universal." O restante da humanidade era composta de nada a não ser "otários patéticos" burros demais para perceberem o vazio de suas próprias existências zumbis ou para apreciarem a compreensão ofuscante do verdadeiro significado da vida. "Qual é a porra do propósito se apenas *algumas* pessoas entendem o que estou dizendo, sempre existirá aqueles que não entendem, que são burros, ingênuos, ignorantes ou simplesmente retardados. Se não consigo martelar isso dentro da cabeça de todas as pessoas, então é inútil. Foda-se a misericórdia, foda-se a justiça, foda-se a moral, foda-se o civilizado, fodam-se as regras, fodam-se as leis... MORRAM!"

Eric começou a colocar suas fantasias antissociais em prática em seu segundo ano quando, com Dylan como um cúmplice entusiasmado, embarcou em uma série de atividades que chamava de missões: pequenos delitos e contravenções que passaram de atos maliciosos de danos a propriedades ao arrombamento de uma van desocupada, uma infração que fez com que fosse levado sob custódia pela polícia. Mas essas transgressões de menor gravidade foram apenas um aquecimento para a monstruosidade que Eric, em seu típico estilo grandioso, chamava de Dia do Juízo Final.

As preparações tiveram início um ano antes: produzindo explosivos, montando um arsenal, planejando um ataque com precisão militar. Aquilo não seria nada tão banal quanto um mero tiroteio escolar, mas um ato de carnificina apocalíptica, algo que iria superar a destruição em massa do atentado a bomba em Oklahoma City perpetrado quatro anos antes pelo terrorista doméstico Timothy McVeigh. Conforme Dave Cullen demonstra, o holocausto planejado iria ocorrer em etapas distintas. Depois de desviarem a atenção da polícia e dos bombeiros com uma bomba chamariz plantada a alguns quilômetros da escola, Eric e Dylan, armados até os dentes, iriam explodir o refeitório lotado com duas outras bombas de propano, em seguida — depois de se posicionarem em uma encosta do lado de fora da entrada principal — abateriam os sobreviventes da explosão. Por fim, depois que a multidão de socorristas, pais ansiosos e repórteres locais tivesse afluído à cena, os carros que os assassinos tinham deixado estacionados, armados com mais bombas-relógio, iriam explodir, aniquilando todos nas proximidades. Em uma das chamadas "fitas do porão" — uma série de mensagens em vídeo gravadas em grande parte no porão da casa de Eric nas semanas que levaram ao massacre —, Dylan, dirigindo-se aos colegas de escola, expressa a esperança de que ele e seu comparsa possam "matar 250 de vocês".

Eles poderiam ter alcançado ou até mesmo ultrapassado esse terrível objetivo caso Eric tivesse tido um conhecimento melhor sobre explosivos. Por volta das 11h15 do Dia do Juízo Final — terça-feira, 20 de abril —, a dupla carregou, de modo desavergonhado, duas bolsas de viagem, cada uma contendo uma bomba-relógio de nove quilos, para dentro do refeitório e as colocou perto das mesas de refeições. Então voltaram para fora e esperaram os fogos de artifício começarem. Quando as bombas não detonaram, eles sacaram as armas e avançaram até a escola, primeiro disparando contra alguns alunos que estavam à toa no lado de fora, depois seguindo de volta para o interior do prédio. Ao longo dos 49 minutos seguintes, eles avançaram em fúria pela escola, atirando a esmo contra outros estudantes e professores, arremessando bombas-tubo, trocando exclamações exultantes — "Isso é demais!"; "Isso é o que sempre quisemos fazer!" — conforme prosseguiam. A maior parte das vítimas — dez das treze fatalidades finais — foi morta na biblioteca, onde, às 12h08, os assassinos tiraram as próprias vidas com tiros simultâneos nas cabeças.

Embora os assassinos de Columbine tivessem planejado algo muito pior, eles ainda assim conseguiram perpetrar o massacre escolar mais mortal da história dos Estados Unidos até então. Também deixaram um legado aterrorizante. Em abril de 2007, esse recorde terrível foi quebrado quando o universitário veterano, Seung-Hui Cho, armado com duas pistolas semiautomáticas, baleou e matou 32 pessoas e feriu mais dezessete na Virginia Tech. Antes de embarcar em sua onda de assassinatos, Cho criou uma racionalização desconexa na forma de um manifesto em vídeo. Entre os motivos declarados havia a admiração que sentia pela dupla homicida que ele considerava modelos heroicos: seus irmãos "mártires" (como os chamava), Eric Harris e Dylan Klebold.

Diversos filmes foram baseados no massacre de Columbine, entre eles o angustiante *Manhã Sangrenta* (2002) de Uwe Boll, o instigante *Zero Day* (2003) no estilo *found footage*[1] e a comédia de humor ácido cult, *Duck! The Carbine High Massacre* (1999). De longe, o melhor deles é *Elefante* de 2003, dirigido por Gus Van Sant (um

---

[1] Subgênero do cinema, literalmente *filmagem encontrada*, se refere aos filmes produzidos a partir de supostas gravações encontradas após os eventos. Foi popularizado pelo filme *A Bruxa de Blair* de 1999. [NT]

título derivado do curta metragem de 1989 do diretor britânico Alan Clarke sobre a violência na Irlanda do Norte, se referindo à expressão "o elefante na sala" — ou seja, um problema bastante óbvio que as pessoas se recusam a reconhecer).

Os espectadores à procura de um suspense contundente ou um melodrama adolescente hollywoodiano ficarão decepcionados com o filme de Van Sant. Ganhador da Palma de Ouro no Festival de Cinema de Cannes de 2003, ele tem o visual, a sensação e o ritmo de um filme de arte europeu. Com um elenco composto quase em sua totalidade de adolescentes desconhecidos e sem ter nada que se pareça com um enredo, ele acompanha um punhado de estudantes de uma escola de ensino médio de Portland conforme lidam com suas tarefas diárias totalmente mundanas. Longas sequências não apresentam nada mais cheio de ação do que jovens andando devagar do campo de atletismo ou do estacionamento para o interior do prédio da escola e ao longo dos corredores.

Mesmo as cenas com os dois representantes de Klebold e Harris — aqui chamados de Alex (Alex Frost) e Eric (Eric Deulen) — são bastante desprovidas de drama. Juntos no quarto de Alex enquanto planejam o massacre, eles se parecem com qualquer dupla de amigos adolescentes entediados de bobeira depois das aulas. ==Eles executam o tiroteio da mesma maneira desinteressada.== A recusa de Van Sant em contar uma história sensacionalista — sua abordagem discreta do cinema direto — serve para fazer com que os assassinatos do clímax sejam ainda mais devastadores, criando uma sensação arrasadora de como um dia bastante comum pode de repente se transformar em um horror indescritível.

Se existe uma crítica a ser feita sobre a versão de Van Sant dos assassinos de Columbine, seria sua perpetuação de certos mitos disseminados pela imprensa no rescaldo imediato à atrocidade — mitos completamente desbancados por Dave Cullen. Para permanecer de acordo com os boatos de que Klebold e Harris eram amantes homossexuais (como se isso explicasse o ato sociopata cometido pelos dois), Van Sant inclui uma breve cena de Alex e Eric se abraçando no chuveiro e outra com os dois trocando um beijo. Ele também mostra Alex sendo bombardeado por alguma coisa nojenta arremessada pelos atletas de sua turma, sugerindo que o bullying teria motivado os assassinos adolescentes a cometerem aquele ato apocalíptico. E na cena no quarto de Alex, nós vemos Eric reclinado na cama, jogando no computador um jogo de tiro em primeira pessoa — uma afirmação direta do cansativo argumento de que a violência na mídia é culpada pela criminalidade adolescente. ==A verdade inquietante é que, no fim das contas, não existe uma maneira de justificar horrores como o massacre de Columbine, um fato que faz com que sejam ainda mais estarrecedores.==

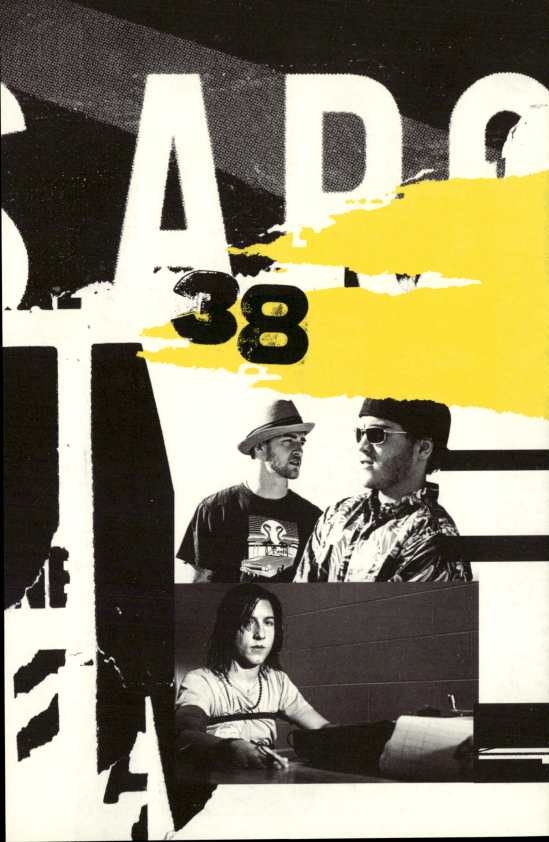

ANATOMIA TRUE CRIME DOS FILMES

ALPHADOG

ALPHA DOG, 2006 DIRIGIDO E ESCRITO POR NICK CASSAVETES. COM BRUCE WILLIS, EMILE HIRSCH, BEN FOSTER, ANTON YELCHIN, HARRY DEAN STANTON, SHARON STONE E JUSTIN TIMBERLAKE.

Este aclamado drama policial/comédia de humor ácido de Nick Cassavetes — filho de John, o lendário padrinho do cinema independente — começa com uma montagem de vídeos caseiros de garotinhos animados brincando no que parecem ser casas no idílico sul da Califórnia em meados dos anos 1980. Essas imagens de uma infância inocente tipicamente estadunidense são reforçadas por uma versão comovente e adorável de "Over the Rainbow" cantada por Eva Cassidy na trilha sonora. O filme propriamente dito — um misto de *Scarface* com *Barrados no Baile* — se desenrola mais ou menos vinte anos depois, quando aqueles bebezinhos adoráveis já cresceram e se transformaram em um bando de cabeças-ocas maconheiros, que passam o tempo todo chapados, assistindo filmagens de estupros e transando com namoradas orgulhosas de sua promiscuidade.

O líder dessa turma de imprestáveis é o aspirante a chefão do tráfico, Johnny Trueblood (Emile Hirsch), um Tony Montana (cujo pôster ocupa um lugar de honra na parede do quarto de um dos personagens) de segunda categoria. O empreendimento criminoso de Johnny recebe total apoio tanto do traficante do seu pai (Bruce Willis) quanto do boca-suja do seu padrinho (o favorito dos filmes cult, Harry Dean Stanton, tão encantadoramente maltrapilho como sempre).

Os problemas surgem nas vidas despreocupadas e desnorteadas pelas drogas de Johnny e de seu grupo na forma toda tatuada de Jake Mazursky, um conhecido viciado que se recusa a pagar uma dívida de 1.200 dólares. Interpretado pelo assustadoramente intenso Ben Foster, Jake é uma montanha de músculos trêmula e instável que pode passar de sensato a tresloucado raivoso em um piscar de olhos. Em pouco tempo, os dois se envolvem em uma vendeta cada vez mais violenta.

Depois que Jake invade o apartamento de Johnny, vandaliza o lugar, rouba a TV de tela plana e faz cocô no tapete da sala, Johnny retalia sequestrando o meio-irmão de Jake, o pequeno Zack (interpretado por Anton Yelchin, o jovem ator promissor que viria a ter uma trágica morte prematura alguns anos depois quando seu SUV, supostamente com o freio de mão puxado, desceu uma ladeira e o matou esmagado). Visto que o cativeiro de Zack consiste em matar tempo e farrear com o braço direito de Johnny, Frankie Ballenbacher (Justin Timberlake em uma excelente atuação), o menino não está ansioso para ser libertado. Quando Frankie lhe oferece uma chance de fugir, Zack a recusa, apreensivo com a ideia de voltar para a casa do pai covarde e da mãe estridente e superprotetora (Sharon Stone). Isso parece ser uma decisão razoável quando ele se vê chapado com duas das namoradas de Frankie, que acham que ter sido sequestrado faz de Zack um cara "muito sexy", e o aliviam de sua virgindade durante uma festa orgíaca na piscina.

A esta altura, contudo, Johnny já descobriu que o sequestro pode lhe render uma longa pena na prisão e decide que a melhor maneira de se proteger é fazer com que seu prisioneiro seja assassinado, uma tarefa executada com entusiasmo por um de seus lacaios subservientes. O filme — até então uma comédia dramática extravagantemente divertida com garotos dos subúrbios descontrolados — se torna bastante comovente quando Zack, acreditando que seus novos amigos o estão levando para casa, é arrastado para o deserto e executado. Como é de se imaginar, o esquema supostamente infalível para escapar da polícia não funciona como esperado, e o filme termina com a prisão dos diversos conspiradores cabeças-ocas, cujos destinos nós descobrimos no epílogo.

Visto que o filme não deixa claro que é baseado em histórias reais, os espectadores podem ser perdoados por acharem que ele deve ser pura invenção de Hollywood, principalmente em vista do comportamento de Johnny e seu bando, cuja estupidez é difícil de acreditar. Na verdade, o filme é bastante fiel aos fatos de um caso chocante que fascinou os moradores do sul da Califórnia no início do novo milênio: o sequestro seguido de assassinato de Nick Markowitz, de quinze anos, sob ordens de Jesse James Hollywood.

Embora pareça exatamente o tipo de pseudônimo que um jovem traficante metido de Los Angeles pudesse inventar para si mesmo, Jesse James Hollywood é, por mais improvável que pareça, o nome verdadeiro do criminoso que agora cumpre uma pena de prisão perpétua na Calipatria State Prison, Califórnia. Seguindo os ilícitos passos de seu pai, um traficante condenado, o jovem Hollywood começou a vender maconha no ensino médio. Aos dezenove anos, ele já ganhava por volta de 10 mil dólares por mês, dirigia uma Mercedes preta e morava em uma casa estilo mediterrâneo de três quartos, adquirida com os lucros de sua operação em expansão. Como muitos homens baixinhos, Hollywood, de 1,65 m de altura, aparentemente sofria de complexo de Napoleão, manifestado na influência tirânica que exercia sobre seus seguidores bajuladores, em especial uma alma perdida e aduladora chamada Ryan Hoyt.

Entre os membros do bando que vendiam maconha sob consignação para Hollywood, havia um velho amigo de escola e um grande de um esquentadinho chamado Ben Markowitz. Embora tenha crescido no que, de acordo com muitos relatos, parece ter sido um lar amoroso de classe média alta, Ben foi uma criança profundamente perturbada que aos onze anos saía cortando os pneus dos carros, aos doze dirigia carros roubados e aos treze já era membro de gangues. Propenso a assustadores acessos de raiva desenfreada, foi expulso do ensino médio depois de esbofetear uma garota durante uma discussão no refeitório. Pouco tempo depois, foi preso por ter aberto a cabeça de um sujeito com um soco inglês. Um jovem que fugia de casa com frequência, Ben foi embora de vez aos quinze anos, indo morar temporariamente com um tatuador profissional e caçador de recompensas em meio período que algum tempo depois o expulsou por levar drogas para dentro de sua casa.

Ao contrário da maioria dos membros do bando de Hollywood, Ben, que era faixa preta em taekwondo e tinha uma reputação bem-merecida como lutador de rua, não era de ficar intimidado pelo jovem e presunçoso traficante. Quando uma venda de drogas malsucedida fez com que Ben ficasse devendo aproximadamente 1.200 dólares para Hollywood, os amigos de infância, que tinham jogado juntos na mesma liga infantil de beisebol, se envolveram em uma rixa.

Ela começou quando um dos capangas de Hollywood fez telefonemas ameaçadores para Ben no meio da noite. As coisas esquentaram depois que Hollywood e a namorada acumularam 50 dólares na conta da cervejaria onde a noiva de Ben trabalhava como garçonete e deram o calote nela, escrevendo "Deduza isso da dívida do Ben" em um guardanapo. (No filme, que acrescenta alguns floreios sensacionalistas aos fatos que já eram sórdidos, o personagem de Hollywood, Johnny Trueblood, deixa uma mensagem ainda mais provocante escrita na conta: "Peça para o judeu do seu namorado pagar".)

Ben retaliou ao alertar a seguradora sobre um golpe que Hollywood tinha aplicado fazia pouco tempo, quando vendeu seu Honda customizado para um desmanche, então declarou que o carro tinha sido roubado e enviou a eles um requerimento de 35 mil dólares. Desse ponto em diante, seus telefonemas noturnos se tornaram cada vez mais ameaçadores. "Tá, vocês sabem onde eu moro", Ben disse em uma mensagem que deixou na secretária eletrônica, depois de avistar Hollywood e Ryan Hoyt perambulando diante de seu apartamento. "Mas eu também sei onde você mora, seu desgraçado. E também sei onde sua família mora."

Pouco tempo depois, Ben foi à casa de Hollywood com um amigo e quebrou as janelas da frente, então deixou uma mensagem telefônica zombeteira: "O que achou do serviço nas janelas? Isso é só o começo, otário! Você tá morto, seu anão de merda!". (A cena correspondente no filme — na qual o personagem de Ben, Jake, invade a casa de Johnny, rouba a TV e defeca no tapete da sala — é outro dos embelezamentos extravagantes do roteirista e diretor.)

Alguns dias depois, no domingo, 6 de agosto de 2000, o irmão de quinze anos de Ben, Nick, que tinha escapulido de casa depois de uma discussão com os pais, estava caminhando pela calçada banhada pelo sol perto de um parque quando uma van parou cantando pneu. Dentro estavam Jesse James Hollywood e dois de seus comparsas, William Skidmore e Jesse Rugge (o protótipo da vida real para o papel de Frankie Ballenbacher, interpretado por Justin Timberlake). Os três estavam a caminho de um festival da Fiesta, uma celebração anual em Santa Barbara que dura uma semana e que celebra a cultura espanhola. Depois de pularem da van, eles empurraram Nick contra uma árvore e exigiram saber onde estava o "desgraçado do irmão" dele. Quando Nick insistiu que não fazia ideia, eles começaram a "dar uma tremenda de uma surra" nele (como uma testemunha que estava passando por lá relatou mais tarde), então o empurraram para dentro da van e foram embora.

BEN: O que achou do serviço nas janelas? Isso é só o começo, otário! Você tá morto, seu anão de merda!

Ao se verem com um refém nas mãos — e sem saberem o que fazer com ele —, Hollywood e seus amigos conduziram o garoto para Santa Barbara, onde Nick foi levado ao apartamento de um dos amigos de Rugge. Ainda que a princípio tivesse sido amarrado, amordaçado e vendado, ele em pouco tempo estava fumando maconha e jogando videogames com seus captores desmiolados. Ao longo das 48 horas seguintes, ele foi tratado mais como um membro júnior do círculo íntimo de Hollywood do que como prisioneiro. Depois de ser levado para a casa do pai de Rugge, ele passou o tempo assistindo TV, ficando chapado e festejando com algumas adolescentes, que lhe deram o carinhoso apelido de "Garoto Roubado". Dali, o grupo foi para um hotel próximo, o Lemon Tree Inn, onde Nick se viu na hidromassagem com duas jovens, praticando (sem sucesso) as cantadas que tinha aprendido com seus novos amigos. Ao longo das 48 horas de seu cativeiro, Nick foi diversas vezes assegurado de que logo seria solto. Considerando a diversão que estava tendo, ele não tinha pressa de ir para casa.

Àquela altura, contudo, Hollywood tinha se confidenciado com seu advogado, que esclareceu todas as ramificações legais de sua atitude irresponsável. Depois de decidir que a maneira mais segura de evitar ser preso pela acusação de sequestro era eliminar seu refém, ele encarregou o submisso Ryan Hoyt da tarefa. Na noite de 8 de agosto, Hoyt, Rugge e um maconheiro de dezessete anos de nome Graham Pressley levaram Nick até uma remota trilha de caminhada chamada Lizard's Mouth. Um pouco entorpecido pelas diversas substâncias que tinha consumido durante a longa noitada no Lemon Tree Inn, Nick foi amarrado com fita adesiva e despejado em uma cova recém-aberta, em seguida foi baleado nove vezes por Hoyt, que estava empunhando uma pistola semiautomática fornecida por Hollywood. O cadáver enterrado às pressas de Nick foi encontrado, já bastante decomposto, por pessoas que caminhavam por lá alguns dias depois. Em uma semana, a polícia — depois de ter recebido uma denúncia de algumas das adolescentes que tinham se afeiçoado ao Garoto Roubado durante seu cativeiro — prendeu Hoyt, Rugge e muitos outros envolvidos.

Hoyt foi eventualmente condenado à morte por injeção letal, e Rugge foi condenado à prisão perpétua com a possibilidade de liberdade condicional após sete anos.

Na época dos julgamentos, Hollywood — o suposto cérebro por trás do sequestro seguido de assassinato de Nick — tinha desaparecido há muito tempo. Com a ajuda de amigos e familiares (em especial de seu sempre dedicado pai, que providenciou ajuda financeira, assim como uma útil rede de conexões de negócios duvidosos), Hollywood permaneceu à solta por cinco anos. Perseguido pelo FBI e mencionado no programa de TV *America's Most Wanted* [Os mais procurados da América], ele acabou viajando para o Brasil, onde, sob o nome de Michael Costa Giroux, se estabeleceu na cidade litorânea de Saquarema, uma hora a leste da cidade do Rio de Janeiro. Ele estava sentado em uma cafeteria ao ar livre com a namorada grávida de sete meses em 8 de março de 2005, quando a polícia por fim o apanhou. Detido por agentes da Interpol, ele foi deportado para os Estados Unidos. O julgamento, que começou em meados de maio de 2009 e durou um mês, culminou em sua condenação por sequestro e homicídio qualificado. Ele foi condenado à prisão perpétua sem possibilidade de condicional.

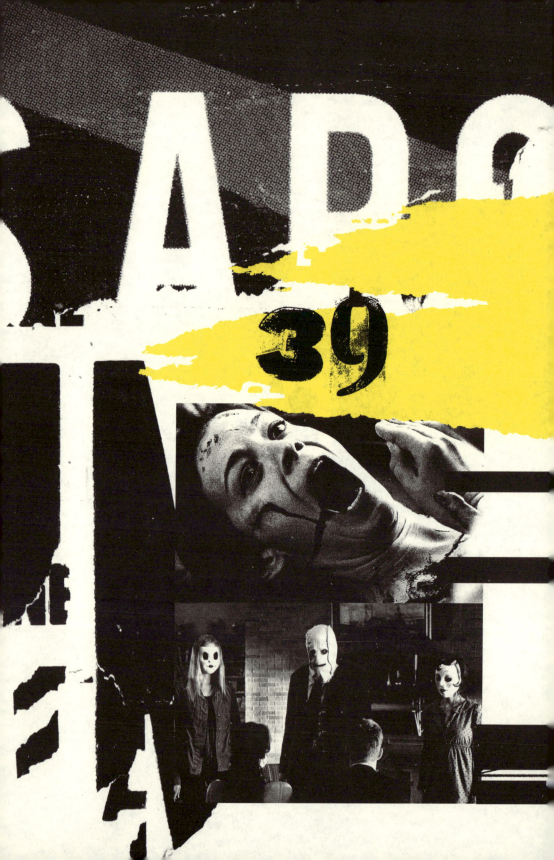

ANATOMIA TRUE CRIME DOS FILMES

OS ESTRANHOS

THE STRANGERS, 2008
DIRIGIDO E ESCRITO POR BRYAN BERTINO. COM LIV TYLER, SCOTT SPEEDMAN, GEMMA WARD, KIP WEEKS E LAURA MARGOLIS.

Um dos favoritos dos fãs de filmes de terror sobre invasões domiciliares (dos quais *Violência Gratuita* de Michael Haneke é, de longe, o exemplo mais profundamente perturbador), este filme de terror de 2008 começa com um recurso tirado diretamente do manual de *O Massacre da Serra Elétrica*: uma agourenta narração em voice-over que tem o intuito de criar a impressão de que o crime prestes a ser retratado é totalmente factual. "Na noite de 11 de fevereiro de 2005", o narrador entoa em tons soturnos, "Kristen McKay e James Hoyt foram embora da festa de casamento de um amigo e voltaram para a casa de veraneio da família Hoyt. Os eventos brutais que aconteceram ali ainda não são de total conhecimento."

Nós primeiro vemos o casal desafortunado (interpretado por Liv Tyler e Scott Speedman) voltando de carro da festa. James, ao volante, parece bastante taciturno, enquanto Kristen está sentada em silêncio ao seu lado, o rosto riscado de lágrimas. Um flashback revela a fonte de sua tristeza: James tinha usado a ocasião romântica para pedir em casamento a namorada de longa data que, para sua grande consternação, recusa o pedido ("Ainda não estou pronta" é toda a explicação que ela dá). De volta à isolada casa de veraneio da família Hoyt em algum local não especificado em uma floresta bastante densa, os dois passam os primeiros vinte e poucos minutos do filme em um estado de depressão mútua. A noite feliz a dois acabou virando um fiasco total. Eles não fazem ideia de como ela está prestes a piorar.

As coisas começam a ficar sinistras quando a transa reconciliatória do casal é interrompida por uma jovem loira e estranha (Gemma Ward) batendo à porta da frente. Um pouco mais tarde, depois de James sair para comprar alguma coisa e deixar Kristen sozinha, a loira retorna. Só que dessa vez está usando uma máscara de boneca extremamente assustadora (por isso o nome de sua personagem, como aparece nos créditos, é Dollface — Cara de Boneca). Apavorada, Kristen tenta ligar para James de seu celular, mas, como é comum nos filmes de terror, a bateria logo acaba.

Ao ouvir mais ruídos inquietantes vindos do quintal dos fundos, ela abre uma cortina e — em um dos muitos sustos clichês, mas bastante eficazes, do filme — é confrontada por outra figura arrepiante, batizada com o nome pouco original de Man in Mask — Homem de Máscara — (Kip Weeks), um homem com um saco de aniagem de espantalho na cabeça. Uma terceira personagem desagradável aparece, Pin-up Girl — Garota Pin-Up — (Laura Margolis), uma morena sexy com uma máscara de Betty Boop. A essa altura, James já tinha voltado; ainda que não seja dado a gritos estridentes como Kristen, ele não se mostra muito melhor na hora de expulsar os vilões (como demonstrado, por exemplo, quando sem querer estoura a cabeça de seu melhor amigo, Mike, um salvador em potencial que tinha ido de carro até a casa).

Por nenhuma razão a não ser o puro prazer sádico, o trio diabólico passa a aterrorizar o casal desafortunado. De acordo com as convenções dos filmes slasher, os protagonistas, como esperado, se comportam de maneira ilógica, garantindo assim que acabem caindo nas garras dos invasores doentios, que amarram o casal a cadeiras e se revezam para esfaqueá-los bem devagar com uma faca de açougueiro.

No fim das contas, a maior virtude de *Os Estranhos* é o fato de nunca fingir ser nada além de um exercício bem-executado em manipulação da audiência que entrega exatamente o tipo de experiência que os espectadores pagam um bom dinheiro para desfrutar: tensão de ranger os dentes, sustos periódicos e o tipo de tortura pornográfica violenta exigida pelos fãs ferrenhos de terror de hoje em dia.

NARRADOR (*em off*): Os eventos brutais que aconteceram ali ainda não são de total conhecimento.

Embora o roteirista-diretor Bryan Bertino tenha anunciado publicamente que tinha em mente os assassinatos da família Manson quando concebeu o filme, os críticos identificaram outra fonte em potencial, uma que se parece ainda mais com os eventos de *Os Estranhos* do que aqueles do massacre de Sharon Tate e seus amigos em 1969.

Keddie, uma cidadezinha ferroviária fundada em 1910 e situada aos sopés das densamente arborizadas montanhas Sierra Nevada no norte da Califórnia, se tornou uma estância popular para os moradores de cidades grandes que queriam desfrutar dos prazeres de suas trilhas espetaculares, riachos onde podiam pescar muitas trutas e paisagens de tirar o fôlego. Um chalé rústico de dois andares, construído originalmente para acomodar viajantes, foi transformado em um hotel-restaurante, onde os turistas podiam passar as noites em quartos bem-mobiliados e comer iguarias locais como costelas de urso grelhadas e filés de guaxinim regados com xerez. Aqueles que preferiam acomodações mais reservadas podiam ficar em um dos 33 robustos chalés de madeira.

Em 1981, contudo, o outrora próspero resort tinha passado por tantas dificuldades que os chalés, agora bastante dilapidados, foram transformados em habitações para residentes de baixa renda. Entre estes estava uma mulher divorciada de 36 anos, Glenna Sharp, e seus cinco filhos, três meninos e duas meninas com idades entre cinco e quinze anos.

Pouco se sabe sobre Glenna Sharp. Depois de fugir de um casamento problemático com um marido supostamente abusivo — um oficial de carreira da Marinha baseado em Groton, Connecticut —, ela levou os filhos para Quincy, Califórnia, no final de 1979, mudando-se para um trailer recém-desocupado pelo irmão. Alguns meses depois, em novembro de 1980, eles se mudaram para Keddie, alugando um chalé deteriorado — o número 28 —, mas relativamente espaçoso, de quatro cômodos por 175 dólares por mês.

Nos dezoito meses em que morou no resort decrépito, não fez praticamente nenhum amigo. Nas palavras redundantes do jornal local, "ela era uma pessoa reservada que ficava mais na dela". Teve diversos namoros casuais durante aquela época, mas nenhum relacionamento sério. Para sustentar a si mesma e sua prole, Glenna se matriculou em um programa federal de educação, recebendo

um pequeno estipêndio que complementava os pagamentos da previdência social e um cheque mensal de 250 dólares, deduzidos do salário de seu ex-marido, pago pela Marinha.

Embora fosse descrita nos jornais como uma mãe afetuosa — que "garantia que seus filhos tivessem roupas quentes para o inverno mesmo que isso significasse sacrificar seu próprio conforto" —, Glenna claramente tinha dificuldade em manter os filhos na linha, em especial os dois adolescentes. O mais velho, Johnny, de quinze anos, já tinha tido problemas com a justiça por invadir uma casa e roubar um pouco de maconha; sua irmã de catorze anos, Sheila, tinha engravidado aos treze e, logo depois do nascimento do bebê, deu a criança para adoção.

Na noite de sábado, 11 de abril de 1981, Glenna recusou um convite para sair em um encontro duplo com um casal vizinho, Marty e Marilyn Smartt, e o hóspede deles, Bo Boubede. Em vez disso, ela escolheu ficar em casa com os dois filhos mais novos, Greg e Ricky, de cinco e dez anos, respectivamente, que tinham convidado um amigo, Justin Eason, para uma festa do pijama. Os meninos estavam comendo pipoca e assistindo a série *O Barco do Amor* quando, por volta das 21h30, a filha de doze anos de Glenna, Tina, voltou da casa de uma amiga e se juntou aos irmãos e a Justin diante da TV.

A irmã mais velha de Tina, Sheila, estava passando a noite na casa da melhor amiga, Paula Seabolt, que morava no chalé ao lado. Johnny Sharp também estava fora, tendo ido de carona até Quincy com um amigo, Dana Wingate, de dezessete anos. Assim como Johnny, Dana já tinha tido problemas com a justiça e estava em condicional por ter cortado os pneus de uma série de carros de uma concessionária de automóveis usados um ano antes. Como exatamente os dois adolescentes passaram aquela noite de sábado é incerto, embora tenham sido vistos no lado de fora de um motel em Quincy por volta das 22h, tentando pegar carona de volta a Keddie.

Por volta das 7h45 da manhã seguinte, Sheila, que tinha decidido acompanhar os Seabolt à igreja, foi até seu chalé para pegar suas roupas de domingo. A visão que a recebeu quando abriu a porta da frente a mandou, aos gritos, de volta à casa dos Seabolt.

Entre os destroços cobertos de sangue da sala de estar, três corpos brutalizados jaziam estendidos no chão. Glenna, amarrada, amordaçada e nua da cintura para baixo, tinha sido esfaqueada repetidas vezes no peito com uma faca para carne e golpeada com tanta violência com um martelo que seu crânio foi pulverizado. O irmão de Sheila, Johnny, jazia ao lado de Glenna, os pulsos e tornozelos também presos com fita adesiva e fios elétricos, a garganta cortada, o torso mutilado ostentando as mesmas marcas da chacina frenética. Dana Wingate tinha sido amarrado, espancado e estrangulado manualmente.

Os policiais, que chegaram depressa à cena, logo fizeram outra descoberta alarmante: Tina estava desaparecida, ao que parecia tinha sido raptada pelos intrusos. Surpreendentemente, dado o grau de violência perpetrado pelos assassinos, os dois meninos Sharp mais novos e o amigo deles pareciam ter dormido durante todo o massacre.

No rescaldo imediato da atrocidade, os investigadores sugeriram diversas teorias. Uma delas era que as pessoas que tinham dado carona a Johnny e Dana em Quincy eram os assassinos. Depois de levarem os garotos de volta a Keddie, eles tinham entrado no chalé, à força ou a convite, e — talvez em um furor induzido por drogas — cometeram o massacre. Uma teoria alternativa afirmava que as pessoas que deram carona aos rapazes não tiveram nada a ver com o crime. Nesse cenário, Glenna foi o alvo principal dos assassinos, e seu assassinato já estava em progresso quando os dois garotos se depararam com a terrível cena.

Durante algum tempo, Marty Smartt e seu hóspede, Bo Boubede — que tinha criado um vínculo com Smartt quando os dois se conheceram em um hospital de veteranos onde Smartt estava sendo tratado por transtorno de estresse pós-traumático —, foram considerados suspeitos, embora logo tenham sido descartados. Ao longo dos três anos seguintes, de acordo com o historiador criminal Michael Newton, "a polícia local gastou por volta de 4 mil homens-horas investigando os homicídios", mas em vão. Um último choque ainda estava por vir. Em junho de 1984, três anos depois do sequestro de Tina Sharp, seu crânio (identificado em seguida pelos registros dentários) foi encontrado por um catador de garrafas à procura de recipientes vazios quase 97 km ao sul de Keddie. Os patologistas determinaram posteriormente que ela foi morta em algum momento depois do dia primeiro de novembro de 1981 — "o que quer dizer", como um jornalista apontou sombriamente, "que ela ficou em cativeiro por pelo menos seis meses antes de sua morte".

No decorrer dos próximos anos, o chalé 28 ganhou a reputação de casa mal-assombrada, apresentando os fenômenos sobrenaturais padrões: mobília que levitava, aparições arrepiantes, pichações fantasmagóricas que apareciam espontaneamente nas paredes. Por fim ele foi demolido em 2004. O caso permanece sem solução. Em seus detalhes aterrorizantes — um sádico homicídio múltiplo perpetrado por motivos desconhecidos por intrusos anônimos em um cenário rústico e isolado —, ele apresenta semelhanças impressionantes com os horrores imaginários evocados em *Os Estranhos*.

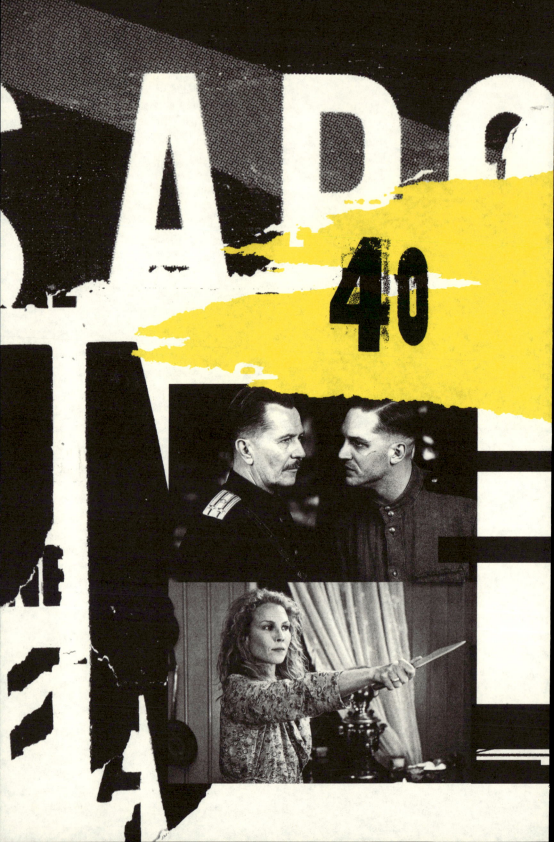

ANATOMIA TRUE CRIME DOS FILMES

CRIMES OCULTOS

CHILD 44, 2015 DIRIGIDO POR DANIEL ESPINOSA. ESCRITO POR RICHARD PRICE. COM TOM HARDY, NOOMI RAPACE, JOEL KINNAMAN, GARY OLDMAN, PADDY CONSIDINE, VINCENT CASSEL E JASON CLARKE.

Essa adaptação para o cinema do empolgante best-seller de Tom Rob Smith, *Child 44* (que também é o título original do filme; foi publicado no Brasil como *Criança 44*), é em partes um drama policial sobre a vida em uma sociedade totalitária, e em partes uma investigação sobre um assassino em série — como se George Orwell tivesse escrito *O Silêncio dos Inocentes*. Ambientado em uma URSS implacavelmente lúgubre nos últimos anos da era Stálin, o filme conta com Tom Hardy como Leo Demidov, um membro da polícia secreta soviética, a MGB (precursora da KGB). Dono de uma natureza sensível pouco comum para alguém na sua linha de trabalho, Demidov costuma se desentender com seu colega, Vasili (Joel Kinnaman), um psicopata covarde que, depois de prender um casal de camponeses suspeitos de dar guarida a um traidor, os executa casualmente diante dos filhos. "Talvez eles possam crescer e aprender uma lição com isso", ele tranquilamente explica.

Vasili se revelará um dos dois monstros do filme. O outro é um homem de família pouco notável, funcionário de uma fábrica e pedófilo sexualmente demente, Vladimir Malevich (Paddy Considine). Em uma cena que homenageia o clássico de Fritz Lang sobre um assassino em série, M – *O Vampiro de Düsseldorf*, nós conhecemos Malevich como uma figura sombria que aborda um menino enquanto este está brincando e o atrai para uma morte horrenda. Embora um exame médico do cadáver recuperado da criança revele com clareza que ele foi torturado e afogado, sua morte é oficialmente declarada como acidente, visto que a política do Estado decreta que o homicídio é "estritamente uma doença capitalista" e que "não existe homicídio" no paraíso dos trabalhadores da União Soviética. Essa cegueira obstinada e ideológica diante da verdade permite que Malevich cometa dezenas de atrocidades — 44, para ser exato — sem medo de ser preso.

 VASILI (*executando casal de camponeses diante dos filhos*): Talvez eles possam crescer e aprender uma lição com isso.

Demidov, contudo, é incapaz de ignorar as evidências. Quando ele e a esposa, Raisa (Noomi Rapace), se desentendem com as autoridades, eles são enviados para a terrível cidadezinha industrial remota e deprimente de Volsk ("o cu do mundo", como um personagem a descreve). Agora rebaixado à modesta patente de miliciano sob o comando do general Mikhail Nesterov (o grande Gary Oldman), Demidov, com a ajuda de Raisa, persegue furtivamente o assassino desconhecido. Ao mesmo tempo, eles próprios continuam sendo perseguidos pelo obcecado Vasili, uma figura obstinada como o inspetor Javert, de *Os Miseráveis*, que assumiu o antigo cargo de Demidov na MGB.

Por fim, Demidov fica cara a cara com Malevich, que (em outro eco do assassino psicótico de Peter Lorre em *M – O Vampiro de Düsseldorf*) grita que seus crimes foram o produto de uma compulsão terrível. "Não consigo evitar!", soluça ele. Por um instante é possível que o telespectador sinta uma pontada de compaixão por essa criatura atormentada. O mesmo não pode ser dito sobre o irremediavelmente repulsivo Vasili, que, no clímax cheio de ação do filme, encontra um gratificante fim violento.

Em termos de pura monstruosidade indescritível, o assassino pedófilo de *Crimes Ocultos*, por mais assustador que seja, não se compara ao verdadeiro demônio sexual no qual foi baseado: Andrei Romanovich Chikatilo, um dos mais aterrorizantes assassinos sexuais do século XX (ou de qualquer outro).

Chikatilo nasceu na Ucrânia em 1936, durante o sombrio rescaldo do *Holodomor* — a infame fome engendrada pelo homem, arquitetada por Stálin, que matou milhões de ucranianos e resultou em tamanho canibalismo nacional que o governo soviético considerou ser necessário distribuir pôsteres declarando que "Comer seus próprios filhos é um ato bárbaro". Chikatilo, cuja infância foi arruinada por tamanha pobreza desesperada em que ele só comeu seu primeiro pedaço de pão aos doze anos, mais tarde viria a afirmar que seu irmão mais velho, Stepan, tinha sido morto e comido por camponeses famintos.

Um menino introvertido e bastante tímido, afligido por uma miopia severa e uma enurese crônica, Chikatilo se tornou, em suas próprias palavras, "um objeto de escárnio" para seus colegas de escola, que o ridicularizavam sem misericórdia por sua péssima visão e maneirismos afeminados. Essa sensação de humilhação foi agravada durante seus últimos anos de adolescência quando, após diversas tentativas fracassadas de fazer sexo com garotas, descobriu que era impotente.

Ele se casou em 1963, mas foi incapaz de consumar o casamento durante algum tempo. "Sou uma mulher saudável e queria ter intimidade com ele", sua esposa revelou mais tarde. "Sempre que eu pedia para ele ficar comigo, ele recusava. Dizia: 'Você quer um garanhão como marido?'. Nós praticamente não tínhamos nenhuma intimidade sexual." Os dois filhos do casal, uma filha, Lyudmilia, e um filho, Yuri, foram supostamente produtos de inseminação artificial, com Chikatilo "ejaculando externamente e empurrando o sêmen para dentro da vagina [da esposa] com os dedos".

Depois de trabalhar durante algum tempo como engenheiro de telecomunicação, enquanto conquistava seu diploma universitário por meio de um curso por correspondência, Chikatilo embarcou em uma vida como orientador vocacional, um trabalho para o qual era extremamente inadequado. Sua timidez patológica fazia com que fosse impossível para ele exercer disciplina sobre seus alunos, que o tratavam com um escárnio descarado. Seus colegas também o consideravam estranho e retraído. Mas Chikatilo tinha os próprios motivos para buscar uma carreira pedagógica. Àquela altura, já tinha descoberto sua atração criminosa por crianças. Não demorou muito para que começasse a molestá-las, apalpando uma adolescente durante uma viagem escolar para um reservatório local e outra em uma sala de aulas trancada antes que ela conseguisse fugir por uma janela. Por fim, ele foi afastado de seu emprego como supervisor do dormitório escolar depois de tentar realizar felação em um garoto adormecido.

Ele passou de pedofilia para assassinato em dezembro de 1978, aos 42 anos, quando atraiu uma menina de nove anos chamada Lena Zakotnova até um barracão dilapidado. "Literalmente tremendo" de "desejo de ter relações sexuais com a menina", como mais tarde descreveu o incidente, ele abaixou as calças dela e começou a "enfiar as mãos em seus órgãos sexuais. Ao mesmo tempo, para mantê-la quieta, comecei a apertar sua garganta. Comecei a rasgar seus órgãos sexuais. Tive um orgasmo enquanto estava deitado em cima dela e rasgava seus órgãos sexuais. Não tive intercurso propriamente dito com ela. O sêmen foi parar entre suas pernas ou em cima de sua barriga". Ele a matou com seu canivete, esfaqueando-a repetidas vezes no abdômen. Então "a vesti e joguei seu corpo no rio. Também joguei sua mochila. Lavei as mãos e ajeitei as roupas. Depois... fui para casa".

CHIKATILO: A vesti e joguei seu corpo no rio. Também joguei sua mochila. Lavei as mãos e ajeitei as roupas. Depois... fui para casa.

Apesar das provas contundentes que o ligavam ao crime, a polícia permaneceu teimosamente convencida de que o assassino era um jovem, Aleksander Kravchenko, com uma condenação anterior pelo estupro e assassinato de uma adolescente. Embora Kravchenko tivesse um álibi incontestável para seu paradeiro no dia do assassinato, foi coagido a confessar e por fim foi condenado e executado pelo crime. Esse foi o primeiro dos muitos equívocos oficiais que permitiriam que Chikatilo continuasse à solta por mais doze anos e que resultariam em horror e sofrimento inenarráveis.

Após a perda de seu emprego como professor, Chikatilo se mudou com a família para a cidade industrial de Rostov-on-Don, onde encontrou trabalho como secretário de suprimentos de um fábrica. A essa altura, sua fera interior tinha, de fato, sido solta. Durante os próximos doze anos, ele rondou paradas de ônibus e estações ferroviárias em Rostov e mais para o interior. Seu método era simples. Ele abordava a vítima — meninas ou meninos ou mulheres jovens — e oferecia comida, dinheiro ou uma carona. Então levava sua presa desprevenida para a floresta onde, como uma criatura sombria de um conto de fadas, o homem de meia-idade aparentemente inofensivo passava por uma aterrorizante metamorfose. Depois de sobrepujar as vítimas, ele as amarrava com corda. Em seguida, em um frenesi de êxtase, atacava com ferocidade com faca, dentes e as próprias mãos, rasgando suas barrigas, mordendo fora seus narizes, arrancando os olhos, cortando e comendo as línguas, mamilos e genitais — às vezes enquanto ainda estavam vivas. Chafurdava em seus órgãos internos e mais tarde viria a confessar que tinha uma preferência pelo sabor e textura do útero. "Quando matava mulheres", explicou calmamente, "eu tinha o desejo de entrar em seus abdomens, para... abrir os estômagos das minhas vítimas e cortar fora o útero." Ele considerava tal órgão "tão elástico" que não conseguia resistir à vontade de "mastigá-lo".

Visto que o dogma soviético insistia que assassinatos em série eram um produto da decadência capitalista — algo que nunca poderia existir em um Estado comunista —, os homicídios abomináveis nunca foram relatados à imprensa, deixando os desprevenidos ainda mais vulneráveis às depredações daquele monstro. Chikatilo foi considerado suspeito, mas foi liberado todas as vezes por falta de provas sólidas. Em 1984, foi preso por uma acusação de roubo, mas foi solto depois de apenas três meses de prisão. Em poucas semanas, matou mais oito vítimas.

Em 1985, o tenente-coronel Viktor Burakov, chefe do departamento especial de homicídios em Rostov, abordou o principal psiquiatra da cidade, o dr. Alexander Bukhanovsky, e lhe pediu para elaborar um perfil do provável assassino. Dez dias depois, Bukhanovsky entregou um relatório de 65 páginas. Nele (conforme um resumo feito pelo autor Robert Cullen em seu livro *The Killer Department* [O departamento assassino]), Bukhanovsky descreveu o perpetrador como:

> um homem recluso, com idade entre 45 e cinquenta anos, que suportou uma infância dolorosa e isolada e que foi incapaz de paquerar ou flertar com mulheres. Este indivíduo é de inteligência mediana, é provável que seja casado e tenha tido filhos, mas também é um sádico que sofre de impotência e só consegue alcançar excitação sexual ao ver suas vítimas sofrerem. Os assassinatos em si foram análogos ao intercurso sexual que este indivíduo é incapaz de realizar, e sua faca se tornou um substituto para o pênis, que deixa de funcionar de maneira apropriada. Visto que muitos dos assassinatos aconteceram em dias úteis perto de grandes centros de transporte público e por toda a Rostov Oblast, [é provável que] o trabalho do assassino exija que ele viaje com frequência, e com base nos dias da semana nos quais as mortes aconteceram, o assassino provavelmente está preso a um cronograma de produção.

Apesar de uma perseguição imensa, mais cinco anos iriam se passar até que o "Estripador de Rostov" fosse por fim apanhado. Seguindo um plano proposto por Burakov, centenas de policiais à paisana — com a intenção deliberada de serem os mais conspícuos possível — foram designados às maiores estações ferroviárias na área de Rostov. A ideia de Burakov era que o assassino, ao ver que seus locais de caça habituais estavam sob vigilância policial, fosse buscar sua presa em estações menores e menos movimentadas onde, sem que soubesse, agentes à paisana seriam postados.

O plano funcionou. Em novembro de 1990, um agente à paisana postado em uma estação remota notou um homem suspeito saindo de uma floresta próxima e pediu para ver seus documentos. Sem ter nenhuma razão para o deter, deixou o homem ir embora, mas, assim que voltou ao escritório, emitiu um relatório contendo o nome do sujeito.

Uma semana mais tarde, depois que o corpo mutilado de uma mulher de 22 anos foi descoberto na floresta perto da estação, Burakov encontrou o nome de Chikatilo no relatório do agente à paisana. Por saber que Chikatilo tinha sido interrogado anteriormente a respeito dos assassinatos e colocado na lista oficial de suspeitos, Burakov o colocou sob vigilância. Após uma semana — depois de ter sido visto repetidas vezes tentando iniciar conversas com mulheres jovens e crianças nas estações ferroviárias e paradas de ônibus —, ele foi preso.

A princípio, ele negou ser culpado. Alguns dias depois, Burakov convocou o dr. Bukhanovsky para interrogar o prisioneiro. À medida que o psiquiatra lia trechos de seu perfil, Chikatilo de súbito rompeu em lágrimas. "Sim, esse sou eu", chorou. Ele então passou a confessar a mutilação-assassinato de 53 vítimas, a maioria crianças.

OFICIAIS SOVIÉTICOS: Não existem assassinos em série no Estado soviético. Isso é um fenômeno do ocidente decadente.

"Sou uma aberração da natureza, um monstro enlouquecido", declarou em seu julgamento em 1992. Lotando o tribunal, parentes das vítimas gritavam pedindo seu sangue, enquanto o Estripador de Rostov — trancado em uma jaula de aço para sua própria proteção — vociferava, esbravejava, rasgava a roupa, agitava o pênis para o público e cuspia obscenidades para o juiz. Conforme o julgamento avançava, seu comportamento foi se tornando cada vez mais ultrajante. Em determinado momento, ele alegou estar grávido e lactando, e acusou os guardas da prisão de o golpearem na barriga para machucar seu bebê de propósito.

Se esse comportamento desenfreadamente bizarro foi, como algumas pessoas acreditam, uma tentativa calculada para provar que era louco, a estratégia fracassou. No dia 14 de fevereiro de 1994, depois que seu pedido de clemência foi recusado pelo presidente Boris Ieltsin, ele foi tirado de sua cela no corredor da morte, levado para uma sala à prova de som e executado com uma bala na base do crânio.

CIDADÃO X

Apesar de toda sua atenção a detalhes históricos, *Crimes Ocultos* é uma obra de puro faz de conta, um suspense hollywoodiano sobre um herói de ação musculoso lutando por sua sobrevivência enquanto rastreia uma versão fictícia de Andrei Chikatilo no início dos anos 1950. Aqueles à procura de uma descrição mais precisa do caso do "Estripador de Rostov" devem conferir o drama documentário de 1995, *Cidadão X*, originalmente transmitido pela HBO.

Ele começa em 1982. O herói é o tenente-coronel Viktor Burakov (Stephen Rea), cuja fisionomia abatida e tendência a romper em lágrimas a intervalos regulares coexiste com uma determinação ferrenha e uma aguçada mente investigativa. Um especialista forense que, no começo do filme, fica horrorizado ao descobrir evidências incontrovertíveis de que um assassino sexual sádico está à solta, Burakov é colocado no comando do que se transformará em uma perseguição de oito anos pelo monstro; como na realidade, seus esforços são obstruídos tanto pelo estado relativamente primitivo da ciência forense soviética ("nosso exame de sangue apresenta onze variáveis", ele reclama em determinado momento, "o do FBI apresenta 149"), quanto pela insistência dos oficiais do partido de que "não existem assassinos em série no Estado soviético. Isso é um fenômeno do ocidente decadente".

A história alterna entre a perseguição e cenas de Chikatilo (um Jeffrey DeMunn bastante assustador) em casa e em suas caçadas. Ainda que não chafurde na sanguinolência, o filme expõe a terrível natureza das atrocidades da "fera enlouquecida" de modo bastante chocante.

Além da urgência sutil que Stephen Rea traz para sua representação de Burakov, o filme conta com atuações de primeira de dois outros atores excepcionais: Donald Sutherland, como o coronel Mikhail Fetisov, o superior imediato e único aliado de Burakov, e Max von Sydow, como o dr. Alexander Bukhanovsky, o psiquiatra que redigiu o primeiro perfil forense da Rússia e que foi fundamental na hora de arrancar uma confissão de Chikatilo.

Baseado em *The Killer Department*, o livro de não ficção de Robert Cullen de 1993 sobre a caçada por Chikatilo, *Cidadão X*, como a revista *Variety* escreveu, é um filme feito para a TV de "qualidade incomum" — um poderoso "retrato dos piores instintos humanos e heróis bastante improváveis".

DEAD

HAROLD SCHECHTER

TRUE CRIME

R RESTRICTED
UNDER REQUIRES ACC...
PARENT OR ADULT G...

BIBLIOTECA DARK
LIVROS CONSULTADOS

ADAMS, CHARLES F. *Murder by the bay: Historic Homicide in and about the City of San Francisco*. Sanger, CA: Word Dancer, 2005.

ANDERSON, MARY ANN. *The Making of* The Hitch-Hiker Illustrated. Albany, GA: BearManor Media, 2013.

BAATZ, SIMON. *For the Thrill of It: Leopold, Loeb, and the Murder that Shocked Jazz Age Chicago*. Nova York: Harper, 2008.

BAILEY, BRIAN. *Burke and Hare: The Year of the Ghouls*. Edimburgo: Mainstream, 2002.

BAILEY, F. LEE. *When the Husband is the Suspect*. Nova York: Tom Doherty, 2008.

BAILEY, FRANKIE Y.; CHERMAK, STEVEN M. (Ed.). *Famous American Crimes and Trials*. Vol. 3, *1913 – 1959*. Westport, CT: Praeger, 2004.

BARDENS, DENNIS. *The Ladykiller: The Life of Landru, the French Bluebeard*. Londres: Peter Davies, 1972.

BARTLETT, EVAN ALLEN. *Love Murders of Harry Powers: Beware Such Bluebeards*. Nova York: Sheftel, 1931.

BERG, A. SCOTT. *Lindbergh: Uma Biografia*. São Paulo: Companhia das Letras, 2000.

BERGMAN, PAUL; ASIMOV, MICHAEL. *Reel Justice: The Courtroom Goes to the Movies*. Kansas City, MO: Andrews McMeel, 2006.

BISKIND, PETER. *Como a Geração Sexo-Drogas-E-Rock-'n'-Roll Salvou Hollywood: Easy Riders, Raging Bulls*. Trad. Ana Maria Bahiana. Rio de Janeiro: Intrínseca, 2009.

BOUZEREAU, LAURENT. *Ultraviolent Movies: From Sam Peckinpah to Quentin Tarantino*. Nova York: Kensington/Citadel, 2000.

BREO, DENNIS L.; MARTIN WILLIAM J. *The Crime of the Century: Richard Speck and the Murders That Shocked a Nation*. Nova York: Skyhorse, 2016.

BRUCCOLI, MATTHEW J. *The O'Hara Concern: A Biography of John O'Hara*. Nova York: Random House, 1975.

BURROUGH, BRYAN. *Public Enemies: America's Greatest Crime Wave and the Birth of the FBI, 1933 - 34*. Nova York: Penguin, 2005.

CAHILL, RICHARD T., JR. *Hauptmann's Ladder: A Step-by-Step Analysis of the Lindbergh Kidnapping*. Kent, OH: Kent State University Press, 2014.

CARNES, MARK C. (Ed.). *Past Imperfect: History According to the Movies*. Nova York: Henry Holt, 1996.

CHESTER, GRAHAM. *Berserk! Terrifying True Stories of Notorious Mass Murders and the Deranged Killers Who Committed Them*. Nova York: St. Martin's, 1993.

COOK, FRED J. *The Girl on the Lonely Beach*. Nova York: Fawcett/Gold Medal, 1954.

COUCHMAN, JEFFREY. *The Night of the Hunter: A Biography of a Film*. Evanston, IL: Northwestern University Press, 2009.

CUDE, ELTON R. *The Wild and Free Dukedom of Bexar*. San Antonio, TX: Munguia Printers, 1978.

CULLEN, DAVE. *Columbine*. Trad. Eduardo Alves. Rio de Janeiro: DarkSide Books, 2019.

CULLEN, ROBERT. *The Killer Department: Detective Viktor Burakov's Eight-Year Hunt for the Most Savage Serial Killer in Russian History*. Nova York: Pantheon, 1993.

DERRY, CHARLES. *Dark Dreams 2.0: A Psychological History of the Horror Film from the 1950s to the 21st Century*. Jefferson, NC: McFarland, 2009.

DICKOS, ANDREW. *Street with No Name: A History of the Classic American Film Noir*. Lexington: University Press of Kentucky, 2002.

EINSTEIN, CHARLES. *The Bloody Spur*. Nova York: Dell, 1956.

EISNER, LOTTE H. *Fritz Lang*. Nova York: Oxford University Press, 1977.

ENGLADE, KEN. *Deadly Lessons*. Nova York: Diversion Books, 1991.

EVERITT, DAVID. *Human Monsters: An Illustrated Encyclopedia of the World's Most Vicious Murderers*. Chicago: Contemporary Books, 1993.

FARREL, HARRY. *Swift Justice: Murder and Vengeance in a California Town*. Nova York: St. Martin's, 1992.

FLOM, ERIC L. *Chaplin in the Sound Era: An Analysis of the Seven Talkies*. Jefferson, NC: McFarland, 1997.

FOERY, RAYMOND. *Alfred Hitchcock's* Frenzy: *The Last Masterpiece*. Lanham, MD: Scarecrow, 2012.

FOSBURGH, LACEY. *Closing Time: The True Story of the "Goodbar" Murder*. Nova York: Delacorte, 1977.

FREEMAN, LUCY. *"Before I Kill More..."*. Nova York: Crown, 1955.

GILMORE, JOHN. *L.A. Despair: A Landscape of Crimes & Bad Times*. Los Angeles: Amok Books, 2005.

GOODMAN, JONATHAN. *The Passing of Starr Faithfull*. Kent, OH: Kent State University Press, 1996.

GRADY, ALAN. *When Good Men do Nothing: The Assassination of Albert Patterson*. Tuscaloosa: University of Alabama Press, 2003.

GRAYSMITH, ROBERT. *Zodiac Unmasked: The Identity of America's Most Elusive Serial Killer Revealed*. Nova York: Berkley Books, 2002.

GUINN, JEFF. *Go Down Together: The True, Untold Story of Bonnie and Clyde*. Nova York: Simon & Schuster, 2009.

HILBURN, ROBERT. *Paul Simon: The Life*. Nova York: Simon & Schuster, 2018.

HOGAN, DAVID J. *Film Noir* FAQ: *All That's Left to Know About Hollywood's Golden Age of Dames, Detectives, and Danger*. Milwaukee: Applause Theatre & Cinema Books, 2013.

HOWARD, GENE L. *Patterson for Alabama: The Life and Career of John Patterson*. Tuscaloosa: University of Alabama Press, 2008.

JACOBY, RICHARD. *Conversations with the Capeman: The Untold Story of Salvador Agron*. Madison: University of Wisconsin Press, 2004.

JAROSSI, ROBIN. *The Hunt for the 60's Ripper*. Londres: Mirror Books, 2017.

JENKINS, STEPHENS (ED.). *Fritz Lang: The Image and the Look*. Londres: British Film Institute, 1981.

KAES, ANTON. *M*. Londres: British Film Institute, 2000.

KELLEY, KITTY. *Elizabeth Taylor*. Trad. Maria Célia Santos Raposo. Rio de Janeiro: Francisco Alves, 1981.

KELLY, GABRIELLE; ROBSON, CHERYL. *Celluloid Ceiling: Women Film Directors Break Through*. Twickenham, Reino Unido: Supernova Books, 2014.

KIRBY, DICK. *Laid Bare: The Nude Murders and the Hunt for "Jack the Stripper"*. Gloucestershire, Reino Unido: History Press, 2016.

KITSES, JIM. *Gun Crazy*. Londres: British Film Institute, 1996.

KNIGHT, JAMES R. *Bonnie and Clyde: A Twenty-First-Century Update*. Fort Worth, TX: Eakin, 2003.

LAVERGNE, GARY M. *A Sniper in the Tower: The Charles Whitman Murders*. Denton: University of North Texas Press, 1997.

LOURIE, RICHARD. *Hunting the Devil: The Search for the Russian Ripper*. Londres: Grafton, 1993.

MACKELLAR, LANDIS. *The "Double Indemnity" Murder: Ruth Snyder, Judd Gray, and New York's Crime of the Century*. Syracuse, NY: Syracuse University Press, 2016.

MARKOWITZ, SUSAN (COM JENNA GLATZER). *My Stolen Son: The Nick Markowitz Story*. Nova York: Berkley Books, 2010.

MAYO, MIKE. *American Murder: Criminals, Crime, and the Media*. Canton, MI: Visible Ink, 2008.

MCCARTY, JOHN. *Bullets over Broadway: The American Gangster Picture from the Silents to The Sopranos*. Nova York: Da Capo, 2004.

MCCONNELL, BRIAN. *Found Naked and Dead: The Facts Behind the Thames-side Murders*. Londres: New English Library, 1974.

MCGILLIGAN, PATRICK. *Fritz Lang: The Nature of the Beast*. Nova York: St. Martin's, 1997.

MORDDEN, ETHAN. *All That Jazz: The Life and Times of the Musical Chicago*. Nova York: Oxford University Press, 2018.

NASH, JAY ROBERT. *The Great Pictorial History of World Crime*. Lanham, MD: Scarecrow, 2004.

NASHAWATY, CHRIS. *Crab Monsters, Teenage Cavemen, and Candy Stripe Nurses: Roger Corman: King of the B Movie*. Nova York: Abrams, 2013.

NEFF, JAMES. *The Wrong Man: The Final Verdict on the Dr. Sam Sheppard Murder Case*. Nova York: Random House, 2001.

NEWTON, MICHAEL. *The Encyclopedia of Unsolved Crimes*, segunda edição. Nova York: Facts on File, 2009.

NIEMI, ROBERT. *Inspired by True Events: An Illustrated Guide to More than 500 History-Based Films*, segunda edição. Santa Barbara, CA: ABC-CLIO, 2013.

OTT, FREDERICK W. *The Films of Fritz Lang*. Secaucus, NJ: Citadel, 1979.

PARDOE, BLAINE L. *Sawney Bean: Dissecting the Legend of the Scottish Cannibal*. Stroud, Reino Unido: Fonthill Media, 2015.

PEARY, DANNY. *Cult Crime Movies*. Nova York: Workman, 2014.

PERRY, DOUGLAS. *The Girls of Murder City: Fame, Lust, and the Beautiful Killers Who Inspired Chicago*. Nova York: Viking, 2010.

PHELPS, M. WILLIAM. *The Devil's Rooming House: The True Story of America's Deadliest Female Serial Killer*. Guilford, CT: Lyons, 2010.

PHILIPS, GENE D. *Out of the Shadows: Expanding the Canon of Classic Film Noir*. Lanham, MD: Scarecrow, 2012.

PRATLEY, GERALD. *The Cinema of Otto Preminger*. Londres: A. Zwemmer, 1971.

RAMSLAND, KATHERINE. *Inside the Minds of Mass Murderers: Why They Kill*. Westport, CT: Praeger, 2005.

REBELLO, STEPHEN. *Alfred Hitchcock e os Bastidores de Psicose*. Trad. Rogério Durst. Rio de Janeiro: Intrínseca, 2013.

REITER, GERSHON. *The Shadow Self in Film: Projecting the Unconscious Other*. Jefferson, NC: McFarland, 2014.

ROLLING, DANNY; LONDON SONDRA. *The Making of a Serial Killer: The Real Story of the Gainesville Murders in the Killer's Own Words*. Portland, OR: Feral House, 1996.

ROSA, JOHN P. *Local Story: The Massie-Kahahawai Case and the Culture of History*. Honolulu: University of Hawaii Press, 2014.

ROSNER, LISA. *The Anatomy Murders: Being the True and Spectacular History of Edinburgh's Notorious Burke and Hare, and of the Man of Science Who Abetted Them in the Commission of Their Most Heinous Crimes*. Filadélfia: University of Pennsylvania Press, 2010.

ROSSNER, JUDITH. *De Bar em Bar*. Trad. Vera Pedroso. Rio de Janeiro: Record, 1975.

ROUGHEAD, WILLIAM. *Burke and Hare*. Edimburgo: William Hodge, 1921.

RYZUK, MARY S. *The Gainesville Ripper: A Summer's Madness, Five Young Victims — the Investigation, the Arrest and the Trial*. Nova York: St. Martin's, 1994.

SCHECHTER, HAROLD. *Bestial: The Savage Trail of a True American Monster*. Nova York: Pocket Books, 1998.

_____*Psycho USA: Famous American Killers You Never Heard Of*. Nova York: Ballantine Books, 2012.

_____*Serial Killers: Anatomia do Mal*. Trad. Lucas Magdiel. Rio de Janeiro: DarkSide Books, 2013.

SCHERLE, VICTOR; LEVY, WILLIAM TURNER (Ed). *The Films of Frank Capra*. Secaucus, NJ: Citadel, 1977.

SCHNEIDER, ERIC C. *Vampires, Dragons, and Egyptian Kings: Youth Gangs in Postwar New York*. Princeton, NJ: Princeton University Press, 1999.

SCHUTZE, JIM. *Bully: A True Story of High School Revenge*. Nova York: Avon Books, 1997.

SCOTT, ROBERT. *Most Wanted Killer*. Nova York: Pinnacle Books, 2010.

SEABROOK, DAVID. *Jack of Jumps*. Londres: Granta Books, 2006.

SERAFIN, FAITH. *Wicked Phenix City*. Charleston, SC: History Press, 2004.

SHIRLEY, GLENN. *Born to Kill: He Blazed a Trail of Death and Terror Across Fourteen States*. Derby, CT: Monarch Books, 1963.

SIFAKIS, CARL. *The Encyclopedia of American Crime*. Nova York: Facts on File, 1982.

SMITH, JOSEPH W. *The Psycho File: A Comprehensive Guide to Hitchcock's Classic Shocker*. Nova York: Anchor Books, 1992.

SPOTO, DONALD. *The Art of Alfred Hitchcock: Fifty Years of His Motion Pictures*, segunda Edição. Nova York: Anchor Books, 1992.

STANNARD, DAVID E. *Honor Killing: Race, Rape, and Clarence Darrow's Spectacular Last Case*. Nova York: Penguin, 2006.

STERRIT, DAVID. *The Films of Alfred Hitchcock*. Cambridge University Press, 1993.

STRICKLAND, EDWIN; WORTSMAN, GENE. *Phenix City: The Wickedest City in America*. Birmingham, AL: Vulcan, 1955.

SYKES, BRAD. *Terror in the Desert: Dark Cinema of the American Southwest*. Jefferson, NC: McFarland, 2018.

TOLAND, JOHN. *Os Tempos de Dillinger*. Rio de Janeiro: Civilização Brasileira – Record, 1964.

TREST, WARREN. *Nobody but the People: The Life and Times of Alabama's Youngest Governor*. Montgomery, AL: NewSouth Books, 2008.

VAN SLINGERLAND, PETER. *Something Terrible Has Happened*. Nova York: Harper & Row, 1966.

VERMILYE, JERRY. *The Films of Charles Bronson*. Secaucus, NJ: Citadel, 1980.

WATKINS, MAURINE. *Chicago: With the Chicago Tribune Articles That Inspired It*. Editado por Thomas H. Pauly. Carbondale: Southern Illinois University Press, 1997.

WOLFF, GEOFFREY. *The Art of Burning Bridges: A Life of John O'Hara*. Nova York: Alfred A. Knopf, 2003.

YULE, ANDREW. *Picture Shows: The Life and Films of Peter Bogdanovich*. Nova York: Limelight Editions, 1992.

ÍNDICE REMISSIVO

A

Abel, Walter 55
Acorrentados 198
Adair, Jeans 93, 97
Adivinhe Quem Vem para Jantar? 198
Admirável Mundo Novo 143
Affleck, Casey 353
Agatha Christie's Poirot 293
Agee, James 117, 179, 186
Agron, Salvador 233, 236, 238, 240, 241
Ahakuelo, Benny 338
Aja, Alexandre 320
Albermann, Gertrude 42
Albertson, Frank 55
Alcorn, Hugh M. 96
Aleluia 263
Alexander, Jane 335, 343
Alexander, John 93, 98
Allen, Arthur Leigh 272
Allen, William 298
Alma no Lodo 52
Alpha Dog 375, 376, 377, 378, 379
Amanhecer Violento 82
Amargo Pesadelo 320
American Gothic 315
America's Most Wanted 380
Amor, Sublime Amor 71, 116, 232
Amurao, Corazon 330, 331, 332
Anatomia de um Crime 201, 202, 203, 204, 205, 206
Andrews, Dana 191, 192
Andrews, Edward 169, 174, 231
Andrews, Franklin R. 95, 96
Anhalt, Edward 231
Anjo Azul, O 157
Anjos de Caras Sujas 75
Anjos Selvagens 250
Annan, Albert 28, 31
Annan, Beulah May 27, 31
Anthony, Marc 241
Apertem os Cintos... o Piloto Sumiu! 187
Apfel, Oscar 47, 52
Apocalypse Now 82
À Procura de Mr. Goodbar 313, 314, 315, 316
Arcer, Lee H. 164
Archer-Gilligan, Amy 94, 96, 97, 98
Archer, James H. 94
Archer, Lee 163
Archer, Lee H. 162
Arden, Eve 201, 202, 203
Arquette, David 359
Asas 34
Asilo Sinistro, O 112
Assassinato de Roger Ackroyd, O 291
Assassinato no Expresso do Oriente (1974) 291, 292, 293, 294, 295, 296, 298, 299, 300, 301
Assassinato no Expresso do Oriente (2010) 291, 292, 293, 294, 295, 296, 298, 299, 300, 301
Assassinato no Expresso do Oriente (2017) 291, 292, 293, 294, 295, 296, 298, 299, 300, 301
Assassinos por Natureza 286
Astaire, Fred 34
Ataque das Sanguessugas Gigantes, O 250
Atherton, William 313, 314
Atkins, Eileen 291
Atwater, Edith 111
Aventura Submarina 62

B

Babelay, Andrée 125
Bacall, Lauren 291, 292
Bahmer, Pearl 48
Bailey, F. Lee 349
Baker, C. Graham 65
Baker, George Pierce 24
Balas ou Votos 75
Ball, Joe 305, 306, 307, 308, 309, 310
Balsam, Martin 219, 291
Barco do Amor, O 387
Baron, Sandy 243
Barrados no Baile 375
Barrow, Clyde 65, 67, 68
Barrymore, Drew 359
Barrymore, John Jr. 191, 192
Batman – O Cavaleiro das Trevas Ressurge 253
Battey, Percy B. 97
Bean, Sawney 320, 321, 323, 324
Beck, Alfred 257
Beck, Martha 255, 257, 258, 259, 260, 261
Belasco, David 104
Bellinger, Eustace 337
Benedict, Harriet 153
Benson, Sally 85, 88
Bentley, Hugh 171
Berenger, Tom 313, 314
Bergman, Ingrid 291, 292
Bernall, Cassie 368
Bertino, Bryan 383, 385
Berryman, Michael 319
Bianchi, Kenneth 255
Bieri, Ramon 283
Bisset, Jacqueline 291
Blades, Rubén 241
Bloch, Robert 226
Blyth, Ann 141, 142
Blythe, Janus 319
Bogart, Humphrey 75
Bogdanovich, Peter 243, 250, 251
Boll, Uwe 371
Bonde Chamado Desejo, Um 142
Bonneville, Hugh 291
Bonnie e Clyde – Uma Rajada de Bala 68, 71, 82, 262, 264
Borgia, Lucrezia 94
Bottoms, Timothy 367
Boubede, Bo 387
Boyer, Charles 141, 142, 145
Bradford, Virginia 23
Branagh, Kenneth 291, 293
Brand, Neville 303, 304
Brantley, Ben 241
Brave Little Woman, The 31
Brennan, Walter 55
Breo, Dennis L. 330

Brerard, sra. John 90
Bridges, Jeff 61
Bridges, Lloyd 61, 160
Brimley, Wilford 327
Bronson, Charles 327, 328
Brooks, Richard 313
Brophy, John 45
Brown, \ 26
Brown, Frances 193, 194
Brown, Grace 152, 153, 154
Brown, Harry 149
Brown, Hazel \ 306
Brown, Mamie Ruth 102
Bruce, Nigel 23
Brutos Também Amam, Os 82
Büdlick, Maria 43
Buisson, Celestine 126
Bukhanovsky, Alexander 395, 396, 398
Bundy, Ted 328
Buono, Angelo 255
Burakov, Viktor 395, 396, 397
Burke and Hare 120
Burke, William 114, 115, 116, 117, 118, 119
Burnett, W.R. 75, 77
Burns, Marilyn 303, 304
Burr, Raymond 149, 151
Burton, Tim 56
Bushell, Anthony 47, 52
Byington, Spring 23

C

Cabot, Bruce 55, 57
Cães de Aluguel 82
Cagney, James 108, 252
Cain, James M. 106
Cain, S.C. \ 310
Cameron, James 250
Campbell, Neve 360
Campbel, Neve 359
Capeman 240, 241
Capone, Al 83, 296
Capra, Frank 93, 97, 98, 127
Carey, Macdonald 85, 87
Carlson, Richard 62
Carneal, Michael 367
Carpenter, John 118
Carson, Jack 93
Casal Sinistro 263
Casamento\
 Uma Fraude e um Fracasso 97
Casbeer, Margie 309

Cassavetes, Nick 375
Cassel, Jean-Pierre 291
Cassel, Vincent 391
Cassidy, Eva 375
Cataldi, Anthony 61
Catherine-Remy, Marie 124
Champlin, Charles 149
Chandler, Davis 233
Chandler, Joan 131
Chandler, John Davis 231
Chandler, Raymond 101, 106
Chang, Henry 338
Chapin, Billy 179
Chaplin, Charles 123, 126, 127
Chastain, Jessica 291
Chenoweth, Maurice \ 204, 205
Chicago 23, 24, 25, 26, 27, 28, 29, 30
Chikatilo, Andrei Ramonovich 393, 394, 395, 396, 397, 398
Cho, Seung-Hui 371
Chris, Marilyn 255
Christie, Agatha 291, 292
Cidadão Kane 85, 303
Cidadão x 397, 398
Cidade do Vício 169, 170, 171, 172, 173, 174, 176
Clark, Cordy 319
Clarke, Alan 372
Clarke, Jason 391
Clark, sr. e sra. George William 337
Clift, Montgomery 149
Clube dos Cafajestes 120
Coffee, Lenore J. 23, 34
Cole, Candy 315
Collinge, Patricia 85, 87
Collison, Merle 285, 286
Columbine 369
Comancheros, Os 304
Com as Horas Contadas 160
Conan, O Bárbaro 82
Conan, o Destruidor 139
Condon, John F. 296, 298
Confissões de um Necrófilo 229
Connery, Sean 291, 292
Considine, Paddy 391, 392
Constant, Tiffin P. 195
Cook, Billy 160, 161, 162, 163, 164, 165, 166
Cook, Fred J. 213
Cook, William E. 160
Coppola, Francis Ford 250
Coração Valente 325
Cormack, Bartlett 55
Corman, Roger 83, 250, 251
Cornwall, E.O. 163, 164
Corpo que Cai, Um 85, 131

Correll, Mady 123, 128
Cortina Rasgada 276
Cotten, Joseph 85
Cowan, Jerome 65
Cowan, Lola 91
Cox, Courteney 359
Craig, James 191, 192
Craven, Wes 319, 359, 360
Creature from the Black Lagoon 62
Crepúsculo dos Deuses 127
Crimes Ocultos 391, 392, 393, 394, 395, 396, 397
Cromwell, Oliver 213
Cronenberg, David 353, 354
Cronyn, Hume 85, 131
Crosby, Bing 176
Cruz, Penélope 291
Cuchet, André 125
Cuchet, Jeanne 125
Cude, Elton Jr. 306
Cullen, Dave 369, 370, 372
Cullen, Robert 395
Cummins, Peggy 71
Cunningham, Abner T. 195
Curtis, Alan 75, 76
Cushing, Peter 118
Cushway, Andrew John 281

D

Dafoe, Willem 291
Dahmer, Jeffrey 278
Dall, John 71, 131, 132
Dalton, Timothy 119
Damron, Forrest 160, 165
Daniell, Henry 111, 116
Darrow, Clarence 138, 139, 341, 343
Davis, Gene 327
Davy, Gloria 330, 331
Dee, Frances 157
Degnan, Suzanne 194
Dehn, Paul 291
DeMille, Cecil B. 33, 34, 143
Dench, Judy 291
Depp, Johnny 83, 291
Desejo de Matar 327
Deulen, Eric 367, 372
Devoradores de Cérebro, Os 250
Devorado Vivo 19, 303, 304, 305, 306, 307, 308, 309, 310
Dewey, Robert 164, 165
Dez Mandamentos, Os 143
Dez Minutos para Morrer 327, 328, 329, 330
Dia de Cão, Um 292

Diard, Raymond 125
Dickey, James 320
Dietrich, Marlene 157
Dillinger 82
Dillinger e Capone – A Era dos Gângsteres 83
Dillinger, John 67, 77, 78, 165
Dillman, Bradford 139
Dillon, Matt 353, 354
Disque Butterfield 8 211, 212, 213, 214, 215, 216
Dixon, Jean 65
Docherty, Magdy 114, 115
Dorrier, Elizabeth 42
Douglas, Ileana 353
Downing, Delphene 260
Dreiser, Theodore 18, 68, 128, 149, 151, 152, 157
Drenth, Herman 183
Dreyfuss, Richard 83
Dubner, Stephen J. 240
Duck! The Carbine Massacre 371
Dueñas, Lola 263
Duggan, James 94
Duggan, Mary 94

E

E Agora Brilha o Sol Brilha 304
Eastwood, Clint 267, 268, 328
Eberling, Richard 351
Ebert, Robert 328
Edeson, Robert 23, 33
Eegah 288
Eicher, Annabelle 180, 181
Eicher, Asta Buick 180, 181
Eicher, Greta 180, 181
Eicher, Harry 180, 181
Eilbacher, Lisa 327, 328
Einstein, Charles 191
Elefante 368, 369, 370, 371, 372
Eles e Elas 50
Elson, Isobel 123
Endfield, Cy 61, 62
Engles, Martha 193
Englund, Robert 303, 304
Epstein, Julius J. 93
Epstein, Philip G. 93
Escape from Crime 108
Espinosa, Daniel 391
Essa Pequena é uma Parada 251

Este Mundo É um Hospício 93, 94, 95, 96, 97, 98
Estranha Compulsão 139
Estranhos, Os 383, 384, 385, 387, 388
Estripador de Rostov 396
Eu sou Dillinger 83
Exorcista iii, O 364

F

Faithfull, Stanley 213, 216
Faithfull, Starr 213, 214, 215, 216
Família Addams, A 304
Fantástico Dr. Doolittle, O 139
Fantástico Super-Homem, O 106
Faraday, David 269
Farris, Suzanne 330, 331
Fast, Alvin L. 303
Fay, Janet J. 259, 261
Felicidade Não se Compra, A 192
Felpudo, O Cão Feiticeiro 106
Ferber, Edna 301
Fernandez, Esther Henne 259
Fernandez, Raymond 255, 258, 261, 263
Ferrell, Arch 172
Ferrer, José 335, 343
Ferrer, Mel 303, 304, 305
Ferrin, Darlene 269
Festim Diabólico 131, 132, 133
Fibra de Valente 173
Field, Betty 211
Filho de Sam 39
Fincher, David 272
Finch, Jon 275, 276
Fink, Harry Julian 267
Finklea, Carrie 367
Fink, R.M. 267
Finley, William 303, 304
Finney, Albert 291, 292, 293
Fisher, Eddie 211
Fitzgerald, David 24, 25
Fleischer, Richard 139
Fleming, Rhonda 191, 192
Flemming, Mary 280
Floyd, Charles Arthur \ 77
Flynn, Billy 355, 356, 357
Fonda, Henry 65, 69
Ford, Harrison 345, 346
Ford, John 310
Fortescue, Barry 276
Fortescue, Grace 339
Fortescue, Granville Roland 336
Fosburgh, Lacey 315

Foster, Barry 275
Foster, Ben 375, 376
Francis, Freddie 118
Frankenheimer, John 231, 232
Franks, Bobby 134, 135
Franks, Flora 134
Franks, Jacob 134, 135
Franz, Arthur 197
Frawley, William 23, 123
Freeman, Ira Henry 234
Frenesi 275, 276, 277, 278, 279, 280, 281
Froessel, Charles W. 104
Frost, Alex 367, 372
Fugate, Caril Ann 284, 285
Fugindo do Inferno 327
Fugitivo, O 345, 346, 347, 348, 349, 350
Fuller, Albert 172, 173
Fúria 54, 55, 56, 57, 58, 59, 60, 61, 68
Fúria Sanguinária 160, 252

G

Gable, Clark 81
Gad, Joseph 291
Gaertner, Belva 25, 26, 28, 30, 31, 32
Gaikowski, Richard 272
Game of Thrones 119
Gandolfini, James 264
Gargan, William 65
Gargullo, Merlita 330
Garrett, Silas 172
Gavin, John 219
Gazzara, Ben 201, 202
Gein, Ed 220, 221, 222, 305
Gein, George 220
Gein, Henry 221
Gennat, Ernst 44, 45
George, Nicole 367
Gere, Richard 33, 313, 314
Gibson, Jane 51
Gielgud, John 291, 292
Gilbert, Charles 204
Gillette, Chester 152, 153, 154, 156
Gilligan, Michael W. 95
Gish, Lillian 179, 189
Gleason, James 179
Golden, Andrew 368
Goldhausen, Anna 41
Goodbye Piccadilly, Farewell Leicester Square 275
Goodman, Jonathan 216
Goodwin, Dolores 306
Goodwin, Paul E. 26

Gotthardt, Minnie 306, 309
Gow, Betty 295
Grady, Alan 171
Graham, Carl 154
Grande Golpe, O 82
Granger, Farley 131, 132
Grant, Cary 93, 97, 98
Grant, Kathryn 169, 176
Graves, Peter 179, 186
Gray, John 116, 117
Gray, Judd 47, 103, 104, 105
Graysmith, Robert 272
Green, Michael 291
Green, William 296
Greenwood, Harold 143, 145, 147
Greenwood, Irene 146
Greenwood, Mabel 143, 144, 145, 146, 147
Gresham, Edwin 135
Grieg, Edvard 38
Grieve, Russ 319
Griffith, D.W. 104
Griffith, May 144
Griffiths, May 145
Griffiths, T.R. 144, 146
Griffith, T.R. 144
Grilling, John 118
Grissom, Julie 363
Grissom, Sean 364
Grissom, William 364
Grubb, Davis 185, 186
Gründgens, Gustaf 37
Guardino, Harry 267
Guest, Geary 315, 316, 317

H

Hahn, Maria 43, 44
Haldane, Mary 114
Hall, Arch Jr. 288
Hall, Edward Marshall 146
Hall, Edward Wheeler 48, 49
Hall, Henry 50
Hall, Porter 101
Hall, sra. Frances Stevens 48, 50, 51
Hall, Willie 50
Hamacher, Getrude 42
Hamer, Frank 68
Hamilton, Margaret 65, 69
Hamilton, Polly 81
Haneke, Michael 383

Hanley, Francis 194, 195
Hanna, Walter J. 172
Harcourt, Stewart 291
Harden, Bettye June 270
Harden, Donald 270
Hardwicke, Cedric 131, 141, 143
Hardy, Tom 391
Hare, William 112, 113, 115
Harpin, Germania 90
Harris, Eric 368, 369, 370, 371, 372
Hart, Alex 58
Hart, Brooke 54, 59
Hartnell, Bryan 271
Harvey, Laurence 211, 212, 300, 301
Harwood, Ronald 119
Hauptmann, Bruno Richard 300
Haver, Phyllis 23, 33
Hayek, Salma 264
Hayes, Harold 251
Hayes, John Michael 211
Hayes, Sam 159
Hayes, Susan 349
Hearst, William Randolph 50, 52
Heather, Jean 101
Heatley, Maurice Dean 246
Hedaya, Dan 353
Heirens, William 195, 196, 197, 198
Henkel, Kim 303
Henne, Esther M. 258
Henry, Buck 353
Hepburn, Audrey 304
Hernandez, Tony 237
Heróis Esquecidos 75
Hershey, Barbara 291
Higby, Mary Jane 255, 262
Hiller, Wendy 291
Hirsch, Emile 375
Hitchcock, Alfred 51, 85, 131, 132, 142, 219, 220, 226, 275, 276, 277, 278, 281
Hodel, George 272
Hoffman, Margaret 123, 128
Hogan, Mary 222, 225
Holden, Stephen 263
Hollywood, Jesse James 377, 378
Holmes, Jack 59, 60, 61
Holmes, Phillips 157
Homem de La Mancha, O 174
Homem que Matou o Facínora, O 310
Homem que Sabia Demais, O 131
Hooper, Tobe 229, 303, 310, 319
Hoover, Herbert 296

Hoover, J. Edgar 59, 67, 197
Horror Maniacs 118
Horton, Edward Everett 93
Houston, Robert 319
Howard, Gene L. 172
Howard, Ron 250
Howard, Tom 105, 108
Hoyt, Christa 362
Hoyt, Ryan 377, 378, 379
Hsueh, Nancy 243
Huggins, Roy 347
Hull, Henry 75, 77
Hull, Josephine 93, 97
Humphrey, Edward 363
Huston, John 75
Hutton, E.F. 232
Huxley, Aldous 141, 143

I

Ida, Haruyo 338
Ida, Horace 338
I Dismember Mama 229
Ilha dos Mortos, A 112
Inimigo Público 34
Inimigos Públicos 83
Interlúdio 85
Intriga Internacional 85, 275
Invasion of the Blood Farmers 229
Ireland, Mundo \ 281

J

Jack, o Estripador 39, 44, 45, 93, 226, 281, 362
James West 345
Jamie Idiota 114
Janela Indiscreta 85, 131, 275
Janssen, David 345
Jensen, Betty Lou 269
Jensen, Robert 285
John, Georg 37
Johnson, Ben 82, 83
Johnson, Mitchell 368
Johnson, Nunnally 23, 34
Jones, Albert 339
Jones, Carolyn 303, 304
Jones, Gladys 145
Jones, Toby 291
Jones, Tommy Lee 345, 346

Jordan, Mary Ann 330, 331
Joseph, Robert L. 159
Judd, Lawrence 342
Jurassic Park – Parque dos Dinossauros 174
Justiça Injusta 61, 62
Juventude Selvagem 231, 232, 233, 234, 235, 236, 237, 238, 240
Juventude Transviada 232

K

Kaczynski, Ted 272
Kael, Pauline 189, 262
Kahahawai, Joe 338, 339, 340, 341, 342, 343
Kalstedt, Harry 27, 28, 29
Kane, Bob 50
Karloff, Boris 47, 52, 98, 111, 112, 116, 243, 251
Karlson, Phil 169, 173, 176
Kastle, Leonard 255, 261, 264
Katkov, Norman 335, 342
Katsulas, Andreas 345
Kaufman, Millard 71
Keaton, Diane 313
Keith, Carlos 111
Kelly, Edward J. 194
Kempson, Rachel 141, 142
Kennedy, Arthur 75, 76
Kennedy, Jamie 359, 360
Kesselring, Joseph 93, 97
Kidman, Nicole 353
Kiley, Richard 169, 174, 313
King, Carol 285
King Kong 57
Kinnaman, Joel 391
Klarkowski, Stanley 26
Klebold, Dylan 368, 369, 370, 371, 372
Klevenhagen, John 307
Knight, Wayne 353
Knisely, Ernest 183
Knox, Robert 113, 114, 115, 118
Koehler, Arthur 299, 300, 301
Korda, Zoltan 141
Kornblum, Gustav 41
Krabbé, Jeroen 345
Kracauer, Siegfried 45
Kramer, Stanley 198
Kravchenko, Aleksander 394
Kristofferson, Kris 335, 343
Krzesinski, Anthony 237, 238
Kunstler, William M. 240
Kürten, Peter 40, 41, 44, 45

L

Ladrão de Casaca 275
Lancaster, Burt 231, 232
Landis, James 288
Landis, John 120
Landru, Henri 123, 124, 125, 126
Lane, Priscilla 93, 97
Lang, Fritz 37, 39, 40, 55, 57, 61, 65, 68, 70, 191, 192, 392
Lanier, Susan 319
Larch, John 169, 174, 267
Larson, Sonja 361
Lattime, Vance \ 355, 356
Laughton, Charles 179, 186
Laurents, Arthur 131
Law, Walter 25
Lee, Christopher 118
Lehár, Franz 85
Lehrke, Augusta Willamina 220, 221, 222
Leigh-Hunt, Barbara 275, 277
Leigh, Janet 219
Leissner, Kathleen 245
Lemke, Dorothy 182
Lenzen, Louisa 42
Leopold, Nathan F. Jr. 133, 136, 137, 138, 139, 300
Leroy, Mervyn 47
Leslie, Joan 75, 76
Leto, Jared 264
Levin, Meyer 139
Lewis, Geoffrey 327, 328
Lewis, Joseph H. 71
Lewis, Robert 123
Lewton, Val 111, 112, 116, 118
Lillard, Matthew 359
Liluohe, John 335, 342
Lindbergh, Anne 294, 295
Lindbergh, Charles 47, 294, 296, 298
Lindbergh, Charles Jr. 294, 295, 296, 298
Lingen, Theo 37
Loap, Jimmy 306, 307
Lo Bianco, Tony 255, 262
Lobisomem Americano em Londres, Um 120
Loeb, Richard 133, 136, 137, 138, 139, 369
Loos, Theodore 37
Lord, Edward 339, 340
Lord of Darkness, The 325
Lord, Robert 47

Lorre, Peter 37, 39, 40, 45, 93, 98, 392
Los Angeles – Cidade Proibida 264
Lothar, Susanne 291
Lovecraft, H.P. 226
Lovejoy, Frank 61, 159, 160
Lua de Mel de Assassinos 255, 256, 257, 258, 259, 260, 261, 262, 263
Lua de Papel 251
Lucas, Henry Lee 255
Lucas, Laurent 264
Lugar ao Sol, Um 149, 150, 151, 152, 153, 154, 156
Lugosi, Bela 111, 117, 237
Lumet, Sidney 291, 292
Lupino, Ida 75, 76, 159, 160, 166, 191
Lyle, Walter 299, 300
Lynn, Jeffrey 211

M

MacBride, Donald 75
MacDonald, Philip 111
MacIlravy, Henry 156
MacLane, Barton 65, 69, 75, 76
MacMurray, Fred 101, 106
Mageau, Michael 269
Magnum 44 82
Mainwaring, Daniel 169
Maldição de Frankenstein, A 118
Malick, Terrence 19, 288
Manhã Sangrenta 371
Manke, Tony 134, 135
Mann, Daniel 211
Mann, Michael 83
Mantel, Frau 41
Maquiavélico William Hart, O 118
Margolis, Laura 383, 384
Markowitz, Ben 377
Markowitz, Nick 377
Marnie\
 Confissões de uma Ladra 276
Marshall, E.G. 139
Marsh, Fred 206
Marsh, Jean 275
Marsh, Marian 47, 52
Martinez, Ramiro 249
Martin, Mary 90
Martin, Philip 291
Martin, William J. 330
Mason, W.H.H. 95
Massacre da Serra Elétrica, O 229, 383
Massey, Anna 275, 277

Massey, Raymond 93, 98
Massie, Thalia 336, 337, 338, 339, 342
McCarthy, Joseph 207
McClintock, Narcissa 95
McClintock, Theresa 95
McConnell, Elias 367
McCowen, Alec 275, 277
McCoy, Houston 249
McDonell, Gordon 88
McDougal, Helen 113
McGowan, Rose 359
McGuire, Biff 169, 176
McIntire, John 169, 174, 176, 219
McLaughlin, William F. 30
McPherson, Aimee Semple 104
McVeigh, Timothy 370
Meaning of Murder, The 45
Médico e os Monstros, O 118
Mencken, H.L. 300
Menjou, Adolphe 23
Mensageiro do Diabo, O 179, 180, 181, 182, 183, 184, 185, 186, 187, 189
Mercer, Ruby 259
Merchant, Vivien 275
Merrill, Dina 211, 212
Methvin, Henry 68
Methvin, Ivy 68
Meu Ódio Será Tua Herança 82, 160, 262
Meurer, Frau 42
Meyer, August 285
Meyers, Edwin H. 184
Miles, Vera 219
Milius, John 82
Miller, J.P. 231
Mills, Eleonor 48
Mills, Freddie 281
Miseráveis, Os 345
Mitchell, Thomas 191, 192
Mitchum, Robert 179, 186
Molineux, Roland 152
Monsieur Verdoux 123, 124, 125, 126, 127, 128
Monstro da Morte Sinistra, O 118
Montgomery, George 23, 34
Moore, Julianne 345
Morales, Francisco Kraus 165
Morgan, B.F. 78
Morgan, Byron 47
Moriarty, Daniel 213
Morrisey, David 291
Morris, Mark 241
Morrison, Robert 154

Morrow, Anne 294, 295
Morse, Barry 345
Mosser, Carl 163
Mosser, Chris 163
Mosser, Thelma 163
Mountain, Brittany 367
M – O Vampiro de Düsseldorf 22, 23, 36, 37, 38, 39, 40, 41, 42, 43, 44, 45, 46, 64, 74, 75, 84, 85, 92, 93, 100, 110, 111, 122, 130, 140, 148, 158, 168, 178, 190, 200, 210, 218, 230, 242, 254, 266, 274, 282, 290, 302, 312, 318, 326, 334, 344, 352, 358, 366, 374, 382, 383, 390
Mulher de Vermelho, A 83
Mundo Odeia-Me, O 159, 160, 161, 162, 163, 164, 165, 166
Murdoch, Hester Ashley 342
Murname, Edward 27
Murnau, F.W. 251
My Three Sons 106

N

Na Mira da Morte 243, 244, 245, 246, 247, 248, 249, 250, 251, 252
Nasce uma Estrela 34
Nash, Marilyn 123
Natwick, Mildred 141, 142
Nelson, Earle Leonard 88, 89
Newman, Clara 90
Newton, Michael 388
Nicholson, Jack 251
Nietzsche, Friedrich 136
Niles, Wendell 159
Nosferatu 251
No Silêncio de uma Cidade 191, 192, 193, 194, 195, 196, 197
Nossa Cidade 88
Noviça Rebelde, A 116

O

Oakland, Simon 219
Oates, Warren 82, 283
O'Brien, Edmond 159, 160
O'Brien, W.W. 28, 29, 31
Ochs, Adolph S. 50
O'Connell, Arthur 201, 203
O'Hara, Bridget 280
Ohliger, Rose 41, 44
O'Kelly, Tim 243, 252
Oldman, Gary 391, 392

O'Neill, Eugene 24
Operação França 262
Ortiz, Carlos 240
Orwell, George 391

P

Pace, Bonnie 90
Pacto de Sangue 101, 102, 103, 104, 105, 106, 107
Pacto Sinistro 85
Paglia, Camille 93
Pânico 360, 361, 362, 363, 364
Pantoliano, Joe 345
Parker, Bonnie 66, 67, 68
Pasion, Valentina 330
Pássaros, Os 142, 275
Paterson, Mary 114
Patterson, Albert 170, 171, 172, 176
Patterson, Emily 91
Patterson, John 176
Patton, George 170
Paules, Tracey 362
Peeples, Homer 337, 338
Pegg, Simon 120
Penn, Arthur 68, 264
Perkins, Anthony 219, 291, 292
Perrault, Charles 123
Perry Manson 151
Perseguidor Implacável 18
Persons, Gordon 172
Peters, Andrew J. 213, 216
Peterson, Charlotte 205
Peterson, Coleman 204, 205, 206
Peterson, Lenka 169
Pfeiffer, Michelle 291
Philips, Michelle 83
Phoenix, Joaquin 353, 354
Pitt, Brad 327
Planeta dos Macacos 120
Pleasence, Donald 118
Poe, Edgar Allan 18
Portas da Percepção, As 143
Post, Marjorie Merriweather 232
Powell, Powell 361
Powers, Harry F. 181, 182, 183, 184, 185
Powers, Tom 101
Preminger, Otto 201, 202
Pressley, Graham 379
Price, Richard 391
Price, Vincent 191, 250
Pryce, Jonathan 119
Psicose 219, 220, 221, 222, 223, 225, 226, 229, 275

Q

Quadrilha de Sádicos 319, 320, 321, 323, 324
Queda da Bastilha, A 111
Quinn, Moris 24, 25
Quinn, Roseann 314, 315, 316, 317

R

Randall, Patrick 355
Rapace, Noomi 391, 392
Raye, Martha 123, 128
Rea, Stephen 397, 398
Rebelião no Presídio 269
Rede de Intrigas 292
Redgrave, Vanessa 291, 292
Reese, Paul 164
Reimer, Ewald 237
Relíquia Macabra 82
Remick, Lee 201, 202
Ressler, Robert 45
Reuter, Ida 42
Reville, Alma 85, 88
Reynolds, Debbie 211
Richeson, Clarence 152
Roberts, Clete 169, 173
Roberts, Doris 255
Roberts, Rachel 291
Roberts, William 327
Robinson, Andy 267, 268
Robinson, Casey 191, 192
Robinson, John 367
Robinson, Todd 264
Rockefeller, Nelson 238
Rockwell, Norman 86
Roddan, Allison 123, 128
Rodriguez, Parra 165
Rogers, Ginger 23, 34, 35
Rolling, Danny Harold 361, 363, 364
Rolph, James 61
Roosevelt, Eleonor 238
Roosevelt, Franklin Delano 296, 299
Roosevelt, Theodore 98
Rose, George 118
Ross, Josephine Alice 193, 194
Rossner, Judith 313, 314
Roxie Hart 24, 25, 26, 27, 28, 29, 30, 31, 32, 33, 34, 35
Rumo ao Inferno 139

Runyon, Damon 50, 104
Russel, Kurt 250
Russ, William 335, 343
Rustam, Mardi 303
Ruth, Babe 59

S

Sadist, The 288
Sage, Anna 81
Salinger, Matt 335, 342
Samson, Edward Marlay 146
Sanders, George 191, 192
Sanders, Jimmy 171
Sands, Julian 119
Sangue de Pantera 111
Sangue e Orquídeas 335, 336, 337, 338, 339, 340, 341, 342, 343
Santoni, Reni 267
Savalas, Telly 231, 233
Sayles, John 83
Scaramouche 304
Scarface 375
Scheer, Rudolph 41
Schmale, Nina 330
Schnee, Charles 211
Schneider, Eric C. 237
Schneider, Raymond 48
Schulte, Getrude 42
Scorsese, Martin 173, 176, 250, 261
Scott, George C. 201, 203
Seabolt, Paula 387
Sede de Escândalo 48, 49, 50, 51, 52, 53
Segal, George 317
Sellers, Peter 293
Selznick, David O. 111
Sementes de Violência 232
Senhor dos Anéis, O 120
Serkis, Andy 120
Serpico 292
Sete Homens e um Destino 327
Seu Último Refúgio 75, 76, 77, 78, 79, 80, 81
Sexta-Feira 13 360
Seymour, John D. 94
Shaffer, Anthony 275, 277
Sharp, Glenna 385
Sharp, Tina 388
Sheen, Martin 283, 287
Shelton, Thomas 166
Shepard, Cecilia 271
Sheppard, Marilyn 347

Sheppard, Sam 347, 348
Sidney, Sylvia 55, 56, 65, 68, 69, 157
Siegel, Don 18, 267, 269
Silêncio dos Inocentes, O 229, 391
Smith, Kurtwood 353
Smith, Leroy 331
Snyder, Albert 102, 104
Snyder, Ruth 101, 102, 103, 104, 105, 106
Sob o Domínio do Mal 232
Sombra de uma Dúvida, A 85, 86, 87, 88, 89, 90, 91, 275
Sombras do Terror 251, 253
Sonho Sem Limites, Um 353, 354, 355, 356, 357
Sound of Fury, The 61
Spacek, Sissy 283, 287
Speck, Richard 328, 329, 330
Speedman, Scott 383
Stálin, Ióssif 391, 393
Stanton, Harry Dean 83, 375, 376
Stanwyck, Barbara 101, 106
Starkweather, Charlie \ 284, 285, 286
Starr, Frances 52
Steadman, John 319
Stefano, Joseph 219, 226
Stevens, Andrew 327
Stevens, George 149, 157
Stevenson, Robert Louis 112
Stewart, James 131, 201, 202, 207
Stimson, Henry 170
Stowe, Madeleine 335
Strother, Luella 183
Stuart, Jeb 345
Suchet, David 291, 293
Sunday, Billy 50, 104
Suspeita 143, 275
Sutherland, Donald 398
Swift, Clive 275

T

Taboada, Manual 362
Takai, David 338
Talman, William 159
Tamblyn, Russ 71
Tandy, Jessica 141
Tarantino, Quentin 82
Tate, Sharon 385
Taylor, Alfred Swaine 146
Taylor, Elizabeth 149, 150, 211, 212
Taylor, Holland 353
Taylor, Jordan 367

Thompson, Jane Lucilla 256, 259
Thompson, J. Lee 327
Thorpe, Jerry 335
Thurmond, Harold 59, 60, 61
Tibbs, Charley 288
Tierney, Lawrence 82
Timberlake, Justin 375, 376
Todd, Mike 211
Todo Mundo Quase Morto 120
Toole, Ottis 255
Topázio 276
Tora! Tora! Tora! 139
Torre da Morte, A 250
Torvay, José 159
Towne, Gene 65
Townsley, Edna 248
Trackdown\
  Finding the Goodbar Killer 317
Tracy, Spencer 55
Tragédia Americana, Uma 68, 149, 151, 157
Traídos pelo Desejo 119
Travers, Henry 85, 86
Travolta, John 264
Trueblood, Johnny 376
Truffaut, François 263
Trumbo, Dalton 71
Túmulo Vazio, O 111, 112, 113, 114, 115, 116, 117
Turning Point 361
Twiggy 119
Twohy, David 345
Tyler, Howard 61
Tyler, Liv 383

U

Ulrich, Skeet 359
Última Sessão de Cinema, A 251
Urson, Frank 23

V

Vampiros de Almas 269
Van Sant, Gus 19, 353, 367, 371, 372
Varconi, Victor 23, 34
Vencido pela Lei 81
Vento e o Leão, O 82
Vermelho Sangue 263
Vernon, John 267
Viagem Fantástica 139
Vikings 139

Vincent, Virginia 319
Vingança Pérfida 141, 142, 143, 144, 145, 146, 147
Vint, Alan 283
Violência Gratuita 383
Vive-se Uma Só Vez 65, 66, 67, 68, 69, 70, 286
Voekler, John D. 201, 202, 203, 204, 206, 208
Volúpia de Matar 197, 198
von Harbou, Thea 37, 40
von Sternberg, Josef 157
von Sydow, Max 398

W

Wade, Russel 111, 116
Wahlberg, Mark 327
Walcott, Derek 240
Waldrip, Cecelia 164
Waldrip, Homer 164
Walker, Jimmy 213
Wallace, Dee 319
Wallace, George 176
Walsh, Raoul 75
Wanger, Walter 68, 69
Ward, Clara 285
Ward, C. Lauer 285
Ward, Gemma 383, 384
Ward, George 156
Ward, Sela 345, 346
Warner, H.B. 47
Watkins, Maurice 24
Wayne, John 304
Weeks, Kip 383, 384
Weinman, John 349, 350
Welch, Joseph N. 207
Weld, Tuesday 313
Welles, Orson 126, 127, 139
Wellman, William A. 23, 34
Wentzl, Adrian 206
Wernicke, Otto 37
White, Stanford 335
Whitman, Charles Jr. 244, 245, 246, 247, 248, 249, 252
Whitman, Stuart 303, 304
Whitworth, James 319
Whoever Fights Monsters 45
Widmark, Richard 291, 292
Wilbur, Crane 169
Wilcox, William 146
Wild, Cornel 75

Wilder, Billy 18, 51, 101, 106, 107, 127
Wilder, Thornton 85, 88
Wilkening, Pamela 330, 331
Williams, Hannah 144
Williamson, Kevin 359, 361
Willis, Bruce 375, 376
Wilson, John Wayne 315, 316, 317
Wilson, Michael 149
Wilson, Orville 298
Wilson, Woodrow 213
Windann, Elle 37
Wingate, Dana 387, 388
Winkler, Henry 359, 360
Winters, Shelley 149, 150, 151, 157
Wise, Robert 111, 116
Wolfe, Thomas 24
Wolff, Arthur J. 96
Wood, Grant 315
Woodham, Luke 367
Worden, Bernice 225
Worden, Frank 223
Wright, Teresa 85, 86

Y

Yelchin, Anton 375, 376
Yordan, Philip 82
York, Michael 291
Young, Collier 159
Young, Robert 237, 238
Young, Sean 335, 343

Z

Zakotnova, Lena 394
Zaks, Jerry 241
Zanuck, Richard D. 139
Zellweger, Renée 33
Zero Day 371
Zeta-Jones, Catherine 33
Zodíaco 39, 270, 271, 272

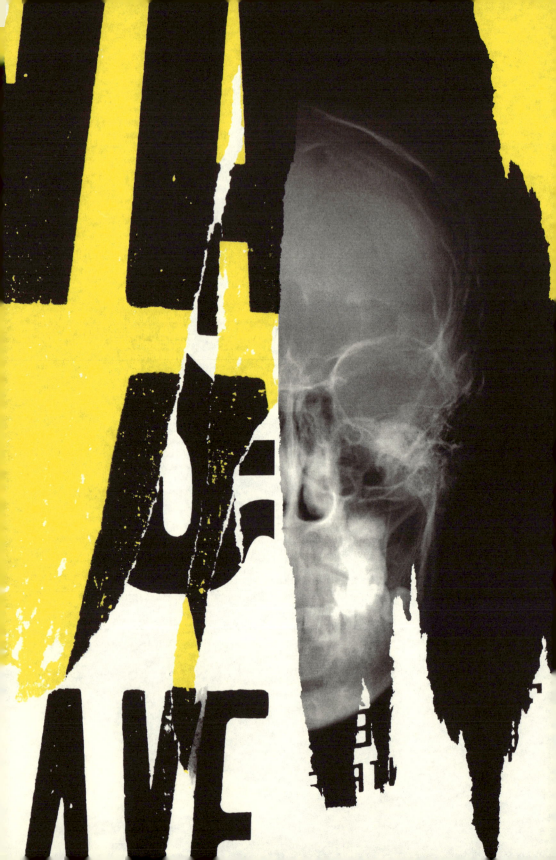

CRÉDITOS DE IMAGENS

Banco de imagens de © Alamy, © Getty Images. Prefácio, *O Homem Errado* (1956): © Warner Bros./Cortesia da Everett Collection • *Chicago* (1927): Cortesia da Everett Collection • *Roxie Hart* (1942): © 20th Century-Fox Film Corp. Todos os Direitos Reservados/Cortesia da Everett Collection • *M – O Vampiro de Düsseldorf* (1931): © Nero-Film A.G./Cortesia da Everett Collection • *Sede de Escândalo* (1931): © Warner Bros./Cortesia da Everett Collection • *Fúria* (1936): © Metro-Goldwyn-Mayer Studios Inc./Underwood Archives/Shutterstock • *Vive-se Uma Só Vez* (1937): © Walter Wanger Productions Inc./Pictorial Press Ltd./Alamy Stock Photo • *Seu Último Refúgio* (1941): © Warner Bros./Lordprice Collection/Alamy Stock Photo • *A Sombra de uma Dúvida* (1943): © Skirball Productions/Cortesia da Everett Collection • *Este Mundo é um Hospício* (1944): © Warner Bros./Cortesia da Everett Collection • *Pacto de Sangue* (1944): Cortesia do *Leader-Telegram*. Eau Claire, Wisconsin. 1928. Obtida digitalmente do Newspapers.com • *O Túmulo Vazio* (1945): © RKO Radio Pictures/Cortesia da Everett Collection • *Monsieur Verdoux* (1947): Cortesia da Everett Collection • *Festim Diabólico* (1948): © Warner Bros./Everett Collection Historical/Alamy Stock Photo • *Vingança Pérfida* (1948): © Universal Pictures/TCD/Prod.DB/Alamy Stock Photo • *Um Lugar ao Sol* (1951): © Paramount Pictures/Cortesia da Everett Collection • *O Mundo Odeia-Me* (1953): © RKO Radio Pictures/Mary Evans/Ronald Grant/Everett Collection • *Cidade do Vício* (1955): © Allied Artists Pictures/Cortesia da Everett Collection • *O Mensageiro do Diabo* (1955): © United Artists/GL Archive/Alamy Stock Photo • *No Silêncio de uma Cidade* (1956): © RKO Radio Pictures/Cortesia da Everett Collection • *Anatomia de um Crime* (1959): © Carlyle Productions/Mary Evans/Ronald Grant/Cortesia da Everett Collection • *Disque Butterfield 8* (1960): © Metro-Goldwyn-Mayer Studios Inc./Cortesia da Everett Collection • *Psicose* (1960): © Universal Pictures/Cortesia da Everett Collection • *Juventude Selvagem* (1961): © United Artists/Cortesia da Everett Collection • *Na Mira da Morte* (1968): © Paramount Pictures/Cortesia da Everett Collection • *Lua de Mel de Assassinos* (1970): © Roxanne/Cortesia da Everett Collection • *Perseguidor Implacável* (1971): © The Malpaso Company/Cortesia da Everett Collection • *Frenesi* (1972): © Universal Pictures/Cortesia da Everett Collection • *Terra de Ninguém* (1973): © Warner Bros/Kobal/Shutterstock • *Assassinato no Expresso do Oriente* (1974): © G.W. Films Limited/Album/Alamy Stock Photo • *Devorado Vivo* (1976): Bettmann/Getty Images • *À Procura de Mr. Goodbar* (1977): © Paramount/Cortesia da Everett Collection • *Quadrilha de Sádicos* (1977): © Blood Relations Company/Cortesia da Everett Collection • *Dez Minutos para Morrer* (1983): © Cannon Group e City Films/Everett Collection/Shutterstock • *Sangue e Orquídeas* (1986): © Bettmann/Getty Images • *O Fugitivo* (1993): © Warner Brothers/Cortesia da Everett Collection • *Um Sonho Sem Limites* (1995): © Columbia Pictures/Cortesia da Everett Collection • *Pânico* (1996): © Dimension Films/Cortesia da Everett Collection • *Elefante* (2003): © Meno Film Company/United Archives GmbH/Alamy Stock Photo • *Alpha Dog* (2007): © New Line/Cortesia da Everett Collection • *Os Estranhos* (2008): © Rogue Pictures/Mary Evans/Ronald Grant/Everett Collection • *Crimes Ocultos* (2015): © Summit Entertainment/Cortesia da Everett Collection.

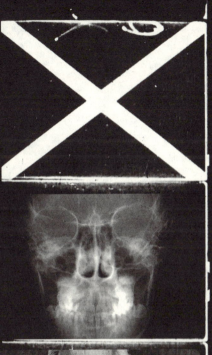

HAROLD SCHECHTER *é um escritor* estadunidense de true crime especializado no estudo de assassinos em série, e esse é seu quinto livro publicado pela DarkSide Books. A editora já publicou os best-sellers *Serial Killers: Anatomia do Mal*, *H.H. Holmes: Maligno — O Psicopata da Cidade Branca* e *Lady Killers Profile: Belle Gunness*, além do quadrinho *Ed Gein*, com roteiro dele e ilustrações de Eric Powell. Saiba mais em haroldschechter.com

"O impossível não poderia ter acontecido,
logo, o impossível deve ser possível
apesar das aparências."
— ASSASSINATO NO EXPRESSO DO ORIENTE —

DARKSIDEBOOKS.COM

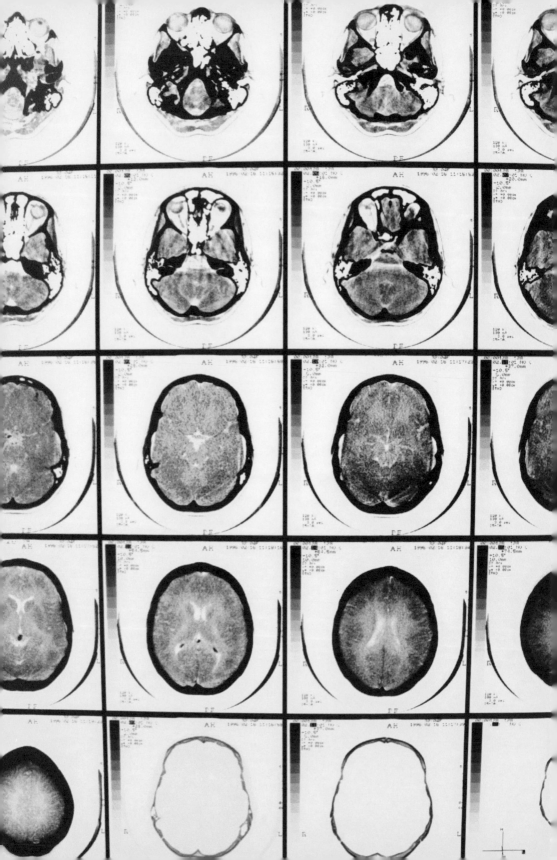

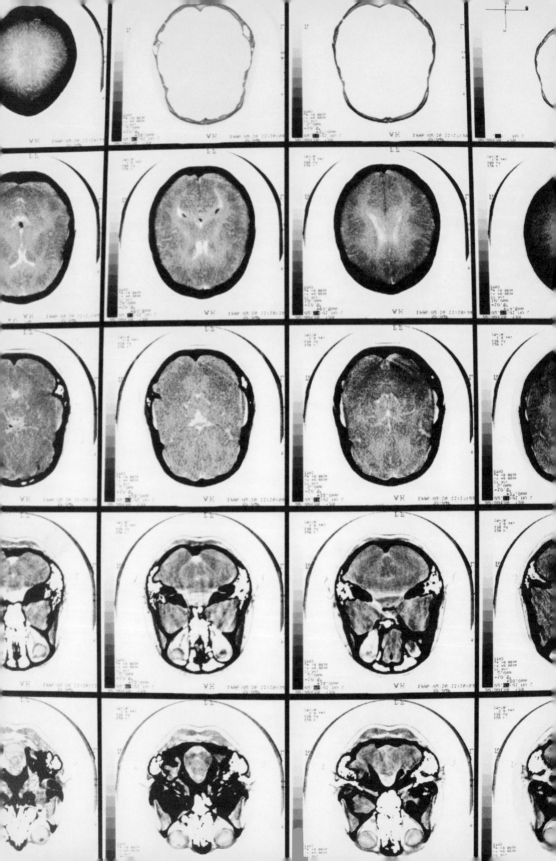